「八ッ場《やんば》の考古学」

―古《いにしえ》の記憶―

はじめに

群馬県の北西部を占める吾妻郡のほぼ中央に、洪水調節や発電、利水を目的とした八ッ場ダムがあります。ダムの建設に先立ち、公益財団法人群馬県埋蔵文化財調査事業団は、八ッ場地域の発掘調査を実施しました。発掘は平成六年から二六年間にわたり、令和五年七月に創立四五周年を迎えた事業団にとっても、最も長期間に及ぶ調査となりました。

八ッ場をはじめとする吾妻川流域では、一七八三年の浅間山噴火に伴う天明泥流で被災した村々が、時が止まったかのような状態で発見され、大きな話題となりました。畑を耕しながら、猫を飼い、梅干しを漬け、お茶を楽しむ。生き生きとした庶民の暮らしがそこにありました。

その時から遡ること数千年の間、八ッ場には関東平野と現在の長野県を中心とする中央高地地方との交流の歴史が刻まれています。八ッ場の豊かな自然は、古の時代から人々に恵みをもたらし、彼らが用いた道具や土器には長野県側の影響が見てとれます。中世には、真田氏の軍勢がここを往き来したことでしょう。

八ッ場の発掘調査は、私たちに多くの示唆を与えてくれました。事業団では、吾妻地域の歴史解明に向けて、これまでの研究成果を紹介したいと考え、創立四五周年記念誌として本書を編集いたしました。

本書をひもとき、縄文から現在に至る吾妻地域の歴史に触れていただければ幸いです。

公益財団法人群馬県埋蔵文化財調査事業団　理事長　向田　忠正

目次

ようこそ八ッ場ワールドに

1　八ッ《やん》場《ば》とは

みなさんは八ッ場ダムをご存じだろうか。八ッ場ダムは「鶴舞う形の群馬県」の鶴の尻尾の付け根のあたり、長野原町が東吾妻町に接する位置にある。ダムは尻尾の中央を西から東に流れる吾妻川沿いに計画された長さ約六㎞の区間にある。ダムサイトはダム湖の東端にあるが、そこに北側の山間から流下する「やんばざわ」という沢があり、これが名前の元になっている。ちなみに、このダムサイトの下流には国指定の「名勝　吾妻渓谷」がある。

群馬県は関東平野の北西部に位置しており、西側を長野県、北側を新潟県と接している。中でも鶴の尻尾にあたる西吾妻地域は、二つの県と直に接する位置にあり、両県とは古くから親密な関係にある。西吾妻地域は、ダムがある長野原町の西側に嬬恋村、北側に草津町があり、周囲を一〇〇〇m～二〇〇〇m級の峰々が連なる分水嶺で囲まれている。この分水嶺には北側に草津白根山（二一六〇m）、南側に浅間山（二五六八m）、西側に四阿山《あずまやさん》（二三五四m）がそびえ、県境を示すランドマークにもなっている。四阿山の西には、内陸の寒冷地として有名な「菅平《すがだいら》高原」があ

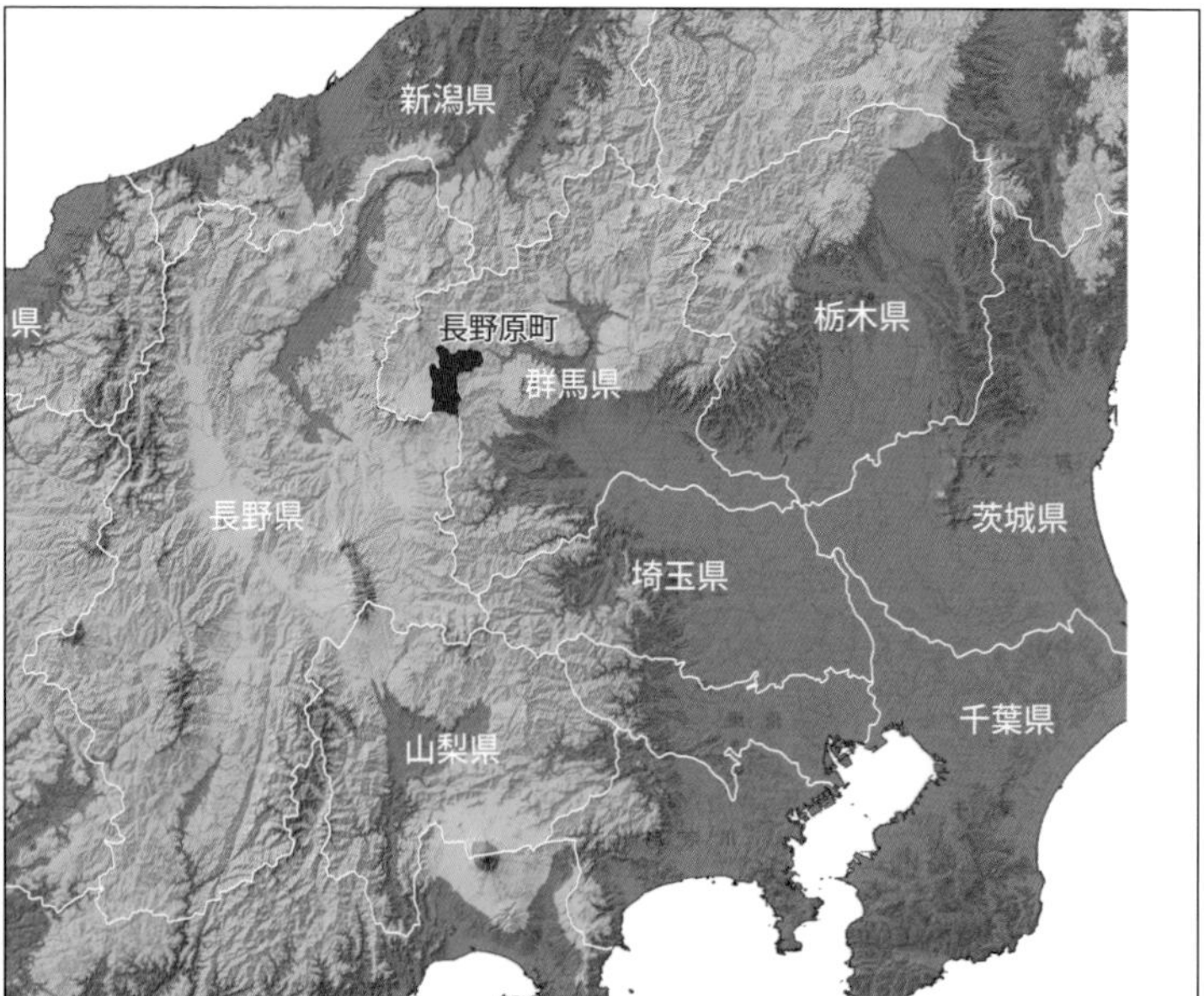

長野原町の位置（国土地理院電子国土webを加工）

る。長野原市街地の標高は六〇〇m前後でそれほど高い場所ではないが、それでも厳寒期にはマイナス一四度まで気温が下がるのは、西側の菅平高原から冷気が入るせいかもしれない。ちなみに、月夜野の上毛高原駅の標高は四五〇m、前橋の三夜沢《みよざわ》赤城神社の標高は五五一mであり、長野原市街地の方が高いのである。

ところで、この分水嶺には地図上に名称の付いた峠が九か所もあり、どの方角に行くにも峠越えとなる。つまり西吾妻地域は周囲から見通しがきかないのだ。しかし、峠さえ越えれば南側に佐久市や上田市、西側に須坂市や長野市といった都市があり、今でもこの地域の人々は県境を越えて買い物に出ることが多い。こうした西吾妻地域の地理的な条件や気候的な特性は、八ッ場の歴史や風土に大きな影響を与えていると言えよう。

本書で言う八ッ場とは、八ッ場地域を略している。八ッ場の地名は、吾妻渓谷内の一部であり、ここでは吾妻川流域に培われた山間の文化圏を八ッ場と呼ぶこととする。

2　知られていなかったもう一つの歴史

八ッ場ダムは、吾妻川と白砂川が合流する付近から東側の吾妻渓谷までの約六kmの間にある。ここは南北両側に標高一〇〇〇m前後の山が迫り、吾妻川沿いには狭い河岸段

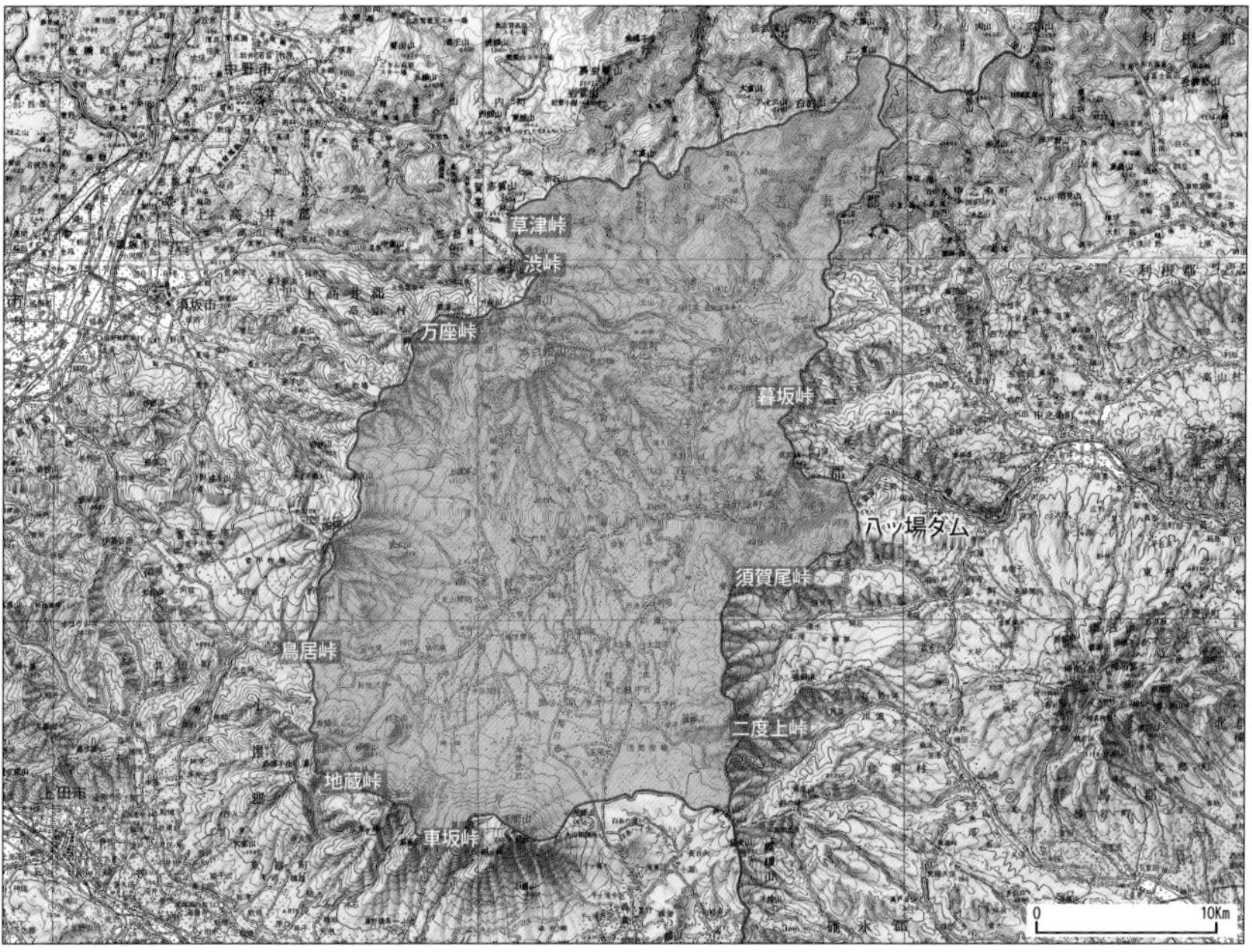

分水嶺で囲まれた西吾妻地域と八ッ場ダム（国土地理院20万分の1地勢図「長野」「高田」を加工）

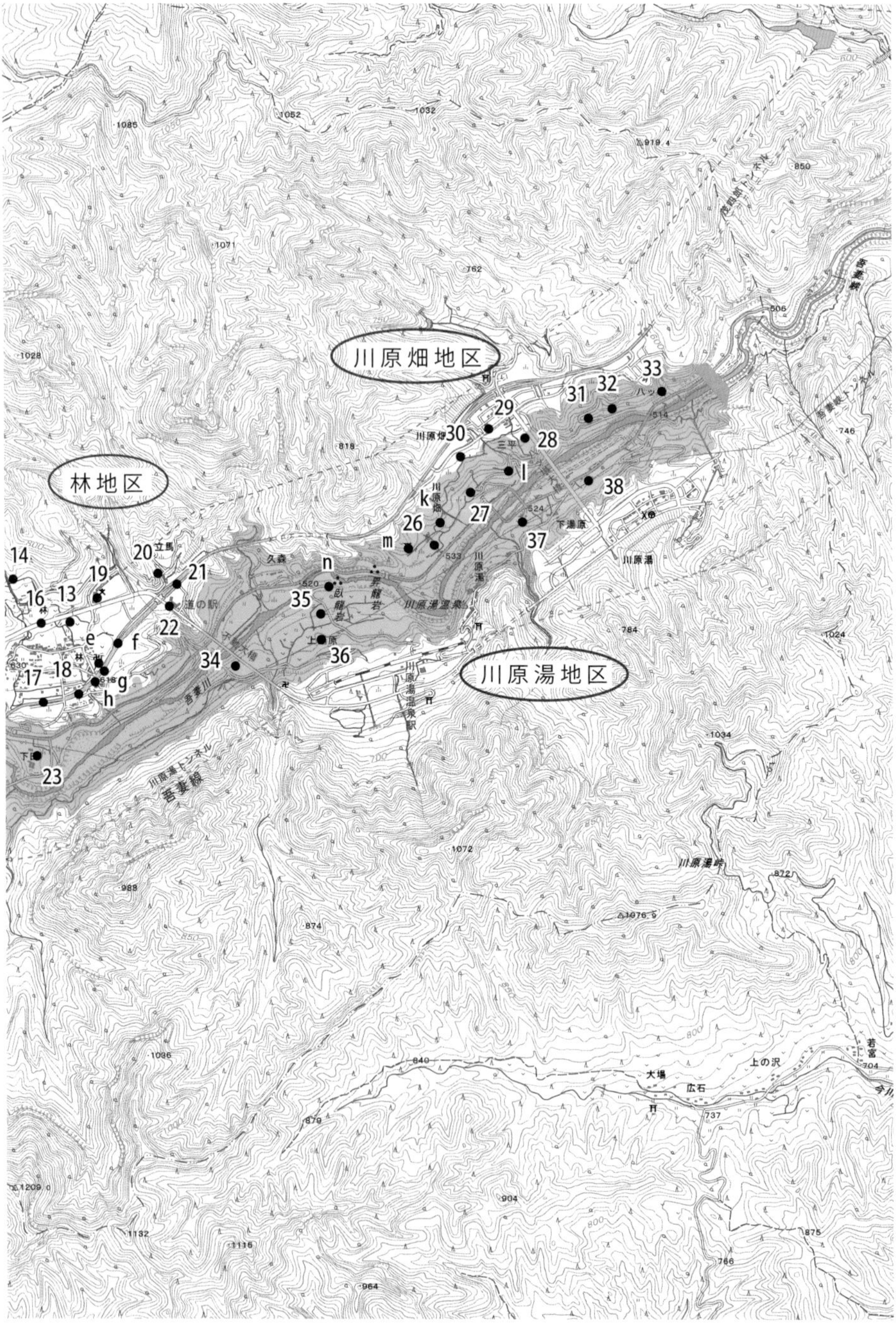

●の番号は次頁の番号にあたる。ａ～ｈは長野原町教育委員会調査遺跡。

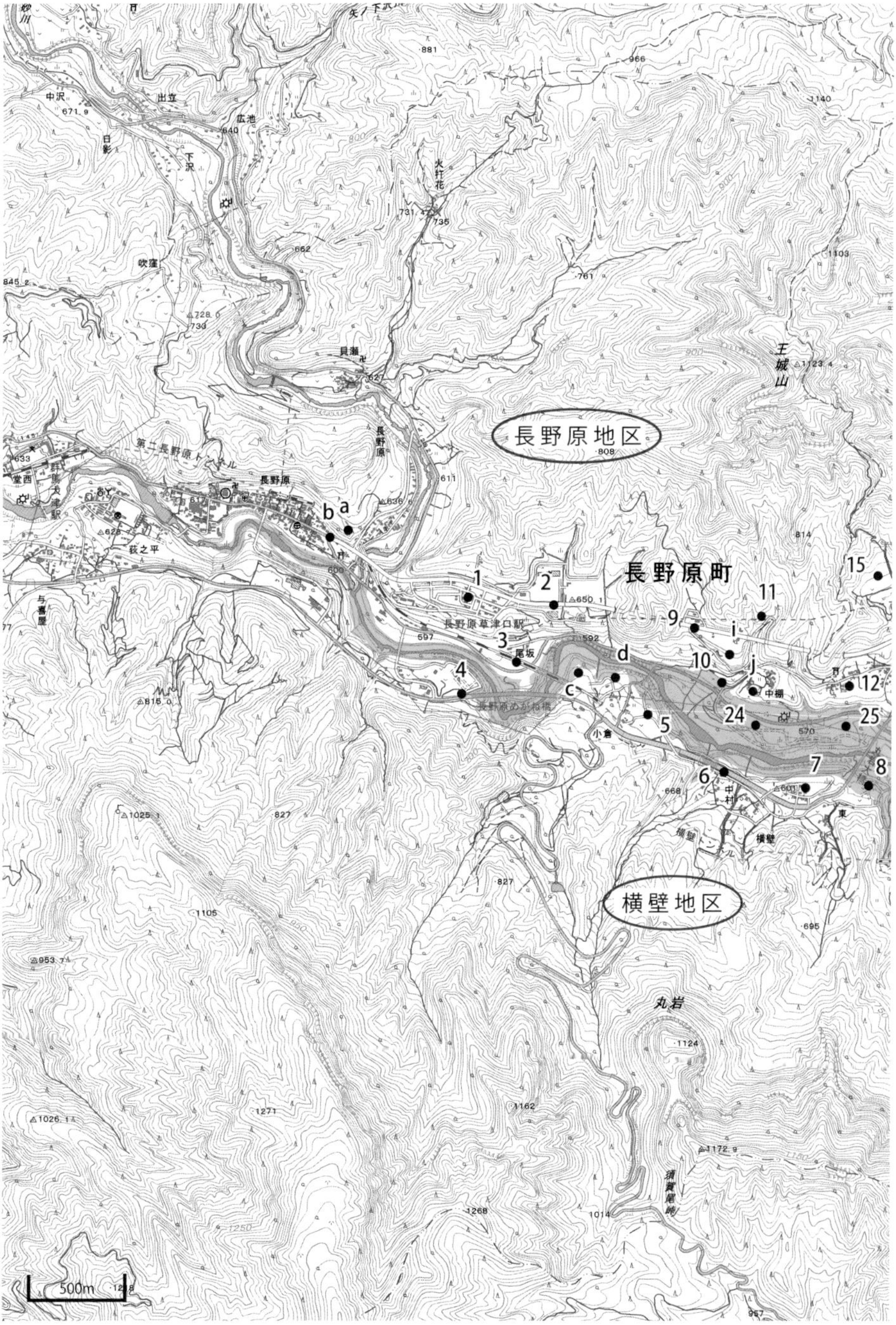

八ッ場で発掘された遺跡の位置（国土地理院２万５千分の１地形図「長野原」を加工）

林地区										川原畑地区							川原湯地区				
16	17	18	19	20	21	22	23	24	25	26	27	28・29	30	31	32	33	34	35	36	37	38
上原Ⅳ	林中原Ⅰ（林城跡）	林中原Ⅱ	花畑	立馬Ⅰ	立馬Ⅱ	立馬Ⅲ	下田	中棚Ⅱ	下原	西宮	東宮	三平Ⅰ・Ⅱ	上ノ平Ⅰ	二社平	石畑	石畑Ⅰ岩陰	川原湯勝沼	石川原	川原湯中原Ⅲ	西ノ上	下湯原
												△				◎					
	△			●1	△	●1						○	△			△					
				△	△	△						●1				△					
				△								△									
				△	△							△				△					
				●1	○	○						△				△					
					○	●3						△									
				△	○	○						△									
				△	△			△				△				△					
			△									△									
	△			△	△							△									
				△	△							△						△			
	●1	●2		△	△	○						●3	△			△					
	△	△				○						△	△								
	●1	△	△	△	△	○						△	△			△		○			
△	●1	○		△	△	○	○	△				●1	△	△		△		△			△
	△	△		△	△							●1		△	△	△		△		◎	
△	●1	○		△	△	○		△		△		●2	△			◎		△		△	
△	○	○		△	△	△						△				△		△	△		△
		△		△	△	△	△					△				△	△	○		◎	
◎	△	△	△	△	●3	△	△	◎				△	△			△	△	△		◎	△
△	●1	△		△	●6	△	△	◎				△	△			△	△	△		△	△
	△	△			○	△	△	◎		◎	△		●5			△	△	●1		◎	△
	△	○			△	△		△			●		●8					◎		△	
	△	●6						△			●		●3					◎			
	△	●23				△	△	△	△		●6							●2		◎	△
	●2	●29	△	△		●1	●1	○	○	◎	●56							●26			
	●3	●3		△		△	○	○	●1		●11							●3			
	●1	●8		△			△	△	○		●16		●4	△				●4		◎	
	△	●2		△			△	△	○	△			●2					●4			
●1	●	●1					△	◎	○	△	●25		○					●13		△	△
●4	●4	●	△	△		△		△	○	△						△	△	●9		△	
△		○						△	○		●3							●13			△
○		△		△					△		○							●2		△	△
△		△		△				△		△	△							●2			
△		△		△		△	△	△			△							●2		△	
				△														●1	◎		
								△										◎			
																		●1			
																		●6			
																		●6			
																		●1			
△				●1												△	△	○		△	
△				○					△			△	△			△	◎	○		◎	
△		●2		○	△	△	△	△	△	△		△	○			△	○	○		◎	
		○		○	△	△						△				△		△			
	△			●1										△	◎	△		△			
●2									●1							△	△	△			
●4		△	●3	●4	△		●5	●18	●1	○		●7	●26			△	●4	●62	○		●6
	○									△	△		△					●			△
△	●	●		○			◎		○	○	○	△						●		○	○
△	△	●	△	○	△		◎		◎	○	○	△	△				△	○	○	○	○
							●4	◎	◎	●28	●39			◎	◎	◎	◎	●57		◎	●2

八ッ場発掘調査主要遺跡一覧

年代	時代	時期	型式等	長野原地区				横壁地区				林地区						
				1	2	3	4	5	6	7	8	9	10	11	12	13	14	15
14,000年前				長野原一本松	幸神	尾坂	久々戸	西久保Ⅰ	山根Ⅲ	横壁中村	横壁勝沼	楡木Ⅱ	楡木Ⅲ	二反沢	林宮原	上原Ⅰ	上原Ⅱ	上原Ⅲ
	縄文時代	草創期	隆起線文								△							
12,000年前			爪形文															
			多縄文															
10,000年前			表裏縄文									△						
		早期	撚糸文	△	△							●33						
			押型文		△		△					◎						
9,000年前			三戸式									△						
			田戸下層式															
			田戸上層式															
			子母口式															
8,000年前			野島式									△						
			鵜ヶ島台式			△				△								
			茅山下層式							△		△						
			茅山上層式						△	△								
7,000年前			絡状帯圧痕文他				△											
		前期	花積下層式					△		△		○				●15		△
			二ツ木式	△						△		△				△		
			関山式	△		△			△	△		●				△		
6,000年前			黒浜式・有尾式	△		△	△	△	△	△		●				△		△
			諸磯a式	△				△		△		●				△		
			諸磯b式	△		△				△		●	△					
			諸磯c式	△						△		●	△			△		
			十三菩提式	△	△			△	△	△		●				△		△
		中期	五領ヶ台式	△	△			△		△		●2					●2	
			勝坂1式	○	△			○		○	△	●1					△	
5,000年前			勝坂2式	○	●1	△	△			●2		△						
			勝坂3式	○	△	△		△		●7						△		
			加曽利E1式	●			△		△	●14								
			加曽利E2式	●1		△			△	●17						●4		
			加曽利E3式	●53	●1	●4		●1	●4	●97	△	△				△		△
			加曽利E4式	●19		●1	●1	●3		●11						△		
		後期	称名寺1式	●6	△			●1		●8						△		△
4,000年前			称名寺2式	●2						●7								
			堀之内1式	●16	△	△	△	△		●23								
			堀之内2式	●2	△	△	△	△	△	●5	△	△	△					△
			加曽利B1式	○						●2								
			加曽利B2式	○		△			△	●2								
			加曽利B3式	○					△	◎								
			高井東式	○						●2								
			安行1式							○								
3,000年前			安行2式			△				●1								
		晩期	安行3a式							○								
			安行3b式							◎								
			安行3c式							◎								
			安行3d式							◎								
			千網式	△						◎								
			氷式	△	△		△	△		◎	△							
2,000年前	弥生時代	中期前半		◎	△	◎	◎	△	△	◎	△	△	△			◎		◎
		中期後半		△				△		○		△	△					
		後期		△		△		△		△								
	古墳時代			△						△					●1	●1		
	奈良時代																	
1,000南前	平安時代			●13	△	●11				●20	●1	●38			●17	●15		●13
	鎌倉時代																	
	室町時代			△		△				●				△				
	戦国時代			△		△				●		●		◎	●			△
	江戸時代			△	△	△	△	△	△	◎	△	△		◎	●			△
	天明泥流下					●1	◎			◎								

●住居あり　◎遺構あり、遺物多　○遺物多　△遺物あり　赤色は主要な遺跡を示す。

丘が並んでいる。段丘面の標高は五三〇〜六五〇mほどで、川底とは三〇m以上の比高差がある。この狭い段丘面には両側の山から流下する大小の沢が数多くあり、山裾には湧水点も認められる。自然が豊かな環境だが、山間のこの場所にこれほど数多くの遺跡が存在するなどと想定する人はいなかったであろう。

昭和五十一年（一九七六）三月に刊行された「長野原町史」では、町全体で遺跡は十数か所しか知られていなかった。ところが、平成二年（一九九〇）三月刊行の「長野原町の遺跡　町内詳細分布調査」では二一四か所もの遺跡が確認されており、そのうちの約半数が縄文時代、残り半数が平安時代と報告された。

この成果をもとに八ッ場ダムの発掘調査は平成六年度から開始されたが、結果は分布調査と同様で、大半が縄文時代と平安時代の遺跡であった。しかも、群馬県は古墳王国といわれるほど古墳が多い土地柄だが、古墳時代の集落はおろか、建物一棟さえもなかなか見つからないのだ。つまり、群馬県が稲作農耕社会に変わった弥生時代中期後半から、広大な圃場整備を行って農地を次々と広げていった古墳時代、中央集権体制を確立した飛鳥・奈良時代、そして律令社会が崩壊する平安時代前期まで、八ッ場では約一〇〇〇年もの長い期間にわたって集落の姿が見えないのである。このことは、地理的な条件や気候的な特性などから、八ッ場が稲作農耕には適していないことを如実に示している。

それではなぜ町内の遺跡の半分が平安時代なのか。律令は崩れても日本はまだ稲作農耕が中心の時代である。そうした疑問も抱えながら発掘調査

西宮遺跡２号建物の調査（670集）

は進められた。おそらく、ここには平野部とはまったく異なった目的の集落が存在するはずだが、発見される建物跡や生活用具は平野部のものとさほど変わらなかった。ただ一つ、平野部との大きな違いは、平安時代の陥《おとし》穴《あな》が群集する状態で見つかったことである。それも全体で一〇〇〇基を優に超えるほどの陥穴が確認されたのだ。平野部の調査では平安時代の陥穴を見たこともない。これはいったい、どういうことか。

3　被災の姿を記録する

一方、意図しなかった発見も数多くあった。天明泥流で埋没した江戸時代の集落の発見もその一つである。天明三年（一七八三）の浅間山大噴火に伴って発生した泥流が吾妻川を流れ下り、流域に大災害を及ぼしたことはすでに知られていたが、本地域にもその災害の爪痕がこれほど明瞭なかたちで残っているとは想定されていなかった。発見された家屋の上物は大半が泥流で流されたが、山を背負って平場に並ぶ家々の床板は浸み出した湧水に守られて残り、倒れた戸棚や仏壇、庭の片隅に積んだ薪、広範に広がる畑や道・水路なども当時の生活時のままの景観を保っていた。江戸時代の建物自体は県内でもいくつか知られている。しかし、そこで生活していた様子をそのまま見せてくれるのは、被災した遺跡以外にはないのである。八ッ場ダムの常時満水位は標高五八三ｍに設定されているが、この水位下で発見された天明泥流下の集落は、全て復元可能な精度で記録を留めることができた。

八ッ場ダム建設に伴う発掘調査は令和元年九月にすべて終了した。調査

西宮遺跡５号建物の調査（670集）

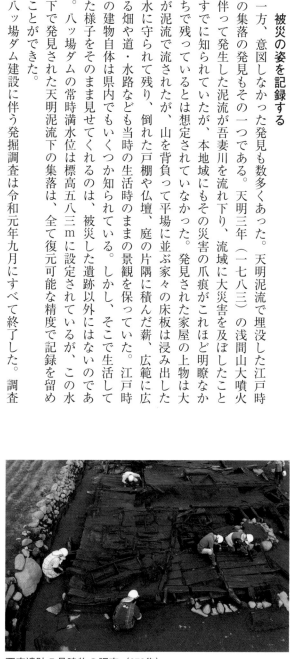

した遺跡は全部で六六か所、調査面積は約一〇〇万㎡であった。発掘調査で得られる資料は、当時の生活の中のほんの一部に留まるが、それでも平野部や東吾妻地域との比較材料は得ることができた。群馬県で繰り広げられた歴史も一様ではなく、各地域の風土や特性に合わせてさまざまな工夫が散りばめられている。

本書では、発掘してわかりはじめた「八ッ場」の本当の姿をありのままにお伝えし、西吾妻地域のもう一つの魅力を感じていただければと思う。

（藤巻幸男）

※各写真にある（〇〇集）は公益財団法人群馬県埋蔵文化財調査事業団の報告書の通番。

縄文時代

―山間に息づく縄文人の足跡―

横壁勝沼遺跡出土の槍先形尖頭器（303集）
長さ12.25㎝。先端部を僅かに欠損するが、ほぼ原形を保っている。八ッ場の発掘調査で出土した遺物のなかでは縄文草創期と最も古い。八ッ場を最初に訪れた時の落とし物であろうか。

重なる配石墓

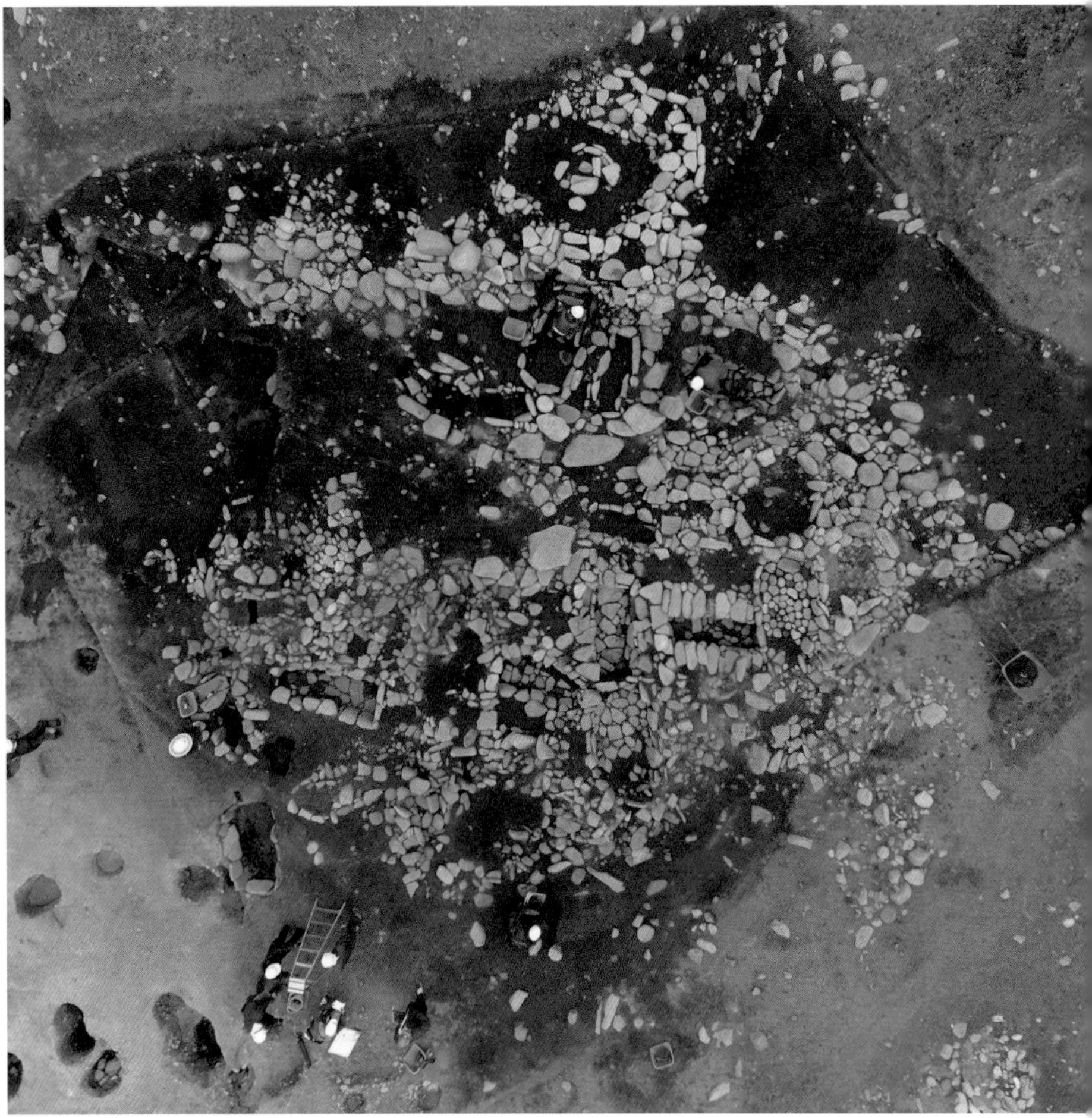

川原湯地区の石川原遺跡で発見された縄文時代後期後半（約3500年前）の配石墓群。写真上が北東。10×20mほどの範囲に50基もの配石墓が折り重なるようにして見つかった。配石墓の形は長方形や楕円形のものが多く、決められた方向に沿って縦横のラインを直行するように合わせているのがわかる。底面に石を敷いて手厚く葬ったものも多く認められた。（687集）

石を組み、技を魅せる

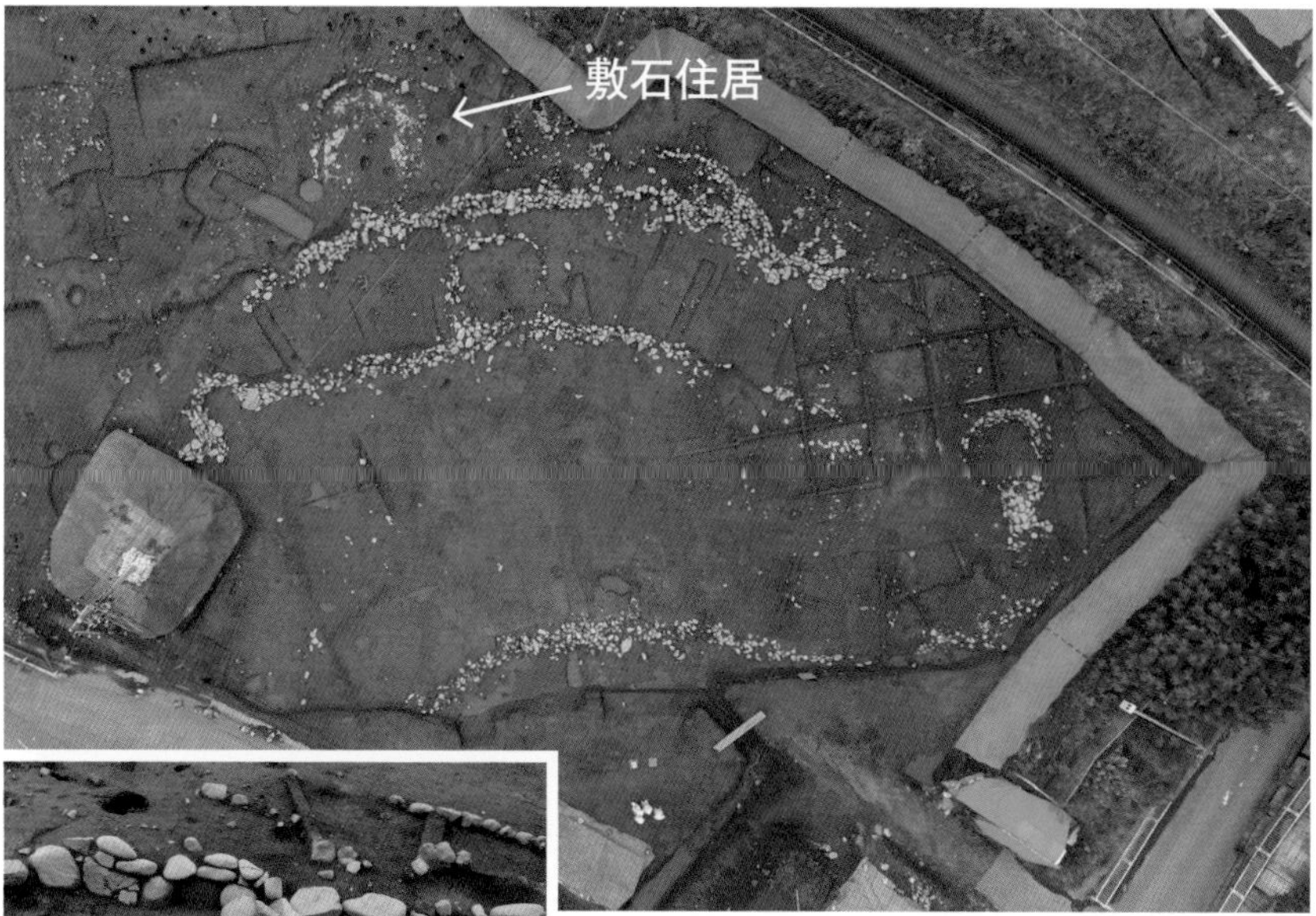

東宮遺跡で発見された３列の列石。緩やかな傾斜面に沿って50cm前後の段差を弧状に掘削し、そこに大きな石を敷き並べている。列石の中央部には大型の敷石住居があり、その入り口部に列石を配置しているのがわかる。一番上の列石が長さ46m。左下の写真は列石に伴う配石で、石で囲ったなかに立石や丸石を配置している。(675集)

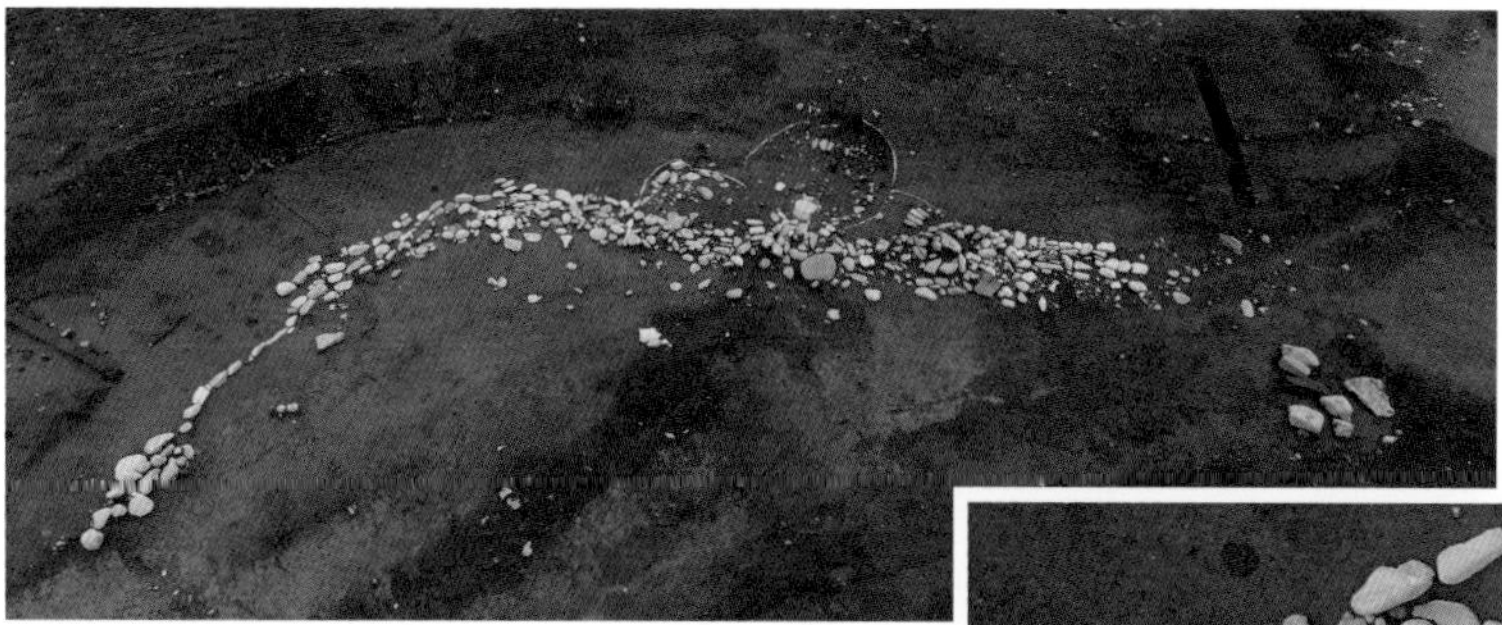

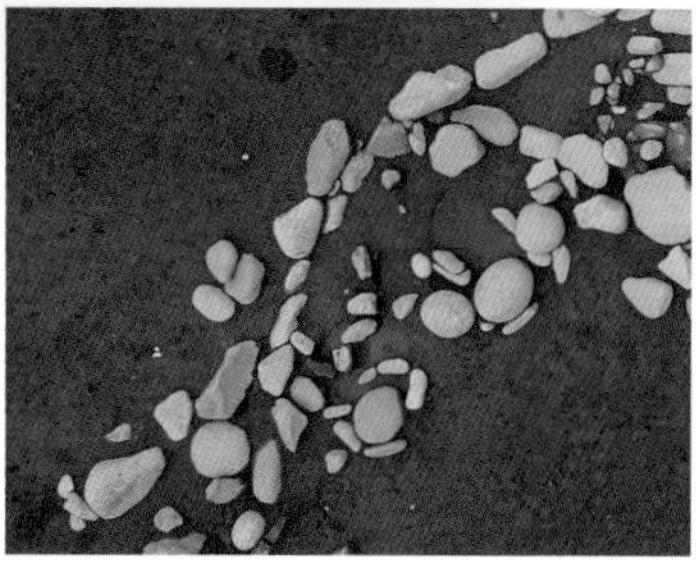

石川原遺跡で見つかった「へ」の字状の列石。列石の長さは31m。右下は「へ」の字に曲がった部分を拡大した写真で、列石の内側に丸石が４個あり、いずれも小さな石で囲っている。(687集)

石川原遺跡で発見された縄文時代晩期の竪穴建物。建物を作る時に掘削した土を周囲に盛って「周提帯」を造っている。掘り込んだ地面に多量の石が含まれていたので、当時の家の構造がよくわかる。建物の幅は5.6m、周提帯は直径10.5m。(687集)

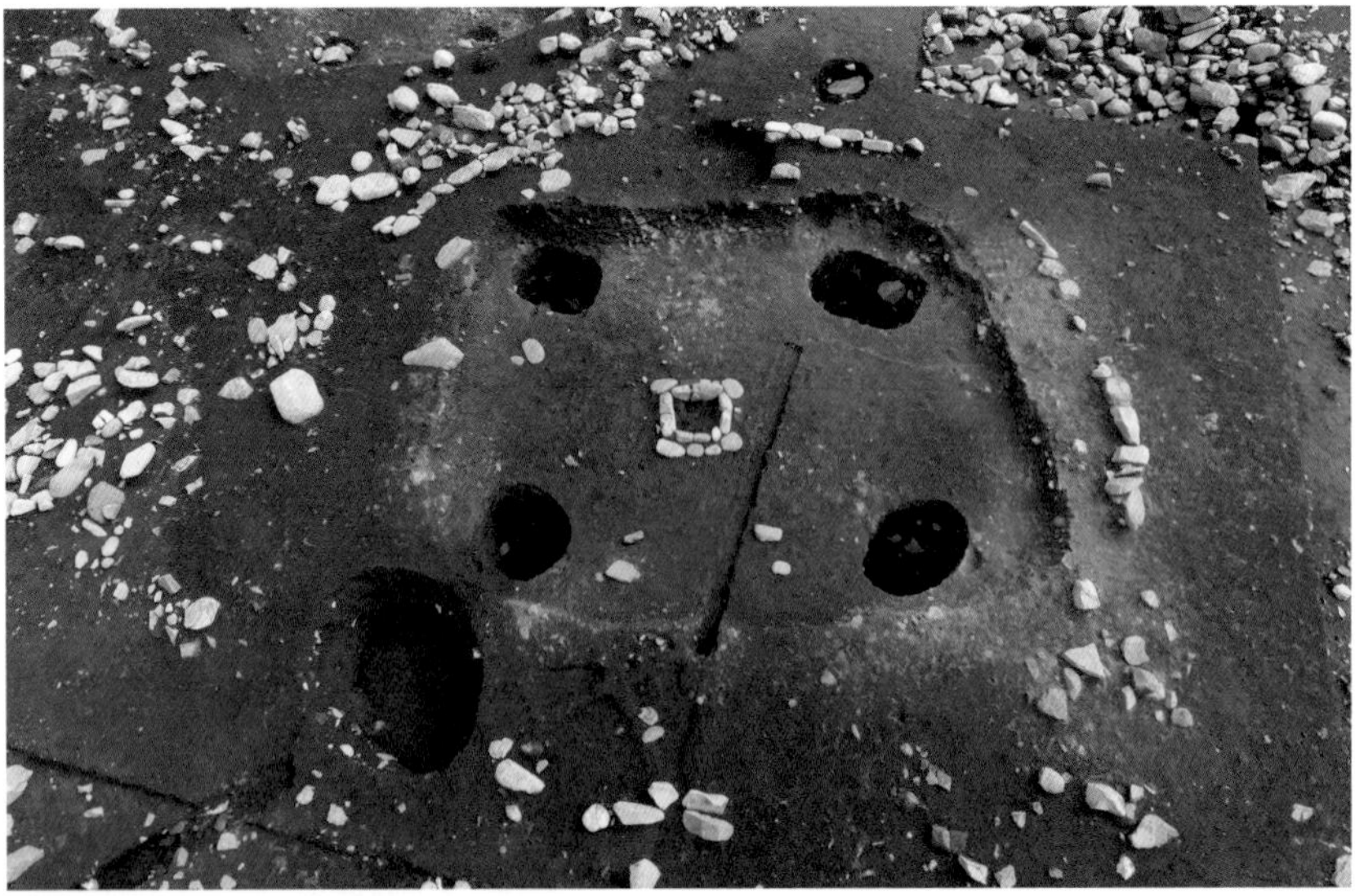

石川原遺跡で見つかった縄文時代晩期の竪穴建物。中央部に石で囲った炉があり、４本の大きな柱穴がある。この建物には周囲に沿って石列が伴う。建物の幅は5.7m。(687集)

石組みの水場遺構

川原湯地区の石川原遺跡で発見された縄文時代後期（約3700年前）の水場遺構。数多くの石で長方形の作業場をつくり、その周囲の坑にクルミやトチの実を蓄えた。作業場は長さ3.2m。（687集）

石川原遺跡の水場遺構。中央部の楕円形の区画が作業場で、いくども作り替えが行われたため、周囲に石が備蓄されている。長さは全体で13m。（687集）

一　山間に息づく縄文人の足跡

最初の訪問者たち　長く続いた氷河期が終わり、暖かな日ざしが差し始めた頃、人々は粘土を焼いて器《うつわ》を作り、安心できる場所にムラをつくって暮らすようになった。

縄文時代は、狩猟・採集を中心に一万年以上続いた文化で、ほぼ同質の文化がこれほど長く継続した例は世界でもなく、海外では驚きをもって知られている。現在判明している最も古い縄文土器は、放射性炭素年代測定で一万六五〇〇年前とされており、これも世界最古クラスだ。日本の考古学では、縄文時代を草創期・早期・前期・中期・後期・晩期の六期に区分しているが、八ッ場では草創期末葉の石器や土器が少量ながら見つかっており、古くから人が活動していたことがわかってきた。この頃はまだ氷河期が終わって間もない頃で、針葉樹の森が周囲を覆っていたと考えられる。

集落をつくる　縄文時代の八ッ場を想像してみていただきたい。東西に流れる吾妻川の両側に狭い段丘面が連なり、その背後には標高一〇〇〇m前後の山々が迫っている。唯一の平坦地である段丘面には裏の山か

八ッ場の地形

ら流下する大小の沢があり、山裾には湧水点もある。段丘面の標高は五三〇～六五〇mほどで、すぐ裏の山には標高一〇〇〇mまでの多様な植物が繁茂し、それを食糧とする数多くの動物を育んでいる。前橋・高崎の丘陵部に比べれば標高はかなり高いが、多様で豊かな自然が身近に広がっている。

しかし、本当の自然とは極めて危険な場所で、夜間はもちろんのこと、昼間でも単独行動は危険と常に隣り合わせであり、その危険を察知し、対処する術《すべ》を身に付けていなければ、いくら豊かな自然があっても生きてゆくことすら不可能だ。「集落をつくる」ということは、そうした危険極まりない自然の中に、自分たちが安心して眠ることができるスペースを切り取ることでもある。

今から九〇〇〇年ほど前になると、八ッ場にも広葉樹の森が広がり、過ごしやすい気候に変化してくる。そうした頃に、林地区の小さな平坦地に楡木Ⅱ遺跡が出現する。この場所は小さな沢がある狭い緩傾斜地で、そこに竪穴建物が三〇棟ほど集中しており、一定期間を過ぎると跡形もなく集落は姿を消してしまう。しかし、八ッ場ではこの時期の土器が一〇か所の遺跡で見つかっており、活発な活動があったことを示している。

その後、早期中葉から前期にかけての遺跡は数棟程度の小規模集落がほとんどで、定着性も乏しい。県内では前期の大規模集落が知られているが、八ッ場では当時の生活様式が適していなかったのかもしれない。

楡木Ⅱ遺跡の調査状況（458集）

やがて中期になると状況は一変し、長期にわたって継続する集落が出現する。主要な集落は吾妻川の両岸に二km前後の間隔で並び、それぞれが見える位置で数百年にわたって共存し、共に繁栄する道を歩んでいる。こうした状況は後期前半まで継続したが、後期後半以降まで継続する集落は吾妻川右岸の二つだけになり、やがて終焉を迎えることになる。

周辺地域との付き合い方　最初の集落があった楡木Ⅱ遺跡では、信州地方に分布する押型文土器や縄文系土器、そして関東地方に分布する撚糸文土器とが相半ばで出土しており、両地域の親密な関係を見ることができた。こうした傾向はその後の時期にも認められ、「どちらにも偏らない、どちらにも属さない」という八ッ場独自の立ち位置を良く示している。

さまざまな文様が付けられた縄文土器。土器の形（フォーム）や文様は地域によって異なっており、方言とよく似た要素があるといわれている。また、土器は時間とともに変化するため、私たちはその形と文様によって時期や地域を知ることができる。

出土する縄文土器の多くは、その遺跡が所属する集団内で作られているが、文様や流儀が異なった土器が含まれていることもある。おそらくは、一年に何度か各地でマツリが行われ、そうした際の手土産や物々交換などで持ち込まれたものであろう。

八ッ場では、新潟県産のヒスイ製品やアスファルト、長野県産の黒曜石なども数多く出土しており、両地域との交流や物流があったことを示している。そして本地域が、関東地方内陸部との中継的な役割をも担っていたことが想定される。

立馬Ⅱ遺跡出土の北陸系土器と横壁中村遺跡出土のヒスイ製の玉類（375集，436集）

例えば黒曜石は、関東地方の縄文遺跡であれば、どんなに小さな遺跡でも必ず出土するほど流通しており、縄文時代の情報網には驚くばかりだ。

祖先と共に暮らすムラ　日本で最も古い墓は、今から一万七〇〇〇年前の旧石器時代にあったことが知られているが、八ッ場では縄文時代前期から墓が見つかっている。後期になると頭の部分に土器を被せた墓が登場し、集落の中に手厚く葬られているが、数が少ないことから全員が集落内に葬られたわけではないようだ。後期の中頃になると、大きな石で囲った「配石墓」が出現し、晩期中頃まで継続されたことがわかっている。石川原遺跡ではそうした配石墓が集落内の一定範囲に七〇基も集積した状態で発見され、注目された。

八ッ場の縄文時代の遺跡では、亡くなった故人が集落内に埋葬され、今を生きるムラ人が共に暮らしている様子が判明している。しかし、集落内に埋葬された故人は全員ではなく、いずれも特定の人物であり、村長（ムラオサ）などの一部の故人が顕彰された姿であったと考えられる。

いったい、墓は誰のものか。亡くなった故人の身内は、故人のためと思って墓を造るが、社会的に墓はその後を継いで生きていく者達のための表徴だと考えたほうがよいだろう。そうであれば、石川原遺跡の七〇基の墓は、この集落をまとめていた村長やその子孫あるいは縁者を自称する人々の墓だったのかもしれない。

それでも、祖先と共に暮らすのが縄文流の生き方だったのであろう。

石川原遺跡で発見された配石墓群の調査（687集）

二　縄文人の住まい（集落の出現と社会）

どこに集落をつくったか　今から一万二〇〇〇年ほど前、八ッ場を訪れた人々があった。横壁地区と林地区からこの頃の槍先が見つかっている。大型の動物を追っていたのであろうか。その頃の土器も林地区や川原畑地区でわずかに見つかっている。石畑Ⅰ岩陰もその一つで、昭和五十三年に発見された際に草創期終末の土器が出土している。この岩陰は、ダムの名称になった「やんば沢」のすぐ西側の位置にあり、豊富な水は得られるが、家族が長期滞在できるようなスペースはない。

今から九〇〇〇年ほど前、林地区の楡木Ⅱ遺跡に当時としては数多くの人々が集まり、一定期間にわたって集落を維持した。発掘調査では三〇棟を超える竪穴建物が確認されており、県内ではトップクラスの集落規模であった。この時期の土器は、八ッ場全体では一〇か所の遺跡で見つかっているから、広範囲にわたって活発な活動が行われたと考えられるが、楡木Ⅱ遺跡はその後に継続することはなかった。

その後、早期中葉から後葉にかけては林地区の立馬Ⅰ遺跡や立馬Ⅲ遺跡で数棟の竪穴建物が確認されている。ここは豊富な湧水で知られる「立馬沢」がある傾斜地で、地元では蛍の生育地、そして狩り場としてもよく知られている。つまり、場所は狭いが水と動植物は豊富なところで、各時代にわたってさまざまな使われ方をした場所と言えよう。前期の集落は林地区を中心に数か所で確認されており、継続する遺跡もいくつかあるが、こ

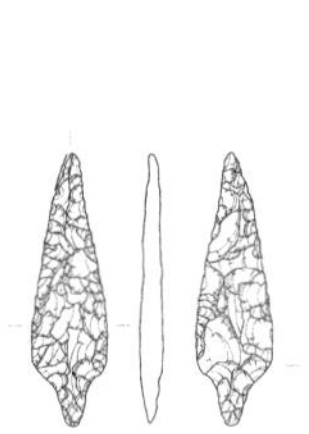

立馬Ⅰ遺跡の槍先（388集）

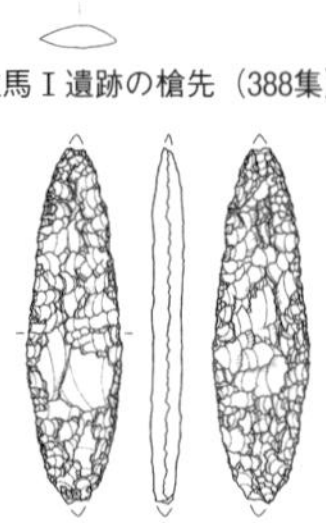

横壁勝沼遺跡の槍先（303集）

楡木Ⅱ遺跡で発見された9000年前の竪穴建物（458集）

の時期は規模の大きな集落は見当たらない。

大規模集落の出現　やがて中期後半になると、長期にわたって継続する大規模集落が出現する。それは各大字ごとに一カ所ずつあり、それぞれが見える位置に集落を置いているようにもみえる。大規模集落は、吾妻川左岸では長野原地区の長野原一本松遺跡、林地区の林中原Ⅱ遺跡、川原畑地区の東宮遺跡、右岸では横壁地区の横壁中村遺跡、川原湯地区の石川原遺跡の五か所である。これらは左岸側と右岸側でそれぞれ約二㎞ほどの間隔で並んでおり、その周囲には同時期の小さな集落や、土器や石器が出土する場所がある。二㎞の範囲が各グループの領域だとすれば、その背後にある標高一〇〇〇ｍの山と、手前に見える吾妻川までの水場などがそれぞれの大規模集落が領有するエリアで、各集落の構成員がエリア内の出先でさまざまな活動を行っていたのであろう。そして、食糧、衣類の材料、道具を作るのに必要な石材や木材、土器などを作るための粘土の調達、年に何度か行われるマツリなどについては、共同で事にあたっていたものと想定される。

　また、横壁中村遺跡では後期前半の掘立柱建物が確認されている。これは一〇本の大きな柱穴を長方形に配置したもので、長軸方向に棟持ち柱が伴う倉庫のような高床の建物であったと想定される。長軸七・三五×短軸三・五ｍ、棟持ち柱間が一三ｍの規模があり、柱穴の大きさから考えると現在の電信柱のよう

林中原Ⅱ遺跡の大規模集落の調査（617集）

な高さがあったと思われる。しかも、この建物は北向きの斜面に対して長軸を直行させて磁北に配置しており、柱穴の底面は一ｍほどの比高差が認められる。当時の知識力・技術力の高さを示すものと言えよう。当時は周囲にこれほどの高さの人工物はなかったので、遠くからでもそれとわかる構造物であり、ムラのシンボルだったのであろう。こうした建物は長野原一本松遺跡や林中原Ⅱ遺跡でも発見されており、地域を挙げてのマツリの際には、領域外からの訪問者はこうしたシンボルを目当てに来訪したに違いない。

大規模集落は大半が後期前半まで一〇〇〇年以上も継続し、合計で一〇〇棟を優に超える竪穴建物を残している。

豊富な水と定住　こうした縄文時代の集落を観察すると、周囲に必ず水があることに気づく。縄文人は基本的には井戸を造らなかったので、集落は必要な水が得やすい場所を選択している。八ッ場で最初の集落である林地区の楡木Ⅱ遺跡は、集落の直近に小さな沢があり、東側二〇〇ｍほどのところに水量の豊富な「滝沢」がある。早期の立馬Ⅰ・立馬Ⅲ遺跡も先述した通りである。前期初頭の集落がある林地区の上原Ⅰ遺跡は、中期の大規模集落である林中原Ⅱ遺跡の一段上にあるが、両遺跡とも林地区の東側を流下する小さな沢沿いにあり、東側二〇〇ｍほどのところに水量の豊富な「折の沢」がある。対岸の横壁中村遺跡も集落内に小さな沢があり、東側に豊富な水量の「東沢」が隣接する。

横壁中村遺跡で発見された縄文時代後期の掘立柱建物（439集）

もともと八ッ場は水の豊富な場所ではあるが、日常的な水は遺跡の間近で賄い、食糧の加工や道具類の整備などで多量の水が必要な時には、多人数で大きな沢まで出向いて共同作業を行ったのであろう。特に大規模集落では多量の土器・石器が出土するが、これらの中には石器の材料となる原石や製作途中の未製品、作る時に派生する石のかけらなどが大量に含まれており、まるで現在の「製作所」と「ホームセンター」を合わせたようだ。彼らは出先で得た多様な材料をここに集め、作り、消費していたと考えられる。

今から約三五〇〇年ほど前に大規模集落は終焉を迎えることになるが、吾妻川右岸の横壁中村遺跡と石川原遺跡はその後も集落が継続している。右岸は北に開けた日陰側であり、冬期は午後三時で日が隠れ、地面が白く凍り始めることを発掘現場で毎年経験した。不思議なことに、その右岸側の遺跡が二か所ともさらに一〇〇〇年間も続くのである。この段階の集落の特徴は、本格的な水場遺構と配石墓群の出現などが挙げられるが、これらについては別項で紹介する。

このようにして八ッ場の縄文時代は続いたわけだが、集落の出現はすなわち定住の発生でもある。定住は女性と子供、そして年配者を守り、社会生活をする上で必要なリーダーを生むことになる。人口が増加し、年配者は社会生活に必要なさまざまな知識と有益な仕組みを伝えたであろう。

林中原Ⅱ遺跡の調査風景

地元の第一小学校生徒の発掘体験。

住まいの形　当時の住居は、地面を三〇〜五〇cmほど掘り込んだ竪穴式で、平面形状は円形・楕円形・方形・長方形などがあり、大きさもさまざまだ。楡木Ⅱ遺跡などで見つかった古い時期の住居は直径が二〜三mほどの円形のものが多く、掘り込みもやや浅いが、大規模集落で見られる中期の住居は直径五m前後の円形のものが多く、掘り込みは五〇cm前後の深いものもある。建物の中央付近に煮炊きや暖をとるための炉（火どこ）があり、入り口部分に土器を埋め込んでいるものも多い。炉は長さ五〇cm前後の細長い石で方形に組んだものが多く、片隅に土器の上半部を埋め込んで五徳《ごとく》とするものも認められる。建物の入り口に埋めた土器は、出産の際に胞衣《えな》を入れたとする研究もあり、皆がそれを踏むことで丈夫に育つことを願ったと考えられている。柱坑は四本・五本・六本のものもあるが、大きな建物では七本・八本のものもある。

一方、前期や晩期の建物は方形・長方形のものも多く、柱穴は方形は四本、長方形では六本の柱が並ぶものもあるが、前期の事例は八ッ場では良い例がない。晩期では石川原遺跡で方形の竪穴建物と平地式とみられる長方形の建物が見つかっている。

石畑Ⅰ岩陰遺跡の発掘調査
昼間でも手元が暗い。
（676集）

柄鏡形住居と列石　縄文時代では、少し変わった竪穴建物もある。それは後期に流行したもので、出入り口部分に柄が付いたような形状から「柄鏡形住居」と呼ばれている。これは床面に平坦な石を敷いた敷石住居から派生したもので、柄の部分から両側に大きな石を並べた列石を伴うものもある。こうした建物は中期終末に突然出現し、後期中頃まで続くことが知られており、集落内でも特異な形態の建物として検討されている。八ッ場でも各遺跡で数多くの柄鏡形住居が見つかっているので、紹介しておこう。

長野原地区の久々戸遺跡では柄鏡形敷石住居が発見された。床の全面にこの地域特有の平石を方形に敷き詰め、柄の部分にも同じ石を並べている。敷石がこれほど無傷で残されているのは珍しい。横壁地区の横壁中村遺跡では、円形状の建物の出入り口部分に幅広く列石が両側に伸びていた。この遺跡では列石に伴う建物が一〇棟前後も見つかっており、この場所で建物が幾度も建て替えられ、床面の敷石も次々と転用されたので、残っていないのである。久々戸遺跡では竪穴建物は一棟しか見つかっていないが、横壁中村遺跡は一九八棟の建物が発見された大規模集落であり、同時期の建物も数多く見つかっている。横壁中村遺跡では、大きな立石や丸石を石で囲った配石が、列石に伴って数多く見つかっているが、こうした遺構は川原畑地区の東宮遺跡や川原湯地区の石川原遺跡でも確認されている。

石を使う　八ッ場は身近にたくさんの石がある。横壁地区の丸岩の周辺には柱状節理で板状に割れた石が大量にあり、吾妻川には適度に周囲が丸くなった大小の川原石、白砂川で球形に削られた丸石など、多様な石材が揃っている。だから縄文時代の人々は、用途に合わせて多様な石を生活の

横壁中村遺跡の柄鏡形敷石住居と列石（466集）

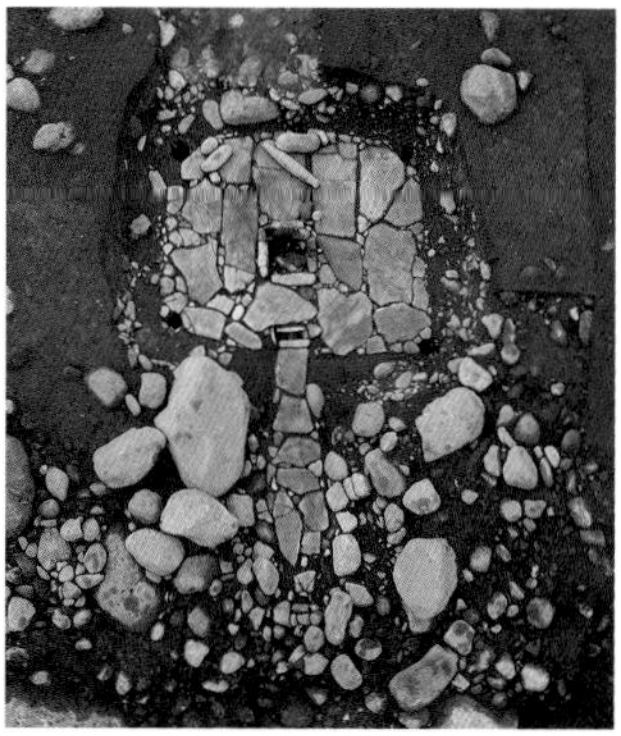

久々戸遺跡の柄鏡形敷石住居（627集）

中に取り込んでいる。

　建物の床に平石を敷き詰めて敷石住居とし、出入り口の両側に大きな石を並べて列石とした。そして、大きな棒状の石を立てて周囲を石で押さえ、球形の丸石も周囲を石で囲って配石とした。また、ある時期には大きな平石を組んで墓を造ることも始めた。石川原遺跡では、直径八ｍの大型竪穴建物に伴う列石の前面から約七〇基もの配石墓が発見された。これらは一定の範囲に次から次へと折り重なるようにして造られており、しかも墓の方位まで建物と列石の方角に合わせて整然と葬られていた。

　こうした配石墓の構築も、長期にわたって継続した大規模集落が終焉を迎えつつある後期中頃に始まる変化の一つであり、やがて訪れる縄文時代の終焉に向かって変貌を遂げてゆく人々の、たくましい横顔を見ているような気がする。

（藤巻幸男）

横壁中村遺跡の列石遺構（456集）　その中には立石や球形の丸石を伴う配石遺構が数多く組み込まれている。

三　狩猟と採集のくらし

八ッ場の水場利用　八ッ場では水場遺構を三か所確認した。本編では、石川原遺跡について紹介する。石川原遺跡では、集落に囲まれた沢の縁辺部に水場遺構が一三基、低湿性土坑が一四基、トチ塚が一基、その他にトチ殻の集中地点を複数確認した。九～一二号水場遺構は、貯水部から排水部までの長さが約三七・五mを測る。遺構内からはクルミ、トチノキなどの堅果類《けんか》やニワトコなどの漿果類《しょうか》、木材、木製品類が多量に出土し、堅果類のアク抜きに伴う水さらしだけではなく、堅果類の叩打、木製品の加工に伴う水漬け、貯蔵など、日常生活に必要な活動を縄文時代中期後葉から後期後葉にかけて継続したことが想定される。周辺の環境は、沢沿いには水辺の湿った立地を好むオニグルミなどが生息し、斜面地には落葉広葉樹林が成立していた。花粉分析の結果からは、遺跡周辺でクリ林の維持管理が行われ、沢には常に水が流れ、一部には池沼のような水がたまった場所も存在したことが明らかになった。

水場遺構の構造と性格　水場遺構は全て石組みで、地山礫と川原石を用いて、湧水または沢水を貯め込む貯水部、堅果類や木材の加工などを行う作業部、利用した水を排出する排水部に分かれていた。これらの施設には、二m前後の礫で構築する形態（六号水場遺構）と五〇cm程の礫を規則的に配置する形態（一号水場遺構）の二種類が見られ

6・10～13号水場遺構全景（687集）

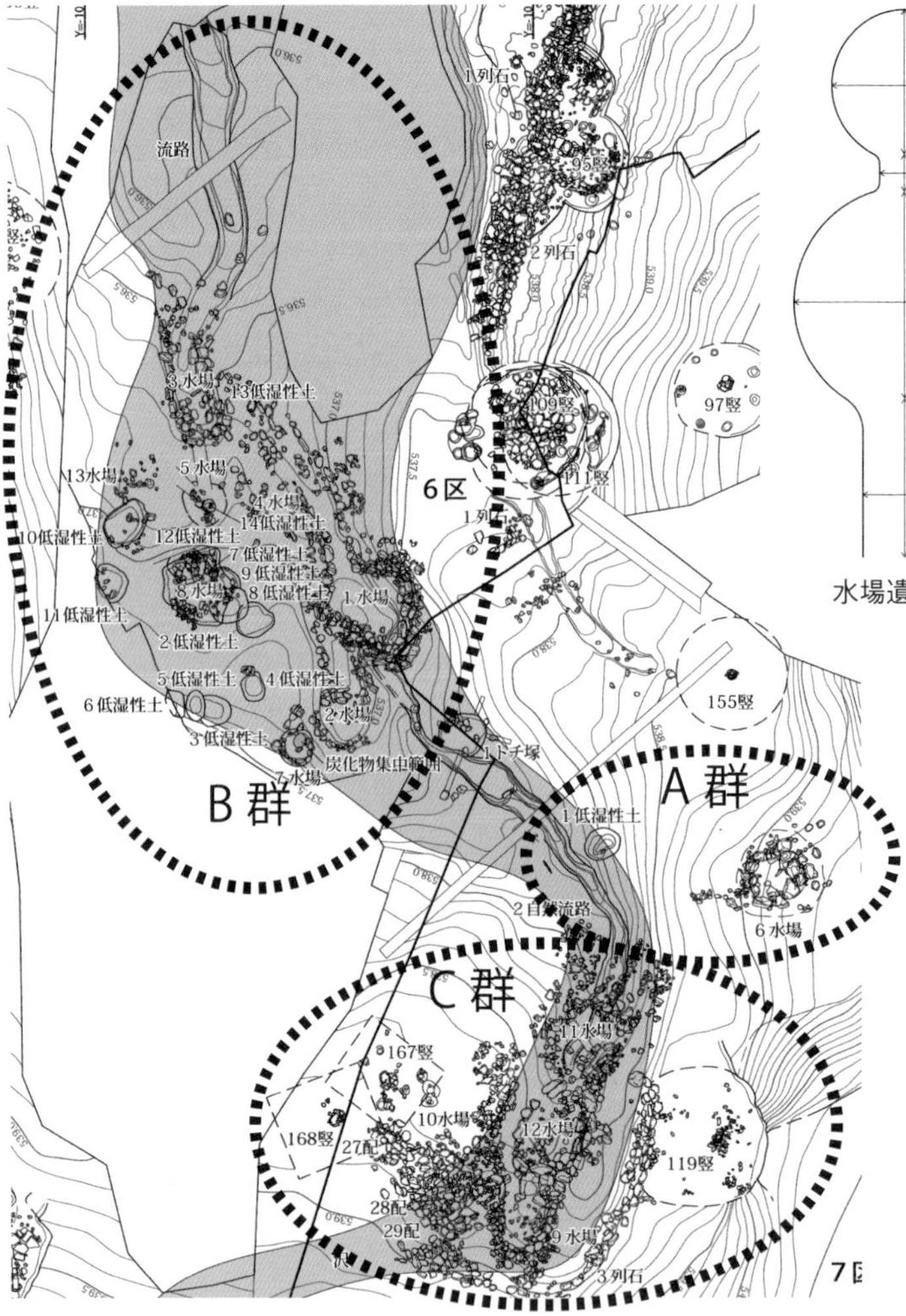

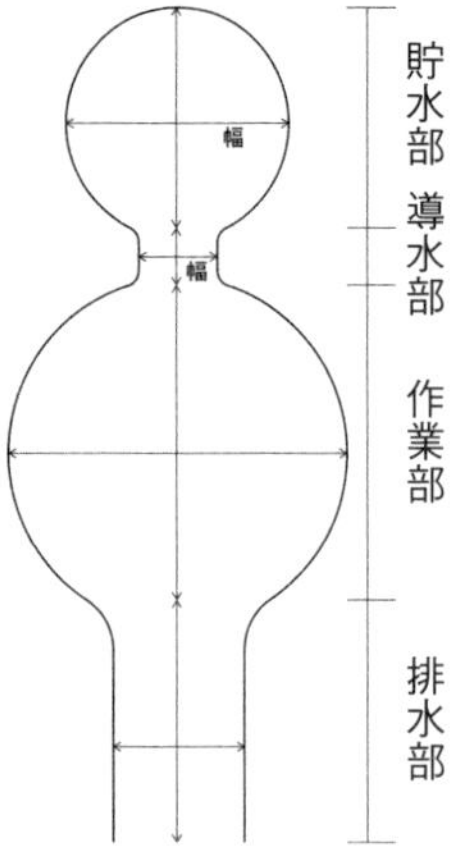

水場遺構の名称

水場関連遺構全体図（687集）

1号水場遺構石積み構築状況（687集）

1号水場遺構全景（687集）

た。後者は、一・九～一二号水場遺構が挙げられる。一号水場遺構は作業部と排水部を伴う遺構で、沢水を引き込んで作業を行ったと考えられる。規模は最長一一〇mを測り、作業部は三段階の改築を確認した。構築方法は内側の川原石を互い違いに積み、外側には裏込め状の礫を詰め、底面には堰状の石の配置も見られた。

六号水場遺構は、斜面地に形成され、貯水部が確認された。貯水部は三八mを測り、二m前後の礫をコの字状に並べて標高の低い方に開口していた。構築材の縁辺部には、小礫を充填し、貯水部の底面には、石が敷かれていた。九～一二号水場遺構は、九号水場遺構が貯水部、一〇～一一号水場遺構が作業部、一二号水場遺構が貯水部と排水部の役割を担っていた。これらの施設は、外縁部に一mの礫を配置し、内縁部に拳大ほどの礫を詰め込んで構築されていた。

低湿性土坑　クルミや木材を加工しやすくするため、水漬けを行う施設である。時期は縄文時代中期前葉から後期中葉まで一三基確認した。構築場所は、沢の西側縁辺部に限られ、水場遺構とセットで利用されていた。構造は、底面の縁辺部に石を組み、クルミやトチノキ、木製品の未製品を貯蔵し、さらに上面に枝材や礫を被せ、堅果類の流出や砂の流れ込みを防いでいた。

トチ塚　一号水場遺構の東側で一基確認した。五mほどの不整形状にトチ殻が集中し、厚さ四〇cm程堆積していた。トチ殻は残滓がほとんどを占め、クルミなども確認できた。出土状況はブロック状を呈しており、数回にわたって廃棄が行われた結果、形成されたと想定される。帰属時期は、

6号水場遺構全景（687集）

出土遺物から後期前葉に形成されたと考えられる。

水場遺構の変遷　石川原遺跡の水場利用は、中期前葉から確認されており、利用が本格化する中期後葉から後期後葉まで一〇〇〇年間継続的な利用が想定される。水場遺構は、A～C群の三か所に構築されていた。各グループには時期差があり、中期後半から後期中葉を中心としたB群、後期前葉のA群、後期中葉から後期後葉のC群という変遷を遂げる。B群の特徴は、水場遺構と低湿性土坑のセットでの利用が堆積状況や出土遺物から明らかとなり、後期中葉以降は、C群へ構築場所を移動した。A群は、六号水場遺構を中心としたグループで、付近には一号低湿性土坑が構築されている。C群は九～一一号水場遺構を中心とした遺構群で、A・C群と、低湿性土坑が伴わず、水場遺構の北側の微高地部にトチ殻などの堅果類の集積が認められた。要因は、水場遺構で生活に必要な活動を一括に行うことが可能となったことが挙げられ、後期末葉に廃絶する。

変遷過程をまとめると、中期後半から後期前葉までは、水場遺構と低湿性土坑をセットとして使用していたと考えられる。遺構内には、堅果類を多量に含んだ腐植土層と砂層が交互に堆積しており、土砂の流入によって埋没するたびに、改築を行ってきたと想定される。最終的には流入砂による埋没によって、B群の水場利用を終焉したと考えられ、晩期になると、沢は完全に埋没したとみられ、水場利用の痕跡が確認できない。

石川原遺跡の水場遺構　群馬県では、水場遺構または水場遺構と想定される遺跡は、石川原遺跡を含めて八遺跡確認され、うち五遺跡が吾妻川右岸に立地する。要因は、豊富な湧水と吾妻川の渓谷状の地形により必然的

10 ～ 12号水場遺構全景（687集）

に湧水利用が考えられる。

　時期別に傾向を述べると、水場遺構は、山根Ⅴ遺跡で中期前半の貯水部が確認されている。群馬県内で本格的に水場遺構が構築されるのは後期前葉以降で、吹屋三角遺跡で木組み、中棚Ⅱ遺跡、宮久保Ⅳ遺跡で石組みの水場遺構が確認されている。後期後半以降になると、群馬県内でも水場遺構が大型化する傾向にあり、唐堀遺跡、矢瀬遺跡で確認されている。両者とも石組みを基本とし、貯水部、作業部、排水部が確認されている。形態としては、九〜一二号水場に類似する。晩期になると矢瀬遺跡、茅野遺跡で見られる。

　水場遺構の形態について、後期前半以前は石を乱雑に積み上げる形態が多いが、後期前半以降は、規格的に石組みを構築する水場遺構が出現し、後期後半以降は、各施設が明確化かつ大型化していく傾向にある。また構築材として石を用いるのも山間部の水場遺構の特徴と考えられる。

　群馬県外の水場遺構について捉えると、平地部では木材の利用が多く、山間部では石材の利用が多く見受けられる。石川原遺跡の場合、地山が礫層であり、身近に入手しやすかったため、利用したと考えられる。ほかの遺跡でも入手しやすいものを使用したと考えられ、立地による水場遺構の利用方法に差異はないと考える。

　以上のように石川原遺跡は、中期後葉までの初期段階の水場遺構に伴う形態からクルミ、トチノキなどの堅果類利用の増大と、利用の多様化によって水場遺構の大型化する過程を追うことができる遺構と考えられる。

（鈴木佑太郎）

トチ塚トチ堆積状況（687集）

コラム

顔の無い土偶

平成三十一年度、石川原遺跡で一点の見慣れない土偶が出土した。縄文時代後期の配石墓群の調査中、墓の周囲に積まれた礫を取り除いていくと、その下からほぼ完全な土偶と注口土器が出土したのである。

土偶は、縄文時代のマツリや祈りに関わる道具の一つである。古い時期には顔の無い土偶が多いが、中期頃からは立体的になり顔の表現をもつ土偶が大多数を占め、後晩期にはハート形土偶やミミズク土偶などといった特徴的な顔をもつ土偶が有名である。

石川原遺跡のこの土偶は、一緒に出土した注口土器の時期から、後期の終わり頃の土偶と考えられる。その特徴は、何といってもその頭部表現である。本来あるべき顔がなく、小さな浅鉢形土器を付けたようになっている。大きさは一三㎝程度、胸から背部には襷掛け状の線刻が施されている。腰部には前後に貫通する孔が二個開けられ、全面が赤く塗られていたようである。

一緒に出土した注口土器は、瘤付土器と呼ばれる土器で、主に東北・北陸地方に分布する。この土偶も、腹部や頭部の土器状の部分に瘤状の表現が認められ、瘤付土器の分布地域との関連を感じさせる。ただ、このような顔の無い土偶は、この時期の関東地方にも東北・北陸地方にも類例が認められない。

墓域から出土しており、死者に供えたものか、あるいは死や再生への祈りに関わるものであろうか。どのような思いを込めて製作され、どのような経緯をへて石川原遺跡の墓域へとたどり着いたのか、興味が尽きない土偶である。　（石田　真）

八ッ場の山あいに生きる

狩猟採集民出現　稲作が伝わり農耕が開始される以前、日本列島に暮らした旧石器時代から縄文時代の人々は、食料となる獲物を狩猟したり漁労したり、植物を採集して生活していた狩猟採集民であった。このうち、旧石器時代から縄文時代草創期の人々は最終氷期から晩氷期の寒冷な気候に適応し、各地を移動生活していた遊動型の狩猟採集民であった。

やがて縄文時代早期になると気候が温暖になり、縄文人は竪穴建物を築いて集落を形成し本格的な定住生活を始めた。以後、縄文人は平野部だけでなく、山間部や海岸部など列島各地の多様な環境に適応した定住型の狩猟採集民となり、自然の恵みを巧みに利用するための高度な技術と精神性豊かな縄文文化を生み出していった。海から遠く離れた八ッ場の山間部に暮らした縄文人も、山と森と渓谷が織り成す豊かな自然の恵みに支えられた定住型の狩猟採集民として、周辺各地の縄文人とも交流しながら一万年もの長きにわたる山あいの縄文文化を築いていったのである。

自然とともに　縄文時代草創期の遺跡は石畑岩陰遺跡で発見されているが、この時期の遺跡は八ッ場ではとても少ない。石畑岩陰遺跡は、草創期の寒冷な気候のなか、移動生活をしていた遊動型の狩猟採集民が岩陰の下に残していった短期滞在のキャンプ跡である。

縄文時代早期以降になると、八ッ場でも定住生活が始まった。寒冷な気候が終わり温暖な気候が安定してくると、山あいは落葉広葉樹が

八ッ場の地形
八ッ場の縄文人は、狩猟採集民としてここに定住した。八ッ場大橋から西方を望む（中央左に吾妻川、右に東宮遺跡、奥に丸岩、八ッ場ダム湛水前2017年12月撮影）。

広がる深い森へと移り変わり、ドングリやクルミ、クリなどの木の実が実る樹木や生息動物も増え、定住に有利な環境となり多くの遺跡が残された。楡木Ⅱ遺跡（長野原町）では、早期の撚糸文土器とスタンプ形石器や磨石、凹石、石皿などの礫石器が多数出土した。縄文時代早期以降の遺跡では、磨石、凹石、敲石《たたきいし》のほか多孔石、石皿、台石など木の実の加工に使う大型で重い礫石器が増加していく。縄文人は、狩猟も行いつつも植物質食料資源への依存度を高めた定住型の狩猟採集民の生活を確立させていった。

縄文時代後期以降になると、クルミやクリなどのほか特にトチノミをたくさん食べるようになった。トチノミはアク抜きしないと食用にできないので、縄文人は水場遺構という水さらしによるアク抜き加工施設をつくるようになった。石川原遺跡（長野原町）や唐堀遺跡（東吾妻町）では水場遺構とともにトチノミの殻と加工用の礫石器が多数出土し、トチノミを集中的にアク抜き加工していたことがわかった。

この時期、高度なアク抜き技術が各地に広まり、縄文人は栄養価が高く保存の効くトチノミを加工して主食といえるほどたくさん食べるようになった。また、この時期は狩猟も活発になった。獲物は主にシカとイノシシで、石川原遺跡ではそれらの骨と狩猟に使った石鏃が多数出土した。八ッ場に木の実が実り木々の葉が落ちる秋から冬、縄文人はトチノミを採集し、石鏃を作り弓矢を装備して山に分け入りさかんに狩猟した。それは、狩猟採集民である縄文人が山と森と渓谷の中を縦横無尽に駆け巡り躍動した季節であった。

（関口博幸）

トチノミの殻の出土状況（石川原遺跡　687集）
縄文人が捨てたトチノミの殻（黒い部分）。殻をむいて中身を取り出し、アク抜きしてから食用にした。

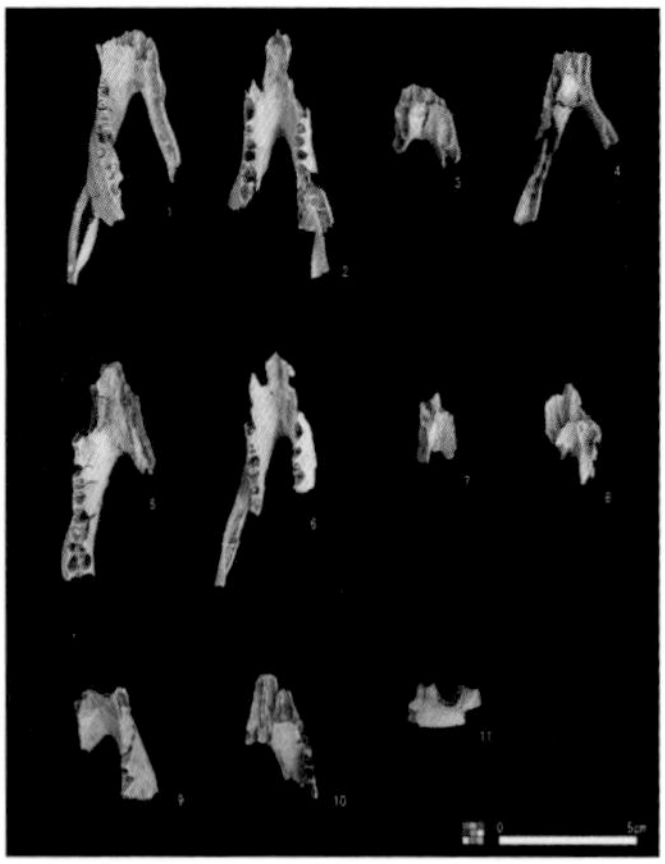

石川原遺跡から出土した動物遺体
（イノシシ幼獣の下顎骨　687集）

レプリカ法からみた縄文時代中期の食生活

上ノ平Ｉ遺跡と同町林地区の林中原Ⅱ遺跡の出土遺物整理作業では、出土土器を対象にシリコンを用いて土器種実圧痕のレプリカを採取した。このレプリカ資料の分析・同定を分析会社に委託し、いくつかのレプリカが抽出され、同定、撮影が行われた。

レプリカ法とは、土器の製作時に種実や昆虫などが粘土に混ざり、土器焼成時に種実などが焼け落ちた凹みや穴（圧痕）にシリコンを抽入して型を取り、走査電子顕微鏡で観察して種を同定する方法である。土器が製作された当時の植生や昆虫の様子から食生活や気候などがうかがうことができる研究方法である。

その結果、上ノ平Ｉ遺跡からはアズキ亜属やマメ科、ダイズ属、アワ有ふ果、イネ籾が、林中原Ⅱ遺跡ではダイズ属、アズキ亜属、エゴマ、アカメガシワなどの種実圧痕が確認された。

様々な種実圧痕　上ノ平Ｉ遺跡のアワ有ふ果（苞葉のついた果実）は弥生時代中期の甕形土器体部破片の外面より採取された。アワは畑作物であり、おそらく収穫された種が土器作りの場周辺に散らばっていたのであろう。

林中原Ⅱ遺跡のエゴマ果実、ダイズ属、アズキ亜属は縄文時代中期後半の土器片で確認されている。エゴマ果実は29号住居出土の深鉢口縁部破片の口唇外面で検出された。エゴマはシソ科の一年草で油脂が多く含まれ現代でも食用として供されている。縄文時代中期遺跡より出土したクッキー状炭化物にも含まれており、縄文人が積極的に食料としていたようである。

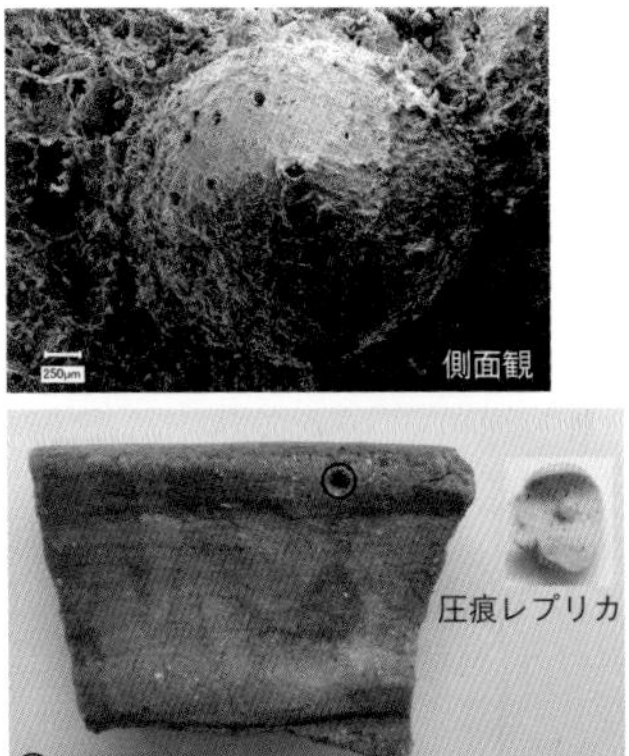

（上）圧痕レプリカの走査電子顕微鏡写真（エゴマ）。（下）試料採取箇所（縄文中期深鉢　643集）

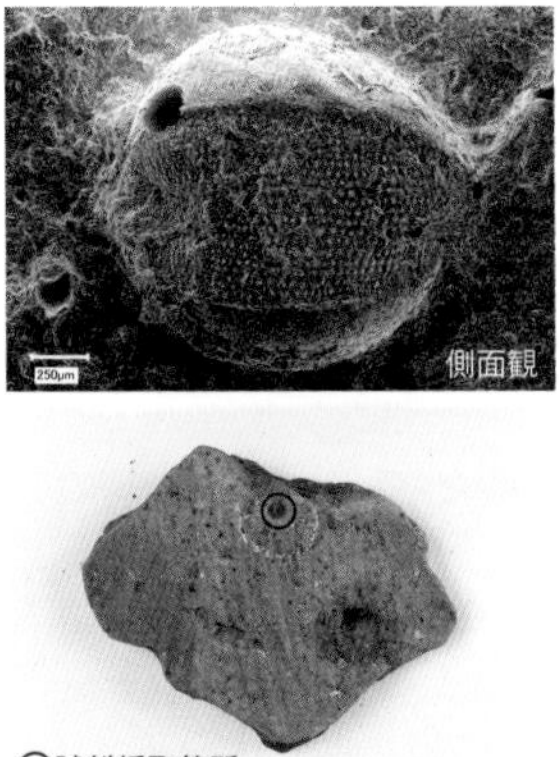

（上）圧痕レプリカの走査電子顕微鏡写真（アワ有ふ果）。（下）試料採取箇所（弥生中期甕形土器　643集）

また、縄文時代の栽培植物の一つとしても位置付けられている。

9号住居出土の浅鉢口唇部内面からはダイズ属の圧痕を見る。ダイズは畑の肉ともいわれるように、タンパク質を豊富に含むマメ類で現代でも多くの食品に使用されている。東アジアが原産とされ、野生のツルマメとして既に縄文時代に自生していたとされる。他地域のレプリカ法でも縄文時代中期のダイズは確実に同定されており、さらに軸長一〇㎜以上の大型化した例があり、ダイズの栽培型の存在が明らかになってきている。下写真のダイズ属も軸長が一〇・四七㎜あり、栽培型としての可能性が極めて高い。

次頁写真はアズキ亜属の圧痕資料である。14号住居跡出土の深鉢体部外面から採取された。この個体からは他にアズキ亜属の圧痕が2点採取されており、土器作りの場に多数のアズキ亜属が散乱していたと思われる。残念ながら本資料は野生型～中間型のため栽培型としては特定できないが、アズキ亜属が生活に密着していたことがわかる。

集落を取り巻く植生環境　このように、林中原Ⅱ遺跡や上ノ平Ⅰ遺跡の周辺では、縄文時代中期においてはダイズ属やアズキ亜属、エゴマなどが、弥生時代中期にはアワが生育していた可能性が示唆された。つまり日常生活に有用な植物が、当時の土器を取り巻く環境に生育していた事が判断できる。アワ、ダイズ属、アズキ亜属、エゴマは食用植物であり、特にダイズ属とされた圧痕も大きさから栽培型の可能性が高く、当時の集落周辺にはエゴマ及びダイズが栽培されていたエリアが存在していた可能性がある。土器片に見られる小さな圧痕から、その遺跡の周辺環境までうかがい

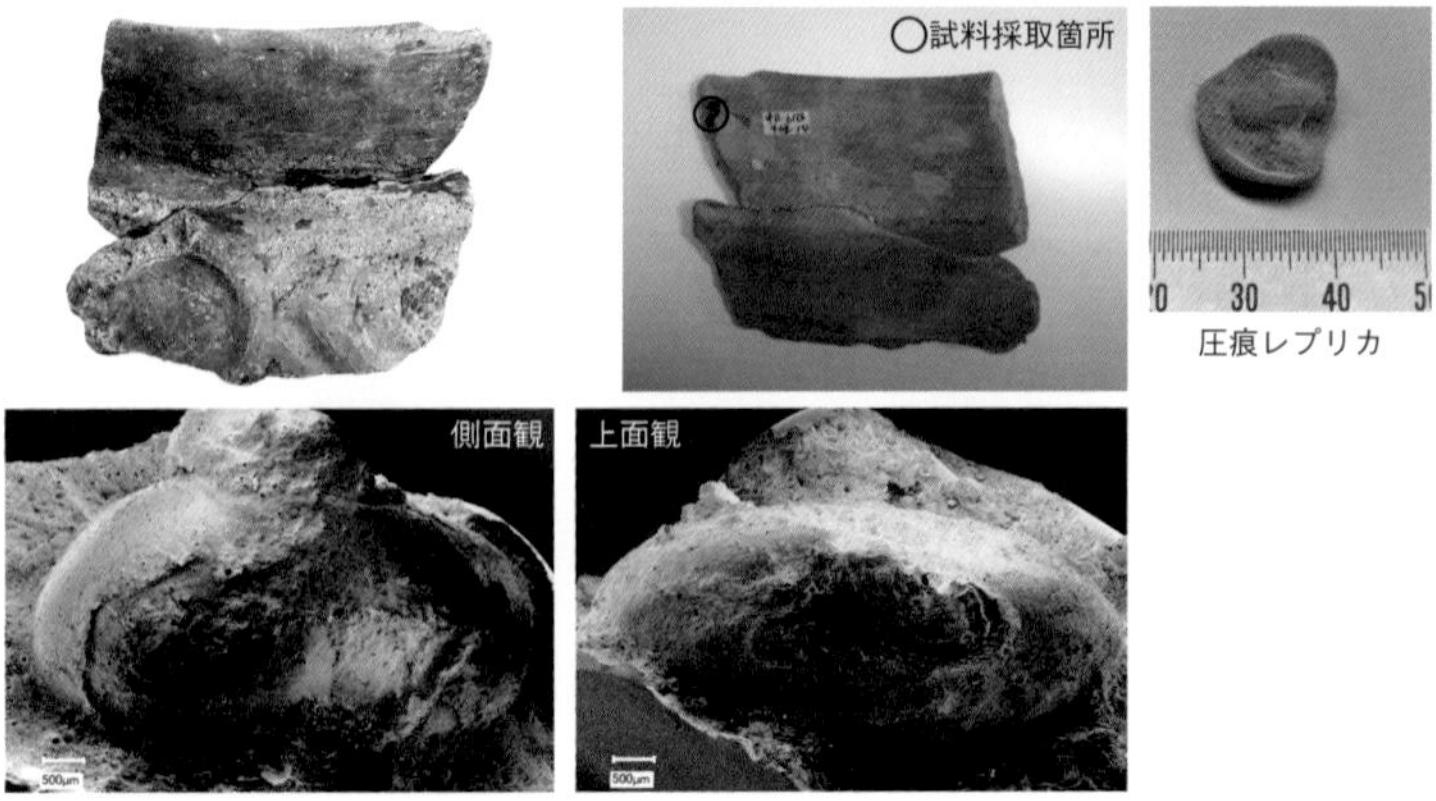

（上）試料採取土器と採取箇所（縄文中期浅鉢）（643集）
（下）圧痕レプリカの走査電子顕微鏡写真（ダイズ属）

知ることができる。

縄文時代中期の食卓　これまで考古学はあらゆる方法で縄文人の食料を復元してきた。貝塚出土資料、低湿地出土資料、炭化種子や炭化材の同定、[註]プラント・オパールや花粉分析、炭素・窒素安定同位体分析など多くの研究がその食料を推定してきた。その結果、クリ・クルミ類の堅果類、イノシシ・シカといった動物類あるいは魚介類が食卓に上げられた。ここに近年の研究であるレプリカ法によってダイズ属・アズキ亜属、エゴマなどが食卓の一隅を占め、堅果類の補助食品として位置付けられる結果を得た。クリ・クルミ類やダイズ亜属、アズキ亜属の採取の季節は秋であり、冬越しをにらんだ食料調達システムが形成されていたと考えられる。ただ、堅果類も気温の低下や病害虫や獣害による影響で不作の年もあったと思われる。ダイズ・アズキなどのマメ類も天候不順により急激に不作の事態を迎える例は現代社会でも見られる。縄文時代中期、狩猟採集社会では上記のクリ・クルミ・ダイズ・エゴマ・アズキなどをうまく組み合わせた植物性の保存食料が存在していたと思われる。この植物性食料を糧として、長野原一本松遺跡や横壁中村遺跡、林中原遺跡に見るような大型集落が展開していったのであろう。

集落近くのクルミ林でリスに先を越されてがっかりする縄文人が、気を取り直して、隣接するダイズ畑に向かう姿を想像したい。（山口逸弘）

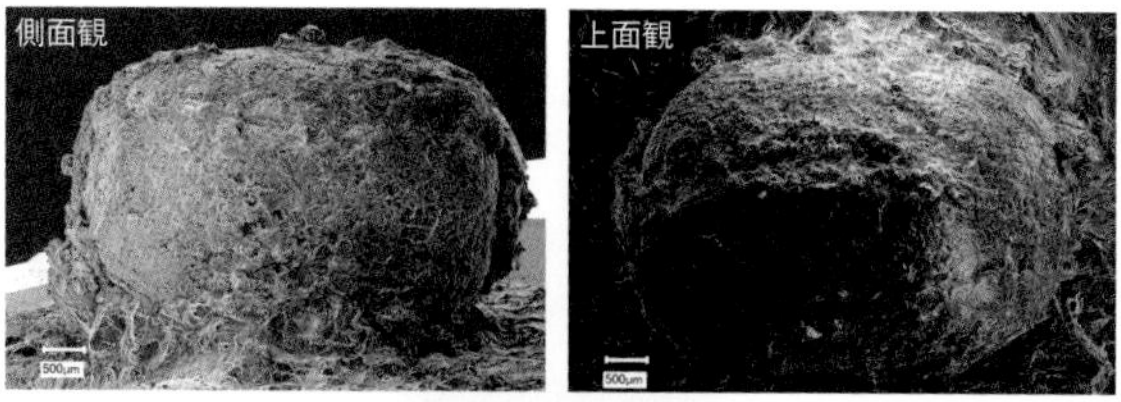

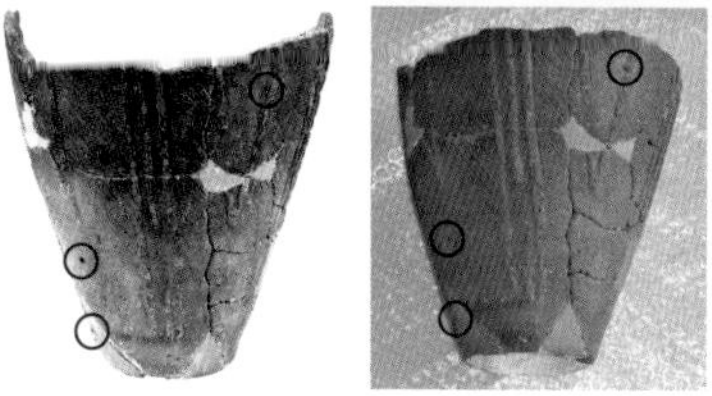

（上）圧痕レプリカの走査電子顕微鏡写真（アズキ亜属）。（下）試料採取箇所（縄文中期深鉢　643集）

註
プラント・オパールは植物に含まれる珪酸体であり、特にイネ科の植物に多く含まれる。

四　縄文人のお墓とマツリ

墓の形態と変遷過程

縄文時代の遺跡から、埋葬された人骨が発見されることは非常にまれである。日本の土壌は総じて酸性であるため、長い時間の経過とともに埋葬された骨は溶けてしまって残らないのである。八ッ場でも同じことが言え、縄文時代の人骨はほとんど見つかっていない。ごくまれに、何らかの理由で火を受けて焼けた骨が見つかる程度である。

このため、土坑があった場合に、それが墓として用いられたものなのか、ほかの目的で掘られたものなのか、ほとんどの場合には判断がつかない。八ッ場に限らず、これまで日本各地で行われた発掘調査で人骨の残っていた事例などを参考にしつつ、土坑の形や規模、副葬されたと考えられる土器や石器などのあり方から墓と判断しているものが大多数である。

八ッ場のお墓　八ッ場では、縄文時代草創期から晩期に至るまで多数の集落が調査された。その中で、明確に墓と考えられる遺構が確認されるのは縄文時代中期からである。長野原一本松遺跡や横壁中村遺跡、林中原Ⅰ遺跡などで大規模な環状集落がつくられ、環状集落の内部空間に墓と考えられる円形や楕円形の土坑が認められることから、これらが墓域として利用されていたと考えている。土坑の中には遺骸の頭部に土器を被せた「土器被り葬」と言われるものも存在している。縄文時代後期になると石を組んで埋葬施設とした「配石墓」が出現する。八ッ場では、横壁中村遺跡や

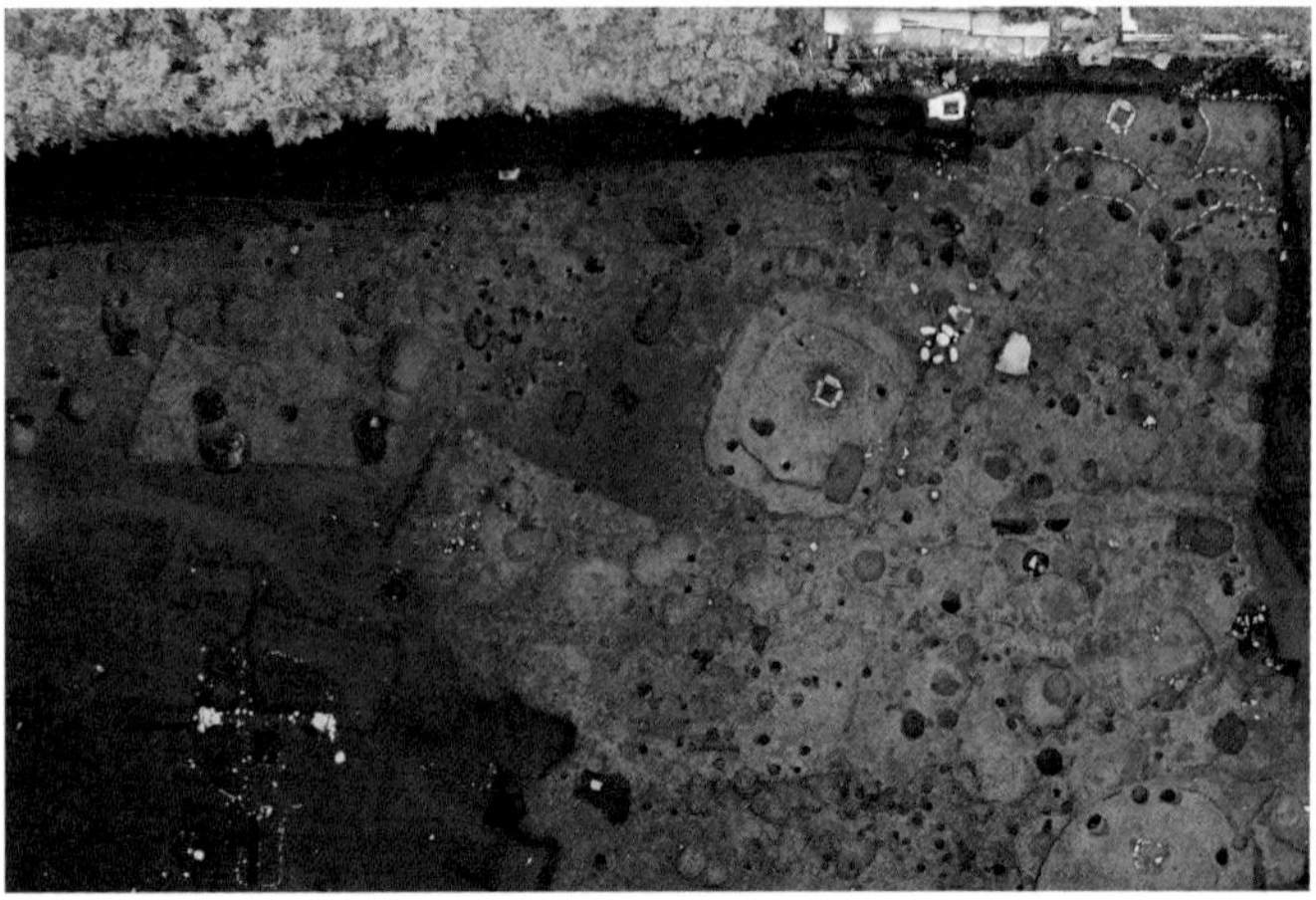

林中原Ⅱ遺跡　中期集落の土坑群（617集）

石川原遺跡で大規模な配石墓群が確認され、晩期前半まで継続している。また、その周囲には埋設土器があり、これは亡くなった子供を土器に納めて埋葬したものとも考えられている。

ここで、縄文時代の墓の例として、林中原Ⅱ遺跡と石川原遺跡の事例を紹介したい。

林中原Ⅱ遺跡　前期から後期にかけての集落が確認され、中期後半には大規模な環状集落を形成している。調査された土坑は六〇〇基以上にのぼり、その中には焼骨や伏甕を伴うもの、数個体の土器や石棒を伴うものなどがあり、墓坑も多く含まれていると考えられている。人骨は中期から後期にかけての一〇基の土坑から出土し、八基は焼骨、二基は生骨であった。その中で、特に注目されるものとして二つ挙げておく。

中期後葉の一つの土坑は、長径一五〇cm、深さ五五cmの楕円形。土坑壁面の焼土化が認められ、底面付近からは炭化材とともに焼人骨が出土している。ただし、焼人骨は部分的であることから、土坑内で遺体を焼成し、遺骨の主要部分は他に移動された可能性が指摘されている。

中期中葉の一つの土坑は、長径一〇九cm、深さ一七cmの楕円形で長軸の一端から深鉢と浅鉢が出土した。浅鉢は伏せられており、その下から頭部と思われる骨粉が出土している。骨は生骨とみられ、「土器被り葬」の一例と考えられる。

石川原遺跡　縄文、平安、そして江戸時代の遺構からなる複合遺跡で、縄文時代では中期初頭から晩期の竪穴建物が調査されている。ここでは後期から晩期の大規模な配石墓群を紹介する。

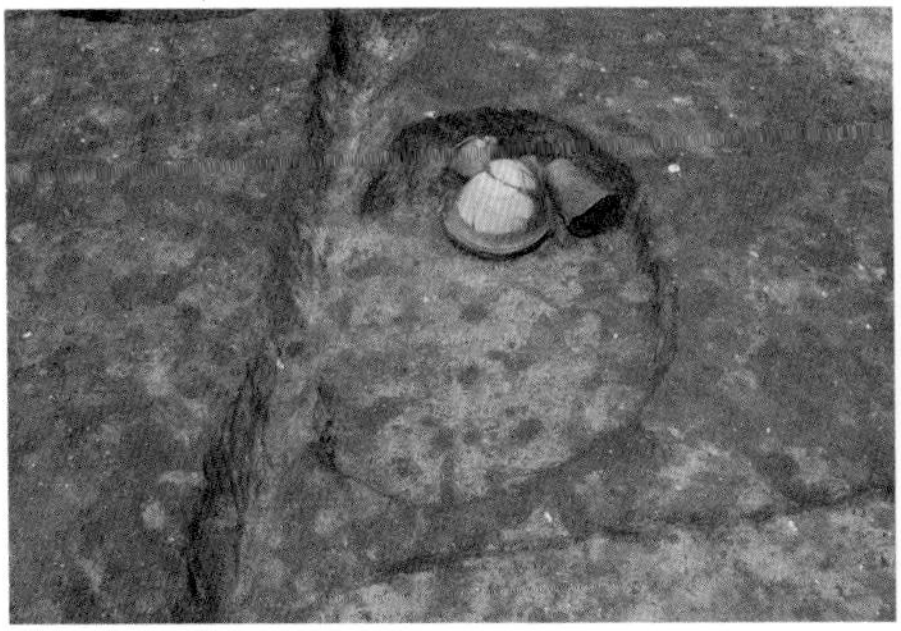

林中原Ⅱ遺跡　土器被り葬の土坑（617集）

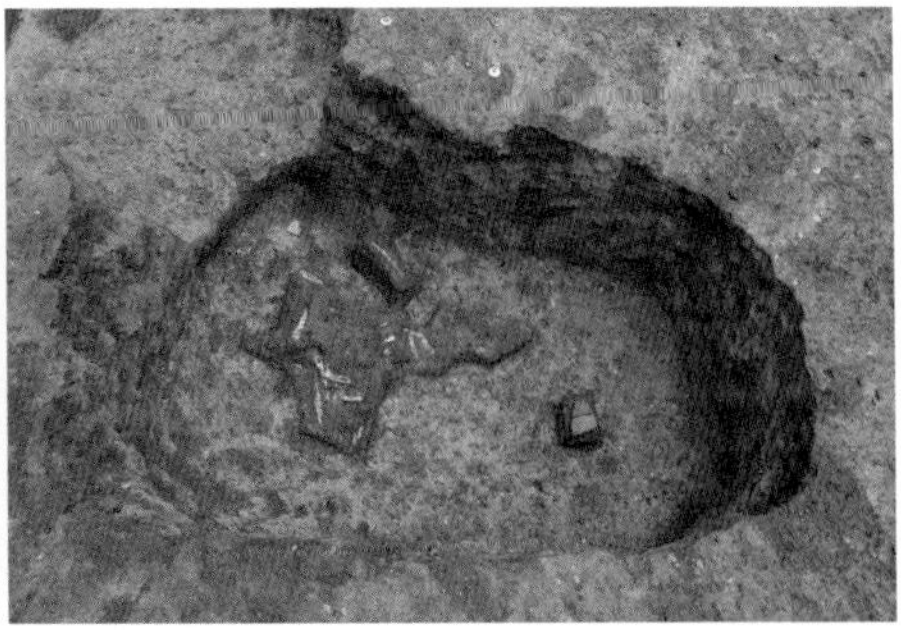

林中原Ⅱ遺跡　焼人骨を伴う土坑（617集）

石川原遺跡では七八基の配石墓が確認され、そのうちの七二基は一か所に集中し大規模な配石墓群を構成していた。配石墓は、後期堀之内1式期の柄鏡形竪穴建物とそれに伴う弧状列石と、そこから一〇mほど離れた位置にある立石群との間に集中的に構築されている。弧状列石と立石群の間は、柄鏡形竪穴建物の主体部よりも一段低く造成され平坦な面となっており、そこが墓域として利用されたようである。

配石墓に伴う遺物は少なく厳密な時期決定は難しいが、配石墓が構築され始めるのは、竪穴建物より一時期新しい堀之内2式期からと考えられる。その後、加曽利B式期にその数を増し、晩期前半まで継続していたものと考えられる。

配石墓そのものは、偏平な川原石や板状の石を使用して壁を作り、さらにその上に石を乗せて蓋としている。初期の配石墓の壁の石積みは一段であり、深さ二〇~三〇cm程度と浅いものが多い。新しくなるにつれ、壁の石積みの段数が増え深さ八〇cmを超えるものも存在している。床面に石を敷くものと石を敷かないものが認められるが、これも敷くものが後出と考えられる。また、配石墓四基の床面には赤色顔料が認められた。

各配石墓は弧状列石と並行する軸を持つものと直交するものの二種がある。それぞれの配石墓はお互いに接するように隙間なく構築されているが、前の墓をできるだけ壊さないように隙間を埋めるように構築されていった様子がうかがえる。また、配石墓を構築すると同時にその上や周囲にも石を積んでいったようであり、調査開始時点では、配石墓群一帯は一面に石が積み重なっており、少しずつ石を除いていくと蓋石が現われ始め、配石

蓋石のある配石墓（687集）

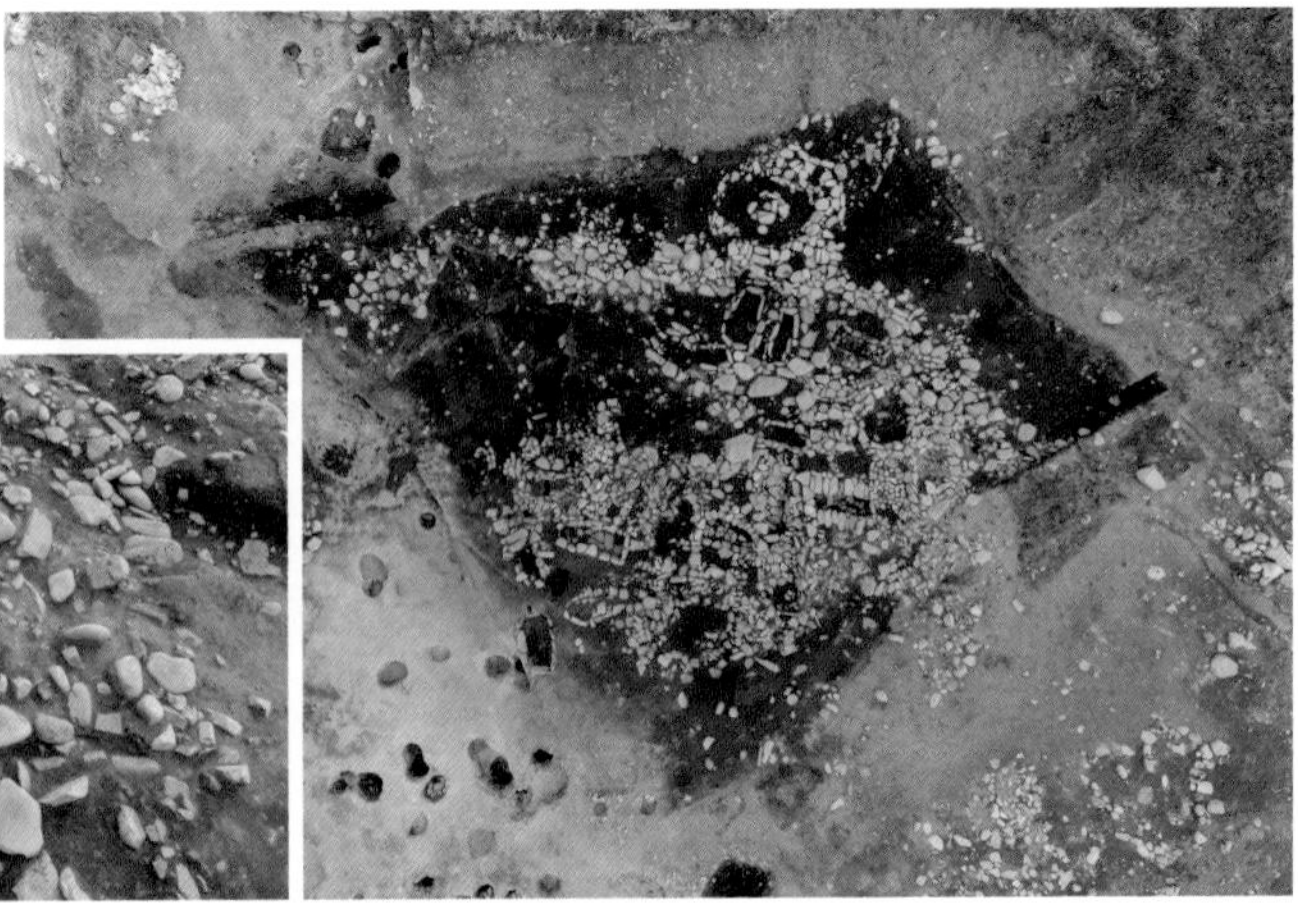
石川原遺跡の配石墓群（687集）

墓と認識できるような状態であった。

配石墓の中からは、一基から焼人骨が出土したが、他に人骨は残っていなかった。焼人骨は特殊な事例であり、一般的には焼かずにそのまま埋葬したと考えられる。副葬品はほとんど認められないが、三基の配石墓から土製耳飾りが出土している。死者が身に着けていたものであろうか。

列石と配石遺構

縄文時代は石をさまざまに利用した時代である。石鏃や石斧・石皿など生活の道具、石棒や石剣などの祭祀や信仰に関わる道具などである。また、各種の道具を作るだけでなく、建物や墓などにも石を利用した。

特に縄文時代中期になると列石や配石と呼ばれる石を用いた遺構が出現し、後期以降になると柄鏡形敷石建物や配石墓などさらに石の利用は広がっていく。

配石とは、石を用いた構造物で、何らかの意図をもって並べられたものを指している。その点で、単に石が集まっている集石とは異なるものである。そして石が列状あるいは帯状に並んだものを列石、棒状や細長い石を立てて使用しているものを立石と呼ぶ。これらは、それぞれ単独で存在するのではなく、いくつかが組み合わさっている場合が多い。

八ッ場の列石・配石　八ッ場の調査では長野原一本松遺跡、横壁中村遺跡、東宮遺跡、林中原Ⅱ遺跡、石川原遺跡など各地区の拠点的な集落において大規模な列石や配石が見つかっている。これらの多くは、縄文時代後期初頭から前葉にかけての時期に構築されたものである。この時期には、

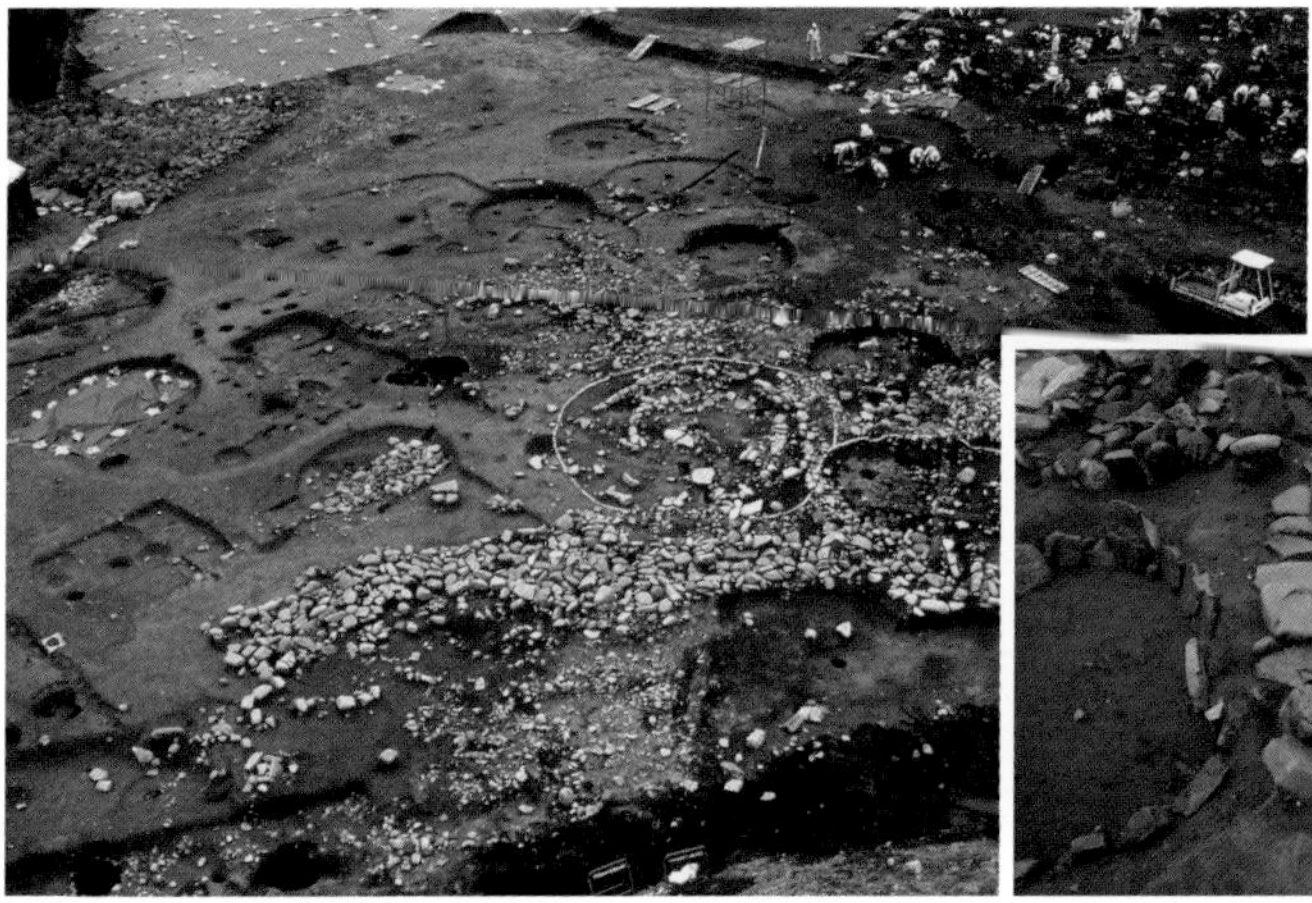
横壁中村遺跡の列石と敷石建物（466集）

石敷のある配石墓（687集）

柄鏡式敷石建物が盛行し、その柄鏡形敷石建物の主体部と出入り口部の接続部から両側に向けて弧状に延びるように列石は構築されている。この時期の敷石建物と列石は一体のものと考えられるのである。

敷石建物から延びる列石は、傾斜地の等高線に沿うように構築され、列石部に段差を設けることにより、列石より下側は平坦になるように造成されている場合が多い。また、この列石は複数列になる場合もあり、東宮遺跡では三列の列石が確認され、多くの柄鏡形敷石建物が接続していた。

列石や配石に使用される石は、もともと地山に含まれている石もあるが、多くは偏平な川原石や「鉄平石」とも呼ばれる板状節理によって薄く割れた板状の石を使用している。また、石棒や凹み石、多孔石、台石といった石器が多く含まれていることも特徴である。川原石や鉄平石は、意識的に選択して使用しており、近隣の川原や鉄平石産地からわざわざ集落内に運び込まれたものである。列石や配石の構築は、大規模な土地の造成も伴っており、集落をあげて労働力を注ぎこんだ大土木事業であったと言えよう。

列石には、調査時には倒れてしまっているものが多いが、細長い川原石を使用した立石を所々に配置している。石川原遺跡の1号列石では、ほぼ等間隔に横倒しや斜めになった細長い礫が出土し、写真では立石としての復元を行っている。

また、弧状の列石の内側には、さまざまなタイプの配石が複数伴っている場合が多い。横壁中村遺跡の20区4号列石には、数mおきに一三基の配石が付属していた。典型的な配石は、立石や丸石を中央に配置して、その周囲をさらに円形や方形に石を組んだものである。石川原遺跡の配石では

立石を伴う配石（687集）

立石を復元した列石（687集）

中央に棒状の川原石を立て、その周囲を大小の石で三重に囲んでいる。その前には偏平な川原石が据えてあり、あたかも供物台のようである。東宮遺跡の配石では中央に丸石を置き、その周りを二重の石で取り囲んでいる。

これらの配石を構築する際には、地面に石を設置する分だけの穴を掘り、その上に各種の配石を築いている。その下には土坑は確認できず、これらの配石は墓とは考えられない。柄鏡形敷石建物とそれに伴う列石、配石と位置付けることができ、居住の場と祭祀的な場の機能を併せ持つものと評価できるであろう。

丸石　配石に用いられる石として、八ッ場の縄文人が好んで用いた石がある。それが「丸石」である。丸石は、断面形がほぼ真円をした自然石である。人工的に加工されたものではなく、川原に行くと甌穴《おうけつ》と呼ばれる穴があるが、その中で水流により回転することで削られて丸くなった石である。縄文人は、川原に行きこの丸石を集め集落に運びこんでいるのである。

後期前葉の配石の中心に丸石が据えられていることは先に触れたが、その後に続く後期中葉以降も丸石は多用される。特に、横壁中村遺跡や石川原遺跡では、この丸石だけを集めた配石が見つかっている。どちらも、後期の配石墓群の周囲に大小さまざまな丸石だけを集めた配石が一か所ずつ見つかったものである。

横壁中村遺跡では、長さ一・五mほどの巨礫の脇に直径四cmの小型のものから三〇cmを超える大型のものまで一六個が集積されていた。石川原遺跡の他の配石では一〇〇個以上の丸石が確認された。直径一〇~二五cmほどの丸石が一列に並び、さらにその周囲から一〇cm以下の丸石数十個が出

一列に並ぶ丸石（687集）

丸石を伴う配石（675集）

土している。石川原遺跡では、他にも直径七cm前後、厚さ一cm程度の円盤状の川原石を一列に並べた配石も確認されている。

石川原遺跡や横壁中村遺跡では配石墓群が確認されているが、その個々の配石墓の脇に一、二個配置されているものもあり、丸石の集積はのちの配石墓の造成用に集めたものか、あるいは、この配石そのものが祭祀の場とも考えられよう。

では、なぜ縄文人は丸石を多用したのであろうか。八ッ場ダムのある長野原町には「ツブラッコサマ」という民俗信仰が伝わっていた。川原から丸石を拾ってきて屋敷神のところに置く、あるいは大石の上にのせるというもので、安産や子育てを祈念するものである。時代は異なるが、縄文人たちも丸石を安産や子育ての象徴としていた可能性があるのではないだろうか。配石や墓域に用いられており、死や再生への祈りを感じさせるものである。

（石田　真）

願いを託す道具いろいろ

不思議な道具　縄文時代にはさまざまな道具がある。木で作った斧の柄や弓、大切なものを入れる容器や櫛《くし》、ツルや木の皮を編んで作った紐やカゴ、衣類、石でつくったヤジリやネックレス、粘土を焼いて作った土器や耳飾り。そんな中に、どのように使ったのかがはっきりしないものがある。

土偶は焼成した土製の人形で、女性を模して作られている。マツリの時に頭や手足などをバラバラに意図的に壊すことで、祈りを捧げていたとされている。そのため、分離した状態で出土することが多く、完形に復元で

円盤状川原石の配石（687集）

きるものは少ないという特徴を持つ。その特徴は八ッ場でも当てはまっているようだ。頭部片や片腕、片足というように、破片の状態で出土している。石川原遺跡からは五七点の土偶が出土しており、八ッ場のほかの遺跡より出土数が圧倒的に多い。仮面形土偶や山形土偶、ミミズク土偶、遮光器系土偶などの多種多様な土偶が出土している。

石棒や石剣も、使い方が不明なため、その形状から名前が付けられている。石棒は磨製石器の一種で、東日本に多く出土している。石棒の頭部を写実的な亀頭形にしたものがあるが、これは男根の表現である。そのことから、石鏃や石皿、磨石のように生活の中で使用する実用的な石器ではなく、子孫繁栄や木の実の豊穣を祈願するマツリに使用された道具で、呪術的機能を発揮したものとされている。

八ッ場では一四遺跡から一四八点の石棒が出土しており、中期から晩期にかけて作られたものが多い。長野原一本松遺跡から出土した中期後半の大型の石棒は被熱していたので、火との関連も重視されていたと思われる。八ッ場でもこの時期の石棒が数多く出土しているが、火を受けて破砕したものや転用されたものが多い。やがて後期になると、装飾を加えた小型のものが多くつくられるようになり、その形状から石剣・石刀と呼ばれている。

土版《どばん》・岩版《がんばん》は、長方形ないし楕円形の扁平な板状をしている

石川原遺跡から出土した土偶（687集）

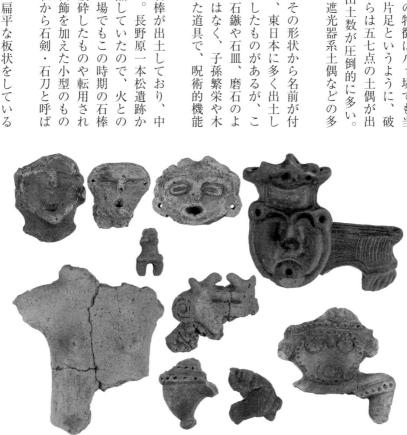

もので、晩期につくられたものが多い。手のひらほどの大きさのものもある。土で作られたものを土版、石で作られたものを岩版と呼ぶ。岩版に使用される石材は、灰白色で軟質の凝灰岩である。顔や身体が立体的に表現されるものや、女性を示す乳房や正中線のような文様を施すものもある。護符または、まじない札として作られたとする考えもある。土偶と共通するような役割を果たしていたのだろう。

願いを託す　これらは、石鏃や石斧などの用途がわかる道具に対して、信仰や心に関わるもので「第二の道具」と呼ばれているが、いずれも生命を生み出すものを表現していると考えられるものが多い。

こうした道具がどのように使われたかはわからないが、隣接する長野県や北越地域でも多く出土している。また、それらの地域では縄文時代中期から後期にかけて大規模集落が繁栄しているという点でも共通しており、共に生命を大切に考え、豊かな生活を続けていきたいという願いをこうしたアイテムに託し、共有していたのかもしれない。　（石川真理子）

久々戸遺跡　中期末の敷石住居と石棒
（627集）

八ッ場出土の石棒・石剣（627集，687集）
左の大きな石棒は久々戸遺跡の敷石住居の床面から出土したもので、長さが80.8cm、重さは23kg。

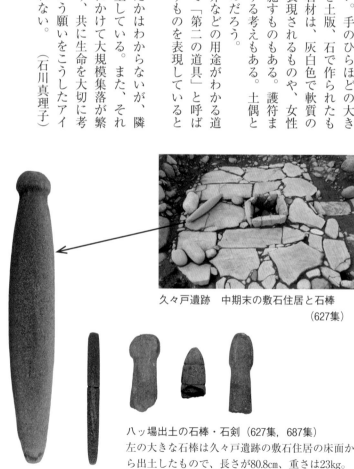

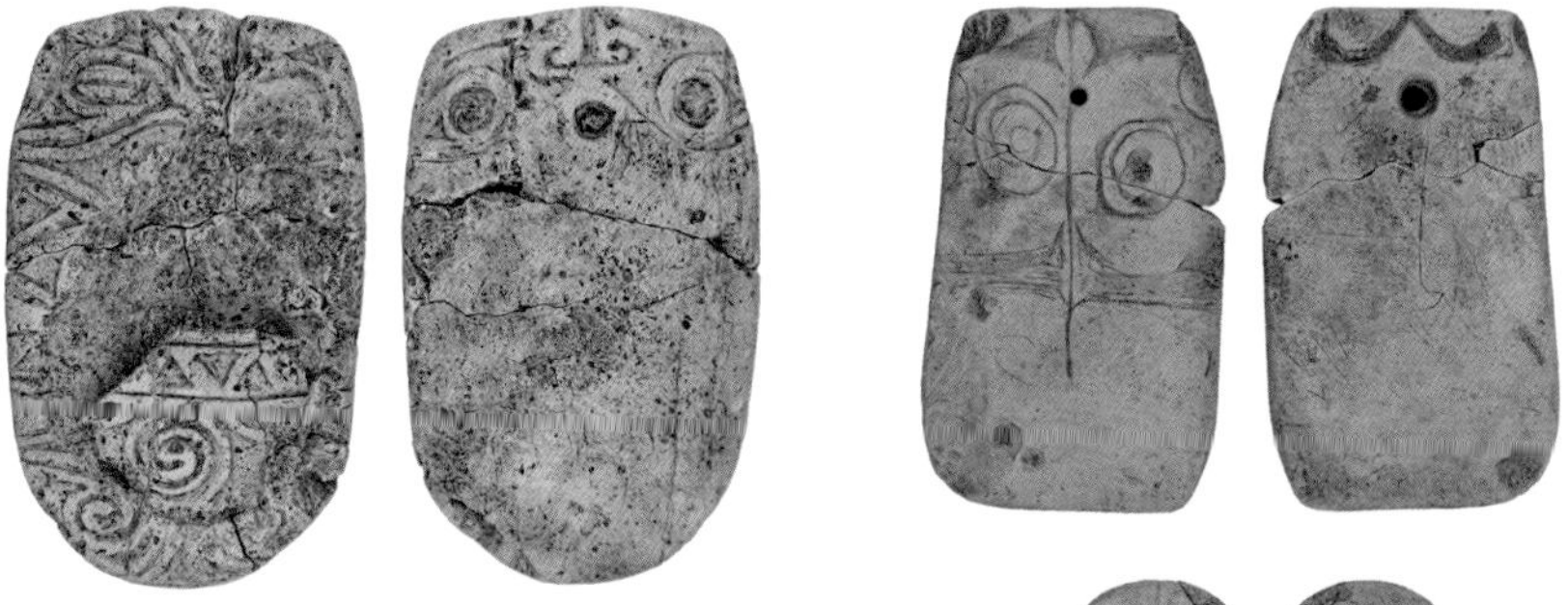

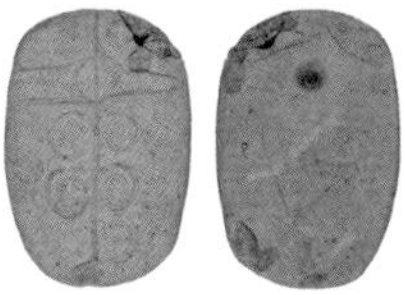

石川原遺跡出土の岩板（687集）　表裏に文様が刻まれ
ている。

石川原遺跡出土の石冠、独古石、環状石器、多頭石器（687集）

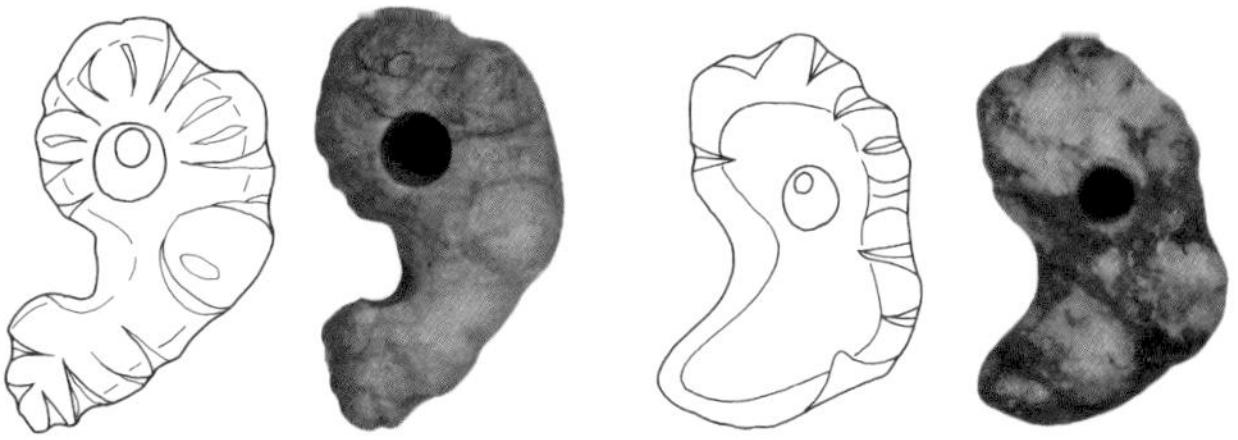

石川原遺跡出土の勾玉（687集）　文様を刻んだ勾玉は希少品。

コラム

イノシシの顔が付いた石棒

イノシシの顔が付いた石棒
（687集）

この遺物は、石川原遺跡（長野原町）から出土した縄文時代晩期の石棒で、イノシシの顔が付いた大変珍しい石棒の頭部破片である。竪穴建物から頭部だけが出土した。石棒は実用品ではなく儀礼の道具と考えられており、儀礼の役目を終えた石棒を縄文人が意図的に割って、頭部だけを竪穴建物の中に置いたのであろう。

頁岩《けつがん》という石を丁寧に磨いてイノシシの頭部全体を立体的に造形してから、顔を正面にして口・鼻・牙を左右対称形に彫刻している。目と耳の彫刻はない。シンメトリカルな顔が特徴的で、何かを願うように斜め上を見上げている。現存部の長さ七五㎜、幅二九㎜、厚さ三六㎜、重量一一五・四gで、完形なら三〇〇㎜近い石棒と推定される。首には線が二本全周し、棘のように尖った文様が正面と後頭部、左右両側面の計四面に彫刻されている。鼻は平らで二つの小さな鼻腔も彫刻され、わずかに残る赤い痕跡から全体が赤く塗られた可能性もある。蛇にも見えるが、後ろに反った長い牙の彫刻がイノシシを物語っている。

八ッ場の山あいに暮らした石川原遺跡の縄文人は、シカやイノシシなどを狩猟し、木の実を採集して生活していた狩猟採集民であった。しかし、縄文人にとってイノシシは単なる食料資源ではなく特別な存在の動物であった。子をたくさん産み荒々しさも併せ持つイノシシは子孫繁栄と力強い生命力の象徴であり、人に豊穣と繁栄をもたらしてくれる特別な動物として見ていたのである。

この石棒もイノシシの顔を彫刻して集落の繁栄を願ったのだろう。八ッ場に生きた縄文人の祈りの世界を今に伝えてくれる貴重な遺物である。

（関口博幸）

五　縄文人の道具

八ッ場で使われた縄文土器

土器に表れた地域色　縄文土器にはさまざまな文様がつけられているので、時期の違いや地域の違いを読み取りやすい。群馬県と長野県は現在も山稜を境界としているが、縄文時代もその山稜を境に異なった土器を作っている。

八ッ場で出土する縄文土器の特徴は、異なった群馬の土器と長野の土器が一緒に使われていることである。国境《くにざかい》の遺跡では周辺地域の土器が出土することはよくあることだが、それでも作り手が属している地域のものが主体となり、持ち込まれた周辺地域の土器はごく少ないのが実情だ。八ッ場でも新潟県の土器が出土することもあるが、これは持ち込まれたものであろう。ところが、八ッ場の集落から出土する土器は約半数が明らかに長野の土器なので、群馬と長野の両方の人々が共同で暮らしていたと考えざるを得ないのだ。

たとえば、早期初頭（約九〇〇〇年前）の集落が発見された楡木Ⅱ遺跡では、長野県に分布する「押型文系」土器と群馬県の「撚糸文」土器が半々の状態で出土している。こうした状態は、南側の多野地域でも北側の利根地域でも見ることはできない。ところで、この遺跡の土器を分類する上で役立ったのは、土器の材料となる粘土に加えられた混和剤だった。長野に分布する押型文系土器には金雲母が特徴的に

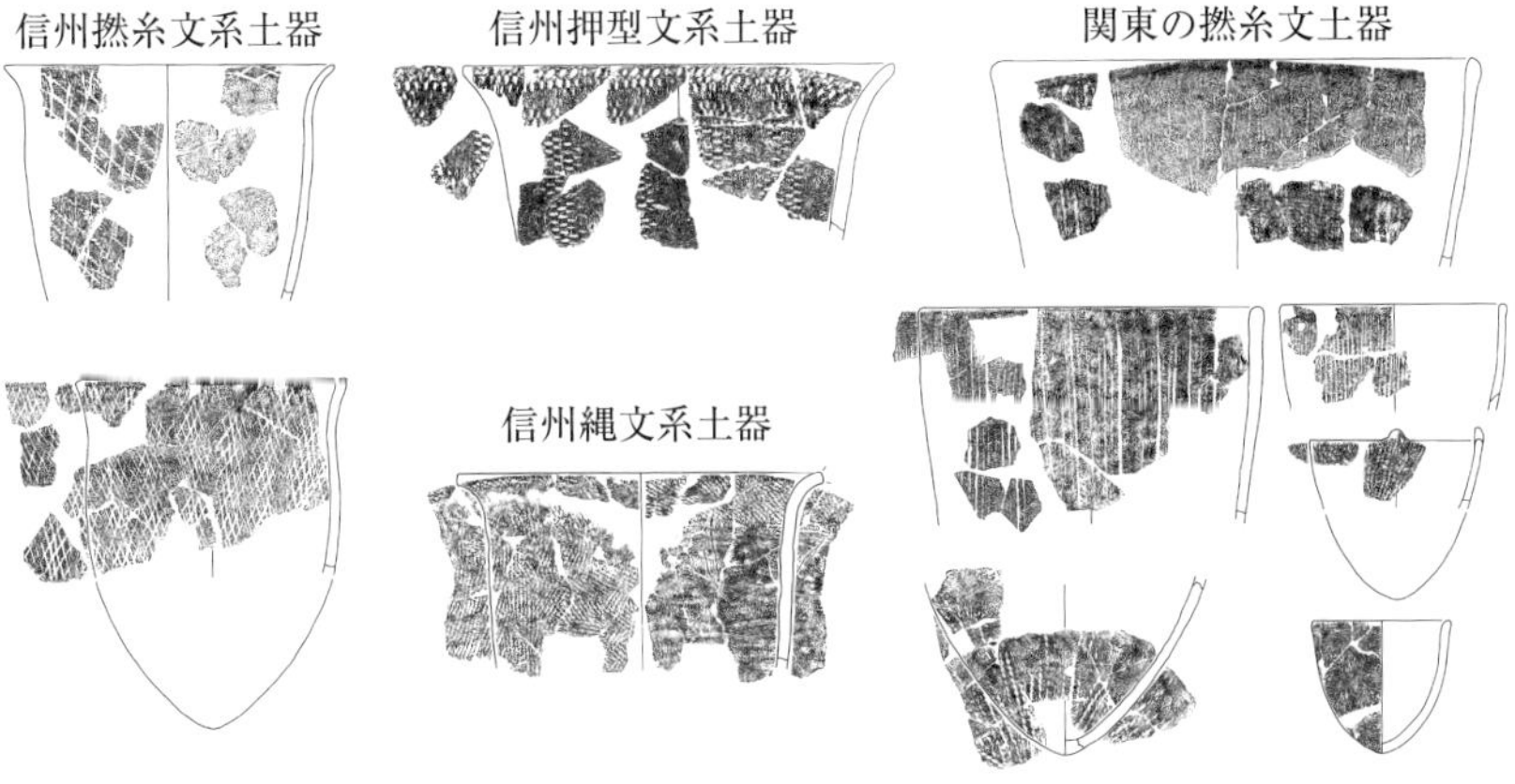

楡木Ⅱ遺跡で使われた早期初頭の土器（458集）
関東地方の撚糸文土器は文様が単純で口縁部が真っ直ぐだが、信州の土器は文様が多様で口縁部が外側に開いている。

含まれているのでキラキラと光り、群馬の撚糸文土器には三波川帯の結晶片岩を加えているので真珠のような独特の光沢が認められた。押型文も撚糸文も文様は単純だが、こうしたところに地域のこだわりを表現することもある。

押型文系土器と撚糸文土器は、考古学の世界では古くから知られていた土器だが、竪穴建物から一緒に出土することが少ないので、それぞれが個別に研究されてきた。しかし、楡木Ⅱ遺跡では両方の土器が同じ竪穴建物で一緒に使われていたことが判明し、長い間はっきりしなかった押型文系土器と撚糸文土器との関係を示す基準的な資料となった。

引き継がれる伝統　こうした傾向はその後の時期にも認められるが、それが特に明瞭に現れたのは中期後半（約四七〇〇年前）の土器である。

発掘調査当初は見かけない一群の土器に戸惑ったが、後にそれらは浅間山周辺に分布する一群であることが判明し、まとまって出土した遺跡にちなんで「郷戸式」という土器型式名が付けられた。郷戸式と同じ時期の群馬の土器は「加曽利E3式」という型式名で呼ばれるが、それに匹敵するほどの量の「郷戸式」が同じ竪穴建物から出土するのだ。また、八ッ場の遺跡からは新潟県地域の土器も時折出土するが、出土量が限られており、これらはマツリなどの時に持ち込まれたものかもしれない。

その他にも、この時期には長野県の南側にある八ヶ岳周辺に分布す

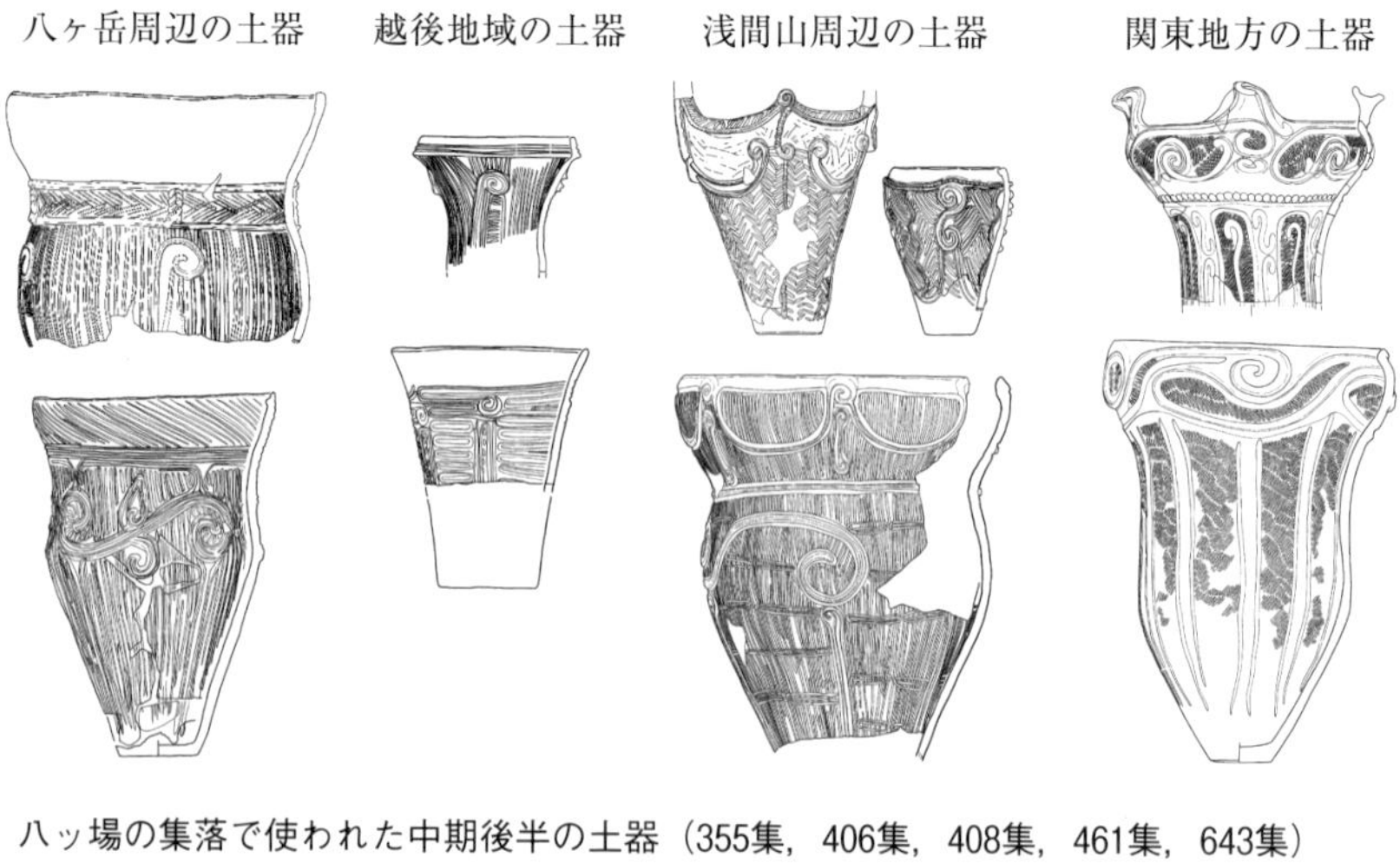

八ッ場の集落で使われた中期後半の土器（355集，406集，408集，461集，643集）
関東地方の土器には縄文が使われるが、周辺地域では使うことが少ない。

る「曽利式」土器や、取っ手がついた釣手土器も出土する。釣手土器は、油を入れてランプのように使ったと考えられているもので、長野県では数多く作られた土器である。

また、後期後半から晩期（約三五〇〇〜二五〇〇年前）の土器は、県内では一部の特定遺跡でしか見かけない存在だったが、八ッ場では横壁中村遺跡や石川原遺跡などで数多く出土しており、その頃の生活の様子や周辺地域との関係なども分かってきた。石川原遺跡の出土土器を見ると、長野県地域に分布する土器が主体を占めており、これに群馬県や新潟県地域の土器が加わり、さらに北陸地域の土器も少量含まれていることが分かった。

以上のように、八ッ場で出土する縄文土器は時期によって各地域の量比は多少異なっているが、メインは常に群馬と長野の土器であることに変わりはなく、このことが八ッ場の特徴になっている。

（藤巻幸男）

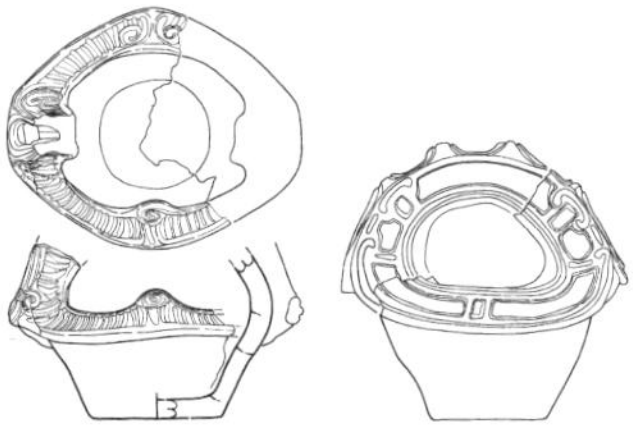

釣手土器（436集，554集）

中期初頭の土器（立馬Ⅱ遺跡　375集）

中期中葉の土器（林中原Ⅱ遺跡）
（617集）

中期後葉の土器（林中原Ⅱ遺跡）
（617集）

後期前葉の土器（林中原Ⅱ遺跡）
（617集）

晩期前葉の土器（石川原遺跡）
（687集）

石器の石材と黒曜石の流通

石器と石材　縄文人は、石を使ってさまざまな道具を作った。石の道具のことを総称して石器と呼び、石器に使われた石の材料のことを石材と呼ぶ。縄文時代の主な石器として、矢柄に装着する狩猟具の石鏃、木を伐採する磨製石斧、土を掘る打製石斧などが作られた。また、装身具や儀礼用の石棒や石剣、岩版も石で作られ、さらに木の実の加工用に使った磨石や凹石、石皿も石を利用した生活の道具であった。

また、石材にもさまざまな種類があり、縄文人は目的とする石器に応じて石材を巧みに使い分けていた。例えば、石鏃には割れ口が鋭く細かな加工がしやすい黒曜石や流紋岩・黒色頁岩・碧玉など、磨製石斧には研磨のしやすさと耐久性を兼ね備えた蛇紋岩や輝緑岩など、石棒や石剣には細長い形状で加工のしやすい緑色片岩や頁岩など、岩版には文様を彫刻しやすい軟質の白色凝灰岩など、装身具には磨くときれいな色合いの蛇紋岩や葉ろう石、そして硬くても淡く緑色に輝く翡翠を宝石として愛用した。

石鏃の製作と黒曜石　石鏃は、縄文時代にたくさん作られた石器で、矢じりとも呼ばれ矢柄の先端に装着した狩猟具である。小さな石器だが、獲物を仕留める重要な役目を持った石器であり、縄文人の狩猟活動を支えた。

石鏃の製作は、まず原石（石核）から石鏃よりも一回り大きい素材剥片を剥離し、次に素材剥片を細かく加工して、最後に全体の形をきれいに整えて完成する。完成後は矢柄に装着され、弓矢として狩場で使われた。加工の際に砕片（残滓）が飛び散るため、遺跡からその砕片が多数出土する。小さな砕片だが、石鏃が集落の中で製作された大切な証拠となる。

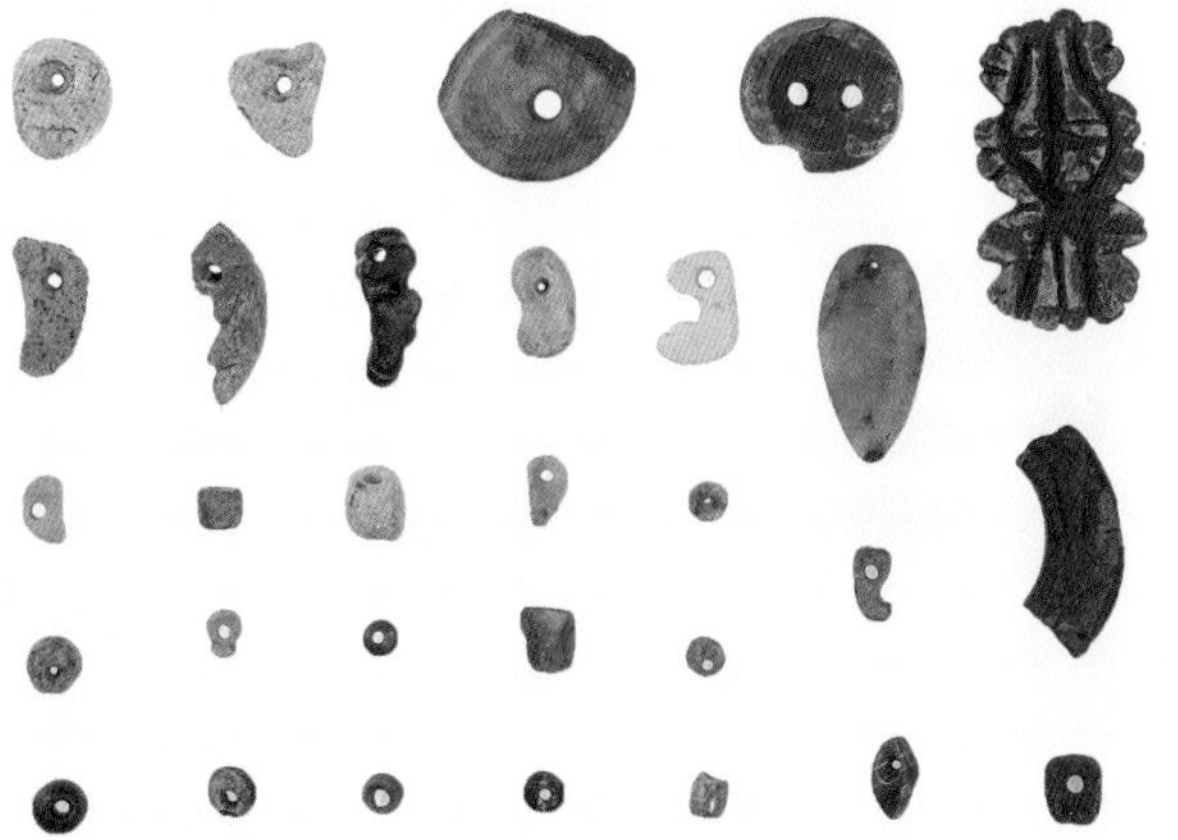

さまざまな石材でつくられた装身具（東吾妻町唐堀遺跡、縄文時代後期から晩期　707集）

石鏃には、鋭く割れ加工のしやすいさまざまな石材が利用された。石材の種類は、遺跡の近くでどのような石材が採取できるかにより遺跡ごとに異なる。八ッ場では流紋岩や黒色頁岩、赤碧玉、褐色碧玉、珪質頁岩、チャート、黒曜石が利用された。このうち黒曜石は、八ッ場に限らず各地の縄文遺跡で石鏃にとてもよく利用された石材である。

八ッ場の縄文人は、三～六cm程度の小さな黒曜石原石を利用して石鏃を製作していた。小石ほどだが、石鏃の製作には十分な大きさで、このような小さな黒曜石原石を遺跡にたくさん持ち込み石鏃を製作していた。

しかし、黒曜石は群馬では採取できない。八ッ場をはじめ各地でたくさん出土する黒曜石はいったいどこからやって来たのだろうか。

黒曜石の故郷を探る　黒曜石は、溶岩からできた天然のガラスで、割れ口の鋭さと加工のしやすさから約三万五〇〇〇年前の旧石器時代から石材に重宝され、縄文時代では特に石鏃の製作でよく利用された。黒曜石の産地は北海道から九州まで各地にあるが、群馬県では確認されていない。群馬周辺には長野県和田峠、同県八ヶ岳、栃木県高原山、神奈川県箱根、東京都神津島、静岡県天城などの産地があり、八ッ場から最短の産地は南西におよそ六五km離れた和田峠である。

現在、黒曜石の研究が進み、蛍光X線分析法により遺跡出土の黒曜石がどこの産地のものか一点一点判定できるようになった。八ッ場の黒曜石を分析したところ、和田峠産と判明した。大量にある八ッ場の黒曜石全部を分析できていないので、他の産地が混ざっている可能性もあるが、どの遺跡の黒曜石も分析試料とよく似た透明度の高い良質な黒曜石であるため、

黒曜石製石鏃と石核・剥片
(東吾妻町万木沢Ｂ遺跡、縄文時代晩期から弥生時代前期　704集)

さまざまな石材でつくられた石鏃
(東吾妻町唐堀遺跡、縄文後期から晩期)(707集)

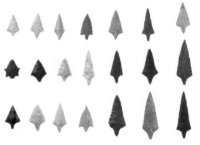

八ッ場の黒曜石は和田峠産の可能性が高いと判断できる。八ッ場の縄文遺跡から出土した黒曜石の故郷は和田峠で、そこから山道を越えてはるばる八ッ場まで運ばれてきたのである。

和田峠と黒曜石鉱山　長野県下諏訪町から長和町の標高一五〇〇mを超える山間部に和田峠黒曜石産地がある。ここは星糞峠や星ヶ塔、星ヶ台などいくつもの産地が点在した黒曜石の一大産地で、星が付く地名にはキラキラ光る地上の黒曜石は夜空に輝く星々が降ってきたものという言い伝えがある。神秘的でロマンあふれる光景が目に浮かぶが、地上の光る黒曜石こそ、かつて縄文人が黒曜石を採掘した黒曜石鉱山の名残りだったのである。

黒曜石鉱山の一つ星糞峠黒曜石原産地遺跡（長野県長和町・国史跡）は、標高一五〇〇mを超える山腹にあり、いくつもの採掘坑の跡が森の中にクレーターのようなくぼみで今も残り、辺りには黒曜石も散らばっている。直径・深さが三mを超える大きな採掘坑も確認され、山の地形を変えてしまうほどの大規模な採掘が行われたと考えられている。縄文人は山の斜面や沢に転がっている黒曜石を拾い集めていただけではなく、深く大きな穴を掘って地下に埋蔵された黒曜石を採掘していたのである。このような黒曜石鉱山が和田峠黒曜石産地には他にも確認されている。星ヶ塔黒曜石原産地遺跡（長野県下諏訪町・国史跡）もその一つである。いずれかの黒曜石鉱山で採掘された黒曜石が八ッ場まで運ばれてきたと考えられる。

黒曜石の採掘は協同作業が必要な大掛かりな作業である。したがって、黒曜石鉱山には一定期間採掘に従事する縄文人が大勢いたはずである。それは、地元の採掘専門の縄文人だったのだろうか、あるいは各地から集まっ

八ッ場の縄文遺跡と和田峠黒曜石産地（国土地理院電子国土webを加工）
1　八ッ場の縄文遺跡
2　和田峠黒曜石産地
3　八ヶ岳黒曜石産地

てきた縄文人だったのだろうか。そこに八ッ場の縄文人もいたのだろうか。いずれにしても、遺跡から発見された黒曜石の小さな石器を見ていると、採掘坑を掘り、穴の奥底で黒曜石を見つけた時の縄文人の汗と喜び、黒曜石をはるばる運んできた縄文人の苦労をはるかな時を超えて共感できる。

はるばる運ばれた黒曜石　和田峠黒曜石産地で採掘された黒曜石は、そこから放射状に広がるいくつもの流通ルートを通り、周辺各地の消費地へと流通していった。八ッ場がある吾妻川沿い一帯は、和田峠黒曜石産地と関東平野を繋ぐ中間の関東地方最北西端部に位置した東方へ向かう流通ルートの一角を占めていた。この一帯は県境の鳥居峠や地蔵峠などの山道を越えて運ばれてきた黒曜石が最初に消費された拠点であった。また、次の消費地に流通していく中継地でもあり、ここから吾妻川を下るように東へ向かい、赤城山西麓や利根川上流地域、さらに南の関東平野各地の消費地へと流通していったと考えられる。

縄文時代、黒曜石は石鏃の製作には欠かせない石材で、縄文人の狩猟活動を支えた大切な資源であった。その黒曜石が産地から遠く広い範囲に流通していた背景には、縄文人同士が黒曜石を資源として協同で管理して採掘し、そして消費していく社会を築いていたことを示している。黒曜石の広がりは縄文人のつながりの広さを物語っている。

（関口博幸）

黒曜石鉱山
星糞峠黒曜石原産地遺跡の黒曜石採掘の様子（復元模型）
（長和町資料館星くずの里たかやま黒耀石体験ミュージアム提供）

木製品

木製品のいろいろ　木は縄文時代にも、容器や建築部材など、さまざまな用途で用いられてきた。しかし日本は酸性土壌のため、台地上にある遺跡では、腐食してしまい残りづらい。一方で、泥炭層や低湿地の遺跡では、水を多く含み、密閉された空間でのみ残ることがある。木材は、用途に応じて、選択的に利用され、例えば建築部材は、加工しやすく、丈夫な木材を利用していた。

柱穴から見つかった柱材　石川原遺跡では、二棟の竪穴建物で、六本分の柱穴から、柱材が出土した。調査当時、柱穴の底から水が湧出しており、その影響で残ったと考えられる。柱材には石斧で加工した加工痕や縄で縛った痕跡を確認した。

土坑に貯蔵された木製品　木製品は加工する際に、水漬けをして柔らかくしてから、加工する。石川原遺跡では、沢を利用した土坑の中から、大量の礫や木材、堅果類に混じって、木製品の未製品が出土した。この土坑は沢水を利用して加工、食用にする目的で集めた木材や堅果類を柔らかくするための施設と考えられる。中には打製石斧を装着する柄の部分や草刈り道具に使われた櫂状《かいじょう》木製品が出土した。どちらも未製品で、加工のために水漬け貯蔵されていたと考えられる。

6号低湿性土坑木材・木製品出土状況

111号竪穴建物柱材出土状況

6号低湿性土坑木製品出土状況

5号低湿性土坑木製品・クルミ出土状況
（いずれも687集）

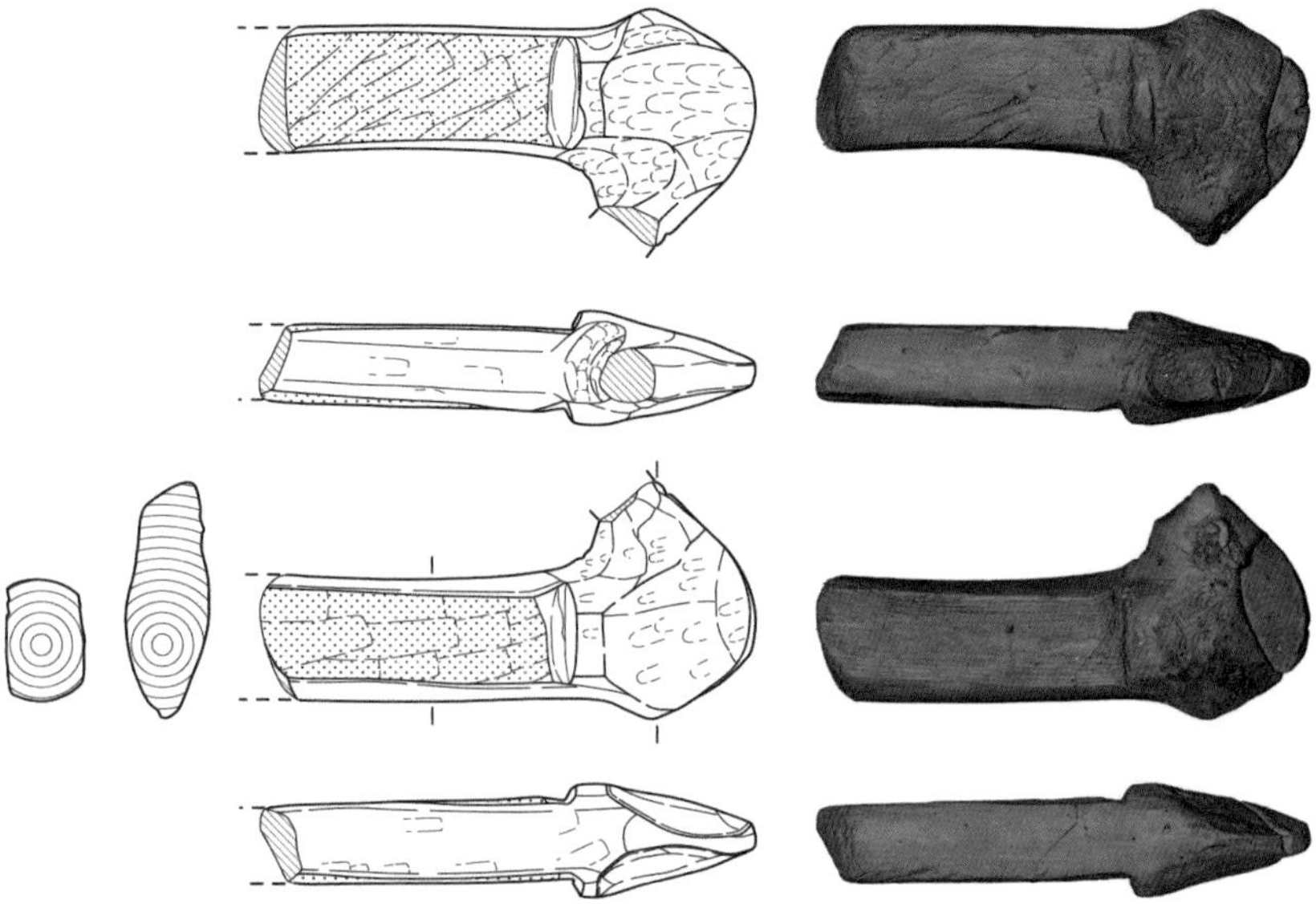

1

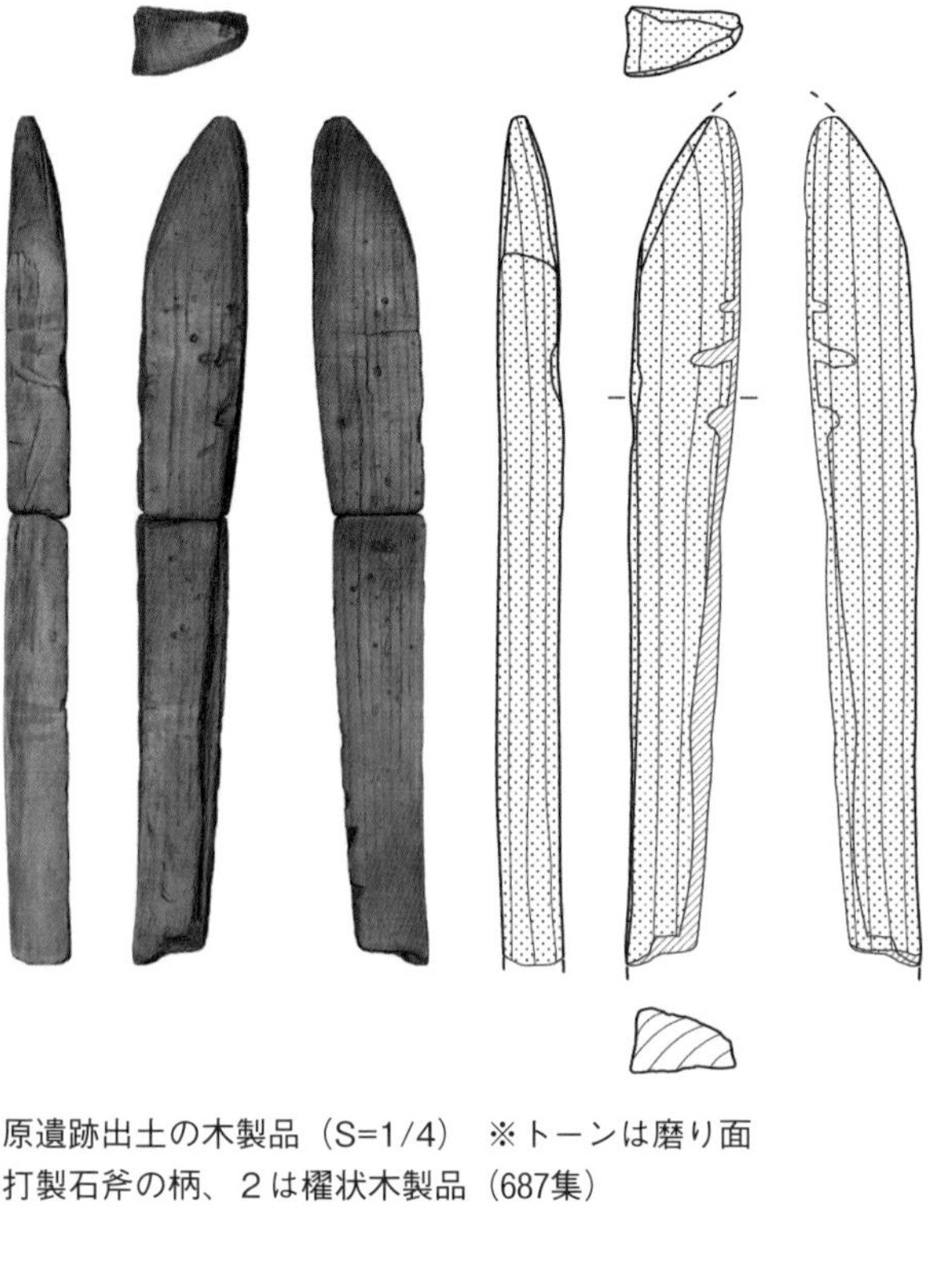

2

石川原遺跡出土の木製品（S=1/4）　※トーンは磨り面
１は打製石斧の柄、２は櫂状木製品（687集）

アスファルト

　アスファルトは、地中から湧出した原油の揮発成分が失われ、残った不揮発の固化した黒色粘性の軟固体状の物質である。縄文時代には接着剤や補修材として利用されてきた。アスファルトには、天然アルファルトと原油精製過程で製造される石油アスファルトがあり、縄文時代では前者を使用していた。天然アスファルトは北海道から新潟県にかけての日本海沿岸部で産出していた。出土地は、産出地を含めた北海道から東北地方が多く、長野県や関東地方でも数例確認されている。

石川原遺跡から出土したアスファルト

　石川原遺跡では、一二点のアスファルトが出土した。うち八点を産地解明のため、分析を行った結果、秋田県県央から県北の日本海沿岸地域の可能性が高いことが明らかになった。アスファルトの利用には、採取→精製→運搬→貯蔵→消費→廃棄のサイクルがある。石川原遺跡では、板状または塊の状態で運搬されたもの（1）、容器に入れ貯蔵したもの（2・3）、補修材として利用されたもの（4〜6）が出土した。アスファルトを容器に貯蔵したものには、ヘラ状工具でアスファル

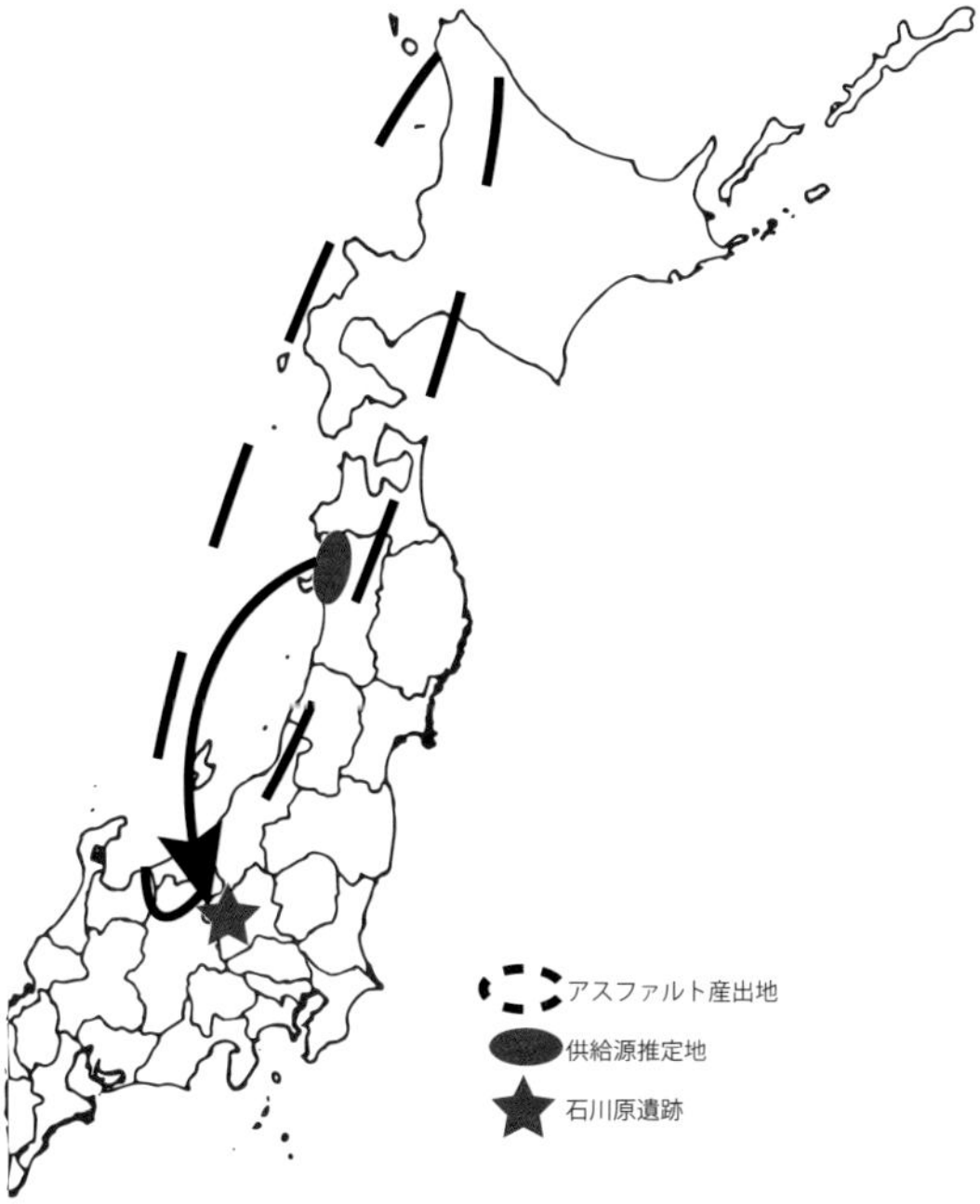

アスファルト産出地と石川原遺跡

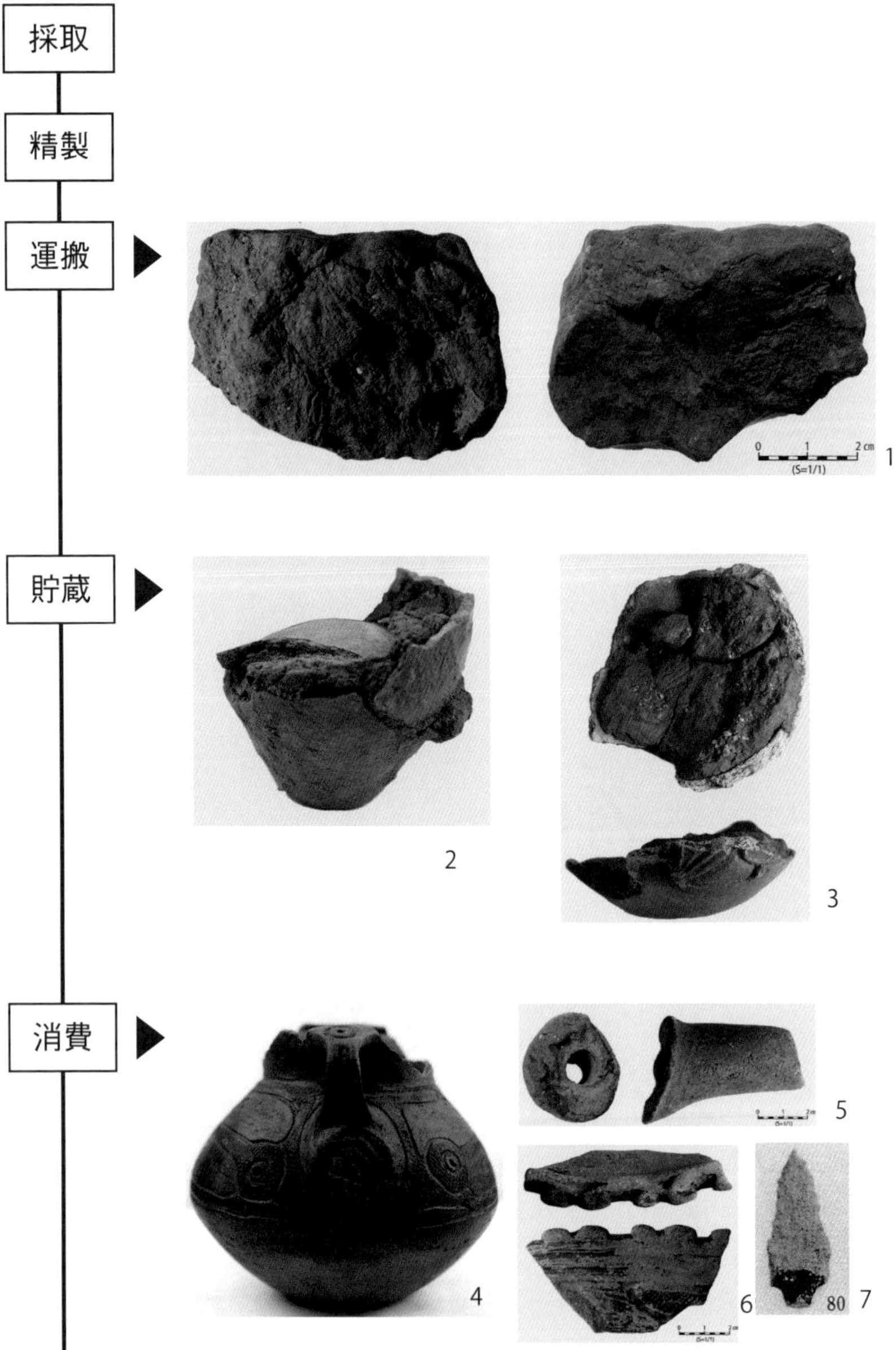

1~6：石川原遺跡（長野原町）7: 行沢大竹遺跡（安中市）
縮尺は 2 が 1 /2, それ以外は 1/4

石川原遺跡のアスファルト関連資料（687集）

トを掻き取った痕跡があり、再加熱を行い、柔らかくした状態で使用し、パレットのような機能も果たしていた。使用方法は、補修材（4・5）や接着剤としての利用がされていた。補修材としては、注口土器の注口部を塞いで、容器としての転用（4）や折れてしまった注口部の補修（5）に用いられた。接着剤としては、漆塗りの接着（6）、石鏃と矢柄との接着（7）に用いられた。石川原遺跡以外の群馬県で確認できる例は、石鏃に付着するものがほとんどである。アスファルトの利用は、縄文時代後期前葉以降には利用され、晩期まで続いたと考えられる。運搬から廃棄までの過程を追える遺跡は、産出地域以外では類例が少なく、貴重な資料といえるだろう。

（鈴木佑太郎）

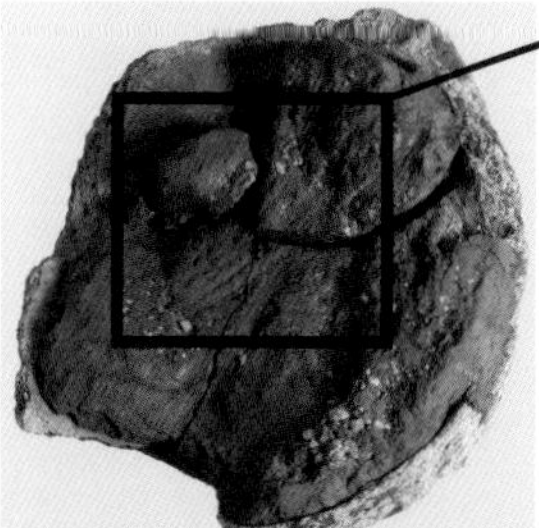

ヘラ状工具による掻き取り痕（687集）

コラム

白い星降る集落の不思議

縄文時代の遺跡を発掘調査すると、黒色土中がキラキラと光る光景に遭遇することがある。よく観察してみると、それは焼けた骨、つまり焼骨なのだ。焼骨の大きさは、手のひらサイズのものもあるが、ほとんどは、五㎝以下で、チョークのように真っ白で、柔らかいのが特徴だ。骨はただ焼いただけでは白くはならず、約五〇〇℃以上の高温で焼く必要がある。しかし、周囲には燃焼させた痕跡はなく、焼骨が一面に広がっていた。

八ッ場での出土事例は、縄文時代中期後葉～後期前葉の林中原Ⅱ遺跡、後期前葉の林中原遺跡、横壁中村遺跡、後期前葉から晩期中葉の石川原遺跡がある。出土状況は、遺構外にまいたような状態がほとんどだが、林中原Ⅱ遺跡では、土坑墓から人骨、石川原遺跡では、竪穴建物内から幼獣イノシシの下顎骨四個体分、配石墓から人骨が出土するなど、埋葬やマツリに関わる出土例も確認されている。

焼骨は、林中原Ⅱ遺跡の土壙墓のように人間が一体分出土することがあるが、縄文時代後期以降の出土例では、基本的に散布されて、バラバラになった状態で出土する。石川原遺跡の場合、竪穴建物内からイノシシの下顎骨が集積され、配石墓内からは人骨が二個体分、まかれた状態で出土していた。遺構の出土例から、焼骨をまくという行為は、儀礼的な意味合いがあり、人が流れ星に願いを込めるように、縄文人たちも、願いや祈りを込めながら、焼骨をまいていたのかもしれない。

（鈴木佑太郎）

イノシシ下顎骨調査風景

イノシシ下顎骨出土状況

弥生時代

―稲作文化を迎えた人びと―

川原湯勝沼遺跡の再葬墓に使われた２つの土器（356集）
右は口縁を上に、左は逆さまに埋められていた。縄文時代と弥生時代の狭間に作られた土器で、両方の特徴を併せ持つ。

林中原Ⅱ遺跡で発見された弥生時代中期前半（約2200年前）の竪穴建物（650集）。長さ5.6mの楕円形で、真ん中よりやや手前に炉がある。埋土の上層から石鏃が２点出土している。

尾坂遺跡で発見された弥生時代前期末頃の再葬墓（618集）。長さ1.23mの楕円形の浅い坑に大きな壺を横たえ、片側に小さな壺を添えてあった。

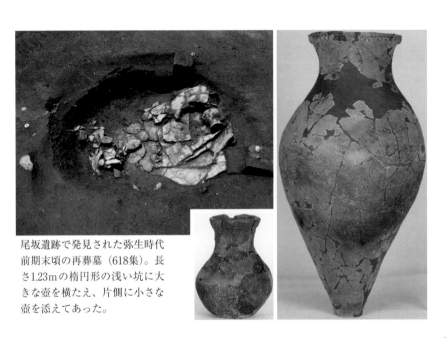

山にとどまる

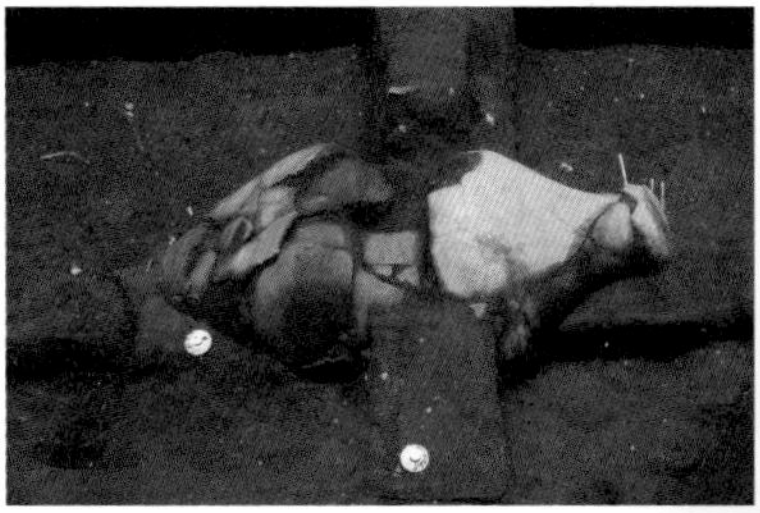

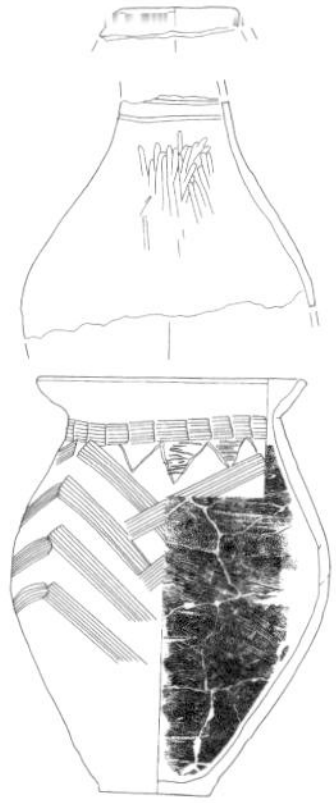

立馬Ⅰ遺跡で発見された弥生時代中期後葉（約2000年前）の土器棺墓。

狩猟場の山中でみつかった立馬Ⅰ遺跡（388集）

立馬Ⅰ遺跡で見つかった弥生時代中期後葉（約2000年前）の竪穴建物。長軸3.4mの方形状の小さな建物で、中央部に炉が見つかっている。

一　群馬県の弥生文化

弥生文化の誕生　縄文時代は狩猟・採集を暮らしの中心とした社会だった。それを大きく変えたのは、中国大陸から朝鮮半島を経由して伝わった稲作文化だと考えられている。

最古の稲作伝播を示す遺跡例は、玄界灘《げんかいなだ》に面した北部九州で見つかっている。その年代は、近年の年代測定の研究成果によって、紀元前十世紀にまでさかのぼるとの新説が示されている。この説に従うなら、関東地方に最古の弥生土器やイネが伝わったのは、北部九州よりも数百年遅れた紀元前五世紀ごろのことになりそうだ。この年代観はまだ定説にはなっていないものの、各地で進められている新たな年代測定のデータから、おおむね妥当な説と考えたい。

北部九州を起点に水田稲作が伝わった西日本各地では、稲作を生活基盤とする弥生集落が誕生し、それを支える農耕技術の導入や、専用の道具類が製作されるようになっていく。水田経営の必要上から、水利に恵まれた平野部で弥生集落が定着する。集落内では、大人数が必要な農作業や土木作業などのため、集落構成員たちは一定の協働作業を求められたと考えられる。そして、協働する村人たちを統率し、彼らの代表として他の弥生集落との利害関係を調整するリーダー的人物の存在も必要とされただろう。水田経営や集落運営が順調に進められた弥生集落では、人口増や農地の拡大といった右肩上がりの発展を遂げていく。このような大きな集落が核と

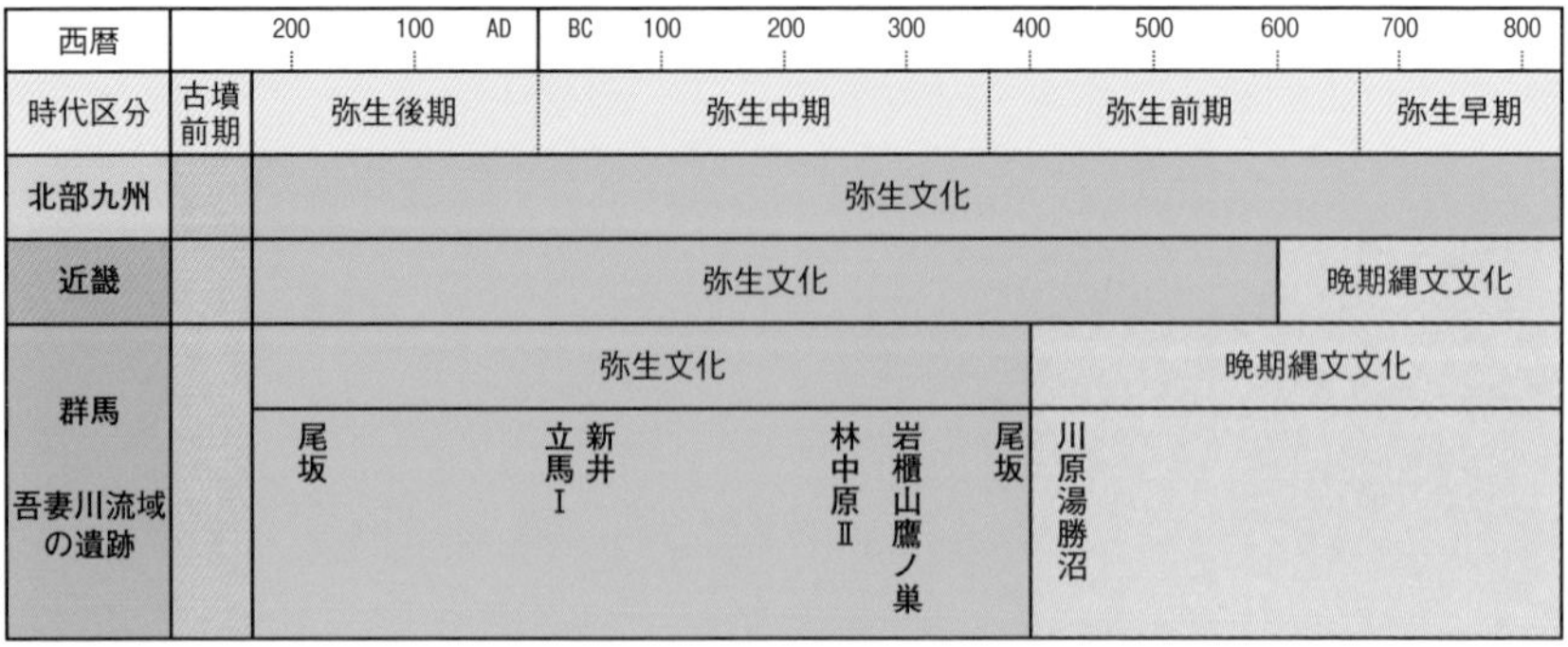

西暦		200	100	AD	BC	100	200	300	400	500	600	700	800
時代区分	古墳前期	弥生後期			弥生中期				弥生前期			弥生早期	
北部九州		弥生文化											
近畿		弥生文化								晩期縄文文化			
群馬 吾妻川流域の遺跡		弥生文化							晩期縄文文化				
		尾坂	立馬 I	新井			林中原 II	岩櫃山鷹ノ巣	尾坂	川原湯勝沼			

ここで「弥生文化」としたのは、イネにこだわらず雑穀栽培農耕の可能性、弥生土器の使用という条件で記した。
実年代観は設楽博己・藤尾慎一郎2014「土器型式編年表（『弥生ってなに?!』国立歴史民俗博物館p.12-13)」を参考に、近年の炭素14年代測定法のデータを採用した。

吾妻川流域の弥生文化略年表

なって集落群が結びつきを強めていくようになると、やがて「クニ」と呼ばれるような地域社会が誕生していったと理解されている。
　以上は、先進的な弥生社会が形成された西日本地域の歴史的流れである。ただし、弥生社会の成り立ちや、発展過程は決して一様ではない。また、「弥生文化」を狭い意味で限定してしまうと、これに当てはまらない地域も出てきてしまう。水田稲作への転換や地域を統括する有力者の誕生は、次の古墳時代を生み出すステップとなったのは確かだが、それは結果論だろう。当時の弥生人たちは、必要な先進技術を取り込みながらも、自分たちが暮らす地域の特性に合わせて、最も適したライフスタイルを選んでいったと考えたい。

波及する弥生文化　群馬県は関東平野の北西奥という地理的位置から、稲作の伝播をはじめ、先進的な文物や技術は、隣接地域からの内陸ルートを介して行われた。そのなかでもとりわけ、上信境の山並みを挟んだ中央高地地方（現在の長野県を中心とした地域）とは、弥生時代を通じて太いパイプで結ばれていたことが明らかにされている。
　このことは、日常生活で最も消費された道具の代表格である弥生土器に見ることができる。群馬県内で最初の弥生土器を使い始めた人々は、東海地方からはるばる伝わった条痕文《じょうこんもん》（筋のある道具で引っかいた文様）土器に影響を受けて、独自の条痕文系土器を生み出した。ところが、この頃の弥生土器には、従来からの縄文土器の形や文様も色濃く残されている。したがって、群馬の地で最初に弥生土器を使用した弥生人たちは、縄文土器

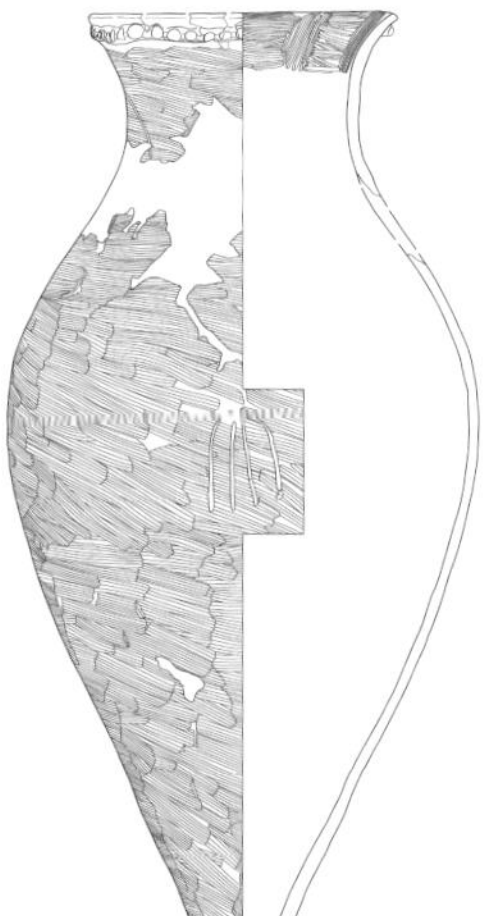

在地型の条痕文壺（前期）（尾坂遺跡　618集）
群馬の地で作られた最初の弥生土器のひとつ。口に凸帯をめぐらした背の高い壺で、下半は火にかけた跡を残す。

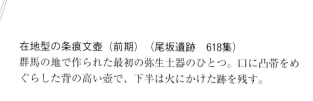

の伝統を受け継いだ人々だったと考えられよう。

ところで、群馬県における初期の弥生遺跡として知られているのは、ほとんどが墓地である。集落遺跡は注連引原《しめびきはら》遺跡群（安中市）でわずか数棟の住居跡が知られているだけである。低地に隣接して広い水田を営み、弥生人たちが集団で農作業を行うといった稲作農村風景は、弥生時代前期の群馬県ではまだ見られなかったようだ。

群馬県で本格的な水田稲作を目指す弥生集落が誕生したのは、弥生時代中期後葉からである。注目されるのは、このときに使われ始めた弥生土器が、それまでの縄文土器の伝統を色濃く残したものから一変して、まったく新しい形と文様、そして土器の焼き方までも違っていたことだ。この新しい弥生土器は、実は千曲川に沿った長野県北部の弥生土器とほとんど同じものだった。

このことから、群馬県での本格的な水田稲作を目指した弥生農村の誕生には、長野県の弥生人たちの存在が大きく関わっていたと考えて間違いない。この弥生時代の中期後葉以後にはっきりしてきた長野県の弥生社会との密接な関係は、弥生時代後期から古墳時代が始まる直前まで続くことになる。そして後で述べるように、弥生時代の最先端技術ともいえる鉄器が群馬の遺跡で多く発見されているのも、長野県の弥生社会との密な関係があってこそだと理解できる。おそらく、鉄器に限らず、西日本からの先進的な弥生文物の流入や、大陸をも含めた社会情勢の情報入手などに、長野県の弥生社会との太いパイプが重要だったのだろう。

長野県との交流を語る弥生土器（中期後葉）　前橋市・清里庚申塚遺跡（15集）
壺・甕・高杯・鉢の用途別セットがそろう。この頃から縄文土器の伝統はほとんど消えていく。

二　八ッ場に暮らす弥生人たち

弥生集落はどこか　紀元前五世紀ごろの弥生時代前期に、群馬県をはじめとした東日本に弥生文化が伝わる。ところが、当時の生活実態を生々しく伝える遺跡はわずかしかない。実際に使われた土器や、石器などの道具類が発見されるにもかかわらず、彼らが暮らした家やムラが見つからないのだ。おそらく、当時の家の構造が、地中に痕跡を残さない浅いものだったり、集落自体が小規模で、営まれた期間も短かったりしたためと考えられる。使われていた土器を見ると、壺《つぼ》・甕《かめ》・鉢といった弥生土器の基本形がすでに揃っている。

また、農業が始まった証拠として、イネは少ないがアワやキビを主とする種実の圧痕が土器に残されている。沖Ⅱ遺跡（藤岡市）や中野谷原遺跡（安中市）はその好例である。八ッ場では、坪井遺跡（長野原町）の弥生土器にアワ・キビの圧痕が見つかった。本格的な水田経営は、まだ先になるが、畑作による雑穀栽培を主とする農業に基盤を置く生活の第一歩を踏み出したことは間違いない。

姿をみせた最初の弥生集落　林中原《はやしなかはら》Ⅱ遺跡（長野原町）

林中原Ⅱ遺跡（中央白点）の立地環境（617集）
八ッ場では最も広い平坦面が広がる段丘で、南の対岸には丸岩を望む。

は、東日本でも類例の少ない弥生時代中期前葉の集落遺跡である。立地する場所は、吾妻川北岸の緩く傾斜した平坦な段丘上である。ここは南向きの日当たりのよい場所で、八ッ場では最も開けた地形だ。東西に小さな谷があるが、渓谷内では最も高位の段丘のため、水田を営むには不向きといってよい。

住居の形は小判型で、床面の真ん中に煮炊きや暖をとるための炉がしつらえてあった。全体を浅く掘り込んであったので、「竪穴建物」だったことがわかる。残念なことに家屋を支える柱の跡が見つからず、建物の骨組み構造はわからない。

発見された四棟の竪穴建物は、東西三〇mほどの狭い範囲に並んでいて、規模の小さな集落だったことがわかる。互いに五mから八m離れているので、四棟が同時に存在した可能性も考えられる。二棟一組で東西に並んでいるようにも見えることから、四棟同時存在ならば二棟一組の二グループと考えてよいかもしれない。また、建物を建て替えたとしても、比較的短期間の営みであったことは間違いない。なお、長野原町教育委員会の隣接地調査でも一棟が発見されており、少なくとも五棟の竪穴建物が存在したことがわかっている。

林中原Ⅱ遺跡からは、貯蔵用の壺、煮炊き用の甕、盛り付け用の鉢といった基本的な弥生土器セットが見られる。特に、縄文時代には特殊な存在だった壺が多用されているのは、弥生土器の大きな特徴だ。

土器以外の出土品では、農作業や食材加工、道具作りなどに活躍する石器が多く発見された。中でもひときわ特徴的なのは、「石鍬《いしぐわ》」だろう。平

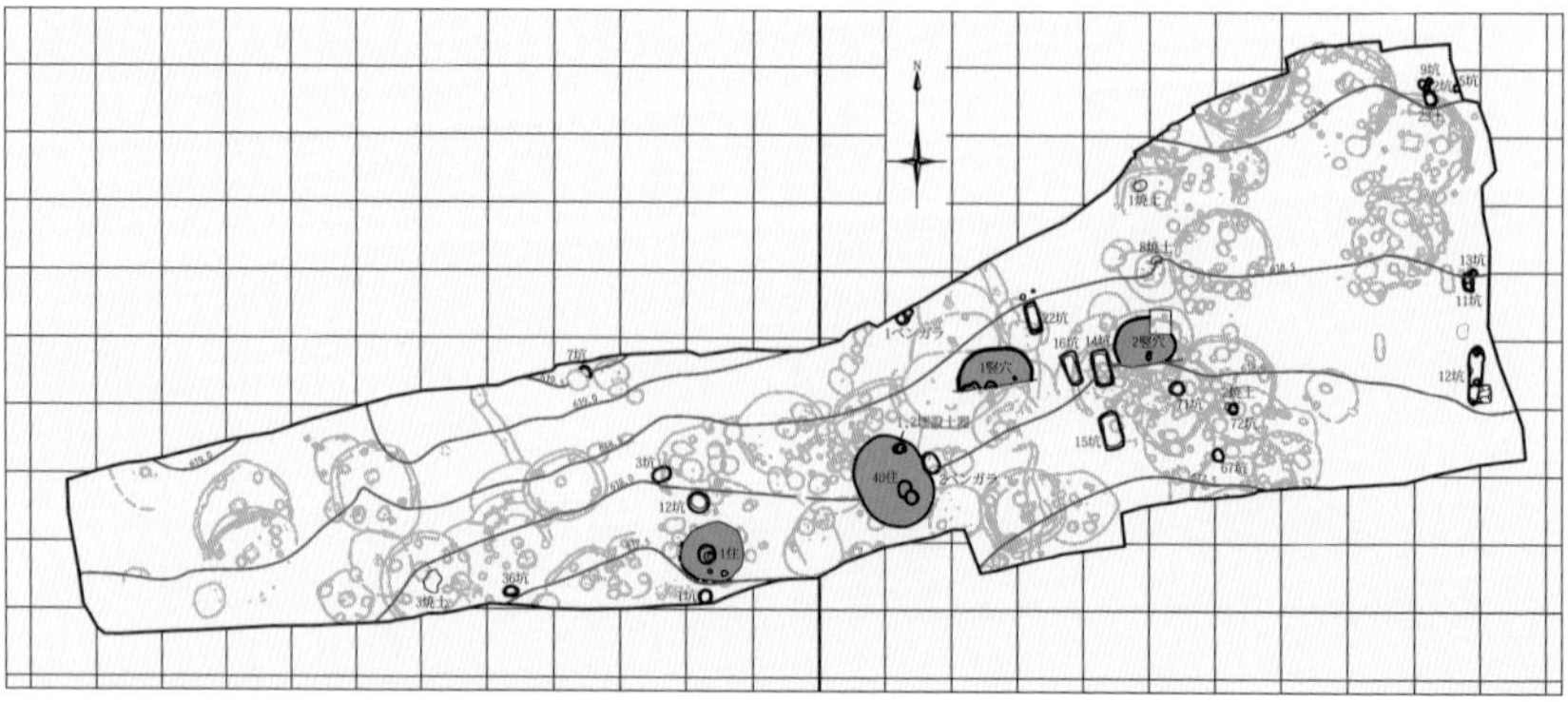

林中原Ⅱ遺跡の遺構分布図（650集）
４棟の住居が２棟一組で並んでいるように見える。方眼のマス目は４ｍ。

たい靴ベラのような形の石器で、大型品では長さ二三cm、重さ一kg近いものまであった。石鍬はその形とすり減り具合などの使用痕研究から、「レ」形に屈曲した木製柄《え》に着けて、鍬のように振り下ろして使う農具と考えられている。刃が分厚く、鋭さに欠けるので、樹木を切り倒すには向いていない。むしろ大きさと重さから、土を砕き、雑草などをなぎ払うのに適している。おそらく、畑など乾燥地での耕作や除草作業などに威力を発揮したと考えられよう。

この農耕用とみられる石鍬が活躍する一方で、狩猟具の代表的石器である矢じりがこの遺跡ではほとんど見られない。山に囲まれた八ッ場では、弥生時代になっても狩猟は継続していたと思われるのに、なぜ弓矢が見つからないのだろうか。林中原Ⅱ遺跡は、鉄器普及以前の時期に属するので、使用したならば石製の矢じりである。逆に考えれば、弓矢以外の狩猟法、例えばワナや落とし穴のような方法を主に採用していた可能性も考えておきたい。

弥生遺跡の分布は語る　八ッ場地区の吾妻川の両岸には、面積の狭い河岸段丘があり、小規模な弥生遺跡が点在している。このうち、住居跡とみられる遺構が判明しているのは、林中原Ⅱ遺跡や立馬《だつめ》Ⅰ遺跡、八ッ場あがつま湖西端から吾妻川を少しさかのぼった地点にある坪井遺跡といったわずかな例しかない。他の遺跡では、墓や貯蔵穴といった可能性のある穴が発見される。林中原Ⅱ遺跡でみたように、弥生時代前期～中期前半の竪穴住居が痕跡を残しにくい浅い構造で、しかも少数のまま短期間しか存在し

林中原Ⅱ遺跡で使われた石鍬（中期前葉　650集）
打ち欠いて作った打製石器で、左は長さ23cm、重さ940ｇもある。

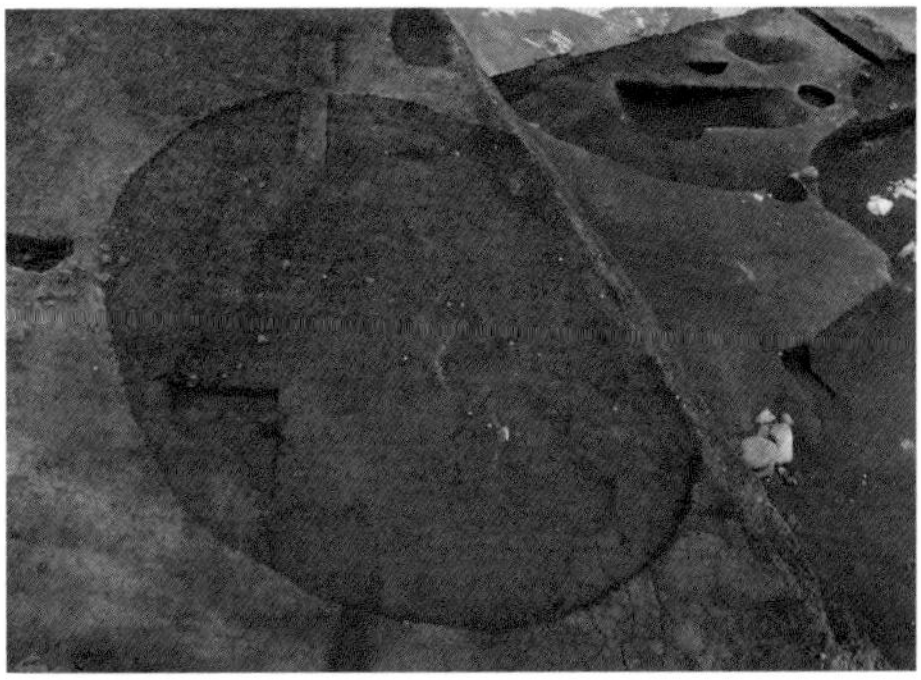

林中原Ⅱ遺跡の40号竪穴建物（中期前葉　650集）
浅く掘りこまれた小判形で、柱穴は見つかっていない。

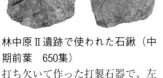

なかったとすれば、弥生土器や石器しか見つからない遺跡であっても、小さな集落として使われていた可能性はある。このように考えるなら、八ッ場では、弥生人の集団が小規模のまま分散して居住し、短い期間で移転を繰り返していたと解釈することができそうである。

　弥生時代前期～中期前半に長期間継続する大きな弥生集落が発見されないのは、八ッ場に限ったことではない。ただし、後述するように弥生時代の中期後葉以降は、群馬をはじめ東日本各地で安定した弥生集落が営まれるようになる。それにもかかわらず、弥生時代を通して八ッ場に大きな弥生集落が見つからないのは、やはり広い水田耕地がないという地形環境によるところが大きいのだろう。

安定したムラ作りへ　八ッ場ダムから吾妻川に沿って、七km下流方向に下り、左岸に聳《そび》え立つ岩櫃山《いわびつやま》付近に来ると、両岸に幅三〇〇～五〇〇mの段丘面が開けてくる。ここは、八ッ場の南側を流れてきた支流の温《ぬる》川と合流する場所で、南側では高い山がなく、日当たりのよい緩やかな平坦地が広がっている。北方向に岩櫃山の岩壁を仰ぎ見るこの平坦地には、新井遺跡や四戸《しど》遺跡、厚田《あつだ》中村《なかむら》遺跡などの弥生集落遺跡が見つかっている。

　これらは、上信自動車道建設関連の発掘調査で判明したものだ。長野県境の山麓から流れ下った吾妻川は、嬬恋《つまごい》村や長野原町の山間の峡谷を抜けて、この付近から両岸に開けた段丘が見られるようになる。同じ吾妻川の流域であっても、峡谷地形の八ッ場と比べて、弥生遺跡のあり方が対照的になる。この付近では、小規模ながらも弥生中期後葉から後期にかけての

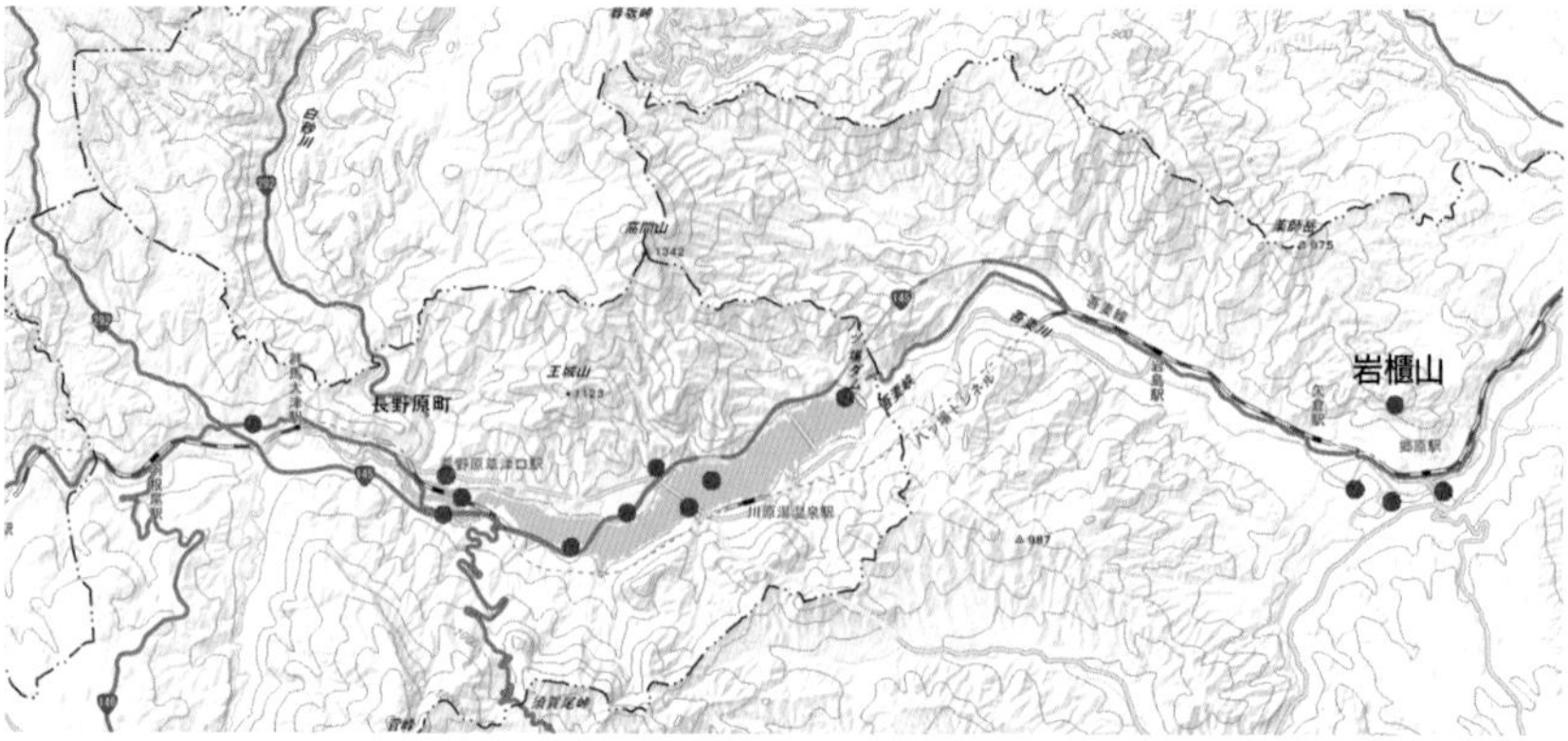

八ッ場の弥生遺跡分布図（国土地理院電子国土webを加工）

複数の集落遺跡が、互いに至近距離で分布するようになる。遺跡の背後には高い山が迫っていないため、日当たり良好で、水も得やすく、また水田を営むのに適した平坦地が広がっている。

このような地理的条件が、おそらく稲作をはじめとした農耕に望ましい環境であったのだろう。それが、小規模ながらも本格的な稲作を営む集落が分布した理由と考えてよい。吾妻川流域の中で、最も平坦面の広いのが中之条盆地である。この北岸には川端《かわはけ》遺跡・天神《てんじん》遺跡といった流域内の拠点となりうる大きな弥生集落遺跡が知られていて、吾妻川流域の弥生社会形成や、長野県北部との文化的交流を語る上で人変重要な位置を占めている。

三　弥生人の墓を探る

骨に祈りを　弥生時代前期から中期前半の南東北地方から中部地方にかけて、人が亡くなると、大型壺を蔵骨器に使った「再葬墓《さいそうぼ》」が営まれた。遺体をそのまま地中に葬るのではなく、一度白骨の状態にしてから、改めて選んだ骨や歯を土器に納めて地中に埋葬するのだ。この風習は縄文時代の中～後期にもみられ、弥生時代の再葬墓はその伝統を継承・復活させたものと考えられている。縄文時代と異なるのは、弥生時代になって収納容器の主流の座を占めるようになった壺を多用することだ。そのため「壺

吾妻川と温川の合流点の段丘から仰ぐ岩櫃山
手前の段丘上には、新井遺跡、四戸遺跡、四戸古墳群が並ぶ。

（棺）再葬墓」と呼ばれることもある。蔵骨器として使われた土器は、複数個がまとまって一つの穴に埋納されており、多い場合は十数個にも及ぶという。

群馬県では、前期例が沖《おき》Ⅱ遺跡（藤岡市）、上久保《かみくぼ》遺跡（高崎市）、南大塚《みなみおおつか》遺跡（渋川市）、押手《おしで》遺跡（同市）、上人見《うわひとみ》遺跡（安中市）、中期では七日市観音前《なのかいちかんのんまえ》遺跡（富岡市）、金井下新田《かないしもしんでん》遺跡（渋川市）などで知られている。これまでに見つかっている弥生時代前期〜中期前半の遺跡の多くは、このような再葬墓か、それに関連する遺跡と考えられる。ただし同じ時期の弥生人の生活実態を示す集落遺跡は数少なく、わかっているものでも小規模で短期間のものである。このことから、普段は各地に小規模で分散居住していた同じ祖先を持つ弥生人たちが、共同で営んだ墓地と解釈されている。出土する人骨例がわずかで、DNA分析などは進んでいないが、同一墓地に埋納された弥生人たちの血縁関係がいかなるものだったのか、今後の研究に期待したい。

八ッ場の再葬墓遺跡　再葬墓が発見された川原湯《かわらゆ》勝沼《かつぬま》遺跡は、吾妻川南岸の川原湯地区にある。狭い平坦地の中央付近で、二個の大型土器が並んで地中に埋

再葬墓の蔵骨器と考えられる土器類（中期中葉）渋川市・金井下新田遺跡（683集）
左端は甕、他は壺である。手前中央の筒形土器は高さ21cm。

められていた。一つは壺で、口を下にした逆さまの状態、もう一つは甕で、口を上に向けた状態だった。人骨は発見されなかったが、おそらく骨を埋納した再葬墓と考えられている。土器の特徴は、長野県の晩期縄文土器の流れをくむもので、その後に誕生する在地系弥生土器とは形や文様に違いがある。それでも、これ以降に普及していく「壺（棺）再葬墓」の先駆けのような存在と言えるだろう。

　八ッ場の上流部にあたる長野原地区に、尾坂《おさか》遺跡がある。ここでは再葬墓一基と墓の可能性が考えられるものを含めた土坑二八基が見つかっている。再葬墓は、長さ一・二mほどの楕円形の穴で、上部に二〇～三〇cmほどの礫十数点を重ね、その下に多量の小礫が詰めたように入れられていた。蔵骨器と思われる大型壺（高さ八九cm弱）は、穴の底から横転してつぶれた状態で発見された。さらに、縄文で飾られた完形の小型壺、東海系条痕文壺の破片などが一緒に出土している。大型壺は穴を埋めていた大小の礫や土の重みでつぶれたと考えられ、埋納した時点では骨を入れた壺の形のままで収められたのだろう。小型壺は、別の人歯骨を納めたか、あるいは副葬品として供えられたものかもしれない。大型壺だけを蔵骨器と考えた場合、一つの土坑に大型壺一個という組み合わせは、複数の大型壺を納める一般的な再葬墓と異なっている。このあり方は、礫をぎっしり詰め込んでいた姿も含めて、川原湯勝沼遺跡例から引き継いだ地域的伝統なのかもしれない。

　また、長径七〇cmほどの小規模な三四〇号土坑からは、小型筒形土器と浅鉢形土器が埋納されていた。これだけで再葬墓と決めるわけにいかない

川原湯勝沼遺跡の再葬墓出土状況（縄文晩期　356集）
左の甕は正位、右の壺は下半部を欠く逆位。

が、同じような土器セットを埋納する例は、中野谷原遺跡（安中市）や横間栗遺跡（埼玉県熊谷市）でわかっている。横間栗遺跡では人骨が出土しているので、墓であった可能性は高い。そうであれば同様に、尾坂遺跡の三四〇号土坑も、小型筒形土器を蔵骨器として利用した再葬墓であったかもしれない。

山頂の岩陰遺跡　八ッ場ダムから東、吾妻川の北岸にひときわ目立つ岩壁の山、それが岩櫃山《いわびつやま》だ。頂上から中腹にかけて南向きにそそり立つ断崖絶壁は、麓から見上げてもその威容に圧倒される。この岩壁の頂上付近に裂け目のような岩陰《いわかげ》がある。到達するだけでも命がけというこの場所が、実は弥生人の墓地だった。地元では以前から知られていたが、昭和十四年（一九三九）の発掘調査で、合計一九個の弥生土器と人骨片が発見された。岩陰へは登山道がなかったため、頂上付近からロープを頼りに昇り降りして発掘調査に臨んだという。容易に人を寄せ付けない危険な場所であったため、弥生時代の姿のままほとんど変わることなく、二〇〇〇年以上もの長い間保存されることとなったのであろう。

　この遺跡は、「岩櫃山鷹《たか》の巣《す》遺跡」と名付けられ、絶壁にあって人骨を伴うことから、住居ではなく弥生人の墓地であると学界に発表された。発見された弥生土器は中期初め頃のもので、八ッ場の弥生遺跡でも同じ時期の弥生土器が多い。

　岩櫃山の威容は、八ッ場の地からもよく見え、東側を望んだときに最も目立つランドマークになっている。当時の八ッ場に暮らす弥生人たちもこ

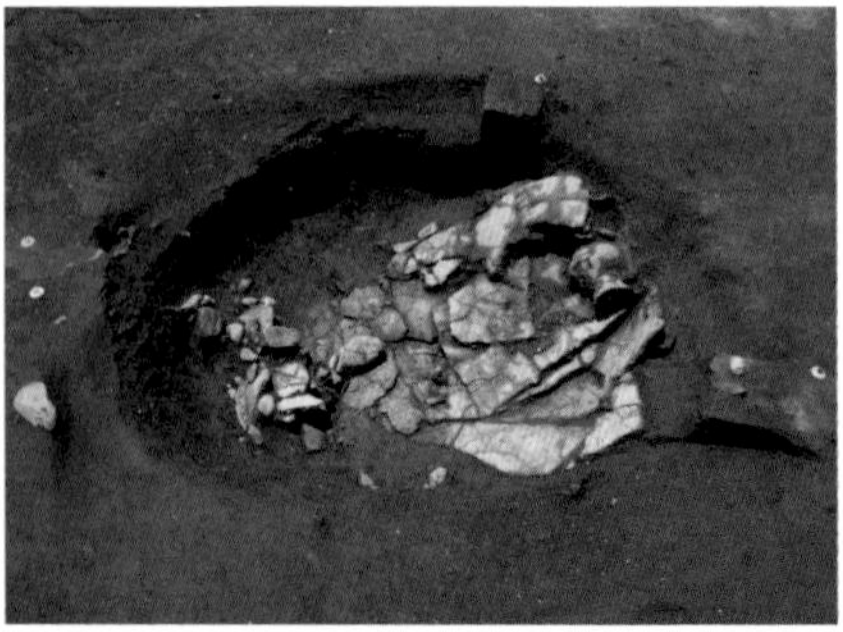

尾坂遺跡の再葬墓発見状況（前期　618集）

尾坂遺跡340号土坑の土器出土状況（前期～中期初頭　618集）

のことを強く意識していたに違いない。直接的な関係性を証明することは難しいが、岩櫃山を仰ぎ見ることのできる範囲に暮らす弥生人たちにとって、岩櫃山は信仰の対象、そして亡き人の霊を送る神聖な場所であったと想像することは許されるのではないだろうか。

この岩櫃山鷹の巣遺跡が、再葬墓と関連する遺跡として検討されるようになったのは、昭和四十年代になってからである。出土した人骨は、土器の中ではなく、近辺から発見された。このため、墓地であったとしても、出土した弥生土器が蔵骨器であったとは立証できない。とはいえ、完形に近い大型壺がいくつかのグループにまとめて置かれた状況は、地中に埋納したかどうかの違いだけで、平地での再葬墓のあり方と大差がない。やはり、再葬墓に用いた蔵骨器と考えてよいだろう。

当時の弥生人たちが、大きな壺を携え、危険極まりないこの岩陰までわざわざ運んできたのは確かだ。危険を犯して壺を運び上げたのは、弥生ムラの中でも選ばれた人物だったのかもしれない。

同じ再葬墓ではあっても、日常生活のエリアに営まれた墓とはそれに要する労力の差が大きい。再葬墓の最後の段階で骨を安置する行為は同じでも、生活エリアと隔絶した山頂を墓所に選んだ意図は何だったのだろうか。死者の霊魂に対する考え方の違い、あるいは格差のようなものがあったのだろうか。この疑問が解けるのは、まだまだ先の話になりそうだ。

岩櫃山の岩壁

岩壁割れ目の岩陰を利用した鷹の巣遺跡

壺を使う弔い　弥生時代の再葬墓には、蔵骨器として壺が多く使われている。北部九州地方では遺体を納める専用の甕棺《かめかん》が多く作られたが、東日本の再葬墓では日常使用した土器を再利用した。首が細く、胴の膨らんだ器形の壺は、もともと、大切なものを保管するための容器だ。腐らずいつまでも白い骨や歯を、長い間ずっと納めておくにふさわしい。

再葬墓が盛んに行われていた時代から一〇〇年ほど後、弥生時代中期後葉になってから、遺体を納める子供用とされる土器棺が新たに目立つようになる。ここでも壺が使われることが多く「壺棺墓」とも呼ばれる。林地区の立馬《だつめ》Ⅰ遺跡では、この土器棺墓一基が発見された。壺の上半分と甕を二つ合わせて棺とし、空いた口には土器片で蓋をしていた。甕も使っているが口の直径が二〇㎝ほどなので、遺体を直接納めたならば、やはり子供用だったと考えてよい。

土器棺墓は、しばしば成人の墓と一緒に見つかったり、それだけで構成される土器棺墓群も知られている。立馬Ⅰ遺跡では単独で見つかっているので、この墓を営んだのは小さな家族だったに違いない。近くからは住居と思われる建物一棟が見つかっている（六九頁写真下）。家族は亡くなった子供を住まいのそばにいつも置いておきたかったのだろうか。

周溝墓の登場　弥生時代から広範に普及した墓の一つに、埋葬部の周りを溝で囲む「周溝墓《しゅうこうぼ》」がある。近畿や中部地方では弥生時代前期から見られるが、関東地方では中期の中頃から出現する。周溝墓の形は、溝の囲み方から方形と円形に分かれる。方形周溝墓は広く分布するが、群馬県や長

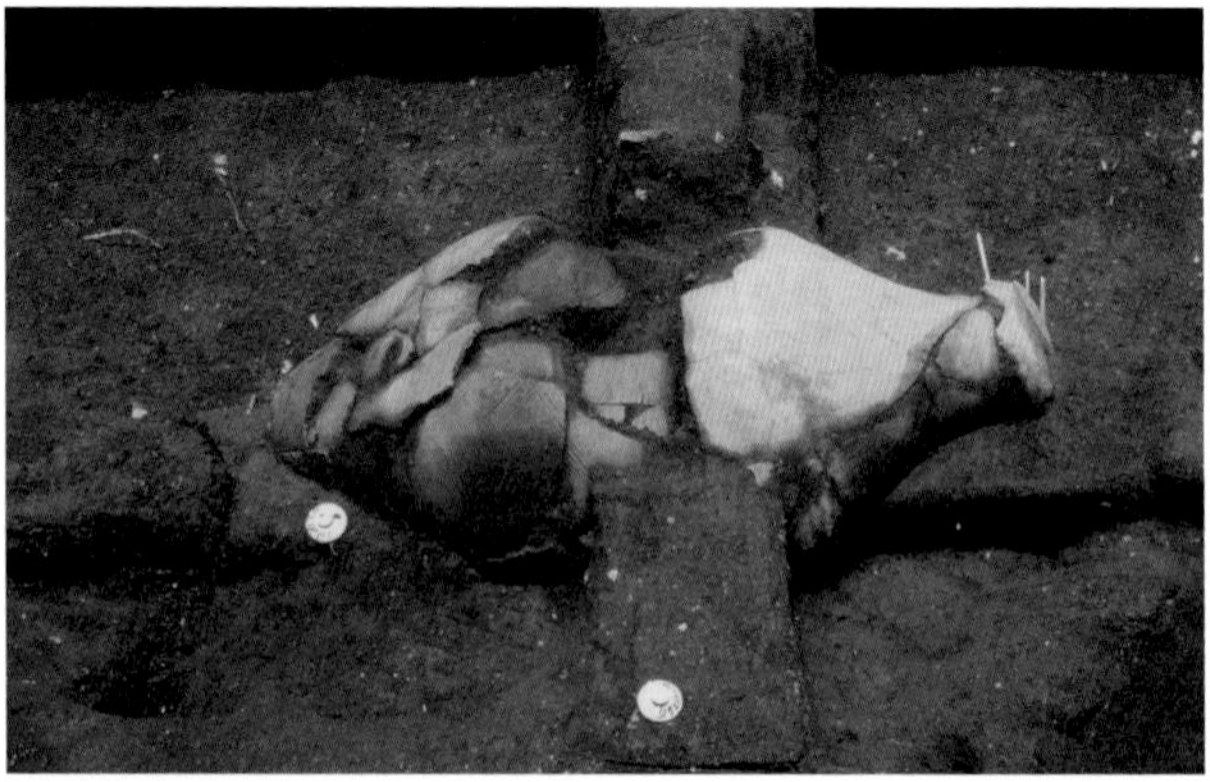

立馬Ⅰ遺跡の壺棺墓（中期後葉　388集）
壺と甕を組み合わせて、遺体を納める。横転状態で埋められたらしい。

野県では円形周溝墓も普及している。

現在までのところ、八ッ場では弥生時代の周溝墓が見つかっていない。これは、周溝墓が波及した弥生時代中期後半以後の遺跡数が八ッ場で激減したためと考えられる。

一方、八ッ場から直線距離で八㎞ほど東へ離れた新井遺跡では、弥生時代中期後葉~古墳時代初めの集落と周溝墓が見つかっている。これは上信自動車道建設のため発掘された遺跡だ。この遺跡では、方形周溝墓と円形周溝墓がそろって見つかっている。両者とも弥生時代後期と推定され、人骨は発見されなかったが、装飾品として身に着けたらしいガラスビーズが出土している。

方形周溝墓は関東地方南部から、円形周溝墓は長野県側から波及した可能性が高く、吾妻川流域は、両者が出合う地域だったといってもよいだろう。これは八ッ場が文物だけでなく、長野県の弥生文化や風習までも伝える重要な交流路に位置したことを示している。

四　地域を結ぶ架け橋

変革の担い手　弥生時代の中期後葉にあたる紀元前一世紀ごろ、ずっと作られ続けてきた縄文土器の伝統を残す在地色の強い弥生土器に代わって、新たな器形と文様の弥生土器が群馬の地に登場する。この土器は、櫛歯のような道具を使って文様を描くのが大きな特徴だ。これは、長野県中

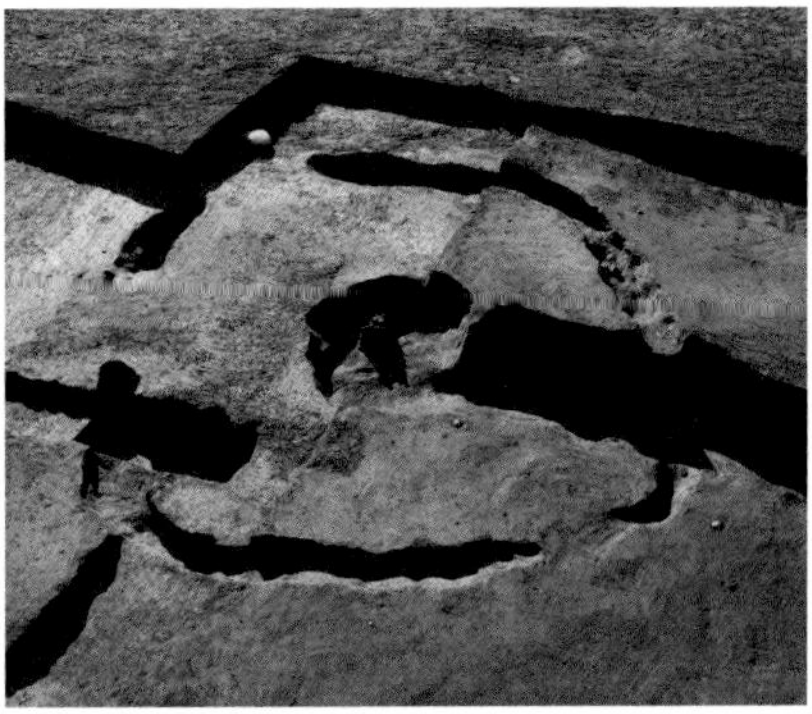

新井遺跡の周溝墓（700集）
左は円形周溝墓、右は方形周溝墓。円形周溝墓の埋葬部には高杯と小型壺が置かれていた。

野市にある最初の発見地の名前をとって「栗林式土器《くりばやしきどき》」と呼ばれる。中期の中頃に長野県北部で誕生した栗林式土器は、中期の後葉からその分布を長野県内を中心に大きく拡大していく。その一派が群馬の地に波及してきたわけである。群馬県内では、安中市や富岡市、高崎市の榛名山東南麓などでこの土器の分布が知られており、その代表例として、高崎市の遺跡名から「栗林式」ではなく「竜見町式《たつみちょうしき》」と呼ばれることもある。

八ッ場での発見例は少ないが、立馬Ⅰ遺跡の土器棺墓は、この栗林式の土器を使っていた。八ッ場より東方に位置する東吾妻町の新井遺跡では、小規模ながら栗林式土器を使う集落が形成されている。

移住者の作ったムラ　栗林式土器を使う弥生集落が、それまでと大きく異なるのは、本格的な水田経営を目指すムラ作りをしていることだろう。農業用の水利が容易な低地に面して居住地を構え、住居に使われた竪穴建物が三〇棟を超えるような大きな集落を形成する。竪穴建物がいくつか重なって発掘される例が見られることから、建物を何度か建て替えるほどの長い期間にわたって営まれたことがわかる。長期安定型の弥生集落が見られるのは、水田稲作主体の農耕生活に成功した例だろう。

栗林式土器、そして安定した農耕集落の出現と同じ頃、墓の形も大きく変わったことがわかっている。それまで普及してい

新井遺跡の竪穴建物出土の弥生土器（中期後葉　700集）
長野県北部で誕生した栗林式土器の吾妻川流域での姿を示す。

た再葬墓は姿を消し、周溝墓や「礫床木棺墓《れきしょうもっかんぼ》」といった新たな墓が登場する。

礫床木棺墓は、遺体埋葬部に礫を敷き詰めるのが特徴で、細長い木板を長方形に組んだ棺を用いている。これは、長野県北部で誕生した可能性が高く、栗林式土器の波及とともに群馬の地にもたらされたものだ。

栗林式土器の波及は、集落のあり方や生活スタイル、墓制まで含めた文化そのものの伝播を示している。このことは、もともと群馬の地に住んでいた弥生人たちが全面的に受け入れたというより、長野県北部から弥生集団が移住して定着した結果と理解すべきだろう。

長野県北部と群馬県とを結ぶ交流ルートは、弥生時代以前から連綿と続いているが、栗林式土器集団の移入に始まる弥生時代中期後葉からは、さらに密接な絆で結ばれたようである。先進的な技術による物資や特産品のほか、西日本弥生社会のさまざまな情報などは、このルートを通じて入手することが多かったと思われる。上信境の山並みから東方へ流下する吾妻川の流域は、この交流ルートの主役を担った可能性が高い。さしずめ、八ッ場周辺は群馬側におけるその玄関先のような位置を占めたのだろう。

目的は本格的な水田経営　栗林式土器を携えて移入してきた長野県北部の弥生集団は、継続的に水田を営むことができ、安定したコメの収穫が望める土地を目指してきたことはほぼ疑いがない。群馬県内で知られているこの時期の弥生集落遺跡は、みなそのような絶好地に立地している。ところが、安定した水田を営むに適した平坦地がほとんどない八ッ場では、こ

高崎競馬場遺跡の礫床木棺墓（中期後葉　681集）
木板で長方形に囲む棺を用い、底に礫を敷き詰めてある。木棺は腐ってしまい、礫だけが残っている。

のような稲作農耕集落が形成されることはなかったらしい。栗林式土器は、八ッ場の各遺跡で点々と見られるので、当時の弥生人が活動していたのは確かだろう。山間にある立馬Ⅰ遺跡のように、小さな村で、小規模な農耕を行い、山間地の利を活かした狩猟・採集など、水田稲作以外の生業を営んでいた可能性も考えられよう。

東吾妻町の新井遺跡では、主体的に使われていた栗林式土器の他に、東北地方南部からもたらされた可能性の高い土器が出土した。細線で渦文を描き、下半を縄文で飾った細首の壺である。このことは、長野県北部とを結ぶ交流ルートが、群馬県内だけでなく、東北地方南部さらには分岐して熊谷市周辺など関東地方南部の弥生社会まで結ぶ直結ルートだった可能性を示している。

鉄が運ばれた道　弥生時代に出現した実用品のうち、鉄器は重要な位置を占める。北部九州では弥生前期から知られるが、広く普及するようになったのは中期後半以降である。鉄素材や先進技術による鉄器は、中国や朝鮮半島で生産され、海路によって日本の弥生社会にもたらされた。工具や武器として抜群の威力を発揮する鉄器は、弥生人にとって垂涎《すいえん》の品だったに違いない。

川原畑地区の石畑《いしはた》Ⅰ岩陰《いわかげ》遺跡では、弥生時代後期のものと思われる板状の鉄製斧《おの》一点が発見された。鉄器が普及するといっても、海外からの入手に頼らなければならない鉄の流通量は限られている。それにもかかわらず、弥生集落が希薄な八ッ場において、鉄斧が発見されたことの意味は深い。

新井遺跡D25号竪穴建物（中期後葉　700集）
弥生中期後葉には竪穴の平面形は長方形に変わる。

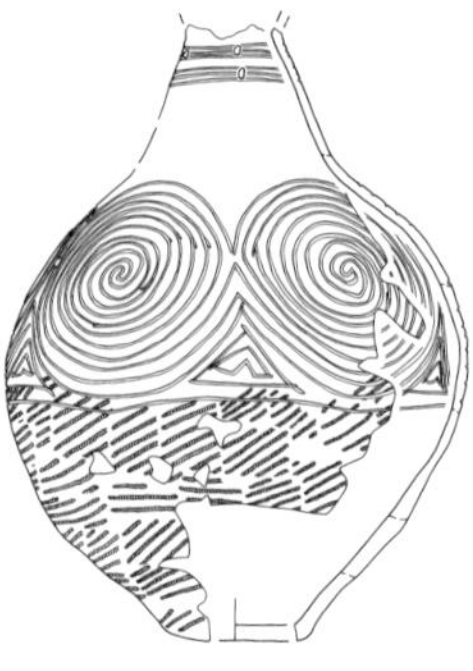

東北地方南部から運ばれた可能性のある壺（中期後葉　700集）

これに伴う弥生土器がわずかなため、時期認定にやや不安を残すが、形の特徴から弥生時代のものとみて矛盾はない。吾妻川流域では、東吾妻町新井遺跡での鉄剣、中之条町川端《かわはけ》遺跡の鉄斧が知られている。吾妻川が利根川と合流する渋川市有馬遺跡では墓に副葬された鉄剣八振が著名だ。いずれも弥生時代後期の例だが、群馬県内の弥生遺跡の中で、鉄器出土の頻度が高い地域として注目される。鉄器の入手は、日本海沿岸に想定される鉄器流通拠点から、長野県北部の弥生社会を経由して群馬にもたらされたと考えられる。この意味で、八ッ場を含めた吾妻川流域は、「鉄の道」でもあったのだろう。

地域社会の誕生　群馬県では、弥生時代後期（紀元一～三世紀前半）になると、主要河川流域に沿って、多くの集落群で構成される弥生社会が形成される。これは、稲作農耕集落が順調に進展を遂げ、人口増加や農地拡大に伴って、集落が増加したためと思われる。群馬県内では、榛名山東南麓、碓氷川流域、鏑川流域、渋川地域、沼田台地などで、このような弥生時代後期の集落群が見られる。

吾妻川流域では、比較的開けた平坦地に恵まれている中之条盆地、北に岩櫃山を仰ぐ温川との合流点付近に、後期の弥生集落が存在している。八ッ場では、弥生土器の分布は知られているものの、依然として集落の姿はほとんど見えてこないのが実態だ。

群馬県の代表的な後期弥生土器は「樽《たる》式土器」と呼ばれる。これも、長野県の弥生土器と共通性が高く、兄弟関係と言ってもよい。樽式土器は、

石畑Ｉ岩陰遺跡の鉄斧出土状況（676集）
長方形の板状で、長さは12cm弱である。

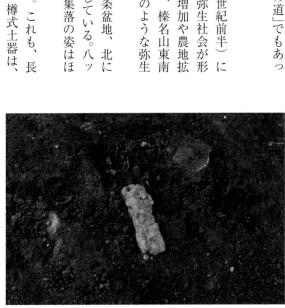

共通する文様で飾りながらも、高崎や富岡、沼田、渋川などの各地域ごとに、少しずつ異なる個性が見られる。このことは、当時の弥生集団が集落単位を超えた地域ごとにまとまっていたことを示す証とみてよさそうだ。

吾妻から利根へ　吾妻川は中之条盆地まで下ると、北側からの四万《しま》川、北東から名久田《なくた》川と合流する。名久田川の両岸には、湧水の豊富な平坦地が沿っており、後期の弥生集落遺跡が多く分布している。この名久田川をさかのぼって、権現峠を越えると、そこは沼田市である。眼下に望む利根川の対岸には、弥生遺跡群が分布する沼田台地がある。沼田台地と吾妻川流域では、同じ個性を持つ樽式土器を使用している。このことは、吾妻川流域から沼田台地にかけて、名久田川を通じた弥生集団同士が非常に密接なつながりによって結ばれたことを示すものではないだろうか。

　ところで、弥生時代後期における長野県北～中部の弥生土器は「箱清水《はこしみず》式土器」と呼ばれる。その代表は赤く彩色された壺で、千曲川流域の長野盆地を中心として、「T」字に似た文様が描かれている。吾妻川流域で見られる樽式土器は、箱清水式の影響を受けたものが多く見られ、その影響は長野県に近い上流域ほど濃くなるようだ。八ッ場を含む長野原町や嬬恋村域では、山並みを越えて箱清水式土器そのものが分布してもおかしくない。逆に、甕の口縁を折り返す特徴など樽式土器の影響が長野県北部に及んでいる例もある。

　旧国である「上野」と「信濃」は山稜を境界としており、現在の県境として継承されている。だが、弥生時代にもそのような境界意識があったと

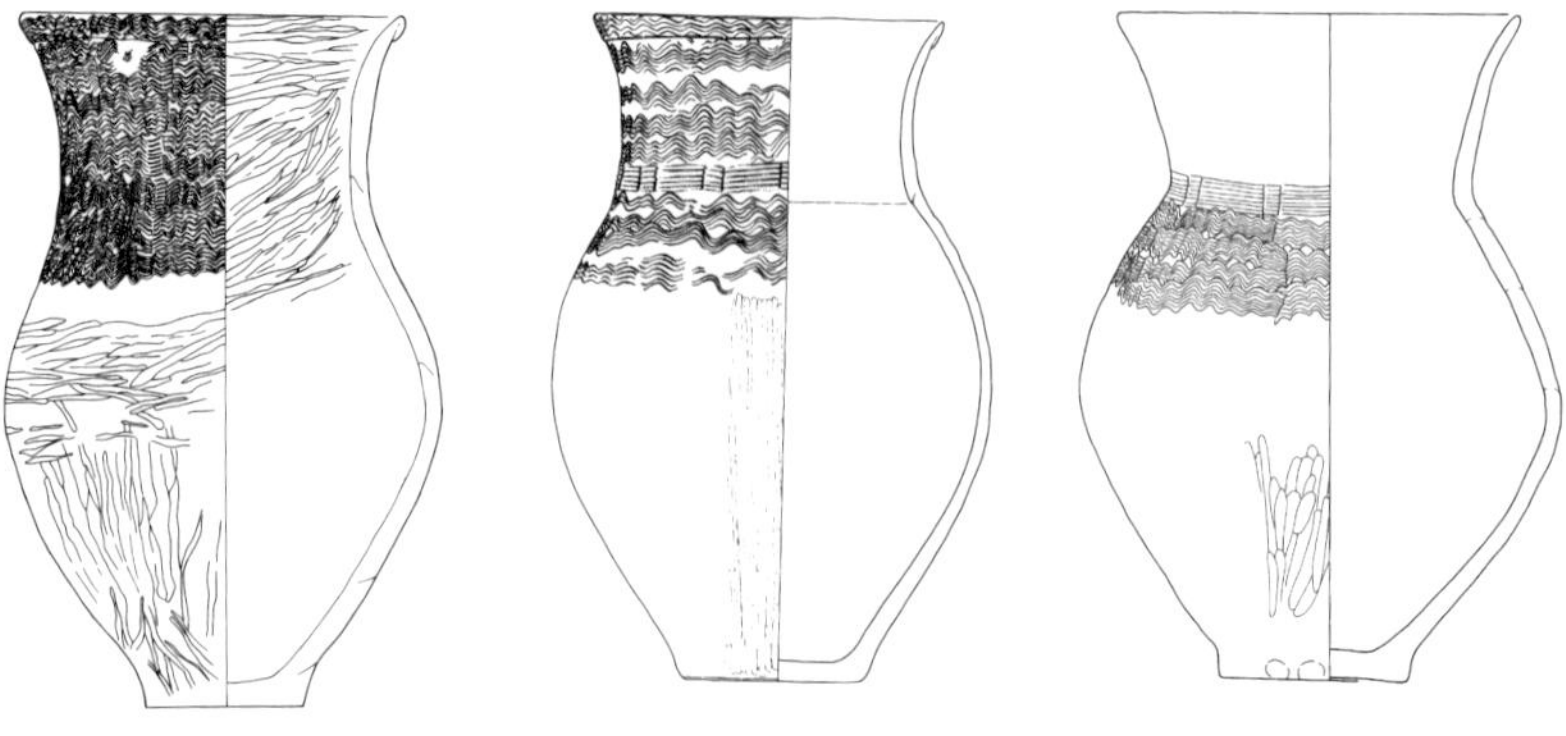

樽式土器の地域別個性
左は文様を口～頸部に集中させる「吾妻川～沼田型」、中央は肩～胴上半も文様を描く「高崎型」、右は口辺に文様のない「富岡型」

は限らない。両者を隔てている山並みは、むしろ、どちらにも属さず共生可能な活動域だったのではないだろうか。両者を結ぶルート上に点々とみられる山間の洞窟遺跡などは、群馬の樽式集団、長野北部の箱清水式集団のどちらもが使用できる空間だったのかもしれない。

八ッ場を含む長野原町から嬬恋村にかけての吾妻川上流域での弥生遺跡のあり方は、群馬と長野の「国境」がいつからどのように意識されるようになったかを解き明かす鍵を握っていると思える。

（大木紳一郎）

四戸の古墳群の竪穴建物出土土器（後期　669集）
樽式土器であるが、長野県北部の箱清水式の特徴も色濃くうかがえる。

コラム

万木沢B遺跡

万木沢B遺跡の大型溝（左奥は岩櫃山、南西から）

八ッ場ダムから吾妻川を八㎞ほど下った右岸側に万木沢B遺跡（東吾妻町）がある。北東に岩櫃山の雄大な断崖を望む河岸段丘の先端部から、長さ約四〇ｍ・最大幅八ｍの半円形の大型溝が検出され、そこから縄文文化から弥生文化への変遷過程を知ることができる貴重な遺物が出土した。

遺物は、縄文時代終わり頃と弥生時代初め頃の土器が一緒に出土したほか、大量の黒曜石製石鏃とその製作時の剥片、石錐、打製石斧、石鍬、磨製石斧、磨石、凹石、石皿、台石などの実用的な道具のほか、管玉や勾玉などの装身具、壊れた石棒・石剣、土偶などの儀礼や祭祀の道具、さらに再葬墓と考えられる完形の大型深鉢形土器も出土した。大型溝は、黒曜石製石鏃を作り、不要となった土器や石器を廃棄するだけの場所ではなく、壊れた土偶や石棒・石剣の出土が物語るように、意図的に壊した儀礼や祭祀の道具を最後に捨てる神聖な場所でもあったと考えられる。

万木沢B遺跡の大型溝の遺物は、人々が縄文文化の伝統を受け継ぎながらも、新しい弥生文化を導入したことを示している。それは、縄文から弥生への変革期の中、吾妻に暮らした最後の縄文人の生活と文化を伝えてくれる遺物と言える。

（関口博幸）

万木沢Ｂ遺跡の土偶

古墳時代

―古墳のない地域―

古墳時代の竪穴建物が見つかった林地区
日当たりの良い南向きにあり、八ッ場では最も広い平坦地が拡がる。古墳時代の遺構の大半がここで見つかった。手前を流れるのが吾妻川。

林地区の下原遺跡で発見された古墳時代中期末（約1500年前）の竪穴建物。カマドの横には、調理用の甕や食器類が置かれていた。(389集)

林地区の上原Ⅳ遺跡７号竪穴建物で出土した調理用の甕や食器類。

開田の波

東吾妻町四戸遺跡で発掘された古墳（1号墳）。ここでは6世紀後半から7世紀中頃の古墳が3基見つかっている。（669集）

東吾妻町厚田中村遺跡で発見された古墳時代の水田。5世紀末に降下した榛名山二ッ岳の火山灰で埋没しており、その時期にはここで水田稲作が行われていたことを示している。（644集）

一　古墳王国群馬と八ッ場

古墳の登場　古墳時代（三世紀中頃から七世紀）は、地域の首長が農耕や手工業生産などを主導して支配を進める一方、大和の王権を中心とした律令体制での国家統一にいたるまでの地域統合の時代である。特徴的なのは、古墳と呼ばれる大きなマウンドを持つ墳墓が、全国で二〇万基以上造られることである。地域の首長が古墳を築くことでその権威を示したのである。このことからこの時代を古墳時代と呼んでいる。

古墳時代の群馬（上毛野《かみつけの》）は、古墳数・前方後円墳の数、副葬品や埴輪などの出土量・質などからも東日本随一の勢力を持った地域であった。その要因は、上毛野が信濃・武蔵・下毛野・越後を結ぶ交通の十字路にあり、西から古東山道経由で信濃から東北に向かう交通路の中継拠点であったことにある。さらに、北に進出する意図を持つ大和王権との協力関係を持ったことなどがある。それでは、上毛野の北西山間部を占める八ッ場の古墳時代はどのような様子だったのだろう？

八ッ場の古墳時代　八ッ場には、古墳時代の遺構は極めて少ないと考えられてきた。実際に発掘調査でも、古墳時代の住まいが極めて限定的かつ単独で見つかっているのみである。また、明瞭に古墳と断定できるものがない。なぜ、古墳時代の遺構は少ないのだろうか？

すでに弥生時代後期の段階から、八ッ場から吾妻東部地域に遺跡の中心は移っている。土器に付いた種子の圧痕からも弥生時代後期からはイネが

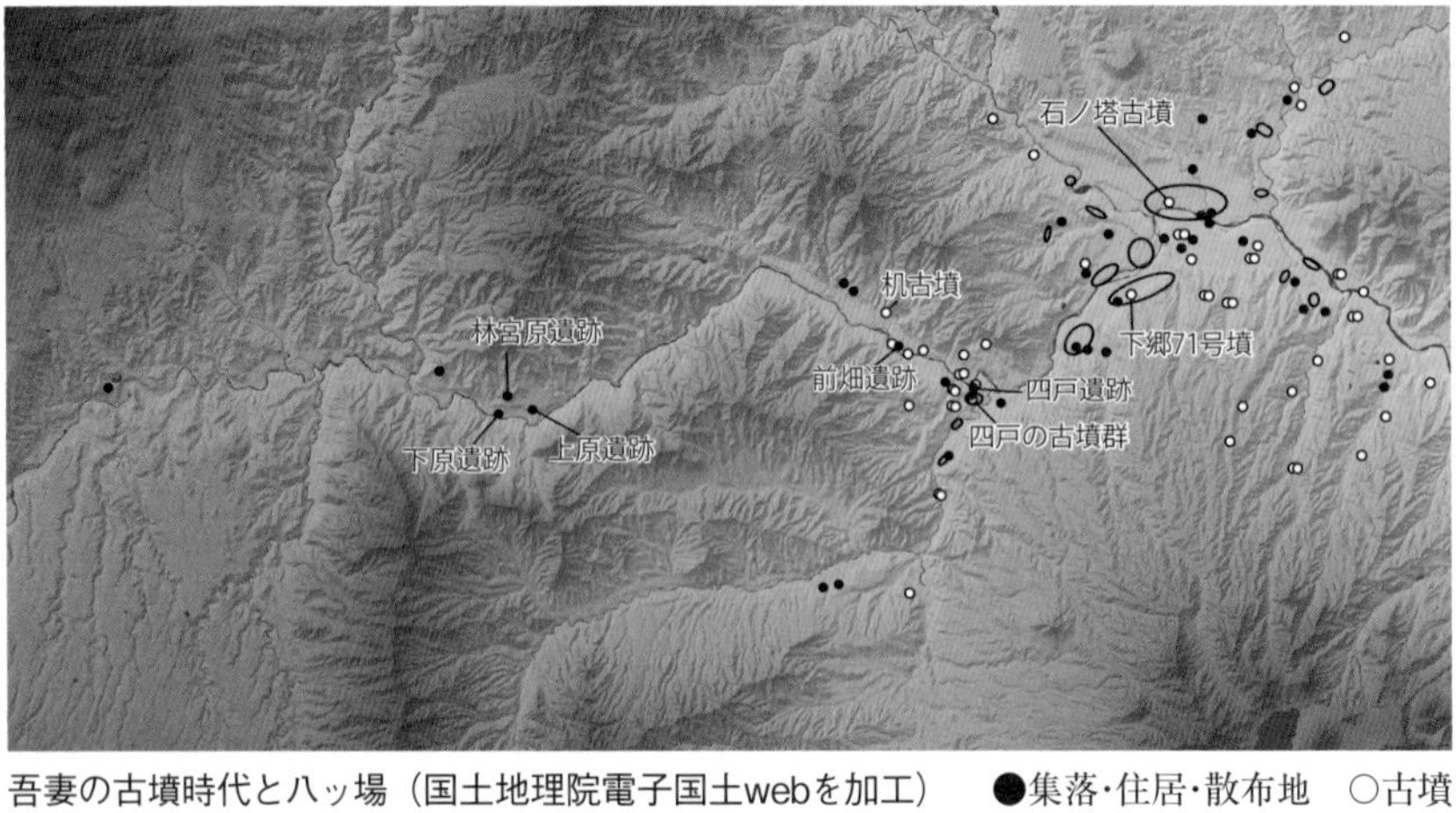

吾妻の古墳時代と八ッ場（国土地理院電子国土webを加工）　●集落・住居・散布地　○古墳
吾妻川上流域の八ッ場には数か所の単独の住居が存在する。

多く確認され、稲作が盛んに行われていたことを示しており、稲作が可能な吾妻東部地域に移動したものと思われる。さらに、古墳時代になると、上毛野の平野部に鉄器を持ち、開墾の最新技術を擁する東海系の土器を持つ集団が、その技術力をもって用水路の掘削や水田の開墾を始め、大規模な開発が行われ始めた。それら平野部の新技術に伴う開拓田を求めて、水田耕作を行うのが難しい八ッ場から吾妻東部や平野部に向けて移動したと考えられる。

住まいと古墳　八ッ場では古墳時代前期（四世紀後半）の竪穴建物が一棟のみあり、中期後半（五世紀後半）になると、二か所の遺跡で計三棟の竪穴建物が検出されている。これらの住まいがある場所は、吾妻渓谷から鳥居峠を越えて信濃に至るルート上に位置しており、当時の道沿いにある。上毛野と信濃を往来する人々との関わりがあったものと思われる。これらの家では畑作・狩猟などを中心にして生計を立てていたと思われるが、旅人との交易も重要な要素であっただろう。八ッ場は、信濃との交通路の中継地として重要な地域であったと思われる。

古墳には、現状では、八ッ場より東側の吾妻川中流域から下流に向けた河岸段丘や山麓沿いに、集落・水田と併せて構築されている。それに対して、八ッ場では古墳は確認できていない。八ッ場は、上毛野と信濃を結ぶ交通路に関わる住まいが単独で存在したのみで、古墳は構築されなかった地域と捉えられる。

（杉山秀宏）

下原遺跡遠景（吾妻川北岸　東側上空から）
吾妻川沿いの交通路として利用されたと推定される狭い平坦地に古墳時代の住居が単独で存在する。

二　山間に暮らす古墳人

細々と暮らす人々

竪穴建物に住む　群馬県は数多くの古墳が存在し、墳丘規模や副葬品から考えても東日本有数の古墳文化が栄えた県である。一方で八ッ場において古墳時代の遺跡は非常に少ない。また、発掘調査によってその全容が判明している遺跡はさらに少なくなる。この少ない情報から八ッ場に住んだ古墳時代の人々について紹介をする。

　古墳時代前期、八ッ場で遺構が検出されているのは長野原町上原Ⅰ遺跡のみであり、竪穴建物が一棟確認されている。八ッ場周辺では東吾妻町の温川沿い宿遺跡で竪穴建物が一棟検出されている。また、嬬恋村今井東平遺跡では土坑に伴い土師器甕が検出されている。この時期、八ッ場周辺では集落は確認できない。しかし、吾妻川・温川沿いに人々が活動した痕跡が点在することから、川沿いに人々が往来していたことがうかがえる。

　古墳時代中期後半では、長野原町上原Ⅳ遺跡で二棟、長野原町下原遺跡で一棟の竪穴建物が検出されている。竪穴建物は単発的であり、集落を形成していなかったようである。

　古墳時代中期後半になり竪穴建物の構造は変化する。大きな変化は、調理をす

今井東平遺跡出土の土師器

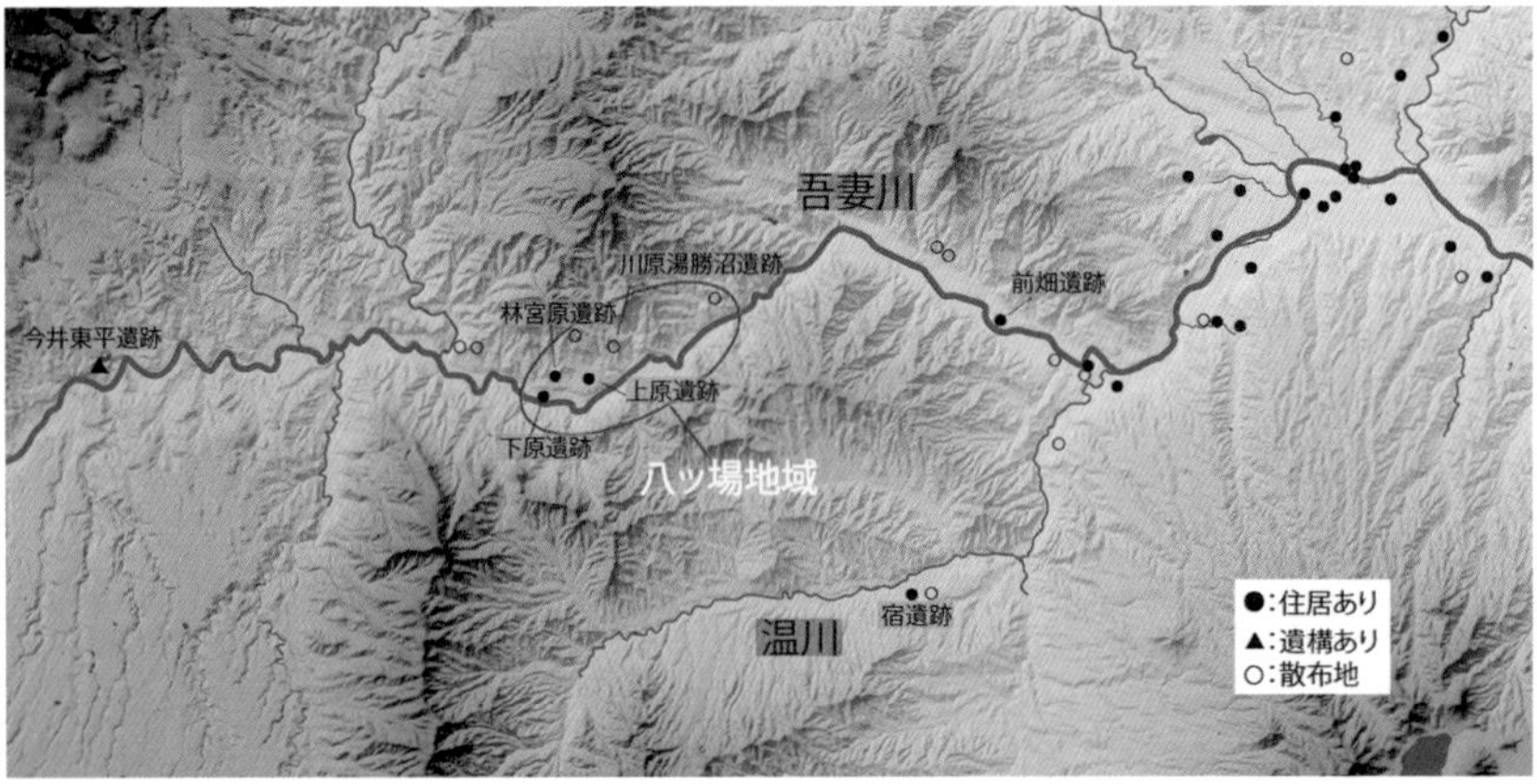

八ッ場ダム周辺の古墳時代の集落遺跡分布図（国土地理院電子国土webを加工）

る際の火処《ひどころ》（現在でいえばコンロ）の変化である。古墳時代前期、竪穴建物での調理場は中央付近にあった。地床炉《じしょうろ》と呼ばれ、床面を浅く掘りくぼめ、近くには枕石と呼ばれる細長い石が設定されることもある。この上で薪などをくべ、土器を設置し調理を行う。炉は縄文時代から続く伝統的な火処で、時代ごとに変化はしてきたが、基本的な構造は変わらず古墳時代前期まで受け継がれてきた。

古墳時代中期後半になり、竪穴建物の調理場は壁側へと移動する。これはカマドと呼ばれ建物壁面から外側へ煙り出しの煙道が延び、建物内の燃焼部で薪を燃やし、その上に土器を設置して調理を行う。カマドは古墳時代に朝鮮半島から伝わった新たな火処であり、炉に比べ熱を逃がさず、効率的な調理が可能となった。上原Ⅳ遺跡、下原遺跡でもカマドが検出された。下原遺跡ではカマドに隣接した建物隅から土師器と獣骨が多数出土した。下原遺跡に住んだ古墳人たちは山々から捕れる獣をここで調理し、食べていたのかもしれない。

八ッ場において竪穴建物は単発的であり、集落を形成していた可能性は低いため、水稲耕作などは行っていなかったと想定される。さらに、カマドから獣骨が多量に出土することを考慮すると生活の基盤は狩猟や畑作だったのだろう。

東吾妻町の前畑遺跡では古墳時代後期の竪穴建物が六棟検出され、周辺には四戸の古墳群も所在するなど、古墳人が集落を形成したのは八ッ場よりも東方であることが分かる。八ッ場に住んだ古墳時代の人々は前期には信濃から、中期には上毛野からの影響を受けており、八ッ場が上毛野と信

下原遺跡竪穴建物カマド（389集）

濃をつなぐ通過点であったことがうかがえる。

古墳人の道具とマツリ

土器の移り変わりと使い方　古墳時代前期の上原Ⅰ遺跡、宿遺跡からS字状口縁台付甕、通称「S字甕」が出土している。このS字甕は口縁部がS字状に屈曲し、自立するための台が付くことが特徴的な東海系の土器である。S字甕は群馬県平野部でも広く分布する土器であるが、東吾妻地域・八ッ場のS字甕は嬬恋村を通って信濃から入った伝播ルートが論じられている。

古墳時代中期後半の下原遺跡では土師器の甕、甑《こしき》、口縁部が屈曲する内《ない》斜口縁杯《しゃこうえんつき》、口縁部が内側に緩やかにカーブする内湾杯《ないわんつき》が出土している。これら内斜口縁杯と内湾杯は、群馬県平野部の特徴的な土器である。古墳時代中期後半になり上毛野との関係性が深くなったようだ。

古墳時代前期から中期後半に火処が変化したように、土器にも大きな変化があった。古墳時代前期は炉の上で調理をするため、土器が自立する必要があった。そのためS字甕には台が付いている。しかし、古墳時代中期後半になり、カマドに変化したことで土器は自立する必要がなくなる。カマドの掛け口に土器を置いて調理をするようになるのである。さらに甑という土器が新たに増える。甑は底面に孔が開いている土器であり、甕とセットで調理に使用する。水を入れた甕をカマドに置き、そ

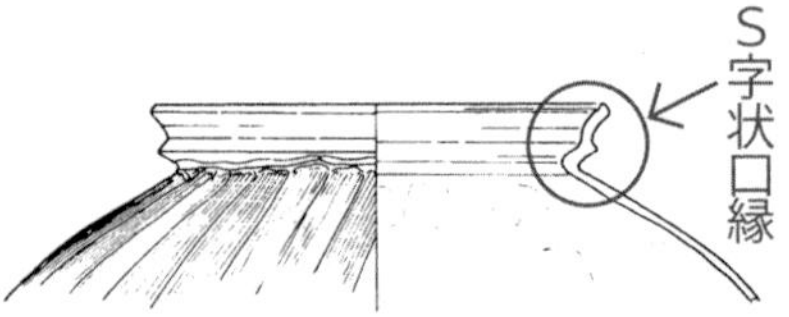

宿遺跡出土「S字甕」

下原遺跡出土土師器（389集）
左奥２点が内斜口縁杯、左手前２点が内湾杯

の上に食材を入れた甑を置くことで、食材を蒸すことができる。このように朝鮮半島からカマドのみでなく、新たな調理方法も伝わったのである。

石を使ったマツリ　古墳時代にはさまざまなマツリがあり、山や巨大な岩、川、湧き水など自然を対象とするマツリや、交通の要衝、集落内で行われるマツリもあった。集落内におけるマツリの痕跡として、土器を積み上げた遺構や、土器の中から石製模造品や玉類等が見つかることがある。

八ッ場においてもマツリの痕跡と考えられる遺構や遺物が確認できている。長野原町、川原湯勝沼遺跡にて滑石製《かっせきせい》で剣の形をした石製模造品（剣形石製模造品）が出土している。周辺からは古墳時代の遺物を伴う土坑が検出されているが、残念ながら関係性は分かっていない。自然流路付近から出土していることを考慮すれば、水に関する何らかのマツリを行っていた可能性がある。

下原遺跡の竪穴建物からは滑石製の臼玉が四点出土している。さらに竪穴建物外、南側からも土器に伴い、滑石製の臼玉が六点出土している。これは遺跡南東側にある巨大な岩を対象としたマツリの痕跡と考えられている。石製模造品を使ったマツリは上毛野平野部で多く見られるマツリであり、八ッ場の人々も祈りの形は平野部の人々と変わらなかったのかもしれない。人々の往来があったからこそ、八ッ場に住んだ古墳時代の人々は、平野部の生活様式やマツリを取り入れられたのだろう。

（迫田睦生）

川原湯勝沼遺跡出土の剣形石製模造品と下原遺跡出土の臼玉（356集）

三　隣接地の古墳群と八ッ場

八ッ場に古墳はあるのか？　信濃・榛名山北西麓の二つの地域に挟まれた八ッ場は、集落や耕作地が形成されず、単独の住まいが孤立的に存在しているのみである。また、今までの分布調査で古墳とされているものの中で明瞭に古墳と認定できるものはない。吾妻西部地域の現状で古墳とされているものを、再度現地に赴いて確認した結果、嬬恋村や草津町に所在するとされるものに古墳の可能性はない。

　長野原町内での古墳とされるもので、古墳として可能性があるのは、長野原町一号古墳（鉄塚）である。やや方形状を呈し、径三〇mを有するもので、現在も墓地として利用されている。この遺構については、出土遺物などの情報もないことなどから、古墳としての可能性に疑問があるが、南側に横穴式石室の側壁の石列と近似する石列が並列して地表面に見えている。また、この長野原町一号墳のある場所が、草津から北信濃に抜ける道と、吾妻渓谷沿いに信濃に抜ける道の十字路に位置しており、当時の交通路の中心にあることに留意したい。ただし、近在には、集落や耕作地はもとより住居さえないため、古墳とすることは難しい。八ッ場では、古墳はなかったと判断したい。

八ッ場と交通路　八ッ場について考える時に当時の交通路に

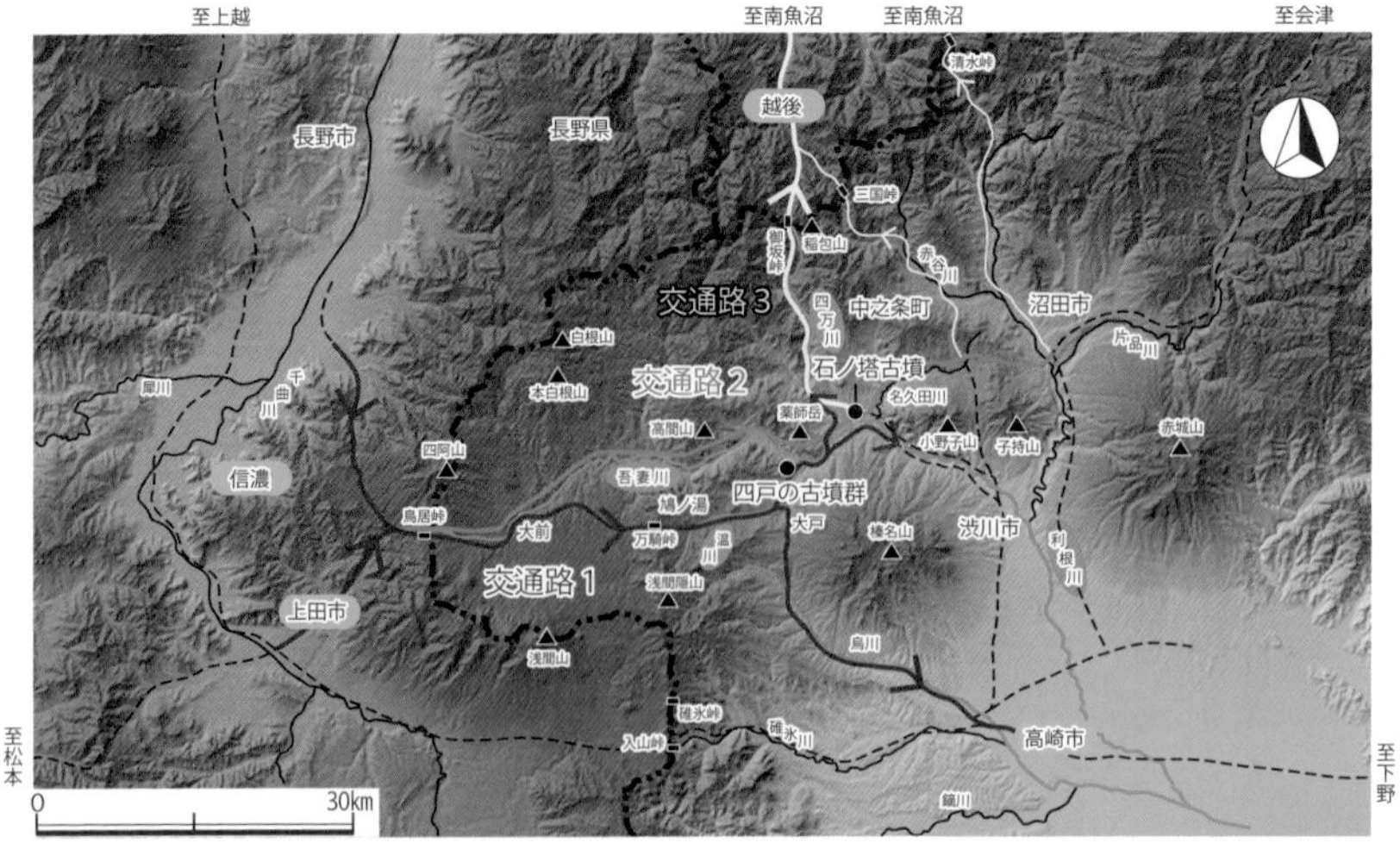

古墳時代交通路想定図　　交通路１　交通路２　交通路３

古墳時代の交通路も中世以降の交通路とほぼ同じ道を使用したと想定して、当時の道を推定した。（国土地理院電子国土webを加工）

ついて検討する必要がある。八ッ場とその周辺地域には三つの大きな交通路がある。鳥居峠を越えて、吾妻川沿いを通り、渓谷が急峻になると、南東に折れて、万騎峠を越えて温川沿いに東進し、大戸から南下する、後の信州街道に当たるルート（交通路１）である。他に、鳥居峠を越えて吾妻川沿いに沼田に至る後の真田道に当たるルート（交通路２）もある。吾妻東部地域になるが、中之条盆地を見ると、中之条からさらに東進すれば、榛名山北麓を過ぎて渋川に出る。また、中之条から四万川を遡り、稲包山の西の四万御坂峠を越えれば越後の南魚沼に出るルート（交通路３）がある。このように、信濃・越後・上毛野の三地域を結ぶ道の中継地として八ッ場があることに留意すべきであろう。

隣接地の古墳の状況　ここで、八ッ場を囲む西側の信濃北東部と東側の榛名山麓の古墳の様相について見てみる。

八ッ場の西側に位置する信濃北東部の須坂・長野・更埴・坂城・上田には、千曲川沿いの河岸段丘や山麓にかけて、地形上に約一〇〇〇基の古墳・群集墳がある。前期の森将軍塚古墳に代表される丘陵頂部の大型前方後円墳から、後期の大室古墳群に代表される群集墳・積石塚などがあり、信濃において古墳時代全期間を通じ、古墳文化が盛行する地域である。

八ッ場の東側に位置する吾妻川中流域から榛名山北麓～南東麓にかけての吾妻川・利根川などの河岸段丘から山麓沿いには、約一七〇〇基の古墳・群集墳がある。榛名山南東麓から北麓にかけては、前期古墳は本郷大塚・行幸田山Ａ一号墳など小型のものに限定されるが、中期後半には、一〇〇ｍクラスの前方後円墳を三基続けて築造した保渡田古墳群があり、その地

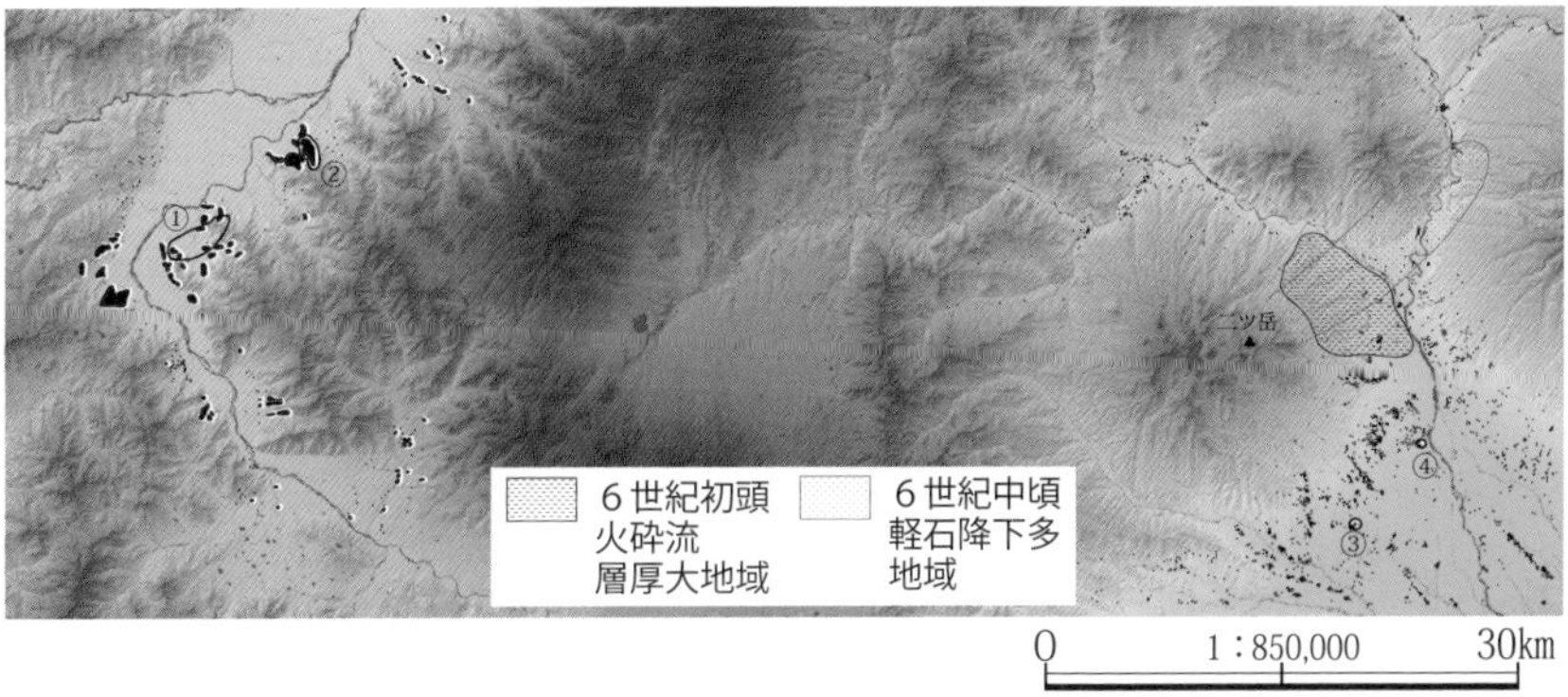

榛名山麓地域と吾妻地域と信濃の古墳分布図（国土地理院電子国土webを加工）
榛名山南東麓～信濃には多くの古墳が分布する。吾妻川中流域にも古墳が点在するが、八ッ場には古墳は現状では認められない。
①埴科古墳群　②大室古墳群　③保渡田古墳群　④総社古墳群

域を拠点に榛名山南東麓から北東麓にかけて、独特な口縁の形態を持つ土師器杯に代表される土器のスタイルが広がる。その範囲は、吾妻川東部地域の吾妻川中流域まで広がり、同じ分布圏に入ることが分かる。

また、榛名山の六世紀の二度の火山噴火により、榛名山北東麓は大打撃を受けるも、その地域から東麓に南下し、あるいは利根地域に北上して集落・古墳は継続する。

七世紀には、榛名山東麓に大型方墳が三基継続して構築される前橋市の総社古墳群が展開して、上毛野の中心地域となる。

このように、榛名山南東麓から東麓の地域は、当時の上毛野の中核となるような古墳が、保渡田と総社に構築されており、上毛野の中心地となっていたのである。

この榛名山南東麓の反対側の北西麓が吾妻川中流域であり、中之条盆地と吾妻川の河岸段丘、山麓沿いに古墳が点在して構築されている。榛名山北麓が榛名山の火山災害により打撃を受けた後も、古墳の構築は続けられるのである。

以上紹介した地域では、古墳の被葬者を支える集落と耕作地があり、集落を構成する人々の労働力と耕作で得た収穫物が基となって、古墳が造営されている。それと対照的なのが、吾妻東部地域の西側に吾妻渓谷を挟んで位置する八ッ場であり、前述したように単独の住まいがあるのみで、集落や耕作地がなく、結果として古墳も認められないのである。

吾妻川中流域北岸の古墳の様相　八ッ場では、以上のように古墳は認められないが、この地域より東部の吾妻川中流域には明瞭な古墳の築造が認

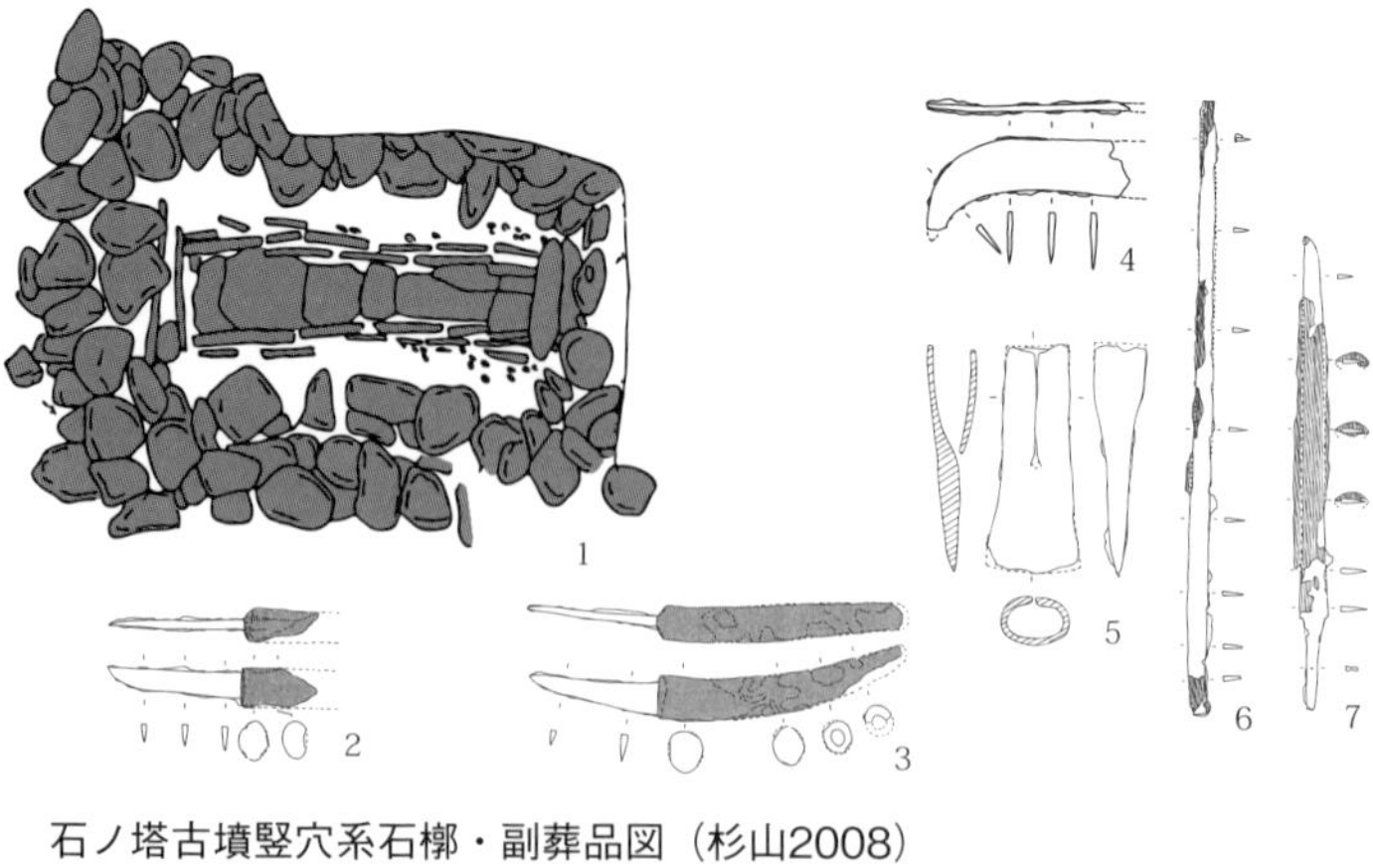

石ノ塔古墳竪穴系石槨・副葬品図（杉山2008）
1　竪穴系石槨、2・3　鹿角装刀子（黒色部が鹿角）
4　鎌　5　斧　6　刀　7　剣

められる。ここでは吾妻東部地域での古墳の様相について、吾妻川北岸と南岸の状況を紹介する。

吾妻川中流域北岸で明瞭に古墳として確認できる西端の古墳は机古墳である。マウンドは明瞭ではなく、箱式石棺状の竪穴系石槨《せっかく》で、装身具の管玉が数個出土している。五世紀の後半と考えられる。この古墳の近くに前畑遺跡があり、古墳時代の建物群が出土しており、机古墳構築の背景となる集団と推定される。

同じような竪穴系石槨が、中之条町にある石ノ塔古墳である。この古墳は径一八mで埴輪を持つ古墳である。箱式石棺状の掘方に板石を差し込み粘土で密閉した長さ一・八mの埋葬主体があり、五世紀後半と推定される。先ほどの机古墳と併せて吾妻地域では最古の古墳と考えられる。注目すべきは、渋川を中心に多く出土する鹿角を素材とする柄を持つ刀子が二本出土したことである。この時期の墳丘一五m以上二〇m未満の上毛野の古墳の副葬品を統計的に見ると、刀・刀子・鏃の組み合わせが通有であるのに、鹿角装刀子・鎌・斧の農工具、刀・剣の武器と計五種類の副葬品を所持することは珍しい。この古墳の被葬者が重要な人物であったことを想定させる。また、装身具がなく、武器と農工具の組み合わせであることなどから、埋葬された人物は男性である可能性が高い。当時の中之条盆地は、先に述べたように越後に抜ける四万御坂峠の拠点であり、渋川・沼田に通じる路も通る。この交通路を押さえる位置にある古墳である。また、この古墳の北東には中之条駅南の川端・天神遺跡があり、古墳時代の居館・集落・水田などが調査されており、中之条盆地での拠点集落と考えている。

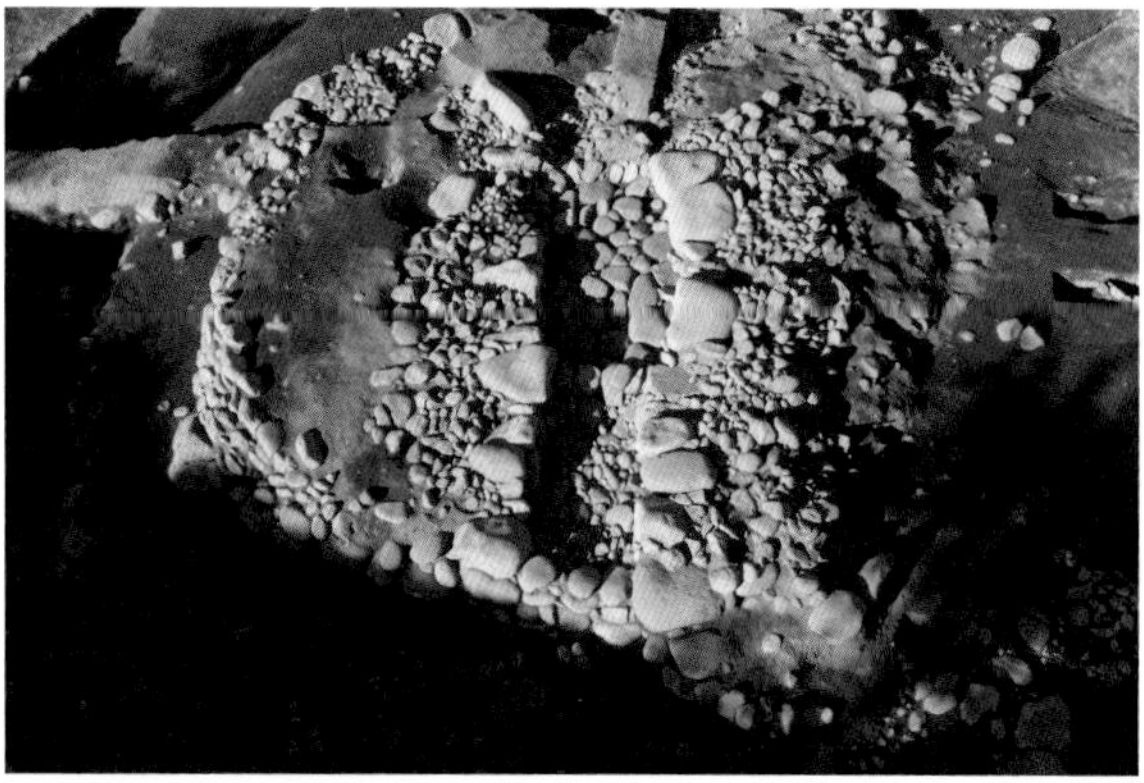

唐堀遺跡１号墳両袖横穴式石室（７世紀前半　672集）
吾妻川中流域南岸の西端にある古墳

吾妻川中流域南岸の古墳の様相―無袖横穴式石室―　吾妻川中流域南岸で、現状で明瞭に分かる最西端の古墳は、七世紀前半の両袖横穴式石室の唐堀遺跡一号墳である。この古墳より東に一・五㎞の所に四戸《しど》の古墳群がある。四戸の古墳群は、信濃からの道が万騎峠を越えて温川沿いに東進して大戸に突きあたり、北上して吾妻川とぶつかる地点にある。信濃と上毛野および中之条を経て越後との交通を考える上で重要な古墳群である。群馬大学尾崎研究室が昭和三九・四二年（一九六四・六七）に調査した四戸の古墳群は、上信自動車道の建設に伴い当事業団でも調査しており、六世紀前半～七世紀中頃まで継起的に築造された古墳群であることが判明した。特徴的なのは、この古墳群の築造の契機となった横穴式石室である。横穴式石室は、前代の竪穴系の埋葬部と異なり、横に開口する石室の入口を開けて複数回にわたり人を埋葬することのできる朝鮮半島から伝わった新しい葬法である。群馬大学調査のⅣ・Ⅰ号墳の横穴式石室は、上毛野に横穴式石室が導入された際に、円墳などの小型墳に導入された袖を持たない無袖と呼ばれる形式の横穴式石室である。前方後円墳の横穴式石室に導入された袖を両方に持つ両袖の横穴式石室に対比される形式の石室である。吾妻東部地域には、この無袖横穴式石室が、五基集中して築かれており、横穴式石室導入期に多くの無袖横穴式石室を構築した、新しい葬法を積極的に導入した地域として位置付けられる。

　四戸Ⅳ号墳は径八ｍの円墳で、石室長四・一ｍで、装身具・直刀・鉾・鏃・飾弓・刀子・鑿《のみ》・鉇《やりがんな》・錐《きり》・馬具といった多様な副葬品が出土している。無袖横穴式石室は、Ⅰ号墳にもある。さらに四戸古墳群から東に四㎞にあ

四戸Ⅳ号墳石室

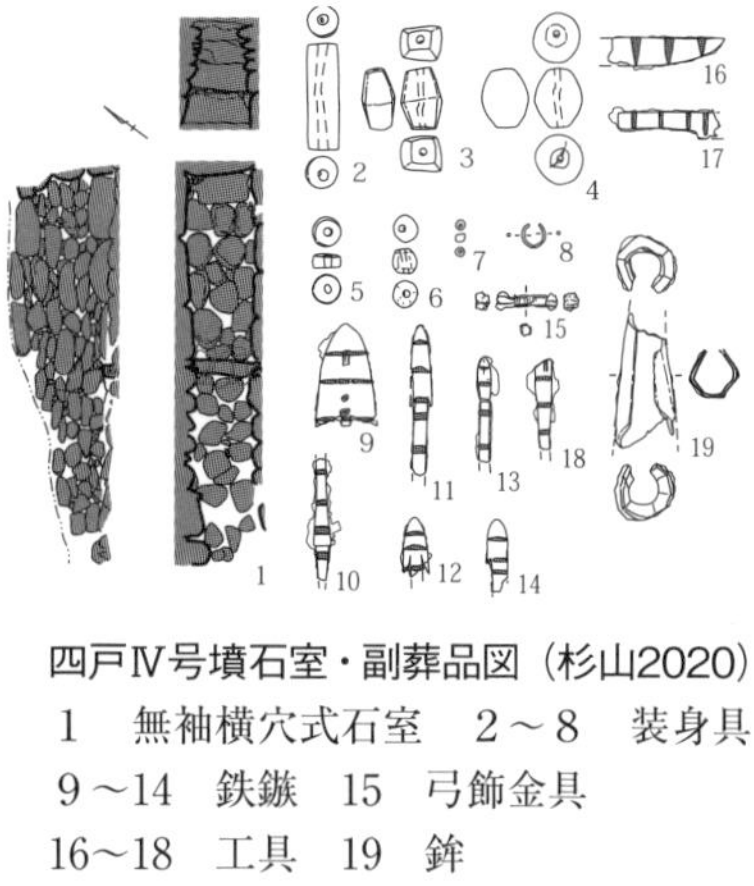

四戸Ⅳ号墳石室・副葬品図（杉山2020）
1　無袖横穴式石室　2～8　装身具
9～14　鉄鏃　15　弓飾金具
16～18　工具　19　鉾

る下郷七一号墳は、長径一一mの朝鮮半島からの影響が想定される石を積み上げて造った積石塚である。石室長五・九mの無袖横穴式石室で、装身具多数・武器として素環頭大刀・直刀・短刀・飾弓・鏃、馬具として轡《くつわ》・辻金具などが出土した。先ほどの四戸Ⅳ号墳とともに、副葬品の質・量ともに優秀なものである。六世紀前半に吾妻川中流域まで、当時の最新の葬法である横穴式石室を採用し、上毛野に導入されたばかりの馬の装具である馬具を含めた豊富な副葬品を持つことなどから、当時この地が重要な地域であり、それに相応する人物が古墳を築いたことが分かる。ただし、上位の首長が葬られる前方後円墳の築造はなされなかったのである。

四戸の古墳群と四戸遺跡　吾妻川中流域南岸の四戸の古墳群で重要なのは、集落遺跡である四戸遺跡がすぐ西隣にあり、集落と古墳との対応関係が良く分かることである。意外に集落と古墳との関係性がわかる例は少なく、その意味で、四戸の古墳群・四戸遺跡は重要である。

八ッ場では弥生時代後期の住居がほとんどなく、古墳時代前期の竪穴建物も一棟しか確認できないが、吾妻川中流域の四戸遺跡では弥生時代後期から古墳時代前期（四世紀）にかけて住居が継続しており、古墳時代前期にも四棟ある。五世紀の前半〜中頃になると少なく六棟であるが、五世紀後半から六世紀初頭にかけて一九棟と急激に増加する。この時期を契機に六世紀代は前半・中頃・後半各時期ともに二〇棟弱と建物数は多い。しかし、古墳の築造は、六世紀前半の無袖横穴式石室のⅣ号墳が初めてである。つまり、五世紀後半に人々が多く住むようになり、その結果として古墳築造が六世紀前半になって行われたことを示している。その後の古墳の築造

下郷71号墳全景
積石塚・無袖横穴式石室　吾妻川を望む南河岸段丘上に位置する。

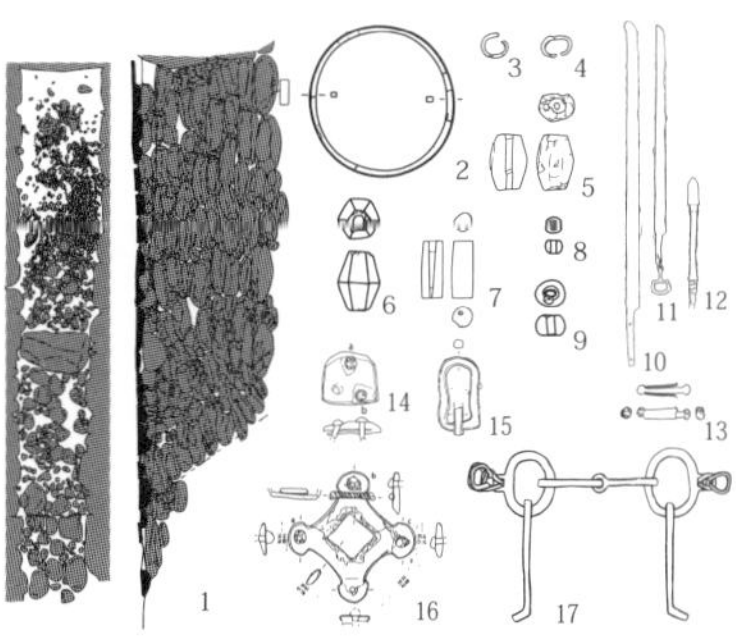

下郷71号墳石室・副葬品図
1　無袖横穴式石室　2～9　装身具
10～13　武器　14～17　馬具

は、六世紀中頃から七世紀中頃までの間に築造されたものと考えている。四戸遺跡の住居は、七世紀代になると総数二〇棟とやや六世紀代に比べて少なくなるが、古墳が構築される六世紀前半～七世紀中頃の期間、集落として継続的に住居が構築されており、集落と古墳との関係性を明らかにすることができる。

東の吾妻川下流地域の渋川地区などでは、埴輪樹立の時期にもかかわらず、埴輪を持つ古墳と持たない古墳があったが、四戸・古墳群では中心的な古墳は埴輪を持っている。当事業団が調査した、四戸・古墳群第一号墳は、両袖横穴式石室で、盗掘を受けているが、鏃・刀子・装身具などが出土している。この古墳から多種類の器材埴輪が出土し、特に靫《ゆき》・盾・大刀・鞆《とも》の武器・武具埴輪が出土したことが特徴的である。また、武器・武具埴輪は、群馬において特に多く立て並べられた埴輪で特徴的である。武的なものへの祭祀を行った可能性を示している。これらの武器・武具埴輪には、赤色以外にあまり使用されない青色の顔料も施されている。県内では太田市西長岡南遺跡一一号墳に類例があるが極めて珍しい。これらの器材埴輪がその底部を円筒埴輪列の中に残すことから、円筒埴輪と並列して並べられた状況に復元したのが「四戸一号墳の埴輪配置復元図」である。これらの埴輪は、藤岡市の埴輪窯でつくられたこ

四戸遺跡全景
南西から望む遺跡全景　北側に吾妻川、さらに岩櫃山が背後にそびえる。遺跡の東側に四戸の古墳群がある。

とが肉眼観察と胎土分析から分かっており、榛名山南西麓を通って藤岡産埴輪が入ったことを示しており、当時の交易路を知る一つの資料である。

吾妻東部地域と八ッ場の古墳時代　四戸の古墳群は、古墳と集落との関係性を示すとともに、吾妻東部地域の古墳の在り方を知る上で重要な古墳群である。吾妻東部地域では、集落・住居の増加が五世紀後半からあり、五世紀後半〜七世紀後半まで集落と耕作地とセットで古墳の築造が継続的に行われた。吾妻東部地域と対照的な八ッ場では、集落・耕作地がなく、交通路と関係した地に単独の住まいのみがあり、古墳は構築されなかった地域である。ごく一部に単独の住まいがあり、信濃・越後・上毛野からの人の往来があった中継地として位置付けられる。

（杉山秀宏）

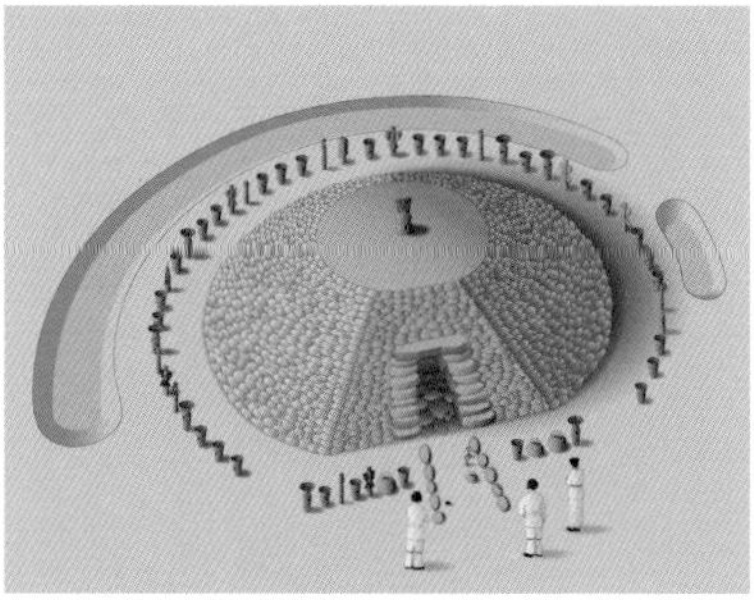

四戸一号墳の埴輪配置復元図
形象埴輪の底部が円筒埴輪と並んで出土していることから、円筒埴輪と形象埴輪を並置する復元を行った。

四戸一号墳の形象埴輪（669集）
1　靫　2　鞆　3　盾　4　家形屋根
1〜3には、青色顔料が塗布されている。

コラム

「山棲み集落論」その後

昭和五六年（一九八一）、旧六合村の熊倉遺跡が再発掘された。九世紀後半の集落である。調査者たちは、この集落を「山棲み集落」とした。一般的に平安時代の集落は水田に面したところにある。ところが、熊倉遺跡は白根山麓の山奥で標高千mもある高冷地にある。周囲に水田を営む環境はゼロに等しい。この特殊性から、この集落を律令社会から逃れた逃亡民の隠れ里と考えたのである。過酷な課税や徴兵などから逃れる目的だったのだろう。この地はサトからは全く見つかることのないオクヤマであった。もちろん水田不適地なので、弥生時代や古墳時代の集落もない。

吾妻川流域には、東吾妻町の吾妻渓谷より下流あたりまで多くの古墳が分布している。古墳時代にあっては定住した農耕集落が展開したのであろう。そこでは、吾妻川流域に沿って古墳時代の集落や水田跡が見つかっている。一方、吾妻渓谷より上流の八ッ場には古墳時代の竪穴建物は極めて少ない。四遺跡で一〜二棟が見つかっているだけである。ここは古墳時代吾妻谷の集落限界地域だったのだろう。この地域では奈良時代の集落は見つかっていないので詳細はわからないが、東吾妻町にある金井廃寺は律令社会のシンボルでもあり、この時代にも人々はいたはずである。

平安時代になると、八ッ場でも急激に集落が増える。九世紀中頃から一〇世紀前半の集落が二〇遺跡も見つかっており、全体で一二〇棟余りの竪穴建物が調査されている。これは律令期の地域拡大現象ととらえることができるだろう。八ッ場は律令社会の中にあり、熊倉遺跡のような山棲み集落地域ではなさそうである。

吾妻川上流域の集落については、近年の発掘によって実態が明らかになってきたが、八ッ場でみつかった古墳時代や平安時代の集落への詳しい理解には、もう少し時間がかかるだろう。さらに上流域の白根山麓では熊倉遺跡のような山棲み集落も一〇か所ほど分布している。吾妻川流域地域は、律令社会の内と外を検討できる希有なところなのである。

（小島敦子）

奈良・平安時代

―古代のムラに集う人びと―

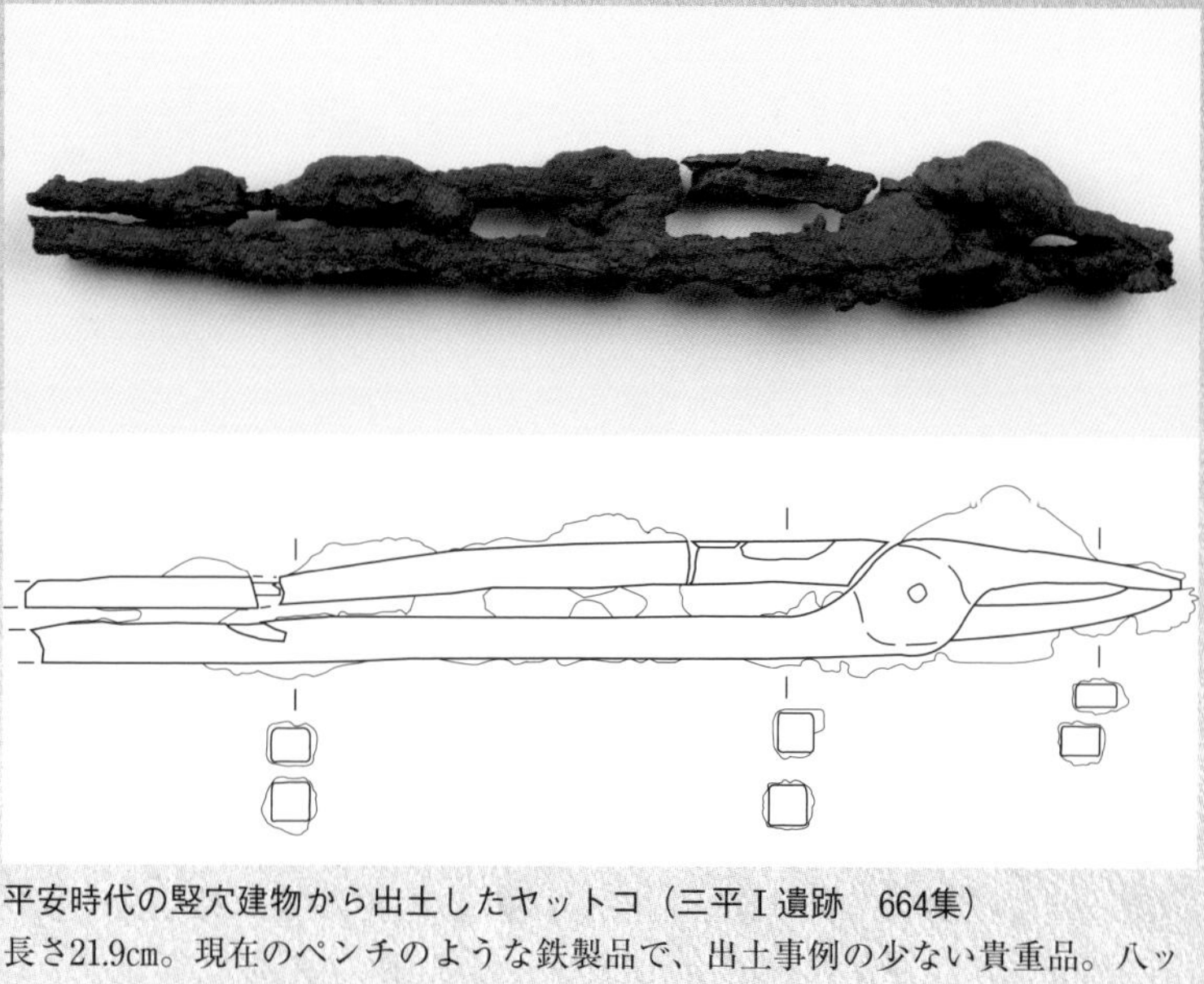

平安時代の竪穴建物から出土したヤットコ（三平Ⅰ遺跡　664集）
長さ21.9㎝。現在のペンチのような鉄製品で、出土事例の少ない貴重品。八ッ場ではこうした平安時代の希少品が数多く出土している。

平安時代の集落調査（上ノ平Ｉ遺跡　440集）

竪穴建物の埋土を覆う1128年降灰の浅間粕川テフラ（三平Ｉ遺跡　664集）。

平安時代の陥穴を調査する（上ノ平Ｉ遺跡　440集）
陥穴の埋土を覆う浅間粕川テフラ（立馬Ｉ遺跡　388集）。

背後に富豪の影

一辺６ｍを越える平安時代の大型建物（上ノ平Ｉ遺跡23号竪穴建物　440集）
火災にあったのか、火をかけて始末したのか、炭化材と焼土が残されていた。

皇朝銭「貞観永宝《じょうがんえいほう》」

石製丸鞆《まるとも》（裏面）

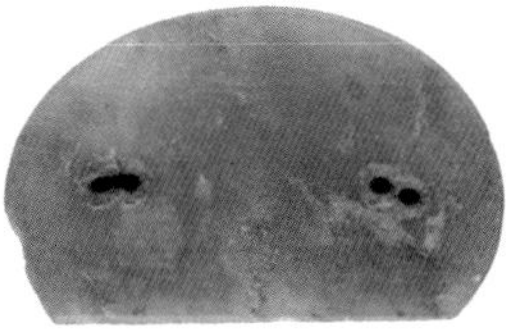

八ッ場の調査で出土した平安時代の貴重な貨幣とベルトの飾り（623集，647集）

墨書土器

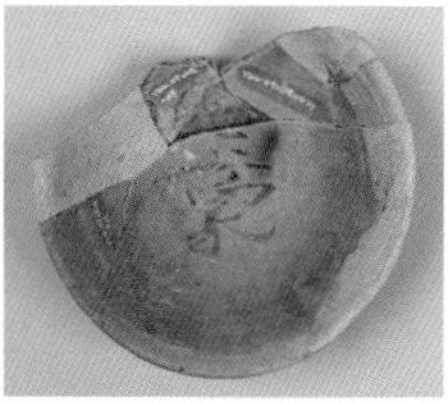

［三家］

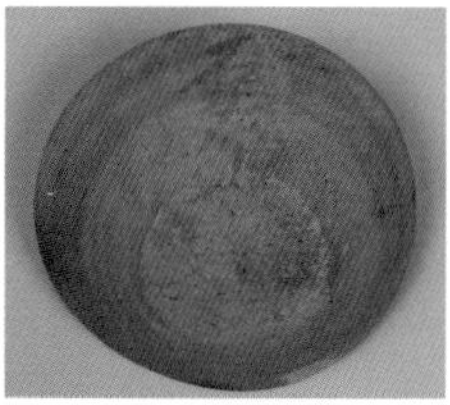

［石奉］

［泉］

平安時代の集落から数多く出土する墨書土器（432集）

一　平安時代のムラ

八ッ場では、古墳時代前期～古墳時代中期に竪穴建物での生活が確認されているが、その後古墳時代後期から奈良時代の三〇〇年以上の間はわずかに土器の出土が確認されているだけで無住の地であった。

八ッ場は、古代吾妻郡の郡域であったと想定される。古代吾妻郡は現在の吾妻郡とほぼ同じ範囲とみられるが、集落などは吾妻川中流域の河岸段丘が形成した比較的平坦な台地の広がる地域に営まれている。そのため、飛鳥時代七世紀中頃に実施された国郡里制編成の対象には八ッ場は含まれていなかったことになる。古代吾妻郡は、『倭名類聚抄《わみょうるいじゅしょう》』によると「長田《おさだ(ながた)》」、「伊参《いさま》」、「大田《おおた》」の三郷が編成され、それぞれ現在の地名から郷域の想定が行われている。最も八ッ場に近い郷は、東吾妻町四戸遺跡や新井遺跡の集落からなる長田郷と推定され、その西に位置する東吾妻町上郷も発掘調査の成果から、居住や生産が及ばない地域であった。

再び集落を起こす　八ッ場に再び人の営みが見られるのは平安時代初期九世紀中頃で、表で見られるとおり石川原遺跡や楡木Ⅱ遺跡、上原Ⅰ遺跡、上原Ⅲ遺跡の限られた遺跡に一棟か二棟の竪穴建物が構築されたのが始まりである。それから間もなく各遺跡で複数の竪穴建物が構築され、二〇の集落遺跡が見つかっている。これらの集落も九世紀後半から十世紀前半に最も棟数を増やすが、その後徐々に減少し、十一世紀中頃には竪穴建物が姿を消してしまう。

三平Ⅰ遺跡の平安時代集落（664集）

検出されたハッ場の竪穴建物棟数

地区	遺跡名	9C.前半	9C.後半	10C.前半	10C.後半	10C.代	11C.前半	不明	遺跡計	地区計
川原畑	上ノ平Ⅰ遺跡		10	11	6	3			30	37
	三平Ⅰ遺跡		6					1	7	
	三平Ⅱ遺跡									
	西宮遺跡									
林	上原Ⅰ遺跡	1	6	4	3			1	15	134
	上原Ⅲ遺跡	1	6	5	1			3	16	
	上原Ⅳ遺跡			2				1	3	
	花畑遺跡		2	1					3	
	立馬Ⅰ遺跡		1	2			1		4	
	立馬Ⅱ遺跡									
	立馬Ⅲ遺跡									
	楡木Ⅰ遺跡		4	1					5	
	楡木Ⅱ遺跡	1	10	9	5			10	35	
	中棚Ⅱ遺跡		2	14				2	18	
	下田遺跡			15				4	19	
	下原遺跡		2	1					3	
	林宮原遺跡		8	4		1			13	
長野原	尾坂遺跡		2		4		2	3	11	28
	長野原一本松遺跡				3		2	8	13	
	西久保Ⅳ遺跡		1						1	
	向原遺跡		3						3	
	幸神遺跡									
	久々戸遺跡									
川原湯	石川原遺跡	1	30	20	4	2	1	4	62	73
	下湯原遺跡		5	1				2	8	
	川原湯勝沼遺跡		3						3	
	川原湯中原Ⅲ遺跡									
横壁	横壁中村遺跡		18				1	1	20	35
	横壁勝沼遺跡							1	1	
	横壁勝沼Ⅱ遺跡									
	横壁勝沼Ⅲ遺跡		1						1	
	山根Ⅲ遺跡									
	山根Ⅳ遺跡		2	2					4	
	上野Ⅰ遺跡		3	2					5	
	上野Ⅱ遺跡		1	3					4	
合計		4	126	97	26	6	7	41	307	

棟数が記入されていない遺跡は陥穴だけが検出の遺跡。

八ッ場に古代集落が形成された要因の一つとして租税の徴収方法の変更が影響したと考えられる。飛鳥・奈良時代の租税は、個人別に賦課する人頭税であったが、この制度では税を逃れる人々の浮浪や逃亡により未進が増加し危機的な状態に陥っている。この状況への対策として官物の確保を国司に任せる政策に変化していった。上野国の負担は布類の他に多くの品々が『延喜式《えんぎしき》』に記載されている。中には、八ッ場での狩猟によって得られた動物をもとに生産された筆・零羊角《かまししのつの》・鹿皮・猪蹄《ちょてい》などがあり、こうした背景が再び集落を形成させたと考えられる。

二　広がる竪穴建物のムラ

ムラの広がり

集落の様相　八ッ場では、九世紀前半に先遣隊ともみられる竪穴建物が石川原遺跡などに進出し、その後各地に小規模な集落を営む。集落を構成した人々は、自然発生することはないことから、どこかの地域から移住してきたことが想定できる。八ッ場の九世紀後半に存続していた竪穴建物は、一二六棟を数えるが、九世紀第３四半期に限定すると五三棟が存在していた。これに発掘調査が実施されていない範囲を加えても同時に存在していたのは七〇棟ほどと考えられる。

　八ッ場の集落は、一一三頁表のように三平Ｉ遺跡や横壁中村遺跡のような九世紀末に消滅してしまう集落もあるが、多くは十世紀前半代まで継続

石川原遺跡の竪穴建物群（671集）

し、上ノ平Ⅰ遺跡や上原Ⅰ遺跡、楡木Ⅱ遺跡、尾坂遺跡、石川原遺跡では、規模を縮小して継続的に営まれている。その中で、下田遺跡で十世紀前半の竪穴建物を一五棟検出、長野原一本松遺跡で十世紀後半から十一世紀の竪穴建物五棟以上を検出しており、他の集落遺跡とは形成の過程が異なる。

ほとんどの集落では、十世紀前半まで一定の規模を有していた集落も十世紀後半には規模を縮小する。さらに十一世紀前半にはより小規模になり、後半代には再び居住の痕跡が見られなくなる。

人はどこから　当時の行政単位である郷は、五〇戸になるように編成され、人口は一〇〇〇～一二〇〇人程度であったことが残存している戸籍から推定されている。一戸は四～五家族を寄せ集めたもので二〇～三〇人で構成されていた。竪穴建物一棟あたりでは、五～六人で生活していたとみられる。すなわち、八ッ場に移住してきた七〇棟の竪穴建物は、一郷の中の一四～一八戸、または一～二郷の各戸から一棟を移住させたことになる。当時の施策には、対蝦夷対策で東国から強制的な移住が行われていたことが『続日本紀《しょくにほんぎ》』などで見ることができ、八ッ場への強制移住も困難なことではなかった。八ッ場の棟数からは、吾妻郡の各郷から一部を割いて移住させたことが想定できるが、

中棚Ⅱ遺跡平安時代の集落全景（667集）

吾妻郡内の集落遺跡の調査成果では九世紀前半から後半にかけての竪穴建物増減を読み取ることが難しい。これを補う手段として八ッ場の集落から出土した土器について見ることにする。

信濃からの土器　九世紀後半代の八ッ場から出土した土器には、土師器や須恵器と黒色土器、灰釉《かいゆう》陶器がある。

土器の中では、凸帯付四耳壺《しじこ》が注目される。凸帯付四耳壺は岐阜県東南部の美濃須衛古窯跡群の影響を受けて信濃で独自の器形に発展し、農耕祭祀に使用された壺である。この凸帯付四耳壺は、一部県内の須恵器窯で生産されたことが知られているが、初期のものは信濃から搬入された可能性が高い。県内では三七点の出土例が確認されており、そのうち二八点が西毛からの出土、八ッ場では七例と高い割合で出土している。さらに石川原遺跡出土のものは、耳と呼称される突起にうがたれた小孔が貫通していることから比較的初期のものとみられ、信濃で生産されたものが直接持ち込まれたと想定できる。

凸帯付四耳壺の出土は、信濃との交流は認められるが、出土量が少ないことから信濃からの移住を想定することは難しい。

日常生活の土器　人々が日常的に使用する食膳具や煮沸具は須恵器の皿や椀、土師器の甕、須恵器の羽釜がある。羽釜は現代の鍔釜を長くした形の土器で十世紀にみなかみ町月夜野古窯跡や高崎市吉井古窯跡から供給されたものである。なお、九世紀代の煮沸具は土師器甕が使用されているが、この土器は後述のように安中市秋間古窯跡群など西毛からの供給である。十世紀代には社会情勢の変化なども起因し、須恵器羽釜は月夜野古窯跡群

石川原遺跡出土の凸帯付四耳壺
残存は頭部～胴部上半（671集）

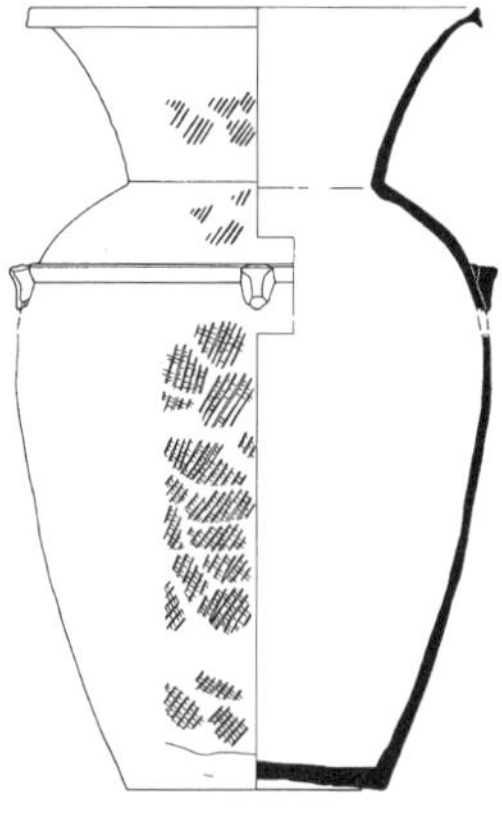

信濃の凸帯付四耳壺
（長野県下神遺跡）

からの供給が多くなっている。

奈良～平安時代初期上野国の土師器甕は、武蔵甕と呼称される口縁部がコの字状を呈すものが大部分を占めている。この中に形態は近いが、ロクロを使用し、胴部の整形が異なる甕が出土している。この甕は、西毛地域

月夜野型羽釜（右）と吉井型羽釜（左）
羽釜の出土量を比較すると月夜野型羽釜が２倍以上出土している。
月夜野型羽釜は胴部を鍔に向けたヘラ削りを施しているのに対して、吉井型羽釜では胴部下半のみヘラ削りを施している。

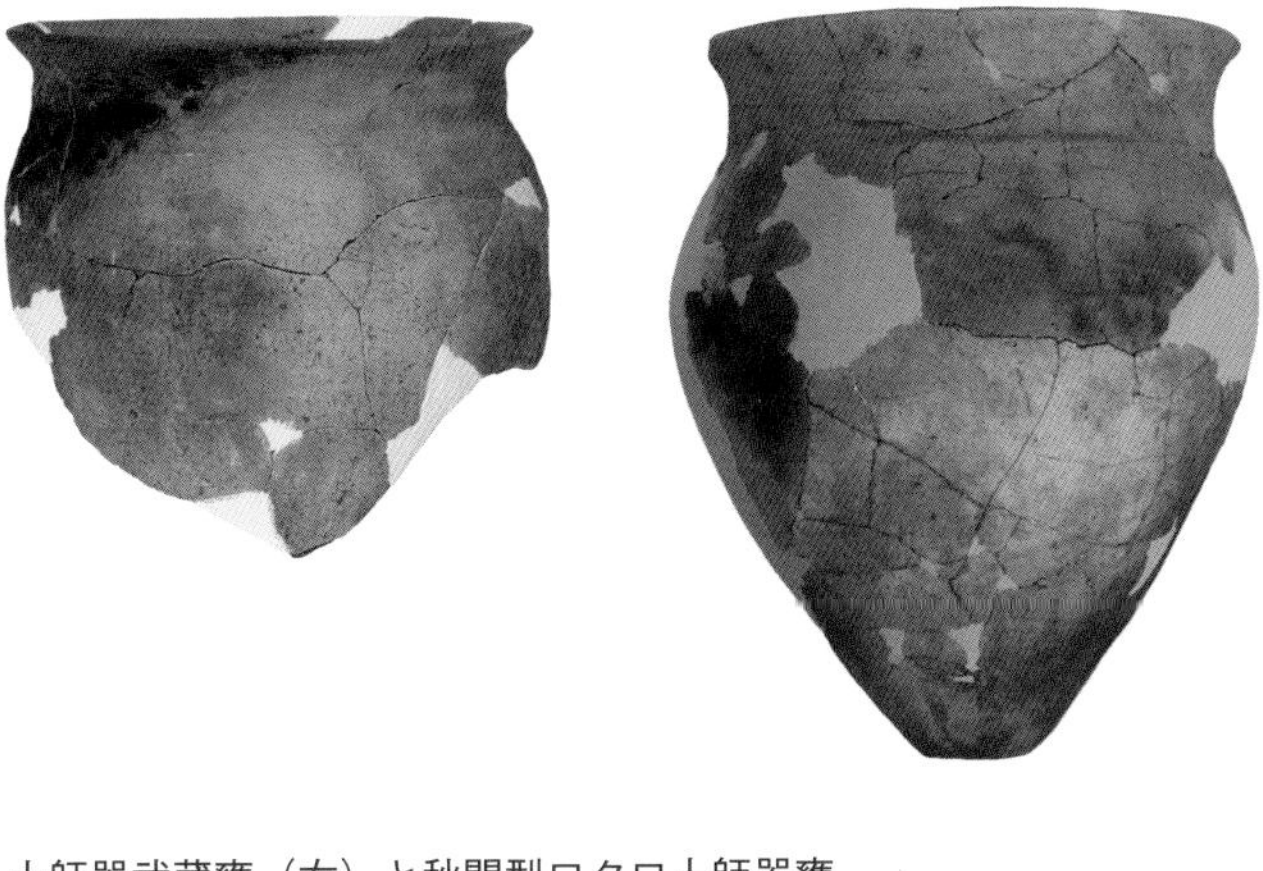

土師器武蔵甕（右）と秋間型ロクロ土師器甕
ともに形態は似ているが、土師器武蔵甕は同部のヘラ削りが頸部下まで及んでいるが、秋間型ロクロ土師器甕はロクロが使用され、胴部上位にヘラ削りが施されていない違いがある。

を中心に出土しており、秋間古窯跡群で生産されていた可能性が指摘されている。この甕は武蔵甕ほどではないが、八ッ場の遺跡から一定量を占める出土が確認されている。こうした土器の出土状況から、九世紀後半代の日常生活で使用される土器は、西毛の秋間古窯跡群を中心に供給されていたことが分かる。吾妻郡の集落動向が明らかではないため断定ではないが、八ッ場の集落形成には古代群馬郡の北西部や片岡郡、碓氷郡の各郷からも郷戸の一部が移住させられた可能性がうかがえる。

特長的な竪穴建物（板敷の竪穴建物）

竪穴建物の床面　竪穴建物を発掘していると床面が硬く踏みしめられた痕跡を見ることができる。この踏みしめられた痕跡は、カマドの手前から柱穴間の内側、カマドの向かい側の壁面にかけて見つかり、この踏みしめられたところを硬化面と呼び、日常の生活や作業の場であった「土間」として考えられている。そしてその周り、柱穴間から壁面までの床面は踏み固められた様子が見られないことから、藁などを敷いた寝所として竪穴建物内部を使い分けていたと考えられる。

古墳時代中期から後期の大型竪穴建物では、柱穴と壁の間に小溝が検出されることが多くある。この溝は、床面小溝と呼ばれ、床を構築した時の「根太《ねだ》」を置いた痕跡と想定されている。しかし、使用されていた材料は木材や植物であるため、再利用や腐食によって残存することはほとんどない。

床板が出土　横壁中村遺跡一〇区九号竪穴建物は焼失家屋として検出さ

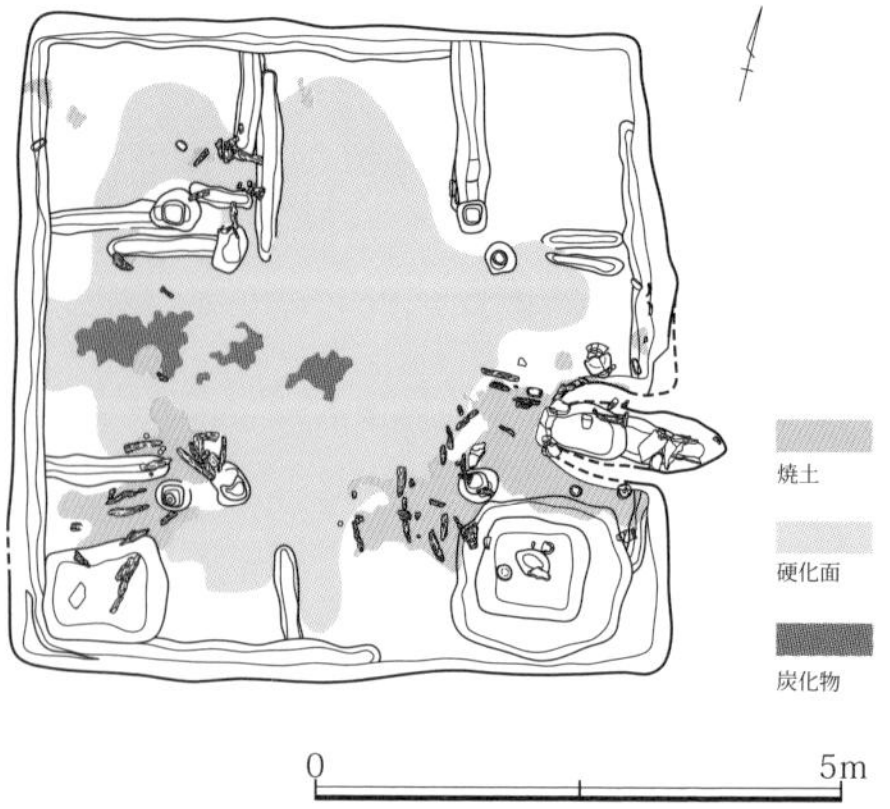

「根太」の痕跡と床面の硬化面を検出した渋川市金井東裏遺跡の古墳時代の竪穴建物
（『古墳人、現る』より転載）

れており、多くの情報を得ることができる。この竪穴建物は、出土した土器から九世紀後半に存在していたと判断され、規模は五・五×四・五mとこの時代の建物としては一般的な大きさである。特筆されることは北東側の床面に板が敷かれていたことである。床に板が敷かれていた範囲は南北二・○m、東西二・七mほどである。板は幅九～二四㎝前後、厚さ二～四㎝ほどのものが東西方向に敷かれていた。材の長さは焼失のため分からないが一枚ものの可能性もうかがえる。なお、板材は床面に直接敷かれ、板材の下に根太は設置されていなかった。使用されている材は、キハダやケンポナシ属で温帯から暖帯に分布する落葉高木である。材質は、重さや硬さが中庸、切削加工が容易、狂いが少ない樹種である。

床板の検出例　床板が敷かれていた竪穴建物の検出例は県内では初めてとみられる。全国を見ても秋田県や岩手県の九世紀後半から十世紀の焼失竪穴建物で八例が知られているだけである。この八例も全面に床板が敷かれた例はなく横壁中村遺跡と同様に竪穴建物の一部であった。こうした類例や多くの焼失竪穴建物の事例から、板の間の床を造る竪穴建物は特殊なものと判断できる。

　こうしたことから横壁中村遺跡の竪穴建物の居住者は集落の長であった可能性もうかがえる。しかし、出土している土器を見ると、土師器や須恵器の煮沸具や食膳具であり、灰釉陶器などの高級食器は見られず、断定には至らなかった。

　床を設置する建物としては、総柱や束柱を持つ掘立柱建物が弥生時代から存在する。しかし、こうした床が設置されている建物は富豪層の居宅で

横壁中村遺跡10区９号竪穴建物（488集）
床板を検出（右上の板状炭化材）した状態

も少なく、古代では床の上で生活していた人はごく限られており、横壁中村遺跡の竪穴建物の床は、居住者以外の使用、例えば八ッ場を支配下に置く富豪などが来た時に使用したことも視野に入れるべきではないだろうか。

堅固なカマド

カマドとは　人が火を使い始めてから数万年の間、調理として火を使う場は地表面で薪を燃やす炉が使用されていた。カマドの出現には諸説があるが、日本へは中国から朝鮮半島へ伝えられたものが、古墳時代前期末に北九州に伝わり、五世紀中頃には東日本の各地まで普及したとみられる。当初は、竪穴建物内部の壁際に石や土器を袖の芯材に使用し、粘土で覆って構築していた。煙の排出は壁際から垂直に煙突を屋根の上に構築していたとみられる。その後、カマドは煙道を壁外に造り、構築材は地域に合わせて変化していく。

県央の前橋台地上の集落では、河川や大規模な溝で露出した凝灰岩層から箱形状に切り出した石材を、芯材や焚口上部に渡して構築材の一部として使用している。藤岡台地では強固な粘土層が堆積していることから煙道をトンネル状に一m前後掘り込み、茅葺屋根の外側に煙突を造っている。

北毛のカマド　八ッ場を含む北毛では燃焼部から煙道部の両側に扁平な礫や板状に割られた礫を埋め込むように並べ、さらに上部を同様な礫で覆った石組カマドと呼称される形態を見ることができる。この石組カマドには、「県指定史跡」に指定された東吾妻町岩下に所在する姉山遺跡があり、

下原遺跡　古墳時代中期の竪穴建物カマド（389集）
カマドとしては初期段階

全長一・七五mと長大な規模をもつ。

石組カマドの出現は意外と古く川場村生品西浦遺跡の五世紀末から六世紀初頭の竪穴建物ですでに構築されている。その後、六世紀後半代では東吾妻町四戸遺跡、七世紀代では渋川市白井遺跡群などで精巧な作りのものを見ることができる。

石組カマドとは 今まで感覚的に呼称されてきたことから残存状態の不良で曖昧なものも呼称していたこともうかがえる。こうしたことから改めて「石組カマド」について定義すると、「石組カマドとは、『燃焼部から煙道部を粘土で造った袖の内側に扁平または板状に割った礫を埋め込むように置き、粘土などで覆うことをしていない。そして燃焼部から煙道部の天井も側面と同様な礫を使用して蓋状に覆っている』ものを原則とするが、一部の箇所に礫が使用されていないものも存在する」とした。以上のことから礫を芯材として使用し、その周りを粘土で覆ったカマドとは区別した。

八ッ場の石組カマド 八ッ場の集落におけるカマドの残存状態はあまり良好とはいえないが、事業団と長野原町が調査した竪穴建物三〇七棟のうち、二七五棟でカマドが検出され、およそ二割が石組カマドであった。

しかし、この比率は均一ではなく、上原遺跡ではカマドを検出した一二棟中九棟の七五%が石組カマドを構築していたが、他の遺跡では石川原遺跡五八棟中一六棟の二七・五%、横壁中村遺跡一七棟中五棟の二九・四%に対して楡木Ⅱ遺跡一五棟中二棟の一三・三%、上ノ平Ⅰ遺跡三〇棟中四棟の一三・三%、下田遺跡一六棟中二棟、一二・五%と開きがある。

天井に礫が残る 八ッ場では、カマドの燃焼部から煙道部の天井を覆っ

典型的な石組カマド
渋川市白井二位屋遺跡74号竪穴建物（160集）

ている礫がほとんど失われているが、石川原遺跡三二号竪穴建物や二七号竪穴建物、一〇四号竪穴建物、横壁中村遺跡二〇区九〇号竪穴建物・九一号竪穴建物の石組カマドで天井に礫が残存していた。しかし、他の遺跡の石組カマドのほとんどで側面のみが残存するだけで、天井に礫が残っているものは見ることができなかった。

なお、天井の礫が残るカマドでも燃焼部から煙道にかけての礫は残るが焚口部分は残存していなかった。これは竈神《かまどがみ》信仰が影響していると考えられる。竈神は、晦日にその家の一年の行動を天帝に報告する神で、次の年の禍福はこの竈神の報告次第で決まるとされていた。

そのため、竪穴建物を建て替えるなどして引っ越す時に竈神が前の建物のカマドに宿り続けることがなく、新しいカマドへ移るようにカマドを壊す行為が民俗事例などから知られている。八ッ場の竪穴建物のカマドも竈神信仰によって壊されたと考えられる。

なお、古代吾妻郡が編成されたとき、最も西に所在する四戸遺跡では、飛鳥時代から平安時代の竪穴建物五三棟のうちカマドを検出した四二棟中、石組カマドや可能性のあるカマドは一八棟が確認されており、石組カマドは四三%と高い割合である。

こうした北毛地域特有の石組カマドの割合が八ッ場の集落で低いことは、八ッ場に吾妻郡の郷戸だけでなく、他地域の郷戸が移住させられた傍証にもなりえるとみてよいのではないだろうか。

（神谷佳明）

横壁中村遺跡20区90号竪穴建物石組カマド（煙道部から　488集）焚口以外は良好な状態で残存していた。

石川原遺跡27号竪穴建物石組カマド（671集）
燃焼部から煙道部の天井を覆っていた礫

三　山間のくらしと道具

動物を捕らえる陥穴

古代の陥穴《おとしあな》　発掘調査で見つかる遺構に、「土坑」と呼ばれるものがある。土坑とは、地面に掘られた穴のことであり、その規模や形には多様なものが含まれる。土坑には、食物などを保存しておくための「貯蔵穴」や、埋葬のための「土坑墓（墓坑）」など、使用目的が明らかな土坑もあるが、何の目的で掘られたのか不明なものが大多数を占めている。

八ッ場の発掘調査でも、当然、各遺跡から多くの土坑が調査された。ただし、八ッ場で見つかった土坑には、県内の他地域の発掘調査ではほとんど見られない特徴的な土坑が多数見つかっている。それが古代に構築された「陥穴」と考えられる土坑である。陥穴というと、狩猟採集を中心とした生業をしていた縄文時代を思い浮かべるかもしれない。事実、群馬県内でも縄文時代の陥穴は数多く調査されている。しかし、陥穴の利用は古くは旧石器時代にまで遡り、また、逆に近世、近代以降まで利用されてきたものである。

陥穴と考えられる土坑は、長野原町内だけでも上ノ平Ⅰ遺跡の一三四基をはじめとし、長野原一本松遺跡の八三基、上原Ⅰ遺跡の七〇基など八〇〇基以上が調査され、東吾妻町の上郷遺跡などを含めると、八ッ場で調査された陥穴の総数は、一〇〇〇基以上。発掘調査が行われたのは、水没地や代替地などであり、八ッ場の調査の及んでいない範囲にも、さらに

上郷Ａ遺跡の陥穴群（473集）

多くの陥穴が構築されていることであろう。

陥穴の形　八ッ場で調査された陥穴には、大きく分けて三種類のタイプがある。確認時の形で、「円型」のもの、「楕円型」のもの、「溝型」のものである。この中で、古代の陥穴と考えられるのは「楕円型」「溝形」のタイプである。「楕円型陥穴」は、検出時の平面形が楕円形や長方形で、底面の形が長方形のものである。規模は上面で二×一・五mほどのものが多く、深さでは二mを超えるものも認められる。八ッ場で発掘された陥穴の八～九割はこのタイプが占めている。「溝型陥穴」は、検出時の平面形が長楕円形で断面形が「V」字状となるもので、上面規模で二・五×一m程度の全体的に細長い溝のような形をしたものである。深さは一・五m程度までで、穴の底面には規則的に並んだ杭状の逆茂木《さかもぎ》の痕跡が認められる。

なぜ古代の陥穴なのか　遺構の構築された時期は、その中から出土した土器などの遺物の時期から検討する。ただ、陥穴については、その目的から集落からやや離れた場所に構築されたため、陥穴から時期を決定するのに有効な遺物はほとんど出土しない。土器片が出土することもあるが、構築時に使用していたものが埋まったのか、埋没途中に他の時期の遺物が紛れ込んだのか判断が難しい。このため、八ッ場の発掘調査でも、調査の始まった頃は、陥穴の中から出土する遺物に縄文土器の破片が多いことから、時期ははっきりとは決められないが、おそらく縄文時代に構築されたものが多いのだろうと考えられていた。

　そのようなかで、平成十一年、花畑遺跡の調査で一つの発見があった。それは、陥穴を詳細に調査していくと、土坑の底面や壁面に陥穴の掘削時

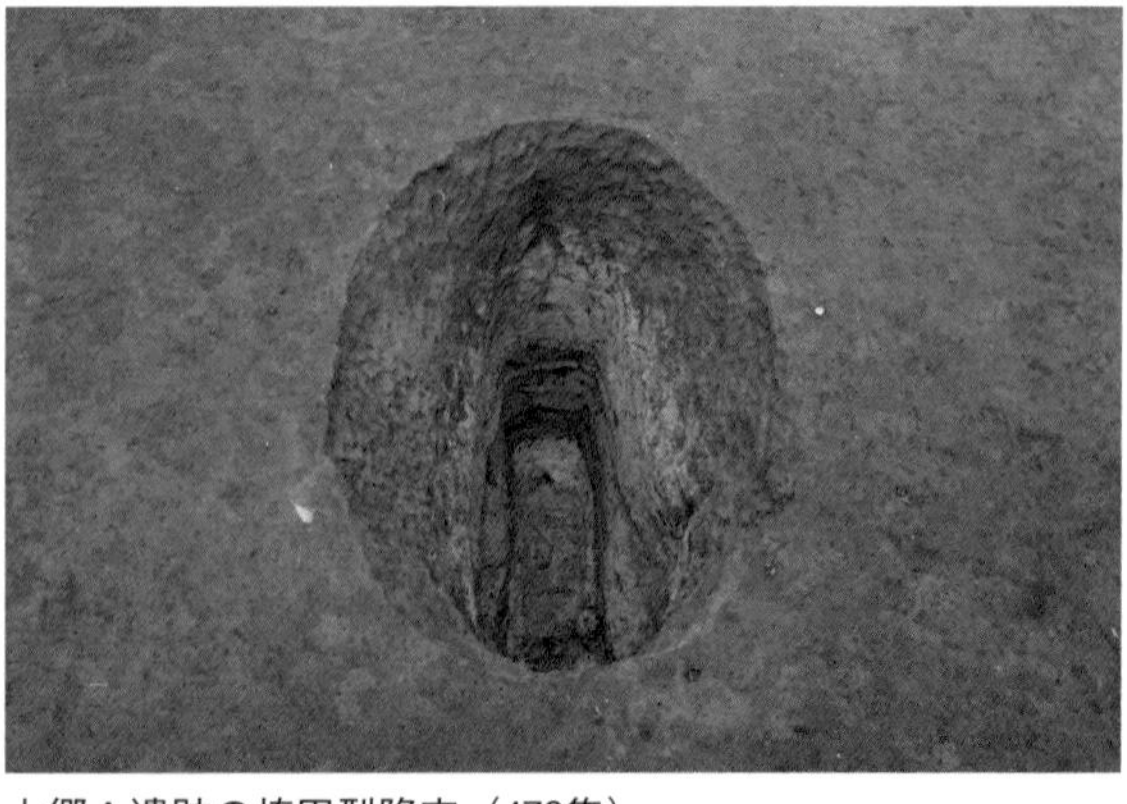

上郷Ａ遺跡の楕円型陥穴（473集）

に付いたと考えられる痕跡が残されていたのである。その痕跡の先端は「U」字状をしており、壁面に残された痕跡は平滑な面となっていた。この痕跡は石斧や木の棒などで付けられたものではなく、「U字状鋤先」という鋤の先端だけに鉄製の刃を付けた掘削具を用いたものと考えられる。また、立馬Ⅰ遺跡の溝形の陥穴の底面に残された逆茂木の痕跡を詳細に観察すると、杭の先端が角錐状になっており、明らかに金属器を用いて加工されていた。その後、さらに竪穴建物との重複関係や覆土中の火山灰分析などを総合して、八ッ場の陥穴は縄文時代に作られたものではなく、その多くは古代に構築されたものと考えられるようになった。

陥穴の目的　では、なぜこれほど多くの陥穴が八ッ場に構築されたのであろうか。

八ッ場の発掘調査ではいくつもの古代集落が調査されている。ただ、その集落は、平安時代の九世紀後半に突如出現し、十世紀後半にはまた姿を消してしまう集落が多い。ほとんどの集落の継続期間は一〇〇年未満と考えられている。

陥穴は、当然ながら狩猟の一手段である。八ッ場で調査された陥穴がどのような動物を対象としていたかは明らかになっていない。ただし、その規模から、ウサギなどの小動物ではなく、シカやイノシシ、カモシカなどを対象としていたものと推測される。この章の概要やコラムでも触れているが、古代の文献である『延喜式』には、上野国の負担雑物として、零羊角（カモシカの角）、鹿皮、膠、筆、猪蹄などが挙げられている。これらの獲得を目指して、八ッ場の陥穴は構築されたものと考えてよいであろう。

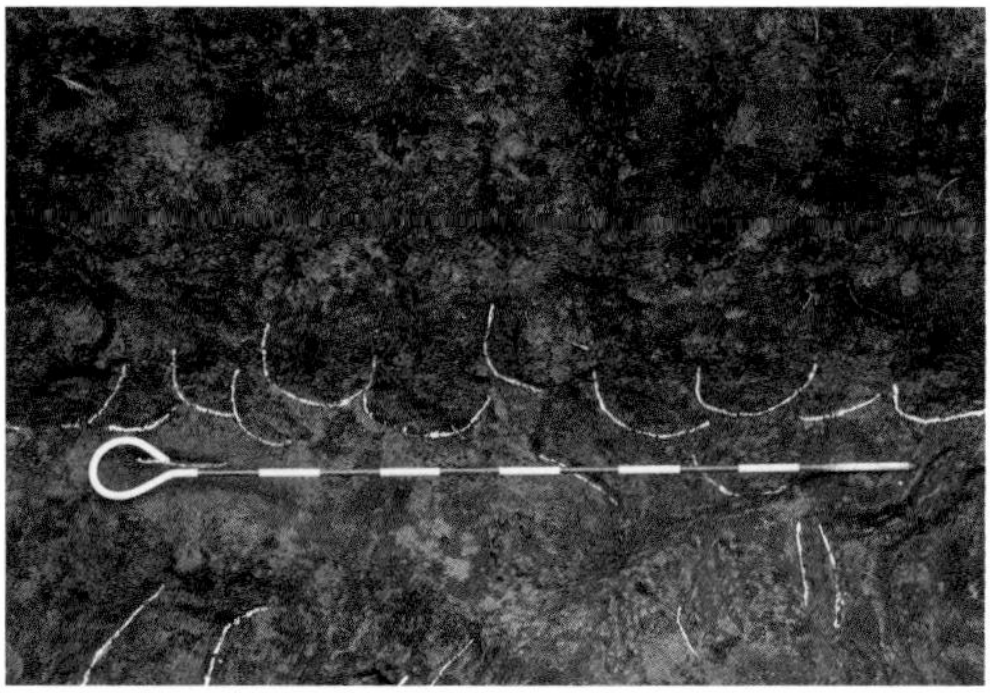

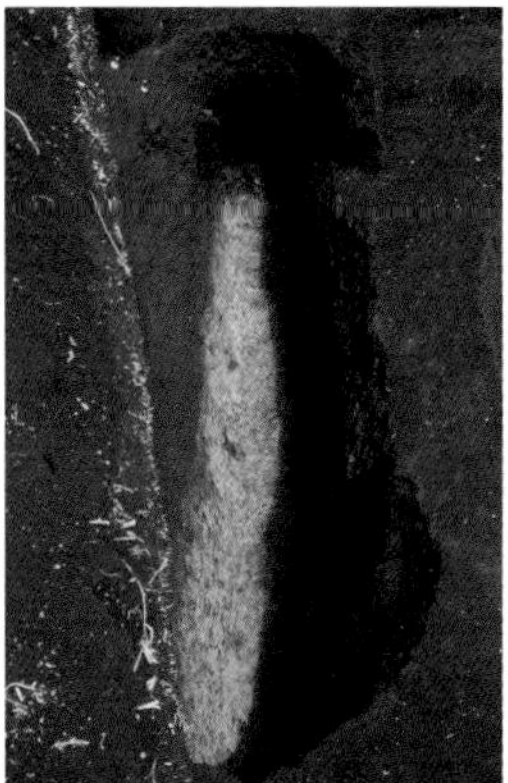

右　花畑遺跡で見つかった掘削具の痕跡（303集）
左　立馬Ⅰ遺跡の溝形陥穴（388集）

八ッ場には九世紀の前半まではほとんど集落が存在せず、無住の地といえる状態であった。そこに九世紀後半に突如として多数の集落が出現する。その背景には、当時の社会的な情勢が反映されていると考えられるのである。

八ッ場で調査された多数の「陥穴」は、単なる穴の調査ではあったが、そこからは当時の集落に暮らした人々の活動の様子、そして、その活動がどのような社会的な背景を基に行われたものなのか、その手掛かりを与えてくれたのである。

（石田　真）

四　運び込まれた陶磁器・灰釉陶器

灰釉陶器　灰釉陶器は、古墳時代に朝鮮半島から技術が伝わった須恵器に源流がある焼き物である。須恵器との違いは、植物の灰を原料とした釉薬を人為的に掛けて焼成していることで、高温で溶けた釉薬が土器表面に緑がかったガラス被膜のような層となる。

最も古い灰釉陶器は、九世紀初頭に愛知県尾張地方の猿投《さなげ》窯で焼成されたもので、浸し掛けによって厚く施釉された。この施釉方法が開発される以前にも、厚く釉の掛かった製品は生産されているが、これは窯の中で自然釉の掛かりやすい場所に土器を置くことで、意図的に釉掛けした「原始灰釉陶器」と呼ばれるものである。

九世紀後半以降には、灰釉陶器の生産は猿投窯だけではなく、愛知県豊

立馬Ⅰ遺跡の陥穴底面でみつかった逆茂木の断面（388集）

橋市の二川窯《ふたがわ》、岐阜県多治見市周辺の東濃窯《とうのう》など、東海地方から中部地方の複数の場所で生産が始まり、より広域に流通するようになった。

群馬県への搬入ルートと生産地　九世紀前半の黒笹14号窯式や九世紀後半の黒笹90号窯式などの猿投窯の製品は、群馬県では出土数は少なく、出土遺跡も限られる。続く折戸53号窯式以降の製品の出土は、ほとんど確認できない。九世紀後半には、猿投窯の製品に代わって東濃窯の光ヶ丘1号窯式の製品が主体的になり、十世紀前半以降は大原2号窯式や虎渓山《こけいざん》1号窯式の製品が安定的に供給されている。

猿投窯産の灰釉陶器の群馬県への搬入ルートは、東海道駅路経由の可能性もあるが、九世紀後半以降の東濃窯産の灰釉陶器は東山道駅路ルートで供給されたとみてよいであろう。猿投窯産灰釉陶器は、寺院や官衙関連遺跡に偏った出土傾向があり、一般的な集落遺跡からはほとんど出土することはない。これは、緑釉陶器と同じように高級食器として、特別な場所に限定的に供給されたからであろう。東濃窯産灰釉陶器は、九世紀後半と比べて十世紀以降の出土量は増加するが、それでも高級食器であることに違いはなく、同時代の須恵器などのように、竪穴建物から普遍的に出土するものではない。

八ッ場の出土状況と入手背景　八ッ場の古代の集落は、九世紀中頃から十一世紀前半までの約二〇〇年間に、吾妻川両岸の河岸段丘上に点在して営まれたもので、大小二〇遺跡ほどが確認されている。一三〇頁表に集計したように、すべての遺跡で灰釉陶器が出土したわけではなく、出土が確認されているのは一一遺跡である。

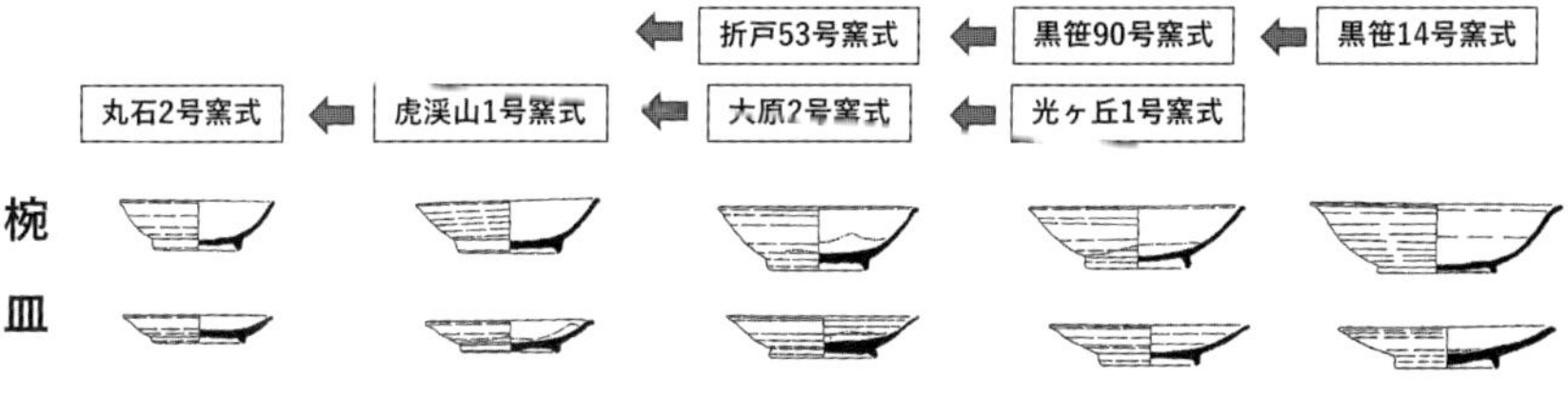

尾野善裕「灰釉陶器生産の拡大　猿投窯からみた駿遠地域窯」『灰釉陶器生産における地方窯の成立と展開』東海土器研究会　2015をもとに作成

猿投窯でつくられた灰釉陶器の変遷

八ッ場では、最古段階の灰釉陶器である九世紀代の猿投窯の製品（黒笹《くろざさ》14号窯式・黒笹90号窯式）の出土は確認されていない。確認できるのは、九世紀後半の東濃窯の光ヶ丘1号窯式段階以降であり、主体となるのは大原2号窯式段階の製品とみてよい。出土している器種は椀と皿が主体で、他に輪花《りんか》椀、段皿、折縁《おりふち》皿、耳皿、小皿、長頸瓶《ちょうけいへい》、手付瓶《てつきへい》、平瓶《ひらが》の少なくとも一〇器種が確認されている。

集落の継続性から拠点集落とみてよい林地区の楡木Ⅱ遺跡、川原湯地区の石川原遺跡、川原畑地区の上ノ平Ⅰ遺跡の三遺跡について、同時期の県央部の拠点集落の一つである田口下田尻遺跡・田口上田尻遺跡（前橋市）と灰釉陶器の出土傾向を比較してみよう。

楡木Ⅱ遺跡では平安時代の竪穴建物が三二棟調査され、その中で九世紀中頃から一〇世紀後半と判断できたのは二四棟である。灰釉陶器は、九世紀後半で六棟中三棟（五〇％）、十世紀前半で一六棟中一三棟（八一％）、十世紀後半では一棟中一棟から出土が確認できる。十世紀後半の一三棟中の五棟から複数器種が出土した他は、単器種単体か単器種複数の出土である。複数器種の出土例としては、三三号竪穴建物の椀一二点、皿二点、長頸瓶一点の三器種、七一号竪穴建物の椀七点、皿七点、小皿一点、長頸瓶五点の四器種が多い例である。

石川原遺跡では平安時代の竪穴建物は六一棟調査されており、その中で時期が明らかにできたものは三七棟である。灰釉陶器の出土は、九世紀後半で一〇棟中五棟（五〇％）、十世紀前半は一九棟中十棟（五三％）で、十世紀後半と十一世紀前半の出土は見られない。十世紀前半の十棟中二棟か

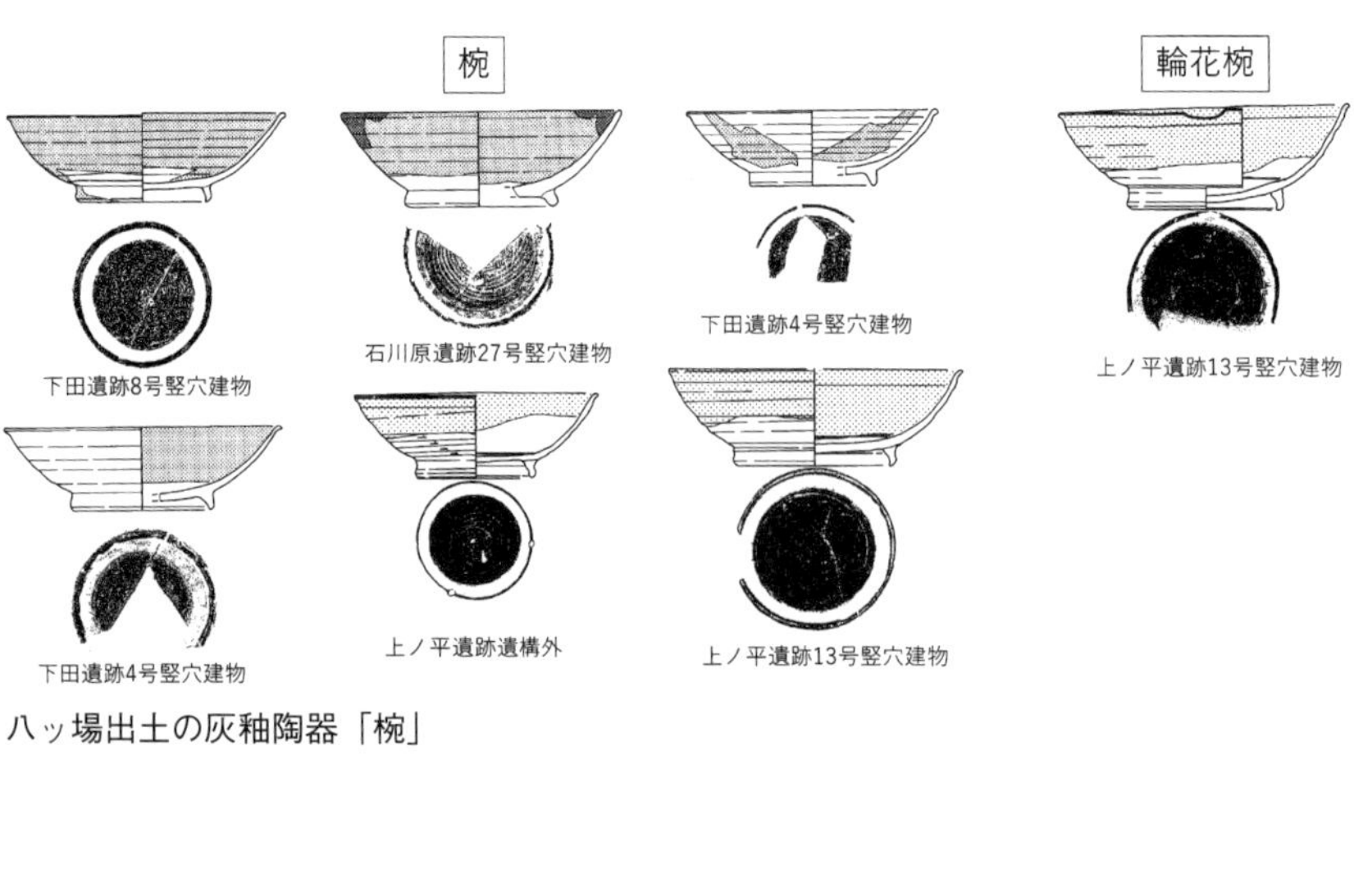

八ッ場出土の灰釉陶器「椀」

ら複数器種が出土したが、中でも二七号竪穴建物からは椀六点、皿二点、折縁皿一点、長頸瓶一点の四器種が出土している。石川原遺跡でも多くは単器種単体か単器種複数の出土である。

上ノ平Ⅰ遺跡では九世紀中頃から十世紀後半の三〇棟が調査されており、九世紀後半で八棟中一棟（一三％）、十世紀前半は一四棟中七棟（五〇％）、十世紀後半は五棟中三棟（六〇％）から出土が確認できる。十世紀前半の一三号竪穴建物で椀一点と輪花椀一点の二器種が出土した他は、大半が単器種単体の出土である。

田口下田尻遺跡・田口上田尻遺跡では、九世紀前半から十一世紀前半までの四一八棟が調査されている。灰釉陶器が出土したのは、九世紀前半では一七棟中一棟、九世紀後半で六九棟中九棟（五・八％）、十世紀前半で一二二棟中六〇棟（四九・一％）、十世紀後半が一三七棟中五六棟（四〇・八％）、十一世紀前半が一五棟中七棟（四六・六％）であった。複数器種が出土する事例も多いが、それでも二器種に過ぎず、その他の多くは椀か皿の単器種を単体か、または複数の出土が圧倒的である。掲載していない細片も含めると相当な出土数となるが、器種は大半が椀と皿であり、他に輪花椀、段皿、瓶の五器種が確認されている。

田口下田尻遺跡・田口上田尻遺跡は、県内でも緑釉陶器出土の多い遺跡の一つであり、富裕層によって営まれた集落であったことは確実である。したがって、多くの灰釉陶器の入手ができたはずであるが、八ッ場の拠点集落の方が、灰釉陶器だけを見れば保有率、複数器種保有率、器種バラエティのいずれにおいても、田口下田尻遺跡・田口上田尻遺跡に優っている

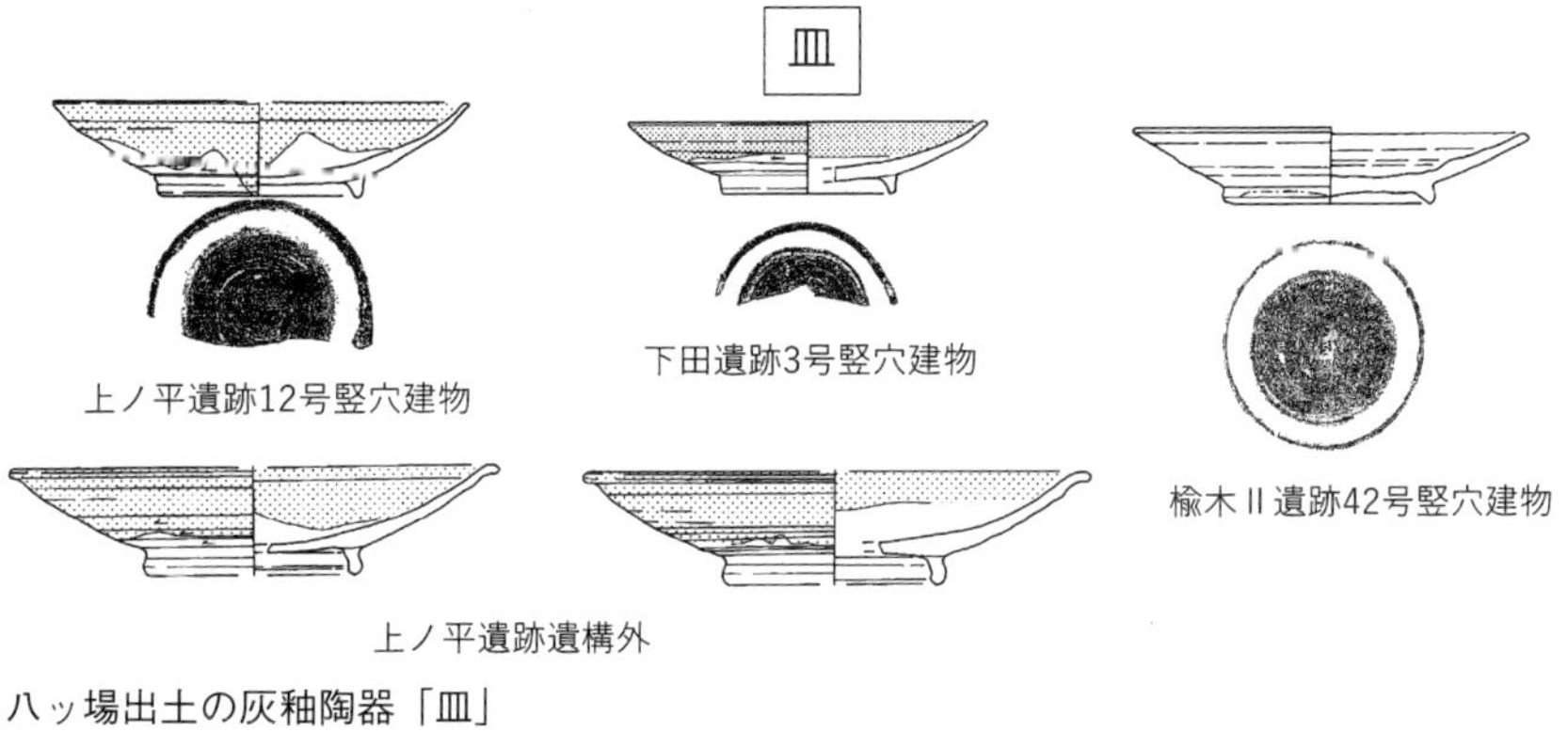

八ッ場出土の灰釉陶器「皿」

ように見える。

これは、八ッ場の平安時代集落が自立的に成立し運営された集落ではなく、田口下田尻遺跡・田口上田尻遺跡に比肩するような有力層が経営に関わっていたことを意味している。また、灰釉陶器の器種バラエティの豊富さは、椀や羽釜などと共に県央地域を経由して搬入されたものだけでなく、灰釉陶器の生産地に近く、多器種で多量の灰釉陶器が供給されている長野県側から、ろくろ甕や黒色土器などと共に直接に搬入された可能性があるだろう。

（桜岡正信）

五　鉄の道具

平安時代の八ッ場には鍛冶工房の痕跡が残されている。鍛冶工房の跡からは鉄を打った際に飛び散る鍛造剥片《たんぞうはくへん》や小さな粒状の鉄滓が見つかっている。八ッ場の歴史を見ると、古墳・奈良時代に遺跡が少なく目立った人の動きが確認できない土地に平安時代には鍛冶工房が必要になる集落が形成されたことになる。では、このような鍛冶工房で製造もしくは修理された鉄の道具はどのように使用されたのだろうか。八ッ場の調査によって発見された平安時代の集落で出土した鉄製品から、当時の人々の仕事の一端が見えてくる。

長野原町の調査では苧麻《ちょま》を糸に加工するための苧《お》引《び》き金《かね》が出土し、事業団の調査では繊維を糸に紡績するための紡錘車《ぼうすいしゃ》が出土している。近代まで

	時期	陥穴	焼土遺構	9世紀中頃		9世紀後半		9世紀		10世紀前半		10世紀後半		10世紀		11世紀前半		不明	
	遺跡名			住居数	灰釉所有	住居数	灰釉所有	住居数	灰釉所有	住居数	灰釉所有	住居数	灰釉所有	住居数	灰釉所有	住居数	灰釉所有	住居数	灰釉所有
長野原地区	尾坂遺跡	2	2			3	0			6	0	1	0						
	長野原一本松遺跡	83																7	0
横壁地区	横壁中村遺跡		4？			16	2	2	0							1	0		
	横壁勝沼遺跡	3				1	0												
	西久保Ⅳ遺跡		4					1	0										
林地区	楡木Ⅰ遺跡	9	3			5	0												
	楡木Ⅱ遺跡	42	19？	1	0	6	3			16	13	1	1	1	1			7	0
	中棚Ⅰ遺跡	1	4？					2	0										
	中棚Ⅱ遺跡	27	9			13	3			3	0								
	下原遺跡					2	0											3	0
	下田遺跡		2？			1	0			6	4							3	0
	上原Ⅰ遺跡	70				9	1			6									
	上原Ⅲ遺跡									1	1								
	花畑遺跡	51				3	0												
	立馬Ⅰ遺跡	65	2							4	1								
川原湯地区	石川原遺跡	51	27	1	0	10	5			19	10	1	0	3	0	3	0	4	0
	川原湯勝沼遺跡		6			3	0												
下湯原地区	下湯原遺跡	2										3	2						
川原畑地区	上ノ平Ⅰ遺跡	134	17	2	0	8	1	1	0	14	7	5	3						
	三平Ⅰ遺跡	66	10			6	0												
	集　計	606	80	4	0	86	15	6	0	75	36	11	6	4	1	4	0	24	0
前橋市	田口下田尻遺跡・田口上田尻遺跡			17	1	69	9	10	0	122	60	137	56	21	6	15	7	27	0
塩尻市	吉田川西遺跡			46	2	48	21			19	18	20	13			13	12		

八ッ場の平安時代集落の灰釉陶器出土傾向

伝わる民俗事例によると、日中暖かく、夜間は冷え込む寒冷地が苧麻の栽培に適しているとされる。苧麻は刈り取ってからすぐに加工する必要があり、栽培から加工までがおこなわれていた可能性がある。江戸時代の石川原遺跡でも麻引き金が出土する点など、八ッ場では主要産業の一つとして長く苧麻もしくは麻の存在があると考えられる。

もう一つ、重要な仕事として陥穴《おとしあな》による狩猟が考えられる。八ッ場では平安時代に造られた陥穴が一〇〇〇基以上見つかっている。当初、多くの陥穴は八ッ場で多く確認されている縄文時代の陥穴と考えられていた。しかし、陥穴の内部に平安時代の火山灰の堆積があったことや、花畑遺跡でU字状の刃先を持つ幅約一一cmほどの工具の痕跡が残る陥穴が確認されたことから、平安時代の陥穴であることが分かった。このU字状の刃先に該当する製品として、幅約一一cmの鋤先が横壁中村遺跡で出土している。そして、周辺の遺跡からは落ちた動物を仕留めたのであろうか、矢の先端部分である鉄鏃《てつぞく》が多く出土している。このことからも狩猟による業《なりわい》が成立していたと考えられる。

八ッ場では穂摘《つ》み具も数点出土している。出土した穂摘み具は「コウガイ」と呼ばれる福島県と新潟県に残る民俗資料を参考にすることができる。コウガイは薄い鉄板で作られ、両端に近いところを持ち手の木製の台に釘で留める形の金属製品である。穀物が現代の稲のように一斉に実れば、鎌を利用して根元から刈ることができるが、土壌の栄養不足などの理由から一斉に実らなかった場合、結実したものから順に収穫をする必要が出てくる。その際に、穂摘み具を利用し、収穫をしていたのではないかとされて

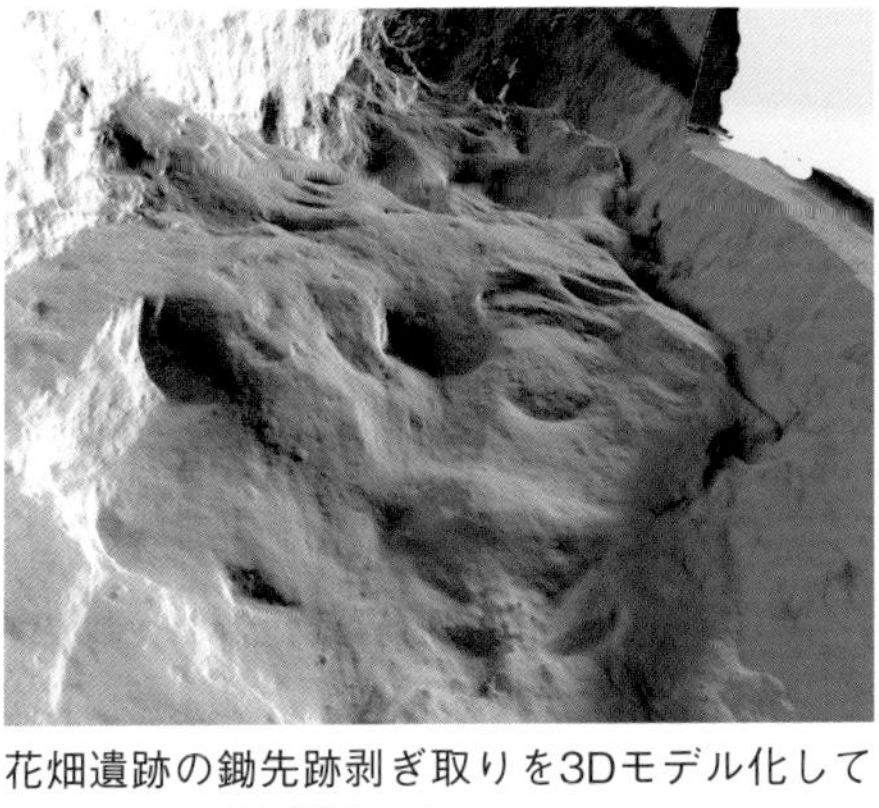

花畑遺跡の鋤先跡剥ぎ取りを3Dモデル化してライティングを調節した

長野原町林宮原遺跡Ⅷ掲載の９世紀後半の住居より出土した苧引き金

いる。また、アワやキビなどの雑穀類は茎が固いので、根元よりも柔らかい穂先部分を刈り取り、刈り取りを終えた後は自然に肥やしにしていたのであろう。

上ノ平Ⅰ遺跡では住居から出土した主食穀類の分析が行われている。住居内の炭化穀類を分析したところ、イネはほとんど検出されず、アワやムギ類が多く検出された。出土した穂摘み具と合わせて考えることで当時の食事の様子も見えてくるのである。

（板垣泰之）

六　文字文化と政治的な背景

律令国家の成立と文書主義　七世紀後半の孝徳朝から持統朝に至る過程で、急速に体制を整えたわが国の古代国家は、当時の中国に倣って、律令制という法律を政治の基本においた統治システムを導入した。律令制の下では、あらゆる行政事務が文書によって処理された。中央政府から発せられる命令や、支配機構の末端に当たる地方の役所から上申される報告などを、迅速かつ正確に伝達し、全国支配を均質かつ合理的に実行するために、最も効果的な方法だったからである。中央政府から派遣された国司たちの職務内容の大半も、法令や中央政府の命令を文書によって国内の人々に伝え、また国内政務の状況や命令の執行状況を文書によって中央政府へ報告するなど、文書行政であった。こうした公文書には、内容を保証し、偽造を防止するために、文書を発行した役所・役人の印が紙面に押された。役

楡木Ⅱ遺跡出土のコウガイとも呼ばれる穂摘み具。横壁中村遺跡の穂摘み具には有機物が付着している。（432集）

穂摘み具を横から見た写真。
釘が残存している様子が見られる。釘で木の板をとめていたのであろう。（432集）

鋤先跡と近い大きさの横壁中村遺跡の鋤先。痕跡と同様にやや刃元が広がっている。（488集）

所における印判の多用は、現代でも「ハンコ行政」などと揶揄《やゆ》されることがあるが、公文書と印判の切っても切れぬ関係もこの時代に由来する。吾妻郡内でも中之条町伊勢町の天神《てんじん》遺跡から「松」か「招」の文字、また東吾妻町上殖栗《かみえぐり》から「野」の文字の古代銅印がそれぞれ出土しており、文書行政との関わりが想定できる。

古代の吾妻郡　国内でかつて国造が治めていた地域は七世紀半ば頃に「評《こおり》」という単位に編成され、その後、大宝令制によって中国風に「郡」と改称された。評を支配してきた地方豪族たちも「郡司《ぐんじ》」として地方行政の最前線を担う実務官僚に位置付けられたのである。

律令制下の上野国は、当初、碓氷《うすい》、片岡《かたおか》、甘楽《かんら》、緑野《みどの》、那波《なは》、群馬《くるま》、吾《あが》妻《つま》、利根《とね》、勢多《せた》、佐井《さい》、新田《にゅうた》、山田《やまだ》、邑楽《おはらき》の一三郡から構成されていたが、『続日本紀《しょくにほんぎ》』や、高崎市吉井町池に現存する「多胡碑《たご》」の碑文に見えるように、多胡郡が新設され一四郡となった。

吾妻郡は上野国北西端一帯に位置する郡で、約八割が山地で、人々が生活の拠点に出来る範囲が限られていたため、長田《おさだ(ながた)》、伊参《いさま》、大田《おおた》の三郷からなる小郡とされた。三郷とも現在の東吾妻町、中之条町、長野原町の吾妻川に沿った平地に位置していたと考えられる。

『日本書紀』景行天皇四〇年条に、日本武尊《やまとたけるのみこと》が碓日《うすひ》嶺に登って亡妻弟《おと》橘媛《たちばなひめ》を偲んで、東南に向かって「吾嬬《あづま》はや…」と嘆いたことから、碓日嶺の東を「吾嬬」と呼ぶようになったとみえる。また平安時代前期の貞観四年（八六二）四月一〇日に出された中央政府からの命令には吾妻郡の長である正六位の位階を有した上毛野《かみつけの》坂本《さかもとの》朝臣《あそん》直道《なおみち》の名が見える。彼は碓

中之条町伊勢町天神遺跡出土銅印「松ヵ招ヵ」（中之条町歴史と民俗の博物館「ミュゼ」蔵）

氷郡（現在の安中市一帯）を本拠とする豪族の一員であり、吾妻郡と碓氷郡との密接な関係がうかがえる。

長元三年（一〇三〇）に作成された新旧上野国司の交代にかかる事務引継書の草案「上野国交替実録帳《こうずけのくにこうたいじつろくちょう》」には、吾妻郡の項に「伊参院《いさま》」「長田院《おさだ(ながた)》」という施設が見える。平安時代初期に中央政府によって設置が命じられた郡役所の出先機関とみられ、伊参院は、現在の中之条町伊勢町伊参の地に所在したと考えられる。

吾妻郡内から出土した文字が記された古代の土器　以上のように、古代の吾妻郡の様相を知ることができる現存史料は極めて少ないが、近年、上信自動車道や八ッ場ダム建設等の大規模開発事業に伴って、吾妻郡内から奈良・平安時代の土器に墨で文字が記されたり、点数は少ないが篦や釘のようなもので文字が刻み付けられたりしたものが出土し、吾妻郡の古代を知る上での手掛かりが得られるようになってきた。これら墨書・刻書土器といわれる遺物は、日本列島の各地からこれまでに約一四万点余が出土している。現在、群馬県吾妻郡内からは二〇か所以上の遺跡から三〇〇点以上の墨書・刻書土器が出土している。そのほとんどは墨書土器である。最も多くの墨書・刻書土器が出土したのは長野原町川原湯の石川原遺跡で七一点、次いで長野原町林の中棚Ⅰ遺跡で六五点である。年代が明確にできるものでは、九世紀代のものが約六割、十世紀代のものが約二割強で、僅かながら八世紀代に遡るものもある。ほとんどのものが竪穴建物から出土し、一棟の竪穴建物から複数点の墨書・刻書土器が出土している事例が多い。

上野国交替実録帳諸郡官舎項　吾妻郡（抜粋）
五(吾)妻郡
（中　略）
官舎
長田院雑舎壹宇　伊参院東一屋壹宇
（後　略）

「上野国交替実録帳」諸郡官舎項
（原史料：東京国立博物館所蔵）

「寺」と記された墨書土器　上信自動車道吾妻西バイパスの建設に先立って発掘調査され東吾妻町三島に所在する四戸《しど》遺跡からは「寺」と記された八世紀の墨書土器が二点出土した。遺跡は七世紀後半に創建されたと考えられる金井廃寺（東吾妻町金井）の北東約五㎞に位置している。すでに七世紀後半に、山間の吾妻の地に本格的な寺院が存在したことは注目に値する。

四戸遺跡から、ほぼ完全に復元可能な状態で出土した大型の奈良《なら》三彩《さんさい》短《たん》頸壺《けいこ》は、本来は仏器であり、しかも現在のところ、全国で六例しか発見されていない貴重なものであるので、もともとは本格的な寺院が所蔵していたものと考えられる。このような出土遺物と関連し、「寺」と記された墨書土器は、四戸遺跡と金井廃寺と密接な関連を示唆する資料と注目される。

「吾」「赤」と記された墨書土器　四戸遺跡からは「吾」と記された墨書土器が二点出土しており、吾妻郡の郡名ないし郡名を負う氏族名の一部が記された可能性が高い。吾妻郡家《ぐうけ》＝郡役所の遺跡は現在までのところ発見されていないが、金井廃寺が、後に吾妻郡の長に任じられるような地域きっての有力豪族によって建立された寺院と考えられるので、吾妻郡家は金井廃寺の近隣に存在し、「吾妻寺」と称されたと考えられる。四戸遺跡から出土した「吾」と記された二点の墨書土器は、郡家あるいは郡家近接寺院との関連、もしくは郡名を負う郡領氏族との関連を示唆する。全国的に見ても、郡名ないし郡名の一部が記された墨書・刻書土器は郡家周辺あるいは郡関連施設の所在地、さらには国府など、郡の活動と密接に関連するような場所からの出土に限られる。遺跡の歴史的な背景を明らかにする上で重要な資料である。

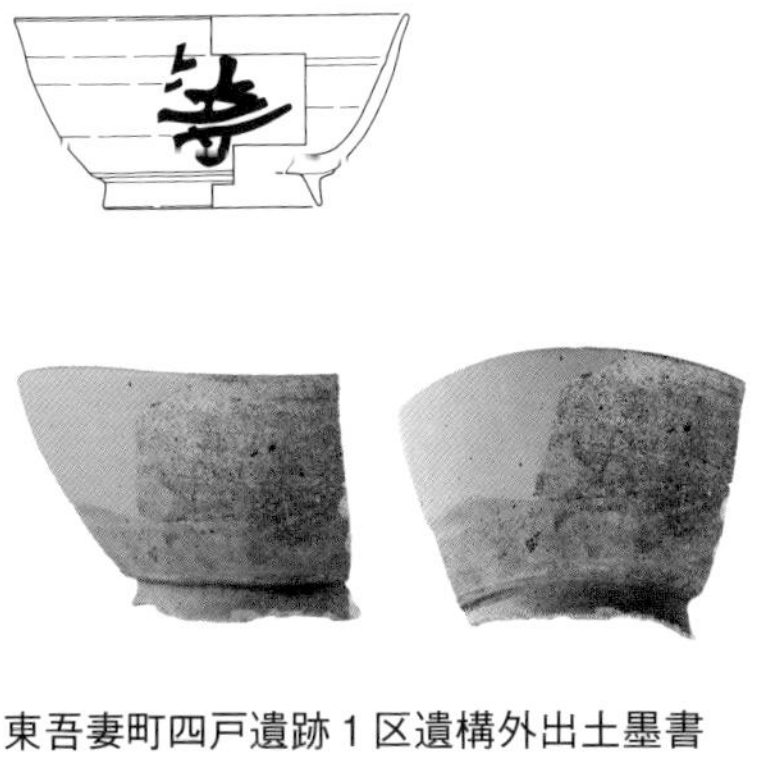

東吾妻町四戸遺跡１区遺構外出土墨書土器「寺」（668集）

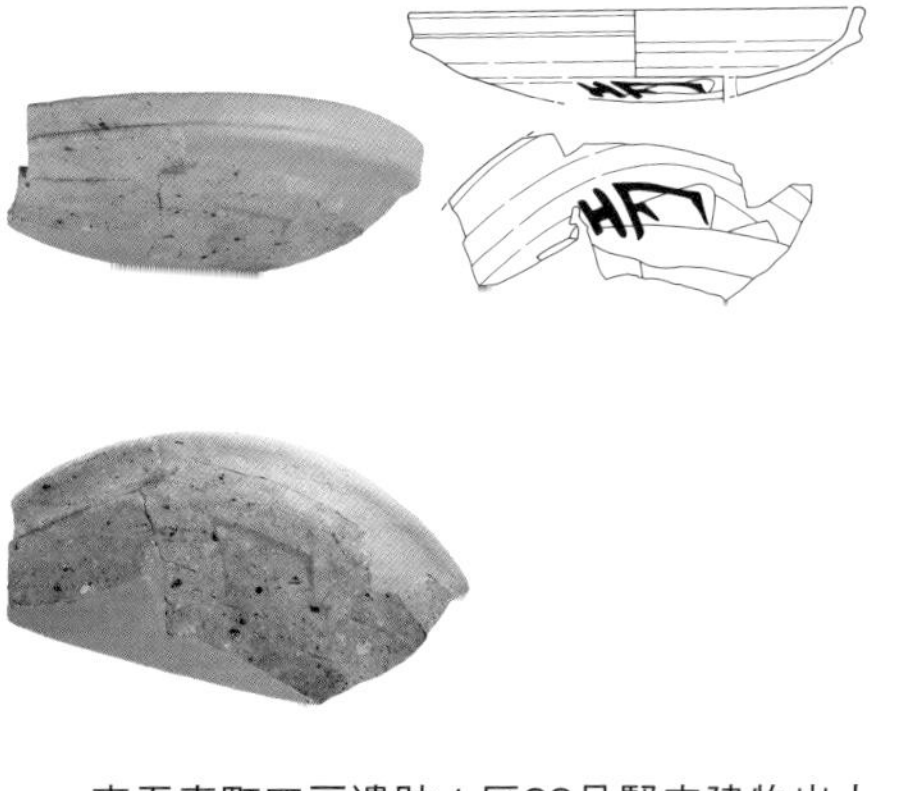

東吾妻町四戸遺跡１区28号竪穴建物出土墨書土器「寺」（668集）

さらに、これら「吾」と記された墨書土器と関連するのが、長野原町林の上原Ⅲ遺跡から三点、同じく中棚《なかだな》Ⅰ遺跡から二六点、同じく中棚Ⅱ遺跡から三点（いずれも同一個体に複数か所記されているものや推定も含む）出土した「赤」と記された墨書土器である。名古屋市博物館蔵の『和名《わみよう》類聚抄《るいじゆうしよう》』の写本には、上野国吾妻郡に「アカツマ」と訓が振られており、「赤」は吾妻郡の「吾」に通じる文字といえる。中棚Ⅰ遺跡からまとまった量が出土した「赤」と記された墨書土器も、吾妻郡の郡名ないし郡名を負う氏族名を表現した可能性があり、郡家の出先機関の存在など、郡家との密接な関連がうかがえる。

「牧」と記された墨書土器　四戸遺跡からは、不明瞭な点が多いものの、十世紀代のものと考えられる「牧」と記された墨書土器が二点出土している。周知の通り、上野国には武蔵《むさし》・信濃《しなの》・甲斐《かい》などの諸国と同様に官牧《かんまき》が設置されており、律令国家きっての貢馬国であった。平安時代中期に編纂された律令の施行細則集成である『延喜式《えんぎしき》』には、上野国内には九か所の御牧が掲載されている。これらのうち、沼尾《ぬまお》牧、大藍《おおあい》牧、市代《いちしろ》牧を吾妻郡内に比定する説もあるので、官牧の存在を示唆する。律令制下の官牧が設置されていた長野県や山梨県などからも「牧」と記された墨書土器が出土している。

「石」「石本」と記された墨書土器　四戸遺跡から「石」と記された九世紀後半の刻書土器が一点、長野原町林の石川原遺跡から「石」と記された九世紀後半の墨書土器一点、「石本」と記された十世紀前半の墨書土器八点が出土した。仮に人名の一部とみた場合、石上《いそのかみ》氏・石上部《いそのかみべ》氏などの氏族名の一部を示した可能性が考えられる。上野国碓氷郡磯部《いそべ》郷や石馬《こくま》郷は、

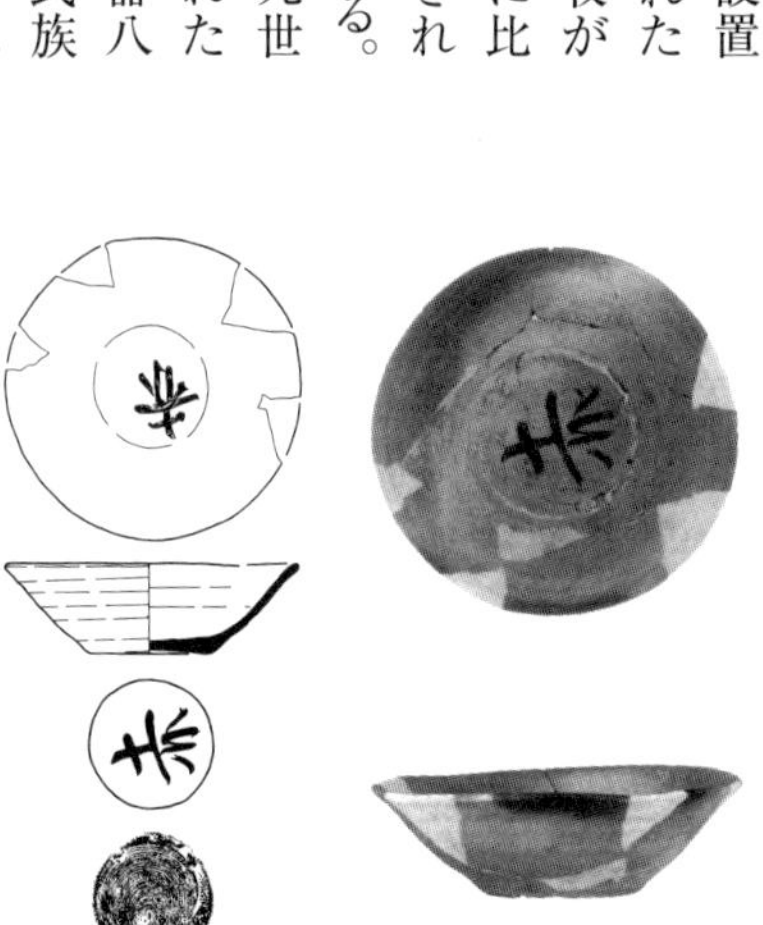

長野原町中棚Ⅰ遺跡SI04竪穴建物出土墨書土器「赤」

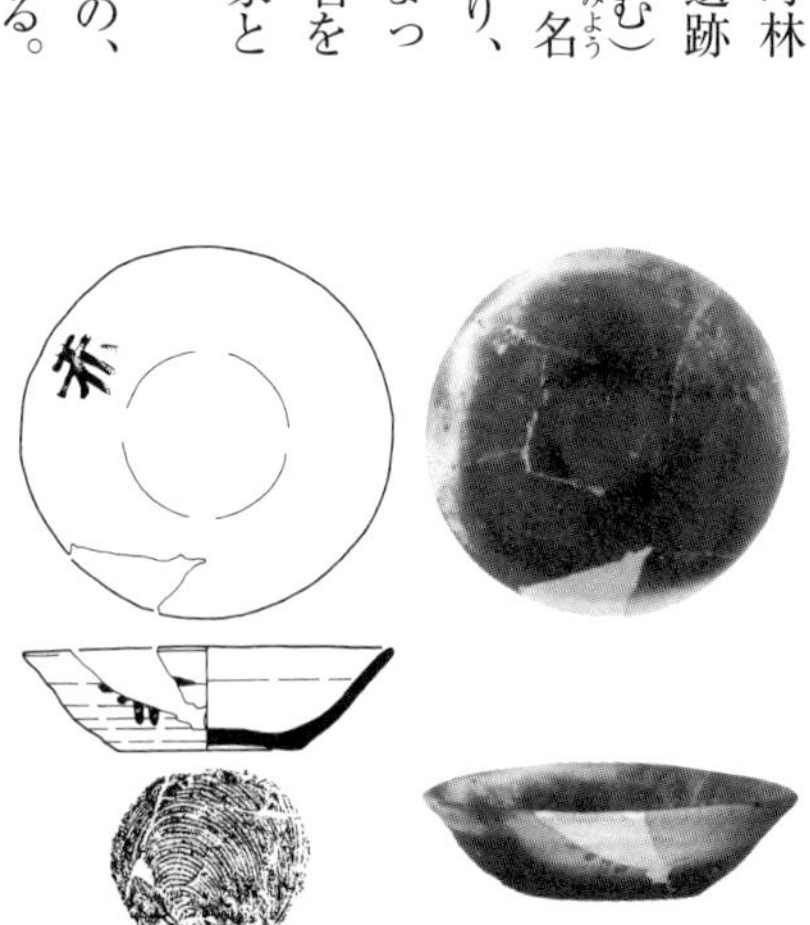

長野原町上原Ⅲ遺跡SI04竪穴建物出土墨書土器「赤」

石上氏・石上部氏との強い関連が想定されており、碓氷郡内からは、安中市郷原の堀端《ほりはた》遺跡等「石」と記された墨書土器がまとまって出土した遺跡がいくつかある。また、神亀三年（七二六）銘の高崎市山名町金井沢《かないざわ》碑に「鍛師《かぬちし》礒マ《いそべの》君身麻呂《きみみまろ》」の名が見える他、高崎市矢中町矢中村東《やなかむらひがし》遺跡出土「物部私印」銅印、高崎市吉井町矢田遺跡出土「物部郷長」と刻書された紡輪、高崎市箕郷町下芝五反田遺跡出土の「物」と記された墨書土器、富岡市高瀬下高瀬上之原遺跡出土の「野国甘楽郡瀬上郷戸主物部名万呂進」と記された刻書土器、同一ノ宮宮崎浦町遺跡出土の「物」と記された墨書土器等、古代の群馬郡・碓氷郡・甘楽郡周辺では、石上氏・石上部氏およびその同族である物部氏等に関連する古代の文字資料がいくつも存在し、彼ら氏族が上野国南西部に広く分布していた様子が判明している。石川原遺跡から「物」と記された九世紀後半の墨書土器が出土している点や、東吾妻町三島の唐堀C遺跡から「物」と記された八～九世紀の墨書・刻書土器三点が出土していることも、このことを裏付ける。

　これら吾妻郡内の遺跡から出土した墨書・刻書土器にみえる「石本」・「石」・「物」の文字が、古代の氏族名である石上氏、石上部氏、物部氏と関連するならば、これまでほとんど判明していない古代吾妻郡内における氏族の動向を知る上での有力な手掛かりとなる。あくまでも、仮定ではあるが、上野国群馬郡から多胡郡、甘楽郡、碓氷郡にかけての地域に広く分布していた石上氏・石上部氏およびその同族である物部氏の集団の一部が、吾妻郡の開発に関わって入植した可能性や、吾妻郡の在地首長たちが、上野国南西部に勢力を有した石上氏・石上部氏・物部氏たちと擬制的同族《ぎせいてきどうぞく》関

長野原町石川原遺跡30号竪穴建物出土
墨書土器「石本」（671集）

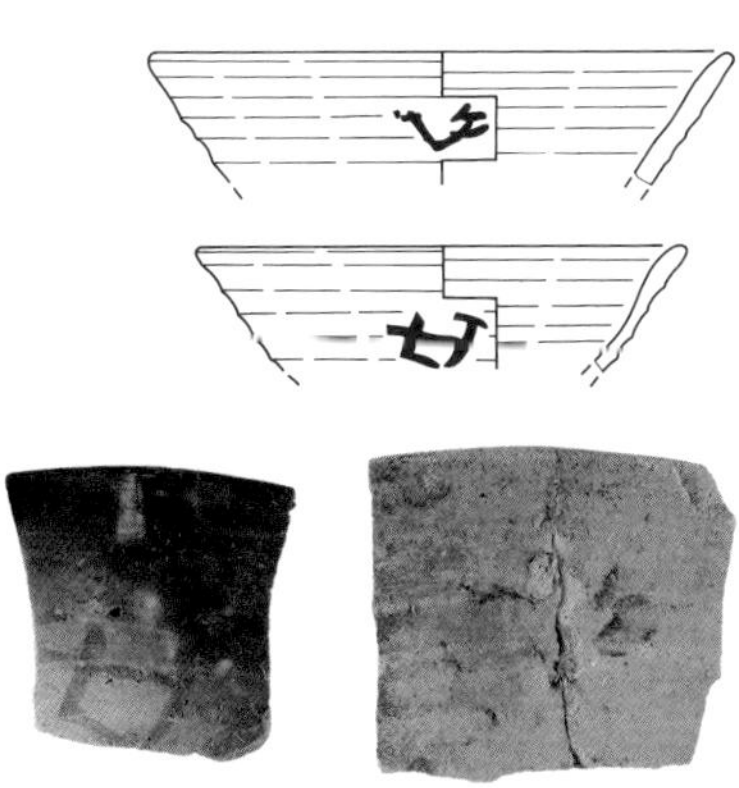

東吾妻町四戸遺跡２区39号竪穴建物出土
墨書土器「牧」（668集）

係を結んでいたことを示唆する史料の一つとして位置づけることもできなくはない。

石川原遺跡からは「辛」と記された九世紀後半の刻書土器も出土しており、多胡郡韓級郷との関連も想定できる。また同遺跡から吉井型羽釜が出土していることも、この地と多胡・甘楽・碓氷の各郡方面との密接な関連を補強する材料となる。

先述したように、平安時代前期の貞観四年（八六二）四月十日付の中央政府からの命令書に見える、吾妻郡の長である上毛野坂本朝臣氏は、石上部君氏からの改姓氏族である。かつて石上部君氏の一族であった人物が吾妻郡の長に任じられていることからも、吾妻郡内における石上氏・石上部氏・物部氏らの存在は裏付けられるのではないか。

「長」と記された墨書土器　長野原町林の上原Ⅲ遺跡からは「長」と記された墨書土器が十一点出土している。いずれも九世紀後半〜十世紀前半にかけてのものである。「長」の文字は、縁起の良い字面であるため、全国各地に多くの類例があるが、吾妻郡内では他に長野原町林の楡木Ⅱ遺跡から十世紀前半の墨書土器が一点出土しているのみで、上原Ⅲ遺跡から集中して出土している。

一文字のみが記されており、いかようにも解釈可能であるが、一案として、「上野国交替実録帳」諸郡官舎《しょぐんかんしゃ》項の吾妻郡に見える郡家の出先機関と考えられる「長田院」との関連が想定できる。

「三家」と記された墨書土器　長野原町林の中棚Ⅰ遺跡から二点（ともに九世紀）、同じく楡木《にれき》Ⅱ遺跡出土からは二点（ともに十世紀前半）の「三

東吾妻町唐堀Ｃ遺跡38号竪穴建物出土墨書土器「物」(678集)

長野原町石川原遺跡27号竪穴建物出土墨書土器「石本」(671集)

家」と記された墨書土器が出土している。なお、楡木Ⅱ遺跡からは、他に、「三家」と記されていたと考えられる破片二点（いずれも十世紀前半）が出土している。ミヤケの語は、史料上、「三宅」、「御宅」、「三家」、「御家」、「屯倉」、「宮家」、「官家」など、さまざまな表記がなされていた。

「ミヤケ」と言うと、真っ先に大化前代におけるヤマト王権の直轄地である屯倉が想起されるが、『日本書紀』には吾妻に屯倉が所在したとする記述は全くない。もちろん、史料に遺っていないヤマト王権の直轄地が存在していた可能性はある。高崎市山名町に所在する「辛巳歳《かのとみのとし》」＝六八一年の年紀を有する山上碑文中に見える「佐野三家《さののみやけ》」を、ヤマト王権の直轄地である屯倉の一つとみる考え方は有力ではあるが、『日本書紀』はじめ、史料には全く見えない。同様に、吾妻地域に、史料に見えないヤマト王権のミヤケが設定されていた可能性は皆無ではない。

古代において、美称としての「ミ＝御・美」と「オオ＝大・凡」は、しばしば同じ意味で用いられ、律令制下の吾妻郡内に所在する大田郷の「大田」は、ミヤケの耕作地である「ミタ」とほぼ同義である。吾妻郡に「大田」の地名を有する郷が存在していたことは、この地にヤマト王権のミヤケが設置されていた可能性を示唆する。これらの墨書土器は、九世紀～十世紀前半のもので、ヤマト王権の屯倉の時代からははるかに新しい時期のものであるが、かつて、大化前代に設置された屯倉の遺称が、地名として平安時代まで受け継がれた可能性は大いに考えられる。

ただ、「ミヤケ」という語は、元来、首長の居館など大規模施設を意味する「ヤケ」という語に、美称・尊称である「ミ＝御・美」の語が付され

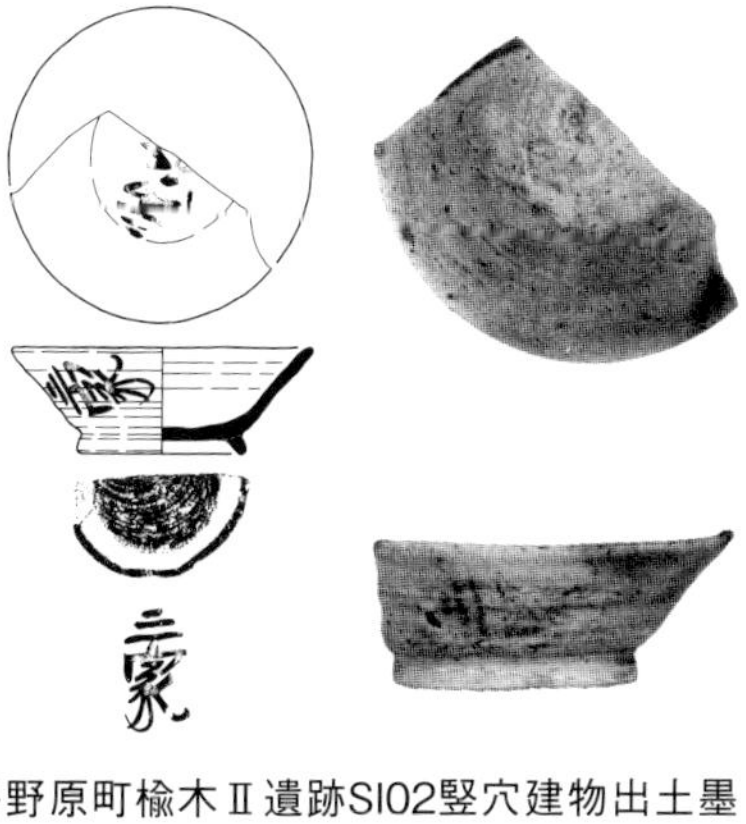

長野原町楡木Ⅱ遺跡SI02竪穴建物出土墨書土器「三家」

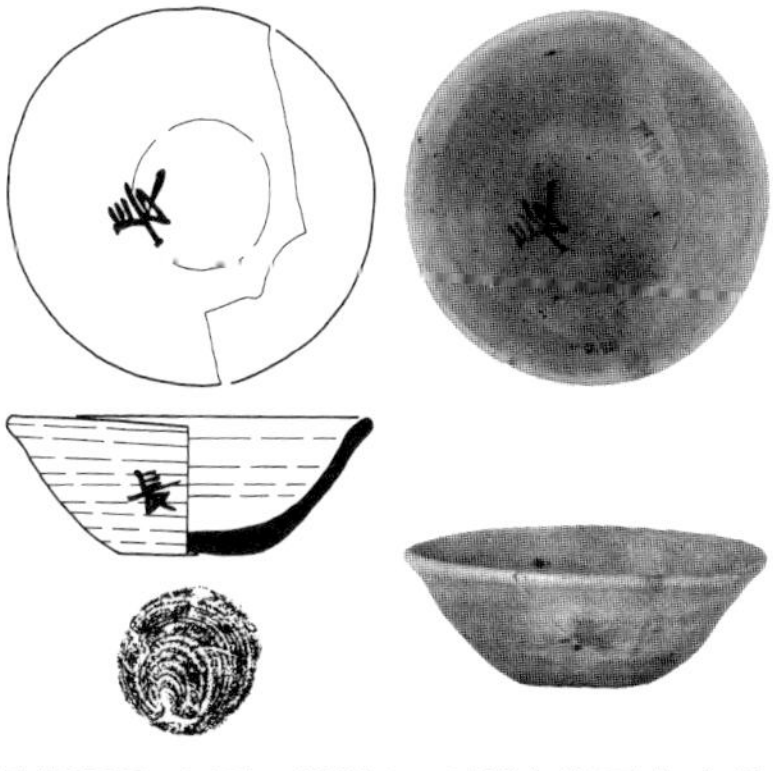

長野原町上原Ⅲ遺跡SI12鍛冶公房出土墨書土器「長」

たものであり、ヤマト王権の直轄地である屯倉に限らず、地方官人や在地首長の居宅が「ミヤケ」あるいは「オホヤケ」と称された。また、現在の福岡県福岡市の博多湾沿岸に設けられた「那津官家《なのつのみやけ》」のように、公的施設も「ミヤケ」と称された。さらには、奈良時代の貴族・多治比真人三宅麻《たじひのまひとみやけま》呂《ろ》のように、人名の一部に「ミヤケ」の語が使用される例もある。ゆえに、楡木Ⅱ遺跡、中棚1遺跡出土の「三家」と記された墨書土器についても、現段階においては、大化前代に設置されたヤマト王権の直轄地である屯倉の遺存地名である可能性を含めて、幅広く想定しておくべきである。律令制下の吾妻郡に大田郷が存在していたこと、楡木Ⅱ遺跡、中棚1遺跡において「三家」と記された墨書土器が出土していることは、この地域における古代史像を解明していく上で重要な手掛かりとなる。

上ノ平Ⅰ遺跡出土の貞観永宝《じょうがんえいほう》　長野原町川原畑の上之平Ⅰ遺跡で調査された九世紀後半～十世紀前半の竪穴建物から平安時代前期の貞観十二年（八七〇）初鋳の貞観永宝が一点出土した。律令国家が発行した十二種類の貨幣「皇朝十二銭」のうちの十番目に発行された銭貨で、吾妻地域における皇朝十二銭の初の出土事例である。群馬県内では、わが国最初の鋳造貨幣である富本銭を含め、これまでに約七〇例近くの皇朝銭の出土例があり、貞観永宝の出土も二例目である。

古代の集落遺跡からの皇朝銭の出土事例は、全国的にも決して珍しいものではなく、大体において一点から数点単位が出土する事例が多い。この時期の地方社会における銭貨の多くが、流通貨幣としての使用ではなく、祭祀的な機能を有していたように、本事例も、祭祀・宗教的な宝具、呪物

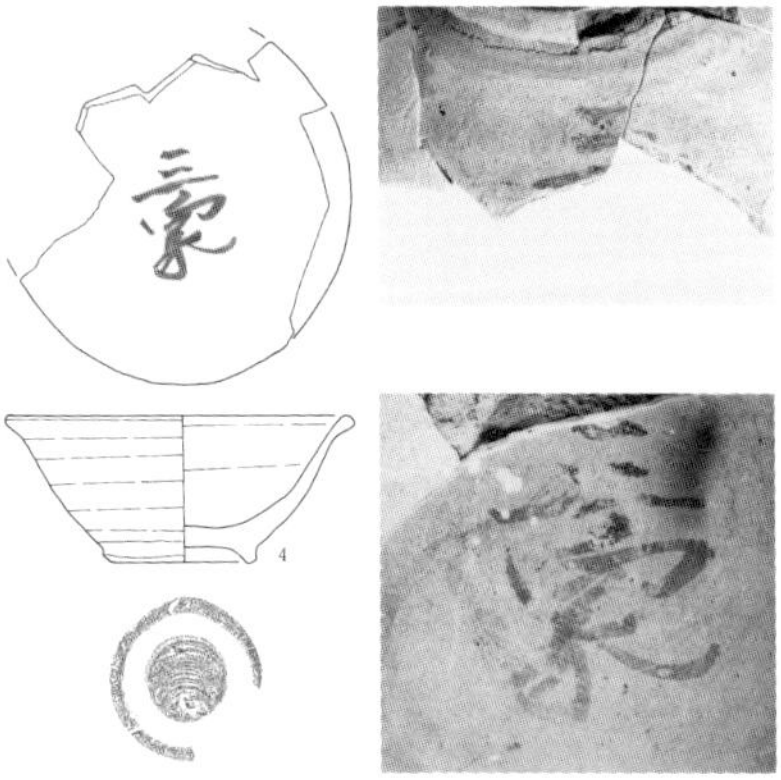

長野原町楡木Ⅱ遺跡46b号竪穴建物出土墨書土器「三家」（432集）

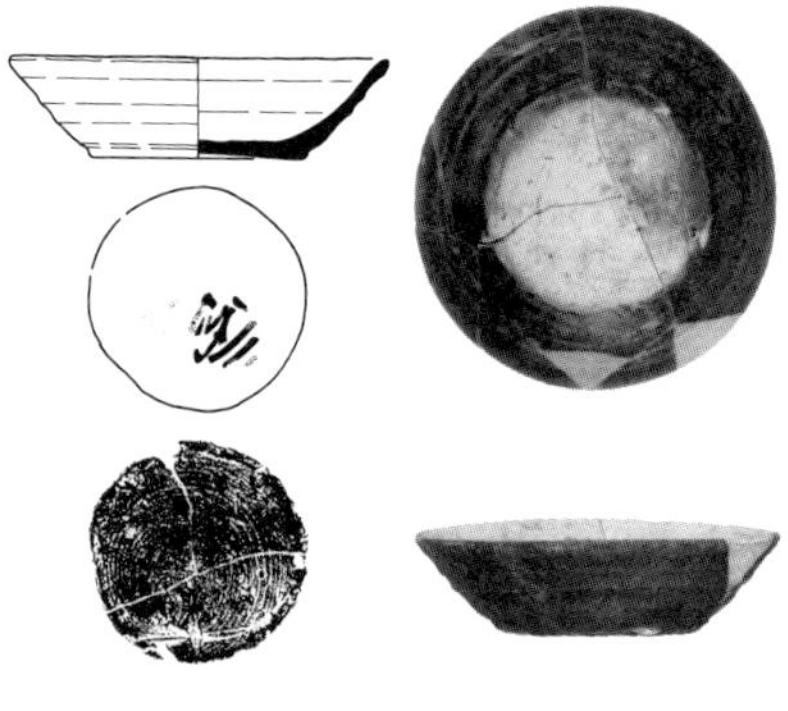

長野原町中棚Ⅰ遺跡SI02竪穴建物出土墨書土器「三家」

として利用されたものと考えられる。

古代吾妻郡の解明に向けて　上野国吾妻郡に関する既存の古代史料は非常に僅少であり、同郡の古代の様相には不明な点が少なくなかった。このたびの八ッ場ダムや上信自動車道建設に伴う発掘調査によって出土した文字資料によって、おぼろげながらではあるが、各遺跡と郡家・郡家近接寺院、官牧などの公的施設との密接な関連や、古代吾妻郡の開発動向や支配の在り方を知る上での手掛かりを得ることができた。特に、史料で確認できる唯一の吾妻郡領氏族である上毛野坂本朝臣氏の動向につながるかのような、碓氷・甘楽・群馬各郡方面に勢力を有した古代氏族に関わる資料が多く得られたことは、史料の記載を補強するものとして注目できよう。

文字資料や皇朝銭の出土は、文書主義に基づいた統治を行った律令国家の成立の影響に他ならない。古代の吾妻郡は、国府や東山道駅路沿線の地からは僻遠の山間部で、わずか三郷のみの小郡であるにもかかわらず、上野国内で四か所しかない白鳳期創建の本格的寺院である金井廃寺の存在や、国内における東西・南北方向の通交の結節点であることなど、国内において独特の存在感を示す地域であった。今後も、さらに次々に出土するであろう各種古代文字資料を検討することによって、古代吾妻郡の政治的・経済的な特質や、地域首長の動向など、既存の史料では分からない歴史の実像を解明できると確信する。

（高島英之）

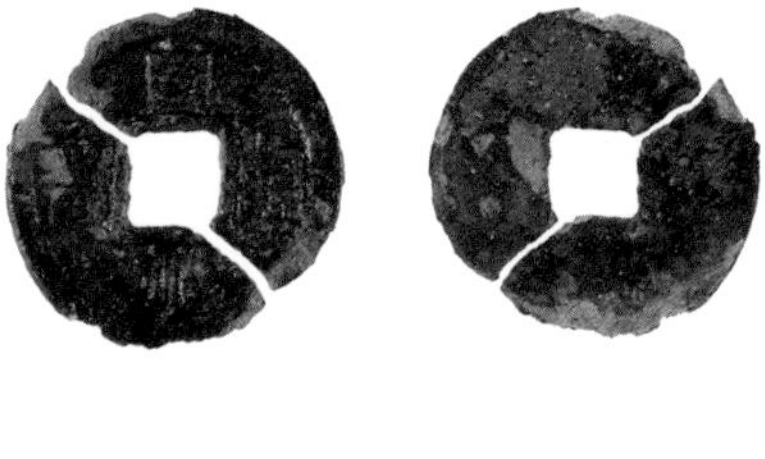

長野原町上ノ平Ⅰ遺跡竪穴建物出土の銭貨
「貞観永宝」（623集）

高崎市山名町所在
山上碑（特別史跡）

コラム

なぜ集落は突然出現したのか

長野原町内の詳細分布調査では、二〇〇か所以上の遺跡が確認されているが、その半数が平安時代の遺跡だという。実際、八ッ場ダム建設に伴って群馬県埋蔵文化財調査事業団が発掘調査した五二遺跡のうち、半数以上の三三遺跡で平安時代の遺構や遺物が発見されている。

八ッ場で古代の集落が出現するのは、平安時代初期の九世紀中頃である。これ以前の集落はほとんど確認されていないので、集落は九世紀中頃に突然に出現したことになる。九世紀後半から十世紀前半の集落数は多いが、これ以外の時期は少なく、一〇〇年以上継続した長期集落と、五〇年前後の短期集落が混在している。

八ッ場の遺跡の特徴は、集落内に陥穴と屋外の焼土遺構が見られることと、陥穴だけの遺跡があることである。このような特徴は、他の地域ではほとんど見られない。

地区ごとに見ると、例えば川原畑地区では、長期集落の上ノ平Ⅰ遺跡、短期集落の三平Ⅰ遺跡、陥穴群だけの西宮遺跡というように、各地区に長期集落と短期集落、陥穴群だけの遺跡が複合して存在している。そして、短期集落は、長期集落の存続期間に収まる特徴がある。

これは、各地区の遺跡が独立して存在したのではなく、長期集落と短期集落、陥穴群とが相互補完的に一体となって機能していたとみてよいだろう。

段丘面には水田可耕地はほとんどなく、畑作適地ともいえないので、これらの集落が農地開発目的だった可能性は限りなく低い。まして、集落内や畑地に陥穴があれば、生活にも生産にも不都合なはずである。つまり、集落は陥穴の存在を前提に成立したもので、陥穴こそが集落を支えた生産手段とみてよい。そしてその生産とは、八ッ場のシカやカモシカ、イノシシなどの捕獲に違いない。

『延喜式』には、上野国の負担雑物として、零羊角、鹿皮、膠《にかわ》、筆、猪蹄があるが、これらは先の捕獲動物からすべて生産可能なのだ。特に、集落の特徴とした屋外の焼土遺構は、膠製造の施設である可能性が高いであろう。貢納と地元消費の必要量を確保するには、専業の狩猟集団の存在は不可欠であり、その一翼を八ッ場の平安時代集落が担ったのではないだろうか。

八ッ場では、西毛や北毛産の須恵器や土師器だけでなく、長野県産とみられる土器も出土している。さらに、県央地域の拠点集落と比べて遜色ない灰釉陶器も入手している。これは、八ッ場の集落が、かなり富裕な層によって運営されたことを示しているが、生産基盤の脆弱な八ッ場で富裕層が自立的に成長したとは考えにくい。したがって、これらの集落は、吾妻郡を含む東の地域の富裕層によって経営された集落とみるべきだろう。

集落が出現した九世紀中頃は、弘仁九年（八一八）に起こった大地震によって、上野国内には本貫を離れて浮浪した罹災者がいたはずである。一方、この頃は律令的支配が崩れ始め、地方豪族や有力農民などが私的な経済活動で力をつけ、富豪層へと成長していった時期でもある。このような社会情勢の中で、富豪層がそれまでほとんど活用されなかった八ッ場で、罹災者を労働力として鹿皮や膠生産などの経済活動を精力的に行った結果が、突然の集落出現の要因となったのではないだろうか。

（桜岡正信）

遺跡別遺構数一覧

	時期 / 遺跡名	陥穴	焼土遺構	9世紀中頃 住居数	9世紀後半 住居数	10世紀前半 住居数	10世紀後半 住居数	11世紀前半 住居数	不明 住居数
長野原	尾坂遺跡	2	2		3	6	1		
	長野原一本松遺跡	83							7
	幸神遺跡	14							
	久々戸遺跡	19							
横壁	横壁中村遺跡		4 ?		16			1	2
	横壁勝沼遺跡	3			1				
	西久保Ⅳ遺跡		4		1				
林	楡木Ⅱ遺跡	42	19 ?	1	6	16	1		8
	楡木Ⅰ遺跡	9	3		5				
	中棚Ⅱ遺跡	27	9		13	3			
	中棚Ⅰ遺跡	1	4 ?						2
	下原遺跡				2				3
	下田遺跡		2 ?		1	6			3
	上原Ⅰ遺跡	70			9	6			
	花畑遺跡	51			3				
	上原Ⅲ遺跡					1			
	上原Ⅳ遺跡								
	立馬Ⅰ遺跡	65	2			4			
	立馬Ⅱ遺跡	4							
	立馬Ⅲ遺跡	34							
	東原Ⅰ遺跡	22							
	東原Ⅱ遺跡	8	2						
	林中原Ⅰ遺跡	8							
	林中原Ⅱ遺跡		10 ?						
川原湯	石川原遺跡	51	27	1	10	19	1	3	7
	川原湯中原Ⅲ遺跡	43							
	川原湯勝沼遺跡		6		3				
	下湯原遺跡	2					3		
川原畑	上ノ平Ⅰ遺跡	134	17	2	8	14	5		1
	三平Ⅰ遺跡	66	10		6				
	三平Ⅱ遺跡	43	2						
	西宮遺跡	69							
	石畑Ⅰ岩陰								

長期集落　短期集落　遺物出土

コラム

吾妻郡の郷と牧

―古代史料に探る古代の吾妻―

十世紀編纂の百科全書『和名類聚抄《わみょうるいじょう》（和名抄）』によると、古代吾妻郡には長田《おさだ(ながた)》、伊参《いさま》、大田《おおた》の三郷があった。長田郷は現高山村から流れる名《な》久《く》田《た》川流域と旧名久田《なくた》村、伊参郷は旧伊参《いさま》村（以上現中之条町）、大田郷は旧太田村（現東吾妻町）など、川の名や明治以降の村名に受け継がれた。郷数による格付けでは吾妻郡は小郡で上野国内最小。上は四郷（下郡）の利根郡である。長元三年（一〇三〇）の国司交替時の文書の草案の『上野《こうづけの》国交替実録帳《くにこうたいじつろくちょう》』には、長田院《おさだ(ながた)のいん》・伊参院《いさまのいん》として吾妻郡の正倉が二郷に分置された様子や、また寺院の管理組織を示す大衆院《だいじゅいん》も認められる。

古代の吾妻・利根両郡は、郷数は少ないが重要施設の立地が特筆される。まずは古代寺院。東吾妻町太田地区に七世紀後半創建と推定される金井《かない》廃寺跡《はいじあと》が所在する。霊山嶽山《たけやま》を真北に望む寺地には、柱を据えた円形の柱座《ちゅうざ》を巧みに造出した礎石《そせき》が複数残存する。本格的調査は未実施で、大衆院との関係と共に今後の課題である。郷名大田は六・七世紀のヤマト政権直轄地ミヤケの故地を伝え、いち早く寺院も建立され、上毛野国《かみつけぬのくに》の拠点地域の一つであった。南部平野部からのみならず、西方の信濃国の上田盆地からの鳥居峠《とりいとうげ》ルートを通じた先進技術文化波及の古さも伝えていよう。

そして古代の牧《まき》と馬生産である。十世紀の『延喜式』によると、平安期には甲斐・武蔵・信濃・上野の四国に朝廷の御牧《みまき》（勅旨牧《ちょくしまき》）計三二か所が設置され、毎年朝廷で催される駒牽儀《こまひきのぎ》で各国の馬が披露された。上野駒牽《こうづけのこまひき》は八月二十八日と定められ、馬五〇疋を貢納した。上野国には利刈《とかり》、有《あり》馬島《ましま》、沼尾《ぬまお》、拝志《はいし》、久野《くの》、市代《いちしろ》、大藍《おおあい》、塩山《しおやま》、新《にい》屋《や》の九牧が記され（十一世紀初頭の『政事要略《せいじようりゃく》』には一四牧と記載）、このうち吾妻郡所在が確実なのは中之条町市城《いちしろ》の地とされる市代牧《いちしろのまき》である。吾妻川南対岸の東吾妻町新巻《あらまき》は、市代牧の派生地新牧《あらまき》と推定される。また吾妻川に注ぐ群馬・吾妻両郡界の沼尾川を連想する沼尾牧《ぬまおのまき》も、両郡にまたがるように所在した可能性がある。（飯塚　聡）

中世

─躍動する武士の世界─

石川原遺跡で発見された中世の鍛冶場（671集）
長さ10mほどの長方形の建物内に10カ所もの火床があり、鉄を敲《たた》いた時に飛び散った破片が見つかっている。沢沿いの水路の間近にあり、水が必要だったことがわかる。

伝説の林城（林中原Ⅰ遺跡）

戦国時代となり、城の時代が始まる。堀を埋めた土橋の石垣は、中世に築かれたのか。水場の池にも石垣が積まれている。この池の周りでは、希少な陶磁器が出土した。（586集）

石垣が積まれた土橋（林城：林中原Ⅰ遺跡）

二つの池（林城：林中原Ⅰ遺跡）

中世屋敷と生業（林中原Ⅰ遺跡）

内耳土器（土鍋）が埋められた竪穴の建物　（林中原Ⅰ遺跡）

屋敷の中に作業場があった。武士であっても生業をもっている。職人を抱えていたのだろう。炉には土鍋がコンロに転用されていて、地面には容器の蓋として使われた半折りの紙があった。商業製品などの工房だろうか。

内耳土器（土鍋）。炉に埋まっている。

紙の蓋

石垣を積む屋敷

屋敷は石垣で整地される。溝は作られないが、区画として意識されている。
（横壁中村遺跡　488集）

前後に石垣を積む掘立柱建物（楡木Ⅱ遺跡　432集）
石垣は２・３段程度。敷地は上・中・下３段に分かれる。

川縁の屋敷

下湯原遺跡（641集）　狭い敷地に建物が建ち並ぶ。渡河点が近い。

鍛冶の工房

横壁中村遺跡（488集）　鍛冶などに関係する竪穴状遺構。鉄滓がやや多く出土する。

一　武士たちの足跡

城の登場　中世東国の公権力は、武家政権である鎌倉幕府から、室町時代の鎌倉府、守護・戦国大名へと移り変わっていく。鎌倉時代には八ッ場を含む広い領域が、三原荘と呼ばれていた。軽井沢近くで境界争いをするので、一郡規模の範囲であったに違いない。支配者として知られる海野幸氏は、元々木曽義仲の従者であり、頼朝に見込まれて御家人となった人物である。県境を越えて信濃国（長野県）と結び付く勢力であり、両県の深いつながりを示している。

三原荘は戦国時代までに一部が羽尾領となり、戦国領主の時代を迎える。中世は現代に残る名所旧跡や、歴史上の人物と関係づけられる時代である。文献記録や伝承と発掘調査成果を突き合わせることも課題となってくる。

長野原城は長野原町屋の裏山にあり、地域の拠点城郭として有名な旧跡である。今回の発掘調査で山裾の一部が、道路用地として調査されたが、めぼしい遺構は見つからなかった。一方で、城という伝承を伝えていた林城も林中原Ⅰ遺跡として調査された。その結果、出土遺物から十四～十五世紀に使用されたことが分かった。群馬県全体で考えた場合でも、太田金山城が文明元年（一四六九）に築城されたことに代表される通り、十五世紀後半から築城の時代が始まる。ただし、林城は戦国後期まで存続しなかった。長野原城のように戦乱に適した守りの堅い城ではなかったからだろうが、八ッ場に戦国時代の幕開けを告げた城であることは間違いない。

長野原城の調査（586集）
山裾のため、遺構は少ない。表土の厚さも薄い。

有力者の姿　有力者の住まいとして屋敷遺構が集落ごとに存在している。林城の東に隣接して発見された屋敷は、長さ六〇m程の溝を伴っていて大きい。林城と関係する人物の住まいとみられ、江戸時代初めまで使われている。ところで、溝で囲まれた屋敷は八ッ場で非常に少ない。むしろ、二・三段の石垣で整地するものの方が多い。横壁中村遺跡や楡木Ⅱ遺跡で顕著に見られる。

溝で囲まれた環濠屋敷は、全国共通の形態であり、県内各所で一般的に見られる遺構である。高崎市で調査された矢島遺跡は、溝で囲まれた百m規模を持つ武士の館の典型例とされる。溝の役割は、防御的な側面以外にも、空間を囲い込むこと自体に意味があり、権威を示す手段として使われたという見方もある。だから、八ッ場ではそれを石垣で示したと考えると、独特な考えがあったことに気づく。

屋敷内部に着目した場合でも、建物の大きさや構造などに特徴があり、変化の過程を追うことができる。当時の主流な建物構造は、地面に穴を掘り、直接柱を建てた掘立柱建物である。建築技術にも地域色があって、柱と柱の間隔の取り方にも違いがある。江戸時代に礎石建ての建物が登場するまでの変化をたどれることも注目されよう。

竪穴建物にも機能差があったようで、壁構造が分かるものや、火を使ったもの、鉄生産に関わるものなどバラエティーに富んでいる。これらは屋敷内部に取り込まれた機能であり、有力者の性格をうかがえる手掛かりと考えてよいだろう。八ッ場の人たちは、何を作り暮らしていたのか。残されたものから想像が広がる。

林中原Ⅰ遺跡の屋敷（586集）
内部に無数の柱穴が見える。復元した建物を白線で示している。

多様な搬入品　八ッ場が県内で特異な地域であったことは、陶磁器で如実に知ることができる。中世の調理具である内耳土器（土鍋）は、関東甲信越圏で特色がある。群馬県の場合、上野・武蔵型が主流である。茨城県のものは常陸型と呼ばれる。長野・山梨県では信濃型というタイプが使用されている。ところが、八ッ場では圧倒的に信濃型が多く、他種が含まれない。真田氏など信州勢力との関わりを探る向きもあるが、一時的な傾向でなく、長期にわたるものであろう。ただし、吾妻渓谷を越えた岩櫃城（東吾妻町）でもおおむね信濃型と報告されており、広がりは八ッ場を越える。一方、吾妻川対岸の奥田道下遺跡は、上野・武蔵型というのも興味深い。

しかし、内耳土器のみで、信濃文化圏に属すると考えるのは早計である。出土遺物は多岐にわたっている。最初に注目されるきっかけとなったのが、長野原町が調査した柳沢城の出土状況であった。貯蔵具であるほぼ完形の二つの甕が出土し、一つは常滑焼で、もう一つは能登半島で焼かれた珠洲焼であった。県内では出土例が少なく、衝撃的な事例となった。柳沢城は山城でありながら、流通に関わる城とみられる。商業を統括するような武士勢力の拠点であったに違いない。

林中原Ⅰ遺跡では、珠洲焼の破片三点が出土し、期待通りの成果となった。さらに、中国産白磁碗のビロースクというタイプの碗が同遺跡で出土した。これは、特異な遺物であり、関東では小田原城でしか出ていないものだという。中国産の茶入も高級品に入るだろう。

祈りの世界　現代につながるような墓が、中世になるとようやく見られるようになる。やはり、屋敷遺構の近くで見つかっており、林中原Ⅰ遺跡

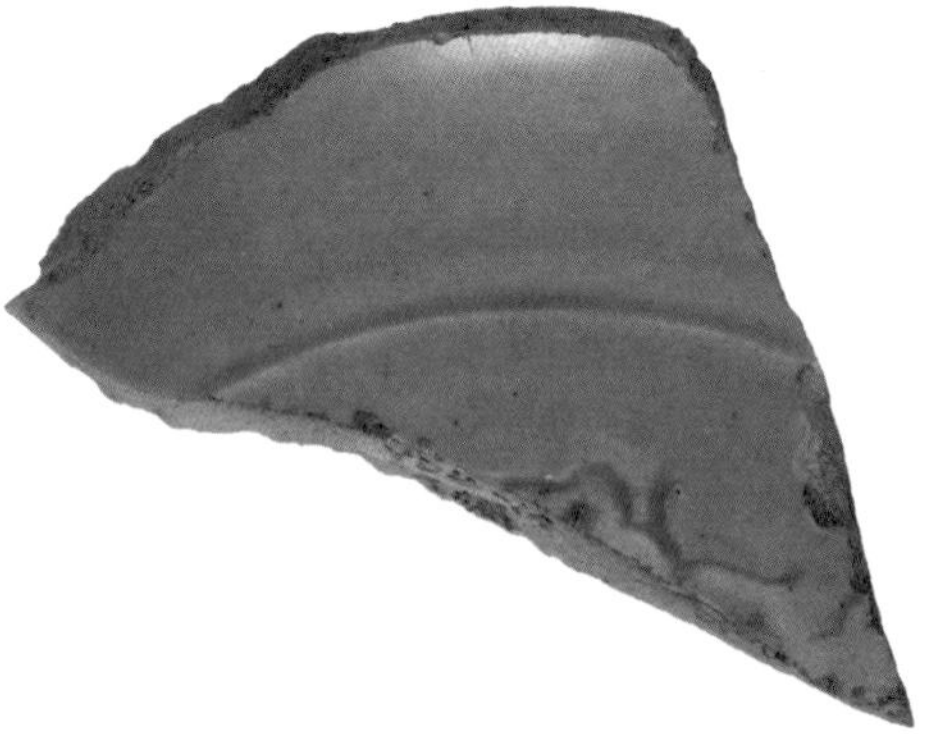

林城で出土した白磁碗（586集）
15世紀前半に焼かれた中国産の陶磁器。石垣島のビロースク遺跡で発見されたのが最初のため、ビロースクと呼ばれる。

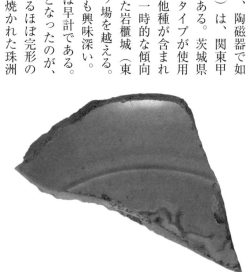

では建物を避けるように、土葬を行った土壙墓が設けられていた。中世には貨幣による流通経済が定着して、銭貨が生活に結びついたことから、墓に六道銭が献じられるようになる。ここでは、墓域のような範囲設定はなされていなかった。

しかし、より零細な居宅遺構では、建物域と墓域が分別されている。下原遺跡では墓域に土壙墓二基と、火葬跡一基が集められる。火葬と土葬の違いには、経済力や社会的な立場の違いが内在する可能性がある。火葬人骨は回収され、骨蔵器に入れ火葬墓に納められる。火葬墓が発掘される例は少ないが、墓石を伴う例が多いだろう。墓石をよりどころとして、集団墓が形成される例もある。下湯原遺跡では近世のお堂と集団墓が発見された。その中に端正な中世の宝塔が含まれる。集められて元の場所ではないようだが、中世段階で墓塔や供養塔であった宝塔の周辺に、集団墓が形成された可能性もある。

一方、林城の第1区画の上面では、中世の整地層の下から馬を埋めた楕円形の土坑が発見された。環濠屋敷の溝で、馬歯が出土する例は多い。これは水場に不浄物を投げ入れることで、雨乞いを意図したという評価がある。林城は最も中心となる区画の整地に関わることから、魔よけのような考えを想像させる事例である。現代人とは異なる中世人の心を垣間見ることができる。

林城の馬埋設土坑（586集）（左：馬の歯　右：土坑全体）

二　城と屋敷に暮らす武士

生活の城から戦う城へ

まぼろしの林城　県教育委員会が平成元年に実施した城館分布調査で、林城が紹介された。築城年代や城主名は分からず、「ジョウ」という地名だけが手掛かりとなった。立地は林集落と同じ平坦面にあり、崖端によった平城である。発掘調査は、第1区画とする最上部の南半部を削るもので、そのラインで崖側縁辺が調査された。出土遺物から十四～十五世紀に使われたと分かった。発見された堀は、調査前には埋まっており、区画は不明であった。

調査の結果、幅二～四mの堀六条が見つかり、七か所の区画が確認できた。これによって確認できた城域は、東西約一三〇mで、南北も一〇〇mを超えるだろう。堀は通路幅を残しながら縦横に掘られ、城内を整然と区画したものとみられる。1・2号堀は最終的に土橋で分かれていたが、本来は一つの堀で、第1・2区画の東側を区画する堀である。堀は調査されていない北側へ延びており、おそらく西へ折れて第1区画を囲むものだろう。第1・2区画は城の最深部に当たる。

第1区画は後代に大きく壊されていたが、東側五m程が

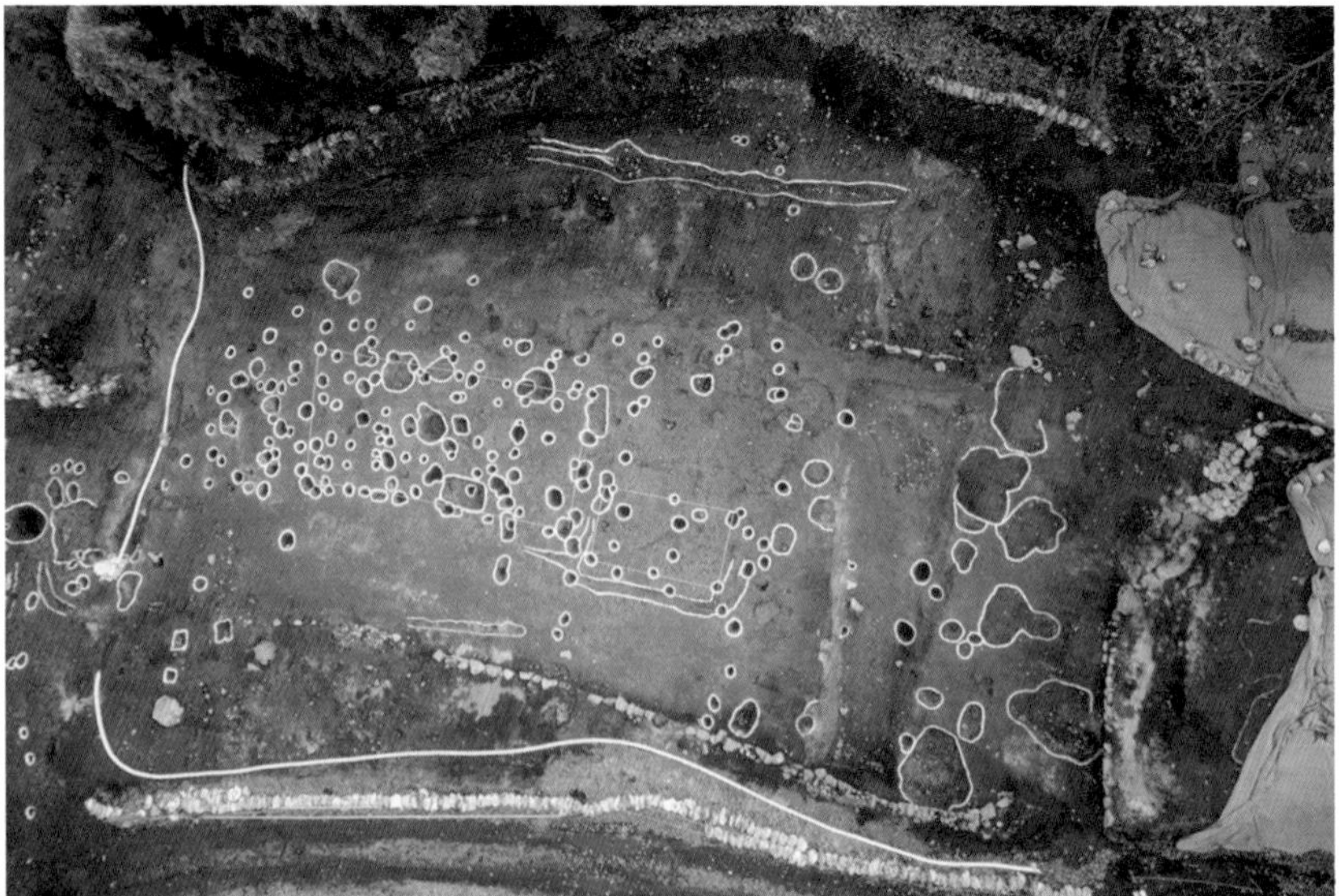

林城第３区画の掘立柱建物（586集）
すべて江戸時代の建物。右側が１・２号堀。

残っており、最厚六〇㎝の盛土により、上面が整地されていた。盛土内に土鍋の破片が含まれる。整地層の下で馬を埋葬した土坑と柱穴数基が見つかり、生活面が整地層の上下面にあることが分かった。第1区画の南側はスロープで登れるようになっていたが、北側に積まれた石垣が江戸時代のものであったため、スロープも後代に整備されたかもしれない。

石垣の通路　東側に掘られた1・2号堀の間に土橋があり、南面に最大四段の石垣が積まれている。石材には石割りを行った矢穴が見られ、加工した石材が使われている。調査の結果、土橋と石垣は同時に造られていた。土橋は版築という手の込んだ造り方である。土橋の石垣を中世とするべきか、結論は出せていない。

1号堀中央には土橋以前に木橋が架けられており、通路の付け替えがなされていた。木橋を西へ渡ると、第1区画の壁面にぶつかり、左右へ折れることとなる。通路の障壁として有効だろう。一方、新しく造られた土橋を通過すると、第1区画へ向かうスロープと第2区画へ向かう通路へ達する。土橋も城の施設として有効に機能している。

第3区画は、土橋で第1区画と結ぶ重要な区画と考えられるが、確認された掘立柱建物七棟は全て江戸時代のものであった。これ以外に建物は想定できず、中世の第3区画は無遺構空間となる。しかし、東方は3・6号堀で通路が確保されており、第3区画の通行は強く意識されていたはずである。北側とは段差があり、江戸時代に建物を建てるために、切土して入念に整地が行われている。おそらく、中世の生活面も削平されたのだろう。

第4区画の南には、水場遺構として1・2号池があり、この城の注目点

林城土橋の土層断面（586集）
版築状に埋める。石垣を盛土が覆う。

である。池は円形に石垣を積んで、護岸工事を施している。流路には板堰が設けられ、掛け流しとなっていた。湧水量は多く、下流斜面では沢となる。南側の第5区画と合わせて、この周辺は遺物の出土量が多い。県内でも珍しい出土品の白磁碗ビロースク型や、珠洲焼が出土した場所である。八ッ場の陶磁器は、遠隔地からもたらされていることが注目されるが、この城は別格と思える。有力者が拠点としていたことを示していよう。

掘立柱建物は、第7区画に集中する。大型の総柱建物が目を引く。城域では東端に偏在しており、ここを中核とみるのは難しい。この城の多くは未調査であり、西側に中心部分が広がると考えると、非常に充実した建物群を想像させる。

林の戦国時代　十五世紀後半に戦国時代が始まる。この城は十五世紀に消滅するが、その幕開けの証言者でもある。八ッ場にも戦国乱世が到来した。堀を縦横に掘る遺跡は、八ッ場では他に例を見ない。城としての要件を備えていよう。ただし、土塁や柵列など強く防御する施設は発見できていない。時期的な限界なのか不明である。

林地区には王城山神社の裏山に、小規模ながら烽火台《のろし》が残っている。軍事的な配慮がなされた証拠である。また、県教育委員会の城館分布調査では、中棚の砦が挙げられている。根拠となる地名や伝承は記載されていない。中棚Ⅰ遺跡で一部が発掘調査され、大型の掘立柱建物等が出土している。しかし、中世の遺物が全く出土しておらず、時期を含めて検討の余地がある。

林地区は羽尾《はねお》領に含まれており、羽尾氏の支配下にあった。羽尾氏は戦

林城２号池（586集）
石垣により護岸工事を行い、流路を木材でふさぐ。

乱のなかで、山城に拠点を求め、羽根尾城（長野原町）や長野原城へ軍事拠点を移したのだろう。しかし、羽尾氏は武田氏と岩下（東吾妻町）の斎藤氏との抗争の中で、永禄五年（一五六二）には滅亡してしまう。

渡河点を守る場所　下湯原遺跡は吾妻川の右岸に位置し、川縁をコの字形に区画する遺構である。区画規模は東西約三五m、南北約一八mで、北側調査区外はすぐに崖線となる。内部は掘立柱建物が三棟あり、狭くやや密集している。通例の屋敷地とするには、庭部分が不足しており、生活するには不便さを感じる。

中心となる掘立柱建物は、総柱構造ながら炉の存在から、土座または土間となる異例な建物である。南北棟であるのも不自然であろう。居宅であれば、区画の形態を考えても、東西棟となる。だから、南北棟とすることで、東西方向の往来を遮断するイメージを受ける。大規模な駐留施設と考えられよう。区画溝に沿って内部に柵列がめぐり、この区画が番所のような施設と分かる。江戸時代の絵図資料により、この付近に渡河点が想定されることから、渡河する文物を監視・管理していたに違いない。立地から吾妻渓谷の往来と関係する可能性もあるだろう。

この区画遺構と重複して、1号道が造られる。この道は区画溝の一部を人為的に埋めて、溝の北縁に沿って東西に通過する。前掲の建物の一部も壊されている。溝は残りながらも、機能を停止した段階であろう。この区画の存在を否定するために、あえて道を通過させたと考えると、政治的な意図をうかがうことができる。

吾妻渓谷東方の城　上信自動車道建設に先立って三島（東吾妻町）の根

下湯原遺跡の区画遺構（641集）
周囲を柵列で囲まれた中に大型の掘立柱建物が建っている。

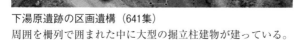

小屋城の下曲輪《くるわ》が調査された。この城は岩下斎藤氏の本拠岩下城（東吾妻町）と吾妻川を挟んで対峙する城であり、戦国期においてどんな役割を持ったのかを課題とした。この城は険しい山上を利用しており、特に堅固な山城として知られていたが、大勢力が本拠とするには郭規模が小さい。また、その東麓にある下曲輪は、発掘調査されるまで、いくつかの堀切によって分割されているものと思われた。

しかし、調査の結果、下曲輪は西端のみに堀切があると分かった。堀切によって尾根とのつながりを断つが、下曲輪自体は長さ約一一〇mを一つのまとまりとする。内部には掘立柱建物もあり、南面は正面で枡形虎口《ますがたこぐち》（防御に優れた四角い出入口）があり、北面の通路には門を備えている。だが、この広い空間を小兵力で守ることは難しい。おそらく、大軍勢が集結した際に駐留する場所で、捨郭《すてくるわ》と呼ばれるものと結論づけられた。

問題は大軍勢が集まるきっかけにある。岩下城が落城した直後の永禄七年（一五六四）に、前大戸《おおど》城主（同町）の浦野三河守は、武田信玄に三島等を領地として与えられた。それ以前、いずこかの城を改修して駐留するように命ぜられていたことから、この城が候補地として浮上した。発掘調査がきっかけとなり、武田氏が吾妻地域へ侵攻する様子がうかがえるようになった。現在、整備が進みつつある岩櫃城（同町）でも、破城《はじょう》の遺構が見つかるなど、新知見が得られている。今後とも群馬の戦国史にとって、目の離せない地域である。

根小屋城堀切（703集）
下曲輪の西側の連絡を分断している。

地域を代表する様々な屋敷

区画溝を持つ屋敷　区画溝によって敷地を囲み、内部に複数棟の建物等を林立させる遺構を、中世屋敷と呼称している。区画遺構の規模は、一辺三〇m程から一〇〇m程まであり、居住者の財力や勢力によって、規模が変わってくる。館と言った場合、武士の存在と政治拠点をイメージさせ、一〇〇m規模を思わせる。全国的には福井県の一乗谷朝倉氏遺跡や岐阜県の江馬氏館など、全面的に発掘調査され、史跡整備された事例がある。これらは足利将軍の居所、花の御所の系譜を引くもので、館内部空間に公私の使い分けが指摘されている。一方、県内では矢島遺跡（高崎市）が一〇〇m規模の発掘調査事例となるが、内部建物をコの字形に配置する形態であり、東国の独自性を物語る。

館との差別化を図るため、小規模な区画遺構は、屋敷という用語によって居住者の性格に幅を持たせている。近年大規模な道路開発により、伊勢崎市から前橋市南部、玉村町で調査事例が増加した。田園地帯に眠る多くの屋敷が現れたもので、中世から近世へと屋敷地が受け継がれていない状況を明らかにした。区画遺構は一重あるいは二重に溝・堀をめぐらしており、用水を取り込むものを含む。かつては、屋敷堀の貯水によって、農業用水の管理を積極的に行うという見方もあった。しかし、調査事例を見る限り、取排水を行うとしても屋敷専用の小規模な切り回しと考えられる。ただし、用水に近接する傾向はあり、居住者が分水や堰の管理などに関わっていたことは想定できる。

屋敷は区画溝で囲まれる例が大半を占めるが、八ッ場では非常に少ない。

斉田中耕地遺跡の中世屋敷（484集）
水路と接するが用水の取り入れはしていない。

この地域に水田稲作は少なく、用水は宿用水を除くと少ないことが関係するように思える。平野部で通例とする堀・溝は、多くの場合水を意識したものであることも事実であろう。区画溝を考える視点として、この地域の屋敷のあり方は示唆に富んでいる。

林城と並び立つ屋敷　林中原Ⅰ遺跡で発見された中世屋敷は、西側に長さ五五mを超える区画溝を設けたもので、東西約六〇m、南北約八〇mの敷地内部に、四五棟の掘立柱建物を設け、九時期の遺構変遷を示している。十五世紀から十七世紀まで使用された。区画溝は西側しか確認できていない。この屋敷の内部には、おおむね四～六棟の掘立柱建物が同時期に存在していた。主要な建物の面積が、六〇㎡を超える時期は六時期にわたる。有力な屋敷が、長期間営まれたことは評価できる。林地区が戦国期にあっても、安定した地域勢力下にあったことを示していよう。やや特殊な例として、変遷の初期段階で、職人の工房を思わせる竪穴建物や落ち込みを持つ掘立柱建物が見られるが、一時的なものであった。

この屋敷の西方約八〇mに林城があり、十五世紀には並存していた時期があった。両者の間にも、掘立柱建物が点在する。城も屋敷も集落と隔絶した施設でなく、集落の一角を占めるものであっただろう。屋敷の消長には、集落に

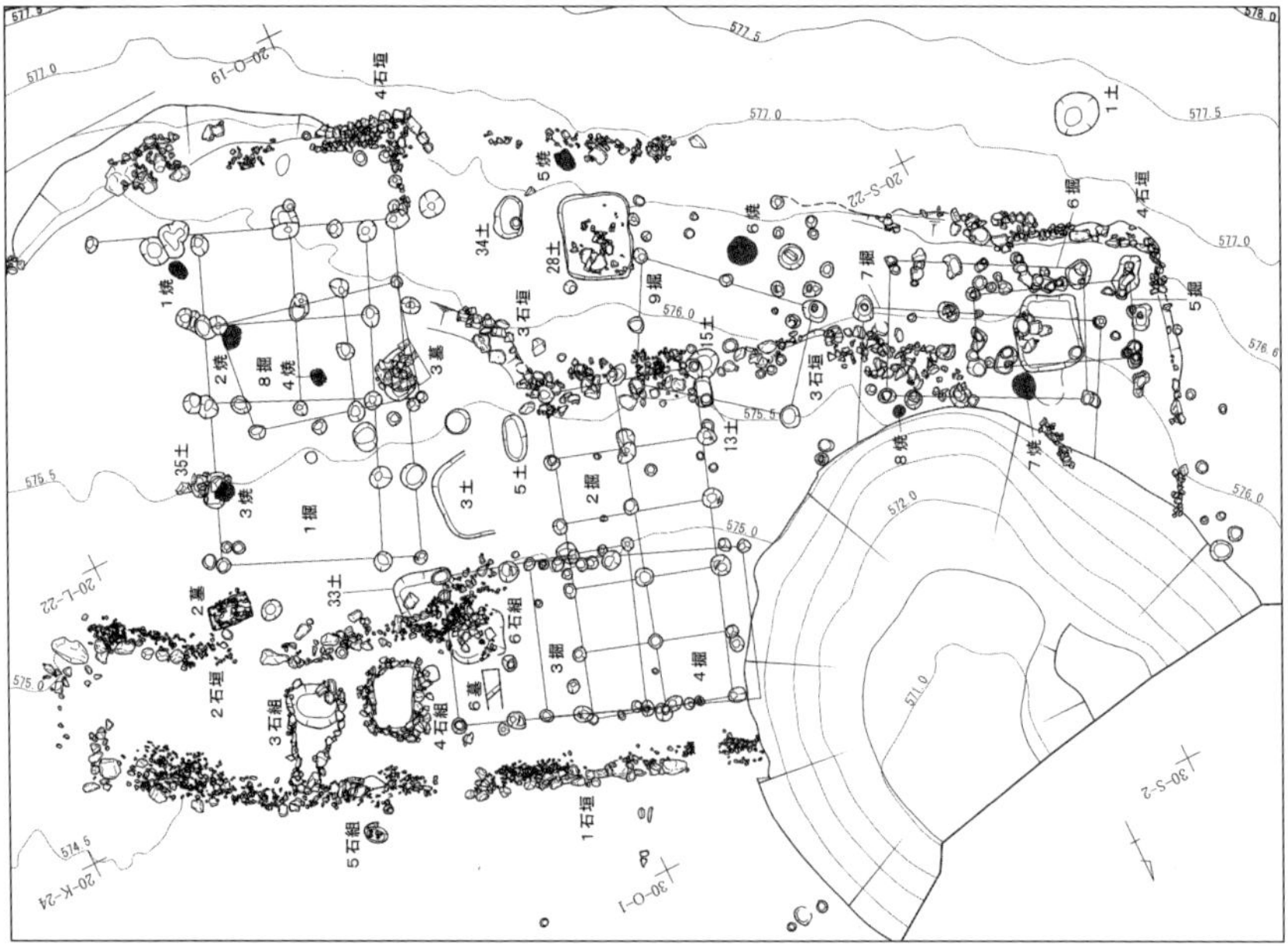

横壁中村遺跡の中世屋敷（488集）
石垣によって中世屋敷が区画されている。

対面する有力者の姿を垣間見ることができる。林城には、館から転身した館城のような性格がうかがえる。

石垣と総柱建物の屋敷　横壁中村遺跡では石垣によって区画された屋敷が発見された。出土遺物から十五世紀中頃から後半頃とされる。内部の建物は四段階の変遷が捉えられ、第三段階では大型の総柱建物二棟を配置する。一棟には庇《ひさし》が付く。この二棟は地形の傾斜に対して直交方向に建ち、やや不自然である。背後に山が迫り、西陽を有効に取り入れる工夫とも思える一方で、山側からの表流水への備えとも考えられる。

石垣は一・二段程度と大がかりな整地を伴っていない。しかし、それぞれの敷地を整然と区画する視覚効果は大きい。石垣の施工範囲を屋敷範囲と捉えると、東西約三六ｍ、南北約二〇ｍで方形の区画を意識している。区画溝を伴わないが、範囲ははっきりしている。遺構の性格は異なるが、下湯原遺跡の区画遺構の規模とほぼ一致する。建物の規模や構造が違う一方、総柱構造で南北棟という点は一致する。区画規模は、ほぼ三分の一町規模であり、規格性を認める。屋敷規模には住者の階層が反映しているに違いない。

立地が川縁に寄っているのも気になる。防御面を意識したことは明らかである。ただし、渡河点など交通上の要地であった証拠はない。この屋敷を特徴付けるのは、鉄生産との関わりである。周辺に点在する鍛冶遺構等を直接経営する、あるいは集約する立場と考えると、防御的な面も理解できよう。

吾妻川縁辺に選地する屋敷遺跡として、石川原遺跡がある。天明泥流で

楡木Ⅱ遺跡の中世屋敷（432集）
石垣で整地されて、建物が建つ。

被災した不動院という寺院があることから、その隣接地の下層で発掘された大型の掘立柱建物も関連が想定される。建物の重複状況から中世に遡る可能性が高い。特徴的な出土遺物はないが、寺院建物も含まれていよう。八ッ場でも特異な遺構であり、今後検討が必要であろう。

三段に分かれる屋敷　林の楡木Ⅱ遺跡も石垣で整地された屋敷である。敷地は三段に分かれ、それぞれに建物が建て替えられて継続する。建物の分布範囲を区画規模と考えると、東西・南北とも約三五ｍとなる。横壁中村遺跡の屋敷と同じ規模である。石垣は一・二段程度という点も一致する。やはり、三分の一町を意識したに違いない。

掘立柱建物は二〇棟を確認するが、総柱構造はない。面積は最大九〇㎡を超える建物があり、三面に庇等を設ける。他に一一棟の建物も庇等を持ち、異例な建物構成である。主屋の柱間は全て二・四ｍ前後である。三段の敷地の状況は、等質な印象を受ける。三つの勢力が集団で屋敷地を形成した場合もある。集落形態の一つとみることも可能だろう。この遺跡は現在の集落と離れて、やや奥まった立地にあった。

高台に立地する屋敷　三平Ⅱ遺跡は、川原畑の集落から北東へ登り上げた山道の北側に位置する。北方山側から延びた細尾根の先端にあたる。七棟の掘立柱建物で構成され、建て替えが一度なされる。区画溝などはなく、東西は谷地形で限定される。

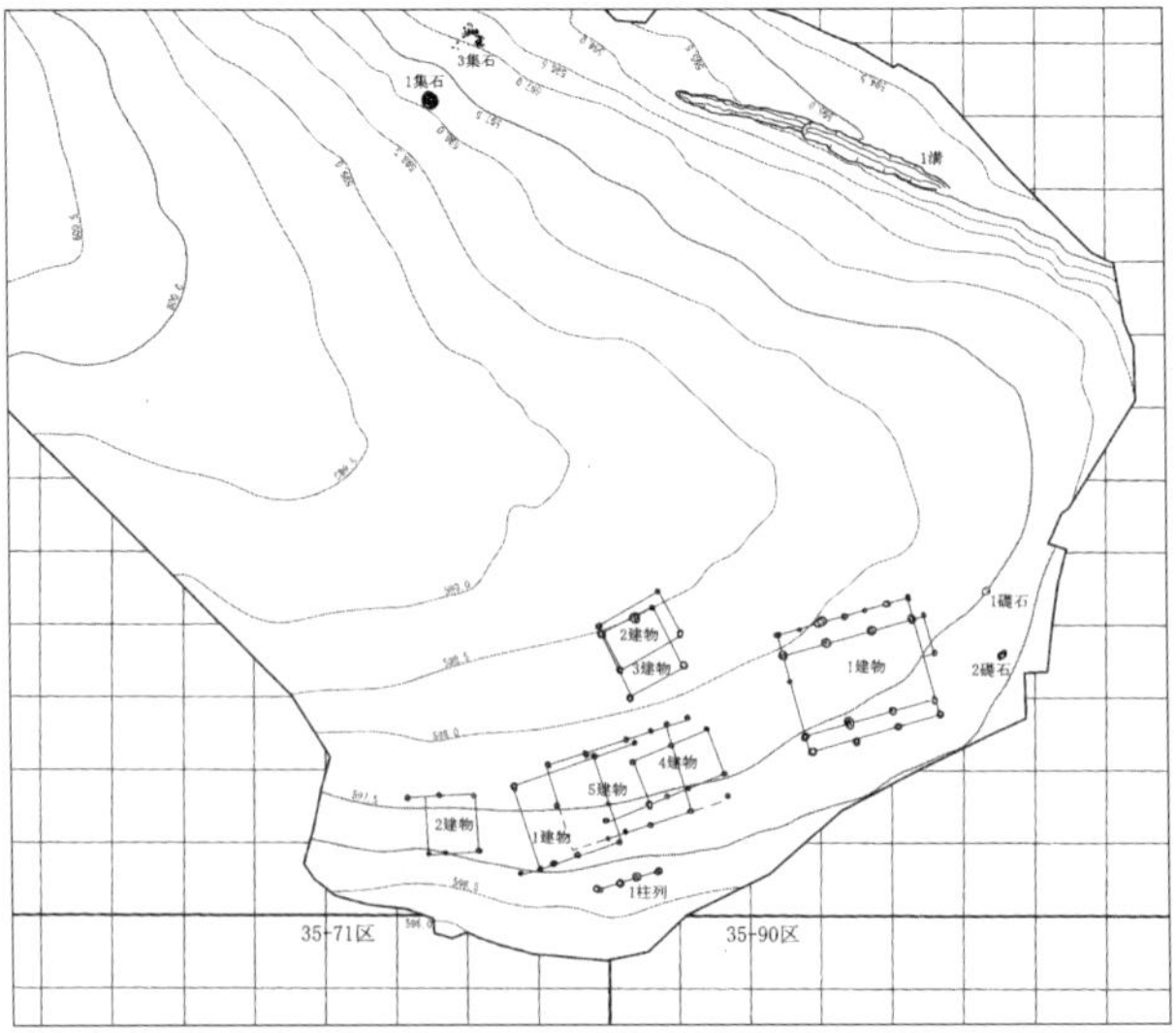

三平Ⅱ遺跡の中世屋敷（401集）
掘立柱建物は台地の先端に集中する。

北側谷からやや多い内耳土器の破片が出土している。主屋の面積は五〇㎡を超えて、規模も大きい。南面に庭空間を持たず、建物群は尾根縁に並ぶ。高低差があり、南側の道から屋敷内部を直接うかがうことはできないが、建物群から道を監視することは可能である。集落とは離れた位置にあり、山道を管理・監視する屋敷と思われる。

川端の屋敷　林城から吾妻川へ下ると下田観音堂があり、その東側に下原遺跡の零細な屋敷がある。出土遺物から十五世紀前半から十六世紀前半に使用される。一部に石垣も積まれ、通路が作られる。川原へ向かう道もある。吾妻川の対岸は横壁中村遺跡であり、地形的にはここで川を渡ることが合理的に思える。河原近くにまで屋敷を作るには、こうした理由があったのだろう。

掘立柱建物の内部には炉が多く設けられ、土座または低い床である。屋敷の構成は特徴的で、建物群と墓域、土坑群が分けられている。中でも楕円形と細長い長方形の土坑が、選別されている点は興味深い。おそらく用途が違うのだろう。

川原畑では明確な屋敷遺構がなく不明な点が多いが、西宮遺跡で零細な居宅遺構が見つかっている。下原遺跡と同様に、建物群と墓域、土坑群の領域が分かれる傾向を読み取ることができる。

下原遺跡の建物群（319集）

建物群・墓域・土坑群が分かれている。

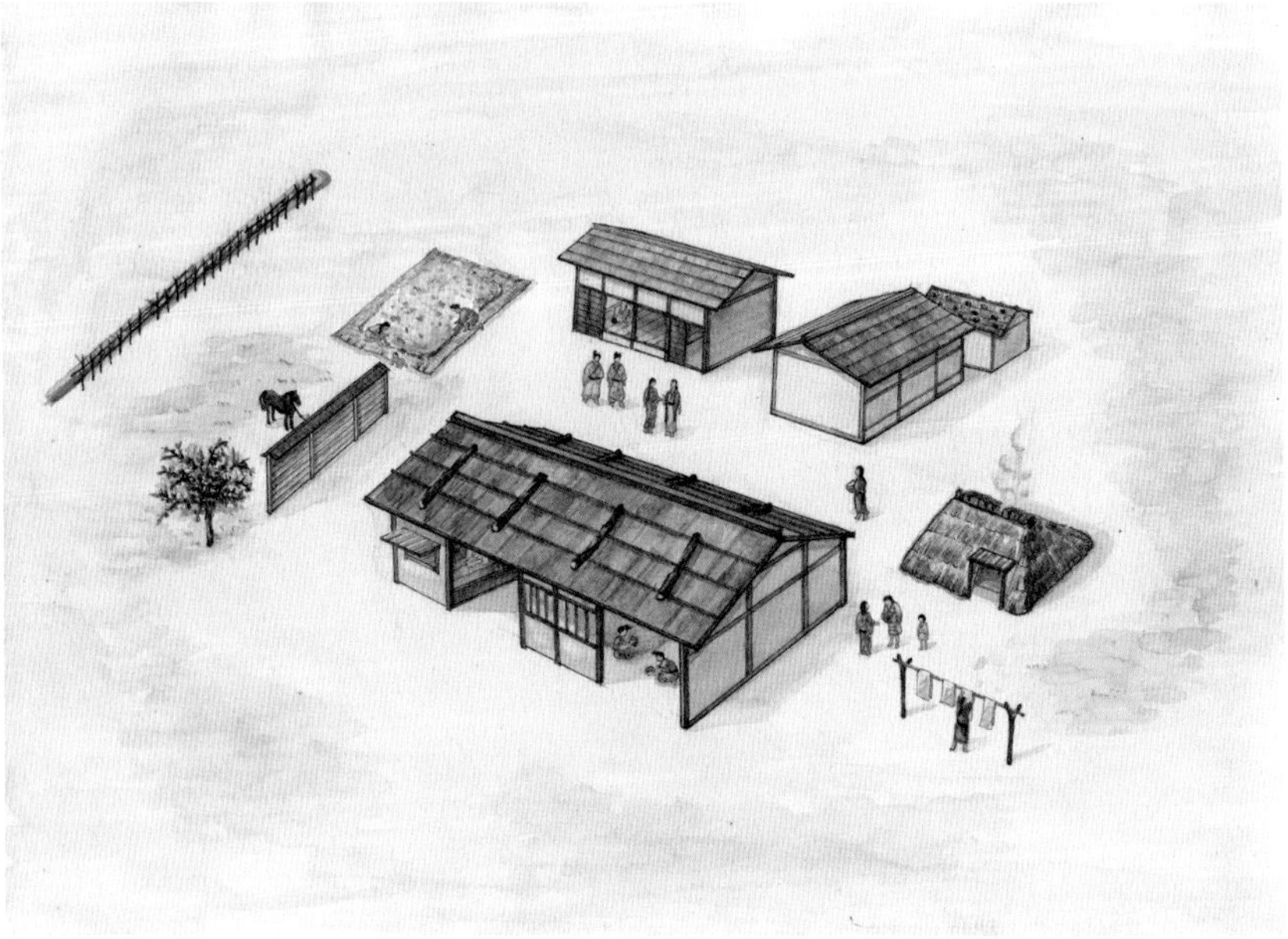

中世屋敷（林中原Ⅰ遺跡）の復元想像画
屋敷の中央部に大型の作業小屋がある。土間部分が広く、皿状にくぼんでいる。
横で煙を上げているのは、半地下式の建物である。中央に炉があって、丸く煤の付いた板石が３枚あった。燻し作業をしていたのかもしれない。（飯森康広・新井加寿恵（作画））

三　変わりゆく住まいと生業

掘立柱建物の世界

中世の総柱建物の出現　掘立柱建物は、大きく二種類の軸組構造に分けられる。総柱《そうばしら》構造と側柱《かわばしら》構造である。面倒な話だが、この区別を知らないと、八ッ場のダイナミックな話が伝わらないので、少し我慢してもらいたい。側柱は、外壁に沿って、一定間隔に柱を並べて、上屋を建てた建物で、在来の建築技術である。総柱とは、側柱に加えて建物内部の棟桁《むなげた》下の位置にも柱を置いて、碁盤の目のように柱を並べた建物を指し、仏教文化に合わせて渡来した建築技術に由来する。ちなみに、建物の柱の上に渡した横材について、間口側を桁《けた》、奥行き側を梁《はり》という。屋根の天辺に渡した横材を棟桁と呼ぶ。難しい用語だが、一度覚えてしまえば、日常生活でも使える。柱間というのも、柱と柱の間の寸法で、家の中では畳の間隔と考えれば分かりやすい。また、古代の総柱建物は高床《たかゆか》式の倉庫だが、中世は居宅に採用されていることも重要である。

宮本長二郎氏の研究によれば、中世の総柱構造は近畿地方と北陸地方を中心として普及したという。一方、側柱構造（梁間一間型）は岡山県から西方と、東北・関東に普及する。柱間寸法は二m前後か、二・四m前後とするものが多いという。「二m基準が主流の分布域は鎌倉以外では大阪府・滋賀県に、二・四m基準は富山県・石川県に集中分布し、それ以外の地方では両者混在するか、中間的な寸法を示している」（宮本一九九九）。統計

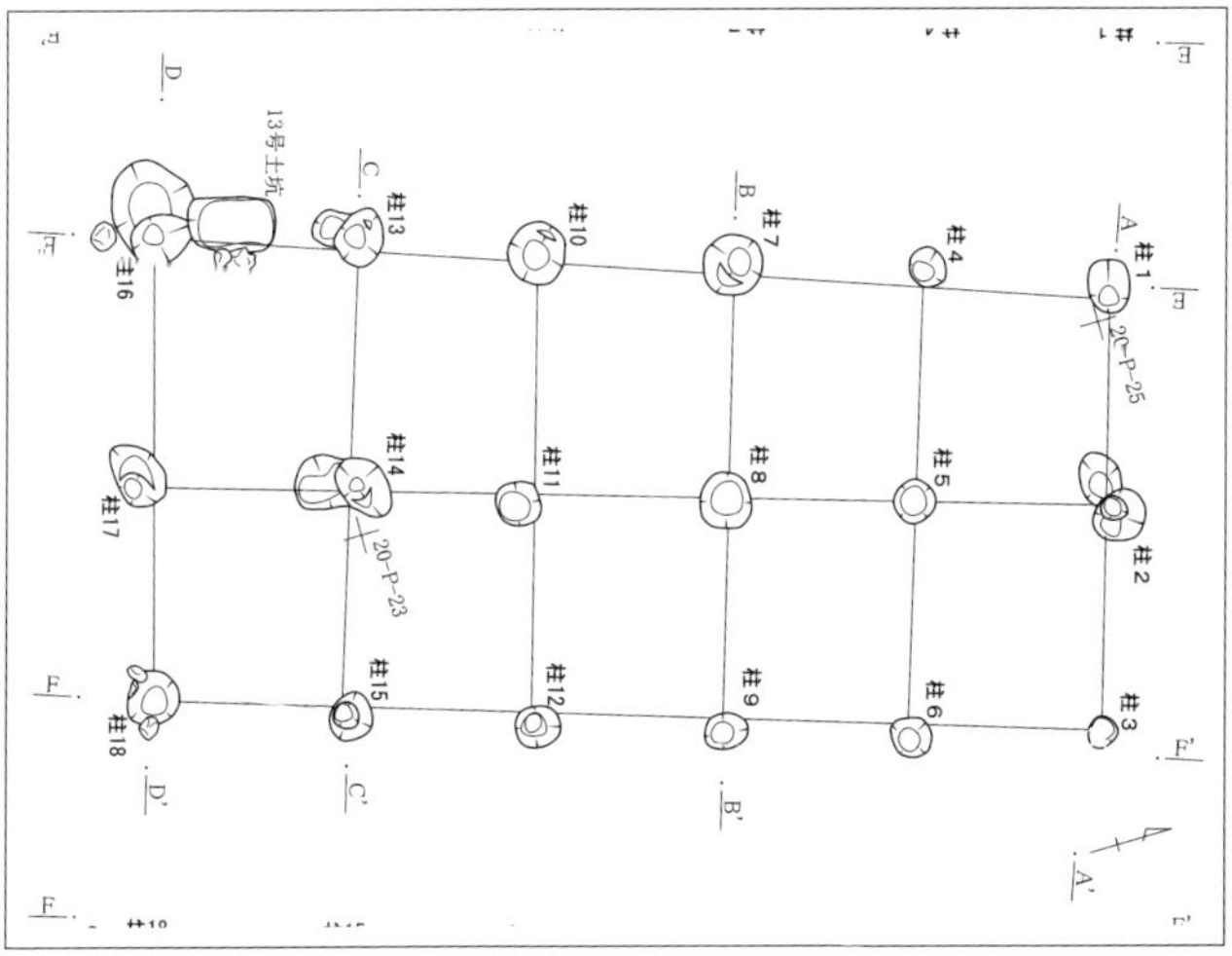

横壁中村遺跡
総柱建物（488集）
庇は付いていない。

的な話は、単純には当てはまらないので、県内の事例を見てみよう。

総柱建物の広がり　中宿在家遺跡（安中市）は、十二世紀から十四世紀前半にかけて営まれた鎌倉時代の屋敷である。調査の結果、水路と溝で挟まれた中で、七棟の掘立柱建物が発見され、うち主要な五棟は全て総柱構造であった。中心的な建物二棟には、四面に庇が付いている。柱間は桁側・梁側ともに約二・一ｍである。

屋敷規模ではないが、大型の総柱建物数棟が出土した荒砥前田遺跡（前橋市）や白井十二遺跡（渋川市）の例でも、二面から四面の庇を付け、柱間は桁側・梁側ともに約二・一ｍとなっている。出土遺物はなく、時期は不明だが、周辺にある中世の掘立柱建物より古い印象である。

また、十三世紀中頃の寺院が発見された白石大御堂遺跡（藤岡市）の建物は、総柱の一部を省略する構造に変化する。桁側の柱間は約二・一ｍと共通するが、梁側の数値にばらつきがある。加えて、隣接する屋敷の建物は八棟中六棟が総柱構造だが、柱間は桁側・梁側ともに一定しない。この遺跡では、総柱建物が顕著な点で一致するとともに、構造の変化を追うことができる。

以上の事例は、県内でも総柱建物を基本形とする地域が、一定期間存在したことを示していよう。総柱建物は有力者の居宅として出現したもので、床束《ゆかつか》によって床張りを施したとみられる。床は縁をめぐらす程度の高さを持っていたのだろう。庇の儀礼的な価値付けも残っていたのではないだろうか。

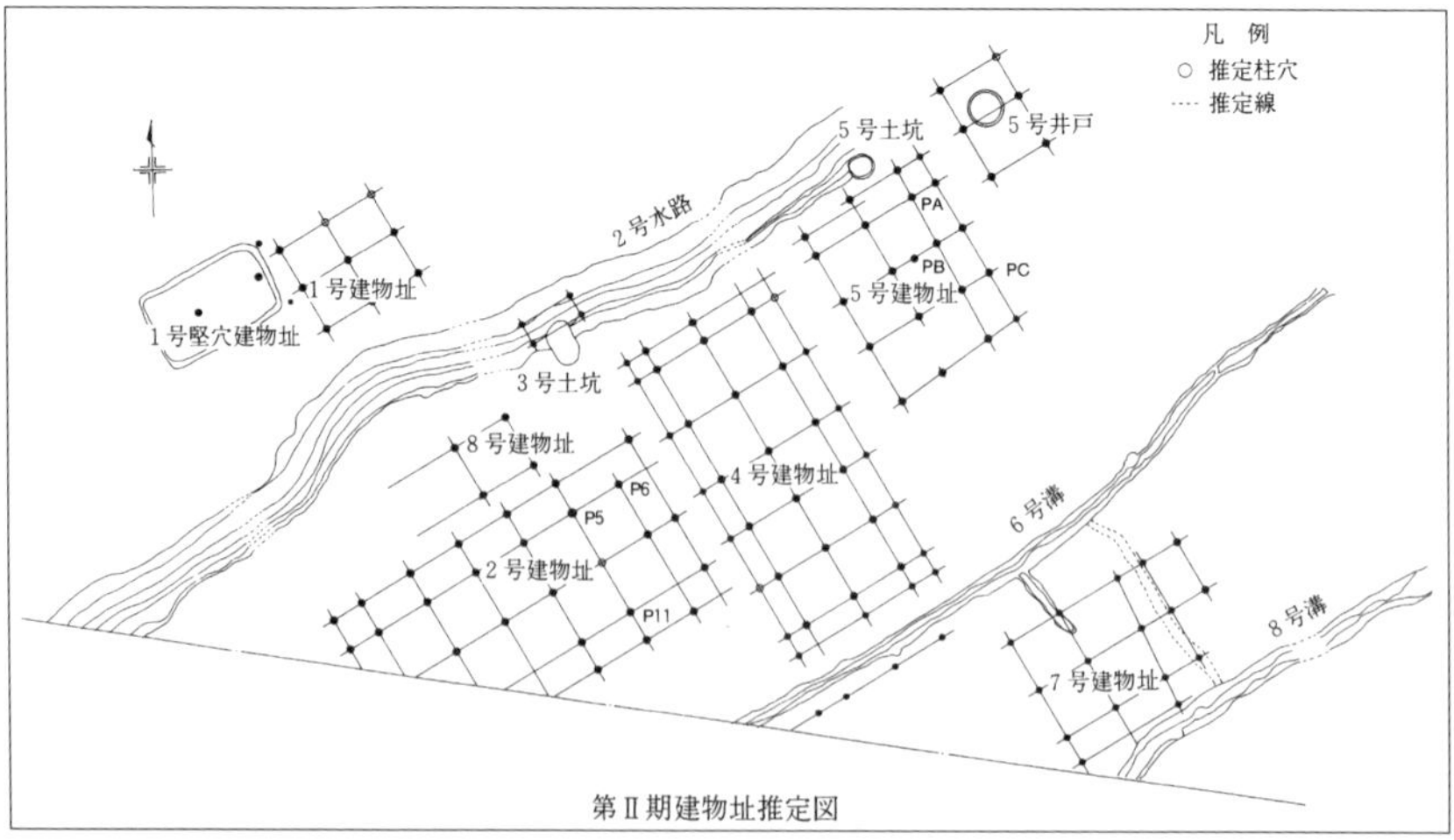

中宿在家遺跡全体図（218集）
総柱建物が多い状況。

八ッ場の総柱建物　八ッ場の事例を具体的に見るとしよう。横壁中村遺跡では、石垣によって整地された中に、掘立柱建物を配置した屋敷が見つかった。掘立柱建物九棟のうち、主要な建物二棟は総柱構造である。一棟の柱間は桁側が約二mで、梁側は三〇cm位長い。もう一棟は庇が一面付くが、総柱が一部省略されて、柱間は二・四mを超える。二棟の柱穴から、陶磁器が出土しており、十五世紀中頃から後半頃と分かった。石垣で屋敷地を整地した中に、整然と大型の総柱建物が並ぶ光景は、壮観な印象である。

林城（林中原I遺跡）の第6・7区画では、掘立柱建物が二一棟見つかり、最大で七棟が同じ場所に繰り返し建てられていた。これらは様相の異なる総柱建物と側柱建物が混在していて、時期的な違いとみられる。第7区画の建物は、大規模で四間四方以上である。第6・7区画の総柱建物六棟の柱間は、桁側が一・九前後で、梁側はばらつきがあり、総柱を一部省略するものが含まれる。

この状況を理解する手掛かりとして、林城の南に隣接する下位段丘面の下田遺跡がある。総柱建物二棟のみで構成される遺構であり、大きい方の一棟は四面に庇が付き、柱間は桁側・梁側ともに約二・一mである。安中市等の事例と一致するため、総柱建物は同じ系譜に由来するものと理解できよう。

特異な総柱建物　下湯原遺跡の大型建物は、梁側の柱間が

林城第７区画の大型建物（586集）
総柱の一部が省略されている。

極端に広く特異である。八ッ場では他に例はないが、高崎市の矢島遺跡に規模の似た例がある。その総柱建物は庇が三面に付く。柱間は桁側が約一・九mで、梁側が約三・八mと倍の広さである。床材もかなり厚くないと強度が保てないであろう。相当立派な建物である。これは中宿在家遺跡と同じ系譜を引く建物と考えるが、矢島遺跡で他に総柱建物は一棟である。地域の中で、時代を経て変化した主屋建物の形である。

一方の下湯原遺跡の例に庇はない。柱間は桁側が約二・二mで、梁側が約三・三mと一mくらい広い。重要な点は地面に炉を二か所持つ点であろう。土座か土間となる。総柱でなく側柱構造で建てても良いと思うが、あえて理由を考えれば、梁間を長く取ったため、建物の強度を求めた結果であろうか。柱上部を格子目状に結ぶと、かなり横方向の揺れにも強くなる。この遺構は区画溝と吾妻川に挟まれた狭い空間にあり、立地的に番所のような機能を想定させる。したがって、この建物も駐留所のような施設と考える。防御的な配慮もあったのではないだろうか。

側柱建物の状況　八ッ場の建物では、側柱構造が主流である。一般的な居宅規模としては間口三間が多い。屋敷遺構となると、間口が五間、六間となるものが現れ、面積も五〇㎡を超えるものがある。下屋や庇が付く割合も多い。変わったものでは、平面形がL字形のものもわずかにある。

江田館（太田市）や川端根岸遺跡（前橋市）では、側柱構造と総柱構造がL字形に組み合わさった複合形態も見られる。これは床の高さに変化を持たせた格式の高い建物と考えるが、八ッ場では事例を見ない。

柱間数値を見ると、伊勢崎市や前橋市の屋敷では、主屋の場合約二・一

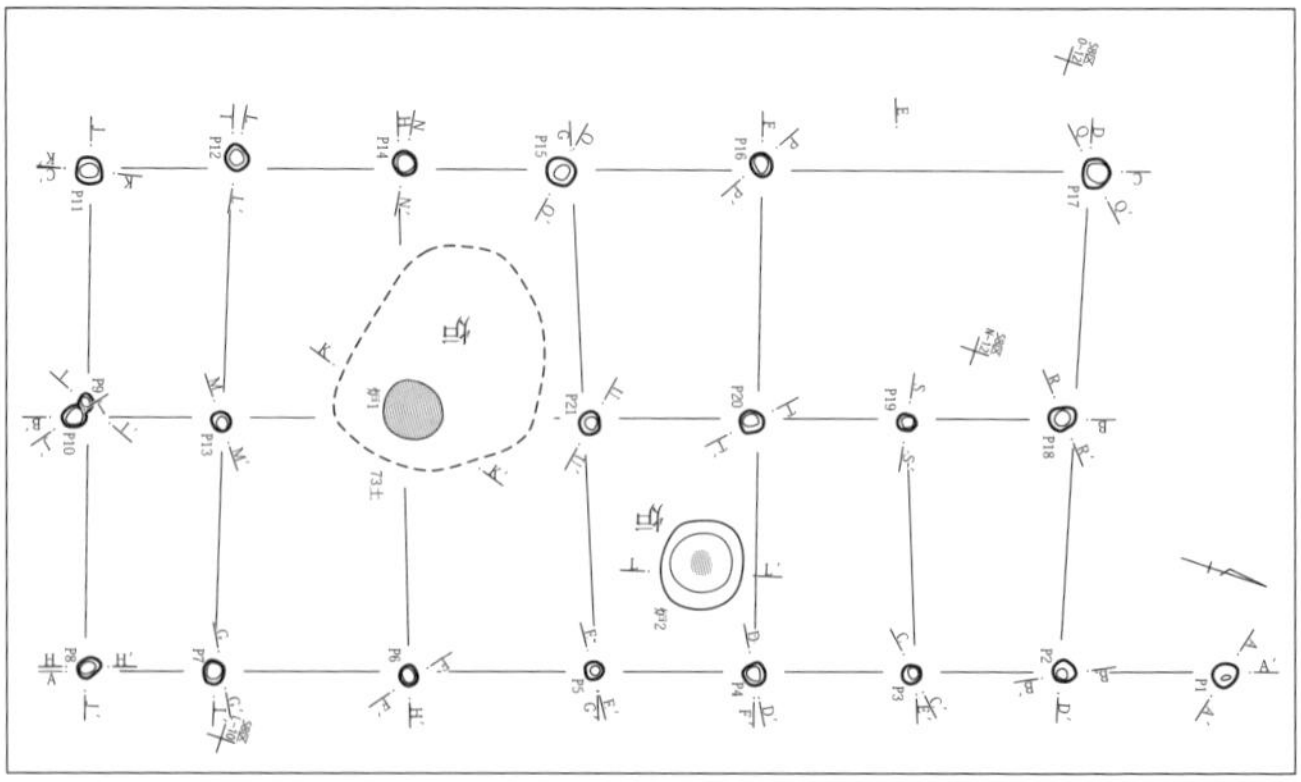

下湯原遺跡の総柱建物（641集）
梁側の柱間が極端に広い。

mが多く、付属屋は一・九m前後と整理される（飯森二〇〇五）。ただし、大きな傾向は捉えられても、個別事例では異例なものも含まれてしまう。八ッ場の場合、林中原Ⅰ遺跡の屋敷建物は、三四棟中の半数近くが二・二m前後である。付属屋も含めての傾向として興味深いが、少し特殊なケースとも考えられる。楡木Ⅱ遺跡と三平Ⅱ遺跡の主屋は、全て二・四m前後である。東吾妻町の奥田道下遺跡でも同様な傾向が見られるため、吾妻地域の柱間は、平野部に比べて三〇cm程度広いものと見なされる。つまり、宮本氏の分析に従えば、北陸地方の柱間と同じ圏内に含まれる。

礎石建物へ向けた変化　礎石建物の前身となる掘立柱建物が、上郷岡原遺跡（東吾妻町）で見つかった。天明泥流で被災した礎石建て民家の下層を調査したところ、その前身となる側柱構造の掘立柱建物が発見された。柱間はともに約一・八mである。民家は奥行き三間構造で、前身の掘立柱建物は奥行き二間の外側に下屋柱を建てて、奥行き三間と同規模にしていた。この技術変化により、民家の屋根は高く大きくなったのだろう。

同じ頃の建物として、間口を長くした掘立柱建物も見つかった。間口を七間とする建物が三棟、時期を変えて並ぶ。柱間は約二・一〜二・四mと一定しない。内部にいろりを伴っている。建物内部の広さを確保するために、奥行きを広げず、間口を長くしたものと考えられる。間口を長くしても屋根の高さは変わらないため、特別な技術の変更は必要ないからである。

同じような構造の掘立柱建物が、林城第3区画でも調査されている。第3区画の建物は江戸時代に建てられたもので、敷地北側の石垣も同じ頃である。出土遺物から十八世紀前後とされる1号掘立柱建物は、間口八間の

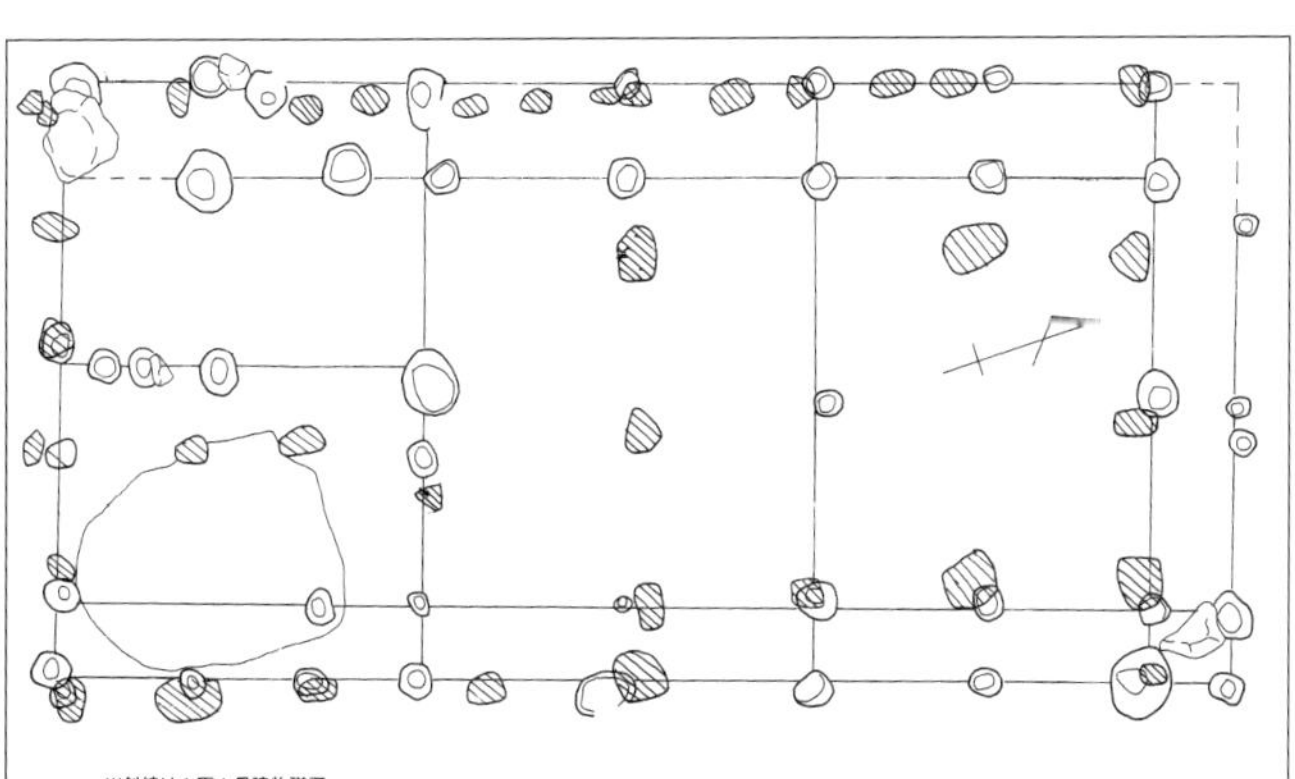

上郷岡原遺跡の掘立柱建物
礎石建物の前身建物である。（飯森2008）

細長い建物である。同じような形の建物が、六時期にわたって建てられていた。柱間は約一・八～二・三mと一定しない。長野原一本松遺跡7区でも同様な建物が見つかった。

掘立柱建物の柱間数値は、遺跡ごとにある程度のまとまりを持つとともに、地域としておよその傾向がある。しかし、この細長い掘立柱建物は遺跡内でばらつきが大きい。おそらく、間口を長くするには、長い桁材が必要となり、入手できた材料の長さに柱間の方が、影響を受けたのではないだろうか。やがて、礎石建物となると、柱間は一・九m前後へと統一されることとなる。

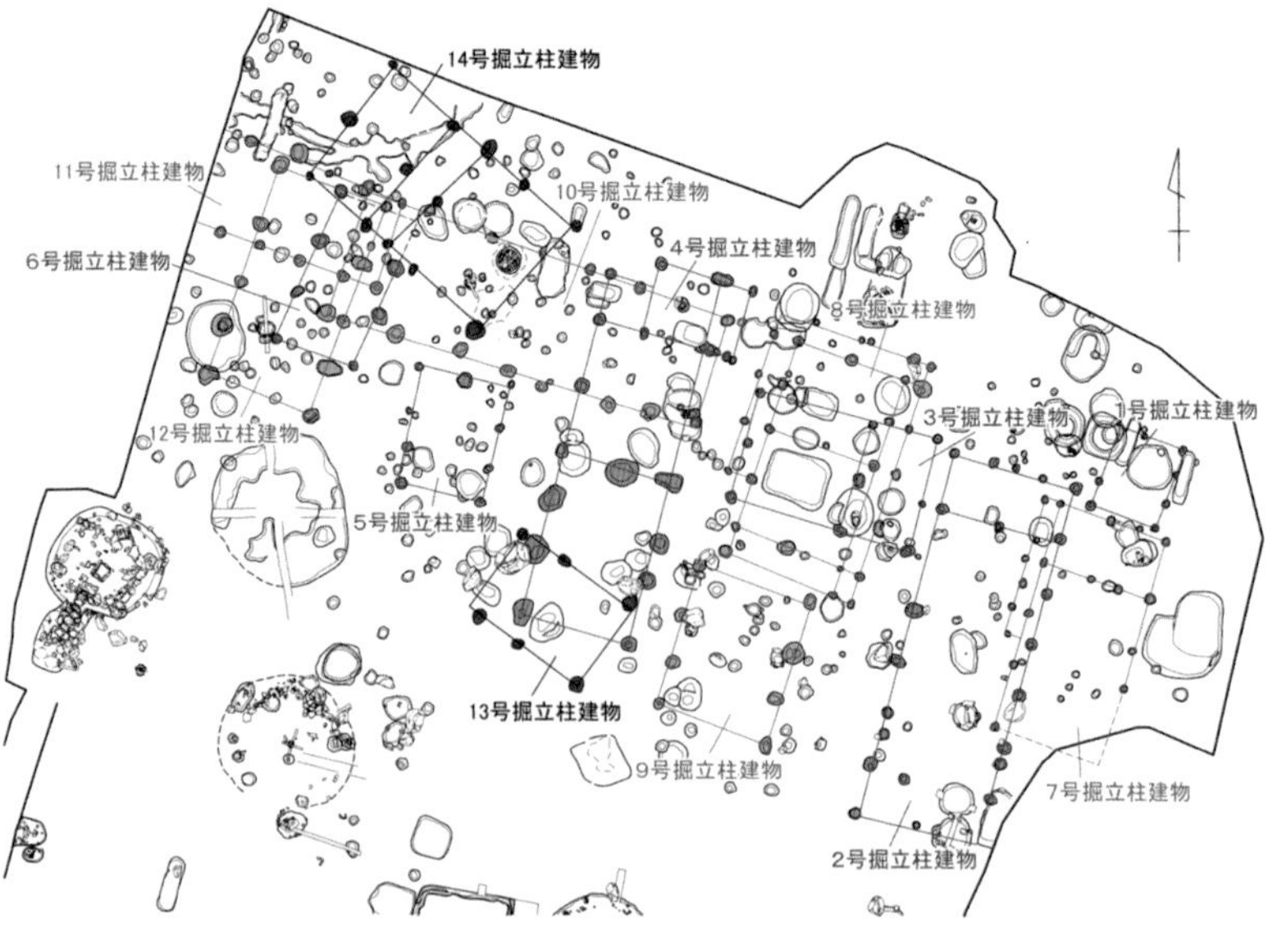

上郷岡原遺跡建物全体図（410集）　２・10号建物はかなり細長い。

暮らしを支える竪穴建物

生業を担う竪穴建物　古代までの竪穴建物は、居宅とするものが多い。内部の壁面にカマドがあり、多くの煮炊き具や食器類が出土する。一方、中世の居宅用建物は掘立柱建物が主流となる。竪穴建物で集落を形成するような例はごく限られている。竪穴建物は通例掘立柱建物に混じって数棟が見つかる程度で、遺物もあまり出土しない。中には、職人の居宅となるようなものがある。

小島田八日市遺跡（前橋市）は、中世の幹線道あずま道に隣接しており、石臼や石鉢、墓石などの生産を行っていた遺跡である。北側には堀に囲まれた屋敷地があり、中国産の陶磁器なども出土する。石製の未製品が出土する溝などには、竪穴建物が近接していた。

市場に近い遺跡でも、竪穴建物が目立つ。十日市遺跡（吉岡町）は、中世武士桃井《もものい》氏に関係する桃井東城の西麓に位置する。大型の掘立柱建物を伴う屋敷地も見つかっているが、6区では溝に囲まれた三〇m規模の屋敷の中に、掘立柱建物が三棟あり、周りを複数の竪穴遺構が囲む。竪穴遺構内部からは硯が出土する。北へ八〇m離れた9区でも掘立柱建物と竪穴建物三棟が並んで建っている。これらは城下の影響下にある遺構と見なされる。竪穴建物は、中世人の生業をうかがえる遺構である。

炉を備えた竪穴建物　林中原Ⅰ遺跡の屋敷内で、珍しい竪穴の建物が一棟見つかった。建物の大きさは、南北二・二m、東西二・七mの整った方形で、壁に沿って八基の柱穴が並ぶ。半地下式の竪穴建物で、深さは五〇㎝残っていた。断面観察の結果、壁材があったと考えられ、廃棄する際その

小島田八日市遺跡（175集）
手前の溝壁に石製未製品があり、奥に竪穴建物が営まれる。

まま埋められたのだろう。

床面のほぼ中央に方形の炉を設け、中央に内耳土器（土鍋）が直接に置いてあり、少し埋まっていた。炉内は炭が多く見られる。内耳土器はほぼ完全な形で、底部近くに四角い穴が開く程度であった。内側には灰が多く張り付いており、コンロのような使い方をされていたに違いない。このため、底部に近い穴は通風口として、わざと開けられたのだろう。内耳土器は信濃型と呼ばれる形であった。炉を含めて一度作り替えており、古いものは丁寧に埋められている。

床面にはこぶし大の石が埋まっていて、その上に半分に折った半円形の紙が直接置かれていた。文字は書かれていなかったが、漆が付着したもので、通例蓋などに使われる。蓋をされた容器などは残っていなかった。覆土中から出土した遺物に、板のような薄い石に丸く焦げが付いたものが、やや多く出土した。用途は分からないが、かなり高熱で付着したと考えられる。また、中国産の白磁碗の高台部が丸く欠かれており、二次的に道具として使われたのだろう。砥石や磨石も出土した。床面に鍛冶滓等がないか、注意して観察したが発見されなかった。また、炉の中や鍋内の土を分析したところ、鳥類や小動物の焼骨が複数含まれていた。おそらく、作業していた人物が食べたものと考えられる。微笑ましい光景だが、あまり精密な作業を行う場所ではなかったに違いない。屋敷では九時期の遺構変遷が捉えられており、この竪穴建物はその最初の頃に当たる。以後、同様な竪穴建物は屋敷内部で見られないため、一時的な作業であったこととなる。屋敷全体を性格づけるような遺構ではないだろう。

林中原Ｉ遺跡の竪穴の建物（586集）
中央に内耳土器が埋まっている。板石が焦げたものも見える。

南側に隣接して間口四間の掘立柱建物があり、東側三間に皿形の落ち込みが設置されていた。ここで出土したものには、竪穴建物と同じく、すすに似た焦げが付く板石や砥石が出土した。さらに古代の須恵器椀の底部を円形に打ち欠いたものがあり、道具として使ったのだろう。また、硯や椀型鉄滓も出土している。竪穴建物と共通する出土遺物があり、関係する作業用建物であったのだろう。

竪穴遺構には、馬小屋の竪穴も含まれる。明確な例ではないが、この遺跡の別の竪穴状遺構は正方形で、間口三間の掘立柱建物内部にある。規模は約二・五m四方で、深さ約一〇cmである。藁を敷いて使ったらしいが、痕跡は見られない。

消失した竪穴建物　長野原一本松遺跡4区では、二棟の掘立柱建物と竪穴の建物で構成される零細な居宅遺構が見つかった。掘立柱構造のものは、間口三間の東西棟と、長さ不明の南北棟で、ともに炉を伴っている。土座《どざ》または低い床であろう。竪穴の建物は、その西側近くに隣接し、新旧二棟が重なって発見された。規模は約三・五×三mで、深さは七〇cmほど残る半地下式の建物である。覆土全面に焼土が広がり、中央に人頭大の石が投棄されていた。中には割られた茶臼片も含まれる。焼土は壁際に隙間があるため、板壁などがあったのだろう。

床面には柱穴七基があり、東面と南面は中央に柱穴がない。どちらかが出入り口で、掘立柱建物と行き来ができる。柱穴の上には焼け崩れ炭化した柱があり、北側が特によく残っている。分析の結果、柱材はクリであった。また、炭化材に混じって出土したクリとオニグルミの実の放射性炭素

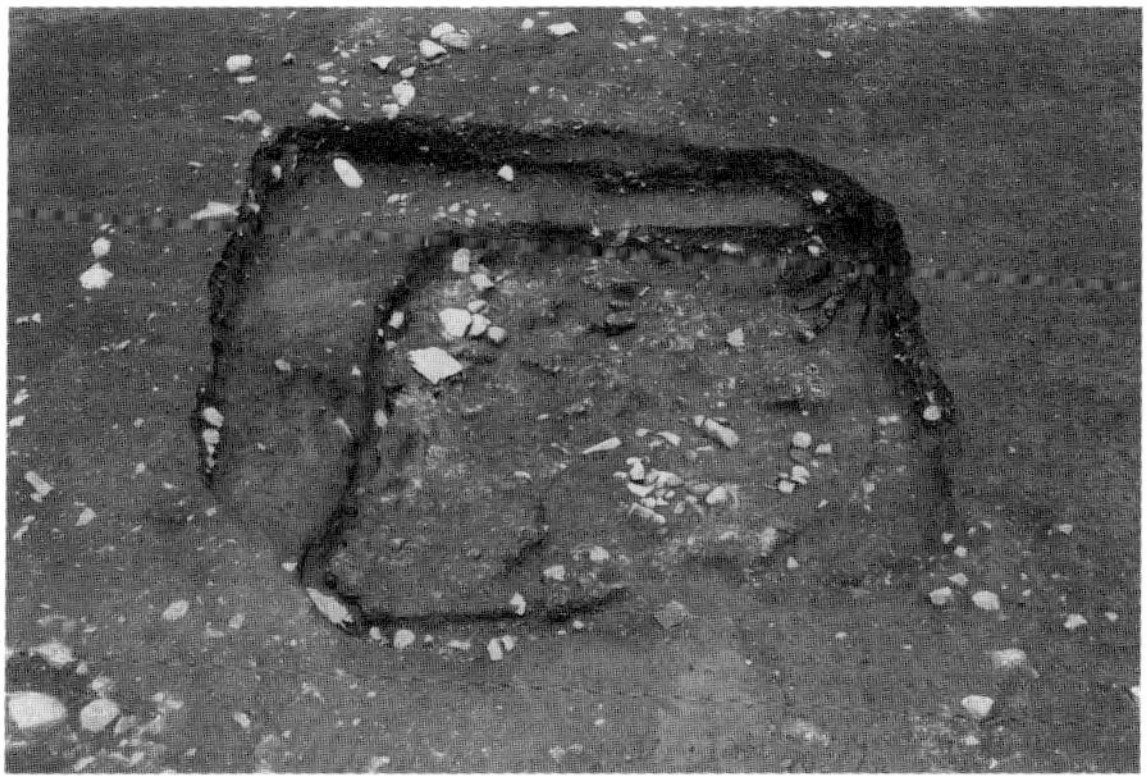

長野原一本松遺跡の竪穴の建物（461集）
右奥に崩れた炭化材が見える。

年代を測定したところ、一四〇五年と一四一〇年の測定値が得られた。出土している在地産の鉢の年代とも一致する。出土したものでは、管状の銅製品が珍しい。用途は不明で、おそらく投棄されたものであろう。この建物に炉はなく、居宅用とは考えにくい。

鉄生産と竪穴遺構　横壁中村遺跡では十五世紀頃の屋敷遺構が調査され、周辺で鉄生産に関わる遺構がいくつか見つかった。一つの竪穴遺構は約二・八m×二・五mの方形で、中央部にさらに方形の掘り込みを持ち、内部に焼土が見られる。柱穴は見つかっていない。内部では碗型鉄滓九点が出土する。焼土の存在から鉄精錬などが行われていた可能性がある。周辺に関係する石囲いも見られる。

一方、屋敷に近い斜面では、鍛冶跡が発見された。規模は約二・九m×一・六mで、不整円が二つ並ぶはっきりしない形である。内部に焼土を伴う落ち込みがある。注目されるのは、多量の鍛造剥片《たんぞうはくへん》と粒状滓《さい》に加え、金床石が出土した点である。おそらく、鍛造を行った作業場であろう。周辺に柱穴は確認されておらず、野天の施設かもしれない。この遺跡では鉄生産を思わせる遺構が点在しているが、具体的な鉄製品は確認できていない。

（飯森康広）

横壁中村遺跡の竪穴遺構（488集）
中央部に方形の掘り込みがある。

四　出土遺物からみた八ッ場

八ッ場で見つかった遺物あれこれ　八ッ場で確認された中世遺跡の多くは、富を持った人々の居住した屋敷跡である。遺構からは多くの遺物が見つかり、種類も焼き物・木製品・石製品・金属製品などさまざまである。例えば、林中原I遺跡の林城に伴う池の中からは、焼き物、建築部材と思われる加工痕のある木材、木製の鍋蓋、石臼などが出土している。また、竪穴の建物からは中世の紙が出土している。

横壁中村遺跡の竪穴遺構からは、碗状の鉄滓が出土し、製鉄が行われたことが分かっている。同遺跡内には中世の屋敷が発見されているので、製錬された鉄は釘や鉄鏃などに加工されたのだろう。

このように多種多様な出土品がある訳だが、最も多いのは焼き物である。八ッ場出土の焼き物には旧国や郡単位の比較的狭い範囲で流通した在地土器、国内の窯業地で生産され、各地に流通した国産陶磁器、中国をはじめとした海外で生産された貿易陶磁がある。

在地土器は、内耳土器や鉢などの調理具中心に出土し、国産陶磁器と貿易陶磁は皿・碗を中心に出土する。貿易陶磁の碗と聞くと高級品のように思われるが、中世遺跡ではかなり出土例がある。大量に流通し、多くの人が持っていたようだ。一方で、少量ながら青磁の盤や壺、古瀬戸の瓶子や花瓶などの高級品も出土している。これらの遺物を基に中世の八ッ場で暮らした人々の生活を見ていこう。

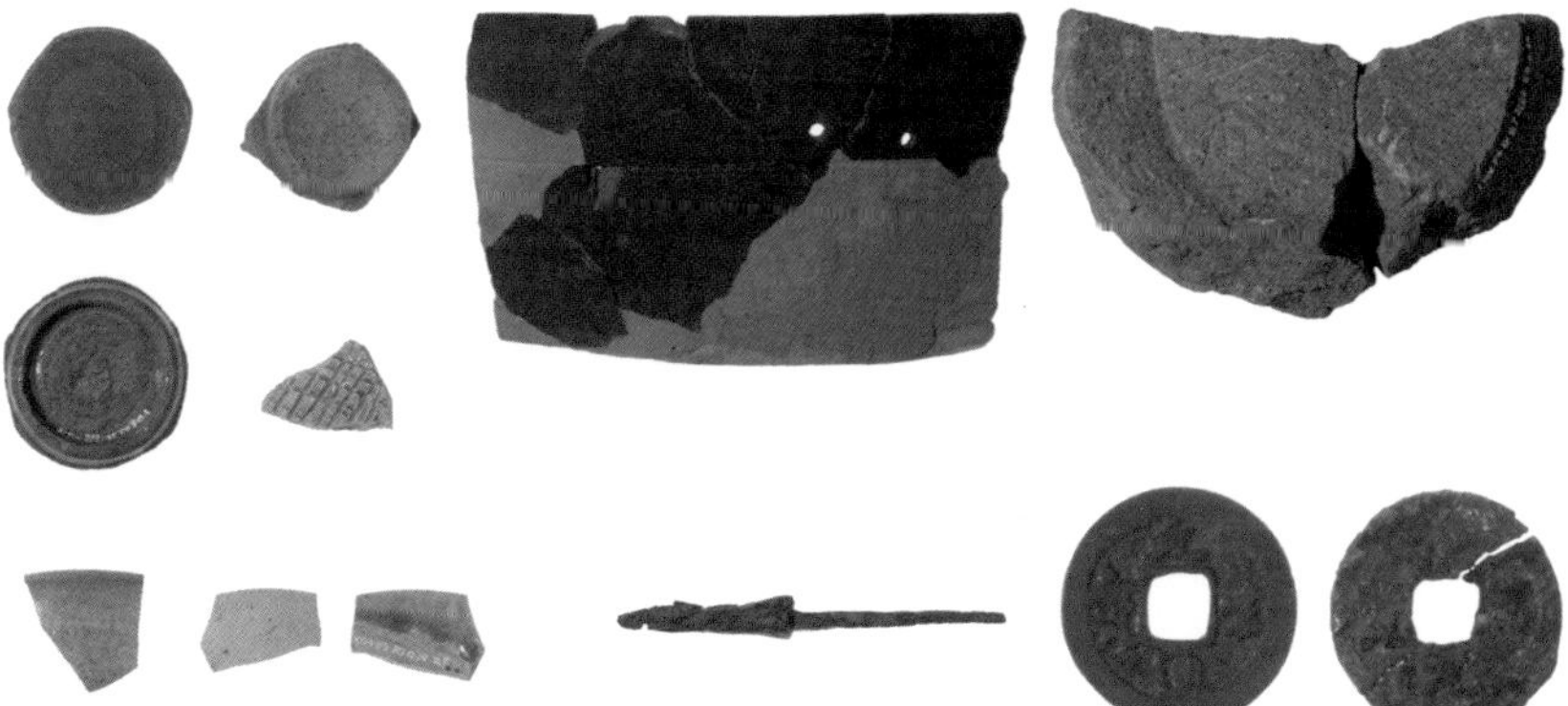

横壁中村遺跡の屋敷から見つかったさまざまな遺物（488集）

内耳土器とは何か　八ッ場で最も多く出土した在地土器は内耳土器である。内耳土器は、十四世紀後半頃から東日本の一部の地域で出現し、鍋として使われた。特徴は内側に付けられた輪である。

この輪は内耳土器の出現以前から使われていた鉄鍋に由来を持つ。囲炉裏で料理をする際に内耳につるを取り付け、自在鉤で天井から吊るして使われた。内側に輪が付くのは、つるが囲炉裏の火で焼き切れないようにする工夫と考えられている。

さて、この内耳は土製のため強度はなく、吊るして使うと壊れてしまう。また、内耳の取り付け方は次第に強度が弱い作りへと変化していく。そのため、鉄鍋と似ているが、使い方は異なっていたようだ。五徳に載せて使っていたのかもしれない。

内耳土器の地域性　内耳土器の形は、地域によって違いがある。群馬県では、「上野・武蔵型」と「信濃型」の二種類の内耳土器が出土する。

上野・武蔵型は現在の群馬県・埼玉県・東京都を中心に出土する。特徴は土器の上側が「く」の字状に屈曲する点である。

「信濃型」は現在の長野県を中心に出土する。特徴は全体の形が寸胴で桶のような形をしている点である。

八ッ場では、主に信濃型の内耳土器が出土する点が注目される。林中原I遺跡では竪穴の建物から炉が発見されているが、炉体には信濃型の内耳土器が転用されていた。

中世の八ッ場は、上野国よりも信濃国と密接にかかわる地域だったのである。

上野・武蔵型（左　214集）と信濃型内耳土器（右　586集）

中世の食事を考える　鍋の話が出たので、八ッ場の食事について考えてみよう。八ッ場の遺跡からは焼き物などの遺物とともに、植物の種子や動物の骨が見つかっている。例えば、林中原Ｉ遺跡一号竪穴状遺構の炉からはカキノキ属の種子、オオムギの胚乳、鳥類や小型獣類の骨が出土している。下原遺跡では、中世の焼土からムギ、イネ、ササゲ、サンショウの種実が出土している。これらが出土した場所は調理場であったかは不明だが、八ッ場で食べられていたものの一端を反映していると考えられる。

これらはどのように食べられていただろうか。太田市長楽寺の住持が記した『長楽寺永禄日記』の食事に関する記述を見ると、粥が多く食べられている。八ッ場でも内耳土器が多く出土するので、まず煮る調理法が考えられるだろう。煮る調理をすると鍋が焦げ付くことがある。特に穀物は煮るとでんぷんが溶け出してとろみが付くので焦げ付きやすい。しかし、内耳土器の内面に焦げが付くものはあまり多くない。これは煮る以外の調理法も多く行われたことを想定させる。一例として考えられるのは「蒸す」調理法だ。内耳土器で湯を沸かし、上に蒸籠などを載せて使えば、焦げは付かない。参考に『長楽寺永禄日記』には「饅」という料理が登場する。どんな料理か記述がないが、饅頭の「饅」と見て蒸し料理を想定するか、「ぬた」と訓読みして魚や野菜を酢味噌で和えた料理を想定するかで見方は大きく変わる。八ッ場では石臼が多く出土し、中にはかなり使い込まれたものもあるので、饅

林城跡出土の石臼（586集）
臼は上下２枚を組み合わせて使用する。
写真左は下臼、右は別個体の上臼。

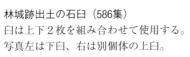

頭のような料理も食べられたのかもしれない。

陶磁器の流通と八ッ場　八ッ場で、遠方で生産された貿易陶磁や国産陶磁器が多く見つかっているのは、中世に流通が大きく発達したからだ。流通の主体は海運で、日本海側と太平洋側、さらに波の穏やかな瀬戸内海で流通圏を形成した。

八ッ場出土の貿易陶磁は、浙江省にあった龍泉窯系の青磁や白磁の碗・皿を中心に出土する。一方で、林中原Ⅰ遺跡（林城）で出土したビロースクタイプの白磁碗は大変珍しい。この白磁は主に沖縄県から九州地方にかけて出土し、関東地方ではほぼ出土しない。陶磁器が広域に流通していたことが分かる。

国産陶磁器は、瀬戸美濃窯製品の出土が多い。皿などの食器類が主体だが、中には瀬戸窯で生産された中国陶磁を真似た施釉陶器の花瓶、梅瓶、四耳壷、香炉なども出土する。これらは「古瀬戸」と呼ばれ、高級品として流通した。

八ッ場は、内耳土器の出土傾向から、信濃方面の文化を強く受けた地域である。一方で、国産陶磁器の出土傾向は、太平洋側からの流通が盛んであったことを推定させる。

また、林中原Ⅰ遺跡（林城）の一号池では、古瀬戸の瓶子、常滑窯の片口鉢、珠洲窯の甕が共に出土している。同時期に両方の焼き物を使用していた可能性がある。そのことから、八ッ場には、日本海側と太平洋側両方の流通圏からさまざまなものが流入したことが分かる。日本海側と太平洋側の流通における結節点であったといえるだろう。

古瀬戸　瓶子

左の写真は林中原Ⅰ遺跡出土の瓶子の口部分。（586集）

右の写真は上栗須寺前遺跡群（藤岡市）出土の似た形の瓶子。（141集）

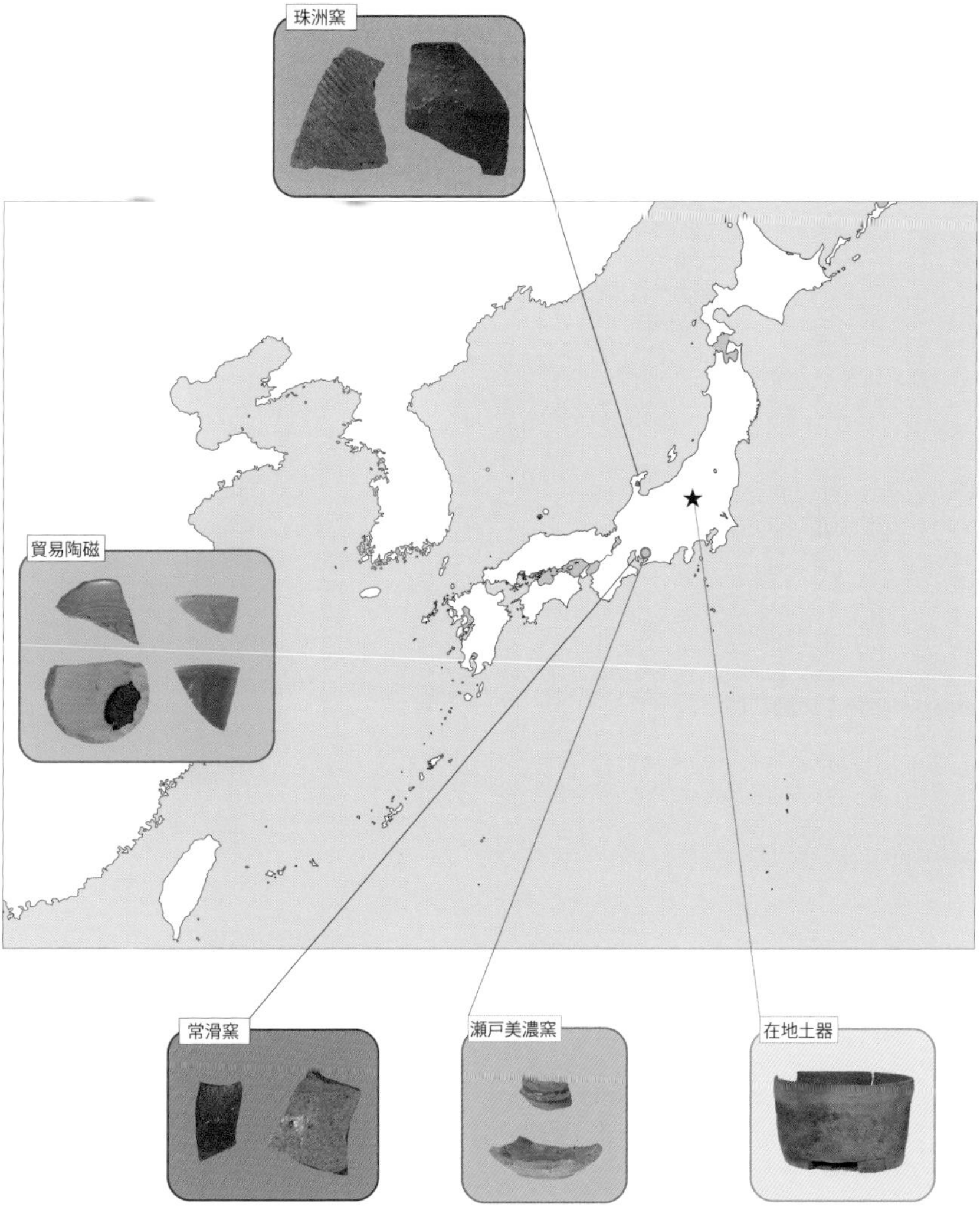

八ッ場で出土した焼き物

焼き物の出土傾向から遺跡を考える　八ッ場では中世の屋敷や居館が多く検出されている。では、遺跡の居住者はどのような人物だったのか。林中原Ｉ遺跡で検出された林城跡と中近世屋敷、下原遺跡、横壁中村遺跡、石川原遺跡を取り上げ、出土した焼き物から各遺構の中世の姿を見てみよう。なお、林城は十五世紀代、横壁中村遺跡は十五世紀中頃から後半頃、下原遺跡は十五世紀後半頃、中近世屋敷は十五世紀から十七世紀頃、石川原遺跡は十五世紀頃から近世にかけての屋敷跡である。

まずは、出土した焼き物全体における在地土器、国産陶磁器、貿易陶磁の比率を比べてみよう。

林城では在地土器と国産陶磁器は、各三六%を占め、貿易陶磁はやや少なく二七%を占める。中近世屋敷では在地土器は三一%、国産陶磁器は四四%、貿易陶磁は二五%を占める。下原遺跡では、在地土器と貿易陶磁は同量で各四二%、国産陶磁器は一六%を占める。横壁中村遺跡では七五%を在地土器が占め、次いで国産陶磁器が一四%、貿易陶磁が一〇%を占める。石川原遺跡では在地土器が約七〇%、次いで貿易陶磁が約二一%、国産陶磁器が約九%を占める。

焼き物の出土比率を見ると、在地土器の占める割合が五〇%を超えるかどうかで林城・中近世屋敷と下原遺跡、横壁中村遺跡と石川原遺跡と二つのグループに分けることができる。在地土器では前述の通り鍋として使用された内耳土器が多い。よって、横壁中村遺跡と石川原遺跡は、出土した焼き物に占める調理具の割合が特に多い遺跡である。

陶磁器から居住者の富を考える　出土した焼き物の比率は何に起因して

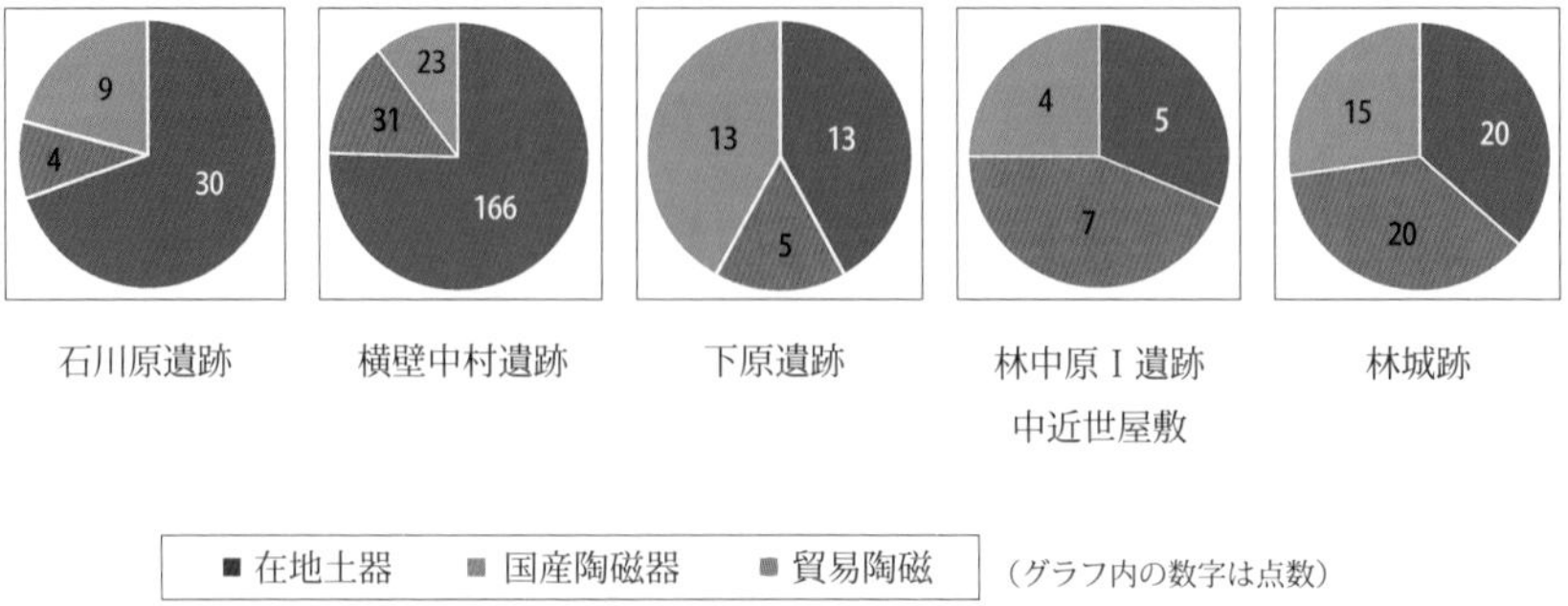

（グラフ内の数字は点数）

いるのか。国産陶磁器や貿易陶磁から探ってみよう。国産陶磁器や貿易陶磁には安価な器種と高価な器種がある。例えば、皿や碗などの器種は貿易陶磁でも大量に流通したことが知られており、比較的安価に取引されたと考えられる。それに対し、瓶子、四耳壷などの壺類、香炉、盤は高級品として取引された。国産陶磁器も同様で、高価だったのは古瀬戸などの施釉陶器である。特に瓶類や香炉、盤などは貿易陶磁に次ぐ高級品だった。対して、常滑窯などの施釉陶器を生産しない窯の製品は安価だったようだ。ただし、施釉陶器でも皿や碗は流通量が多く、安価に取引されたようだ。

　林城では、貿易陶磁は碗が多く出土し、国産陶磁器は古瀬戸の皿が多く出土している。また、貿易陶磁の盤、古瀬戸の四耳壺、瓶子、花瓶と高級品が五遺跡のなかで最も多い。中近世屋敷では、貿易陶磁の茶入《ちゃいれ》、古瀬戸の瓶類が出土し、林城跡に並ぶ高級品を所持している。しかし遺物出土量が少なく、点数の上では林城に及ばない。下原遺跡では貿易陶磁で陶器の壺が出土している。青磁や白磁でなく陶器なのは所有者の好みだろうか。国産陶磁器では古瀬戸と見られる瓶類が出土している。横壁中村遺跡では貿易陶磁は碗が主で、瓶類などの高級品は出土していない。一方、国産陶磁器では古瀬戸の香炉、小瓶、四耳壷か瓶子とされる壺が出土していて、前述の三遺跡よりやや劣る。石川原遺跡では貿易陶磁、国産陶磁器の高級品は出土していない。

　以上のことから、高級品の所持という点から見ると、林城跡が最も裕福で、次に下原遺跡と林中原Ⅰ遺跡の中近世屋敷、横壁中村遺跡、石川原遺跡の順に裕福であったことが推定できる。

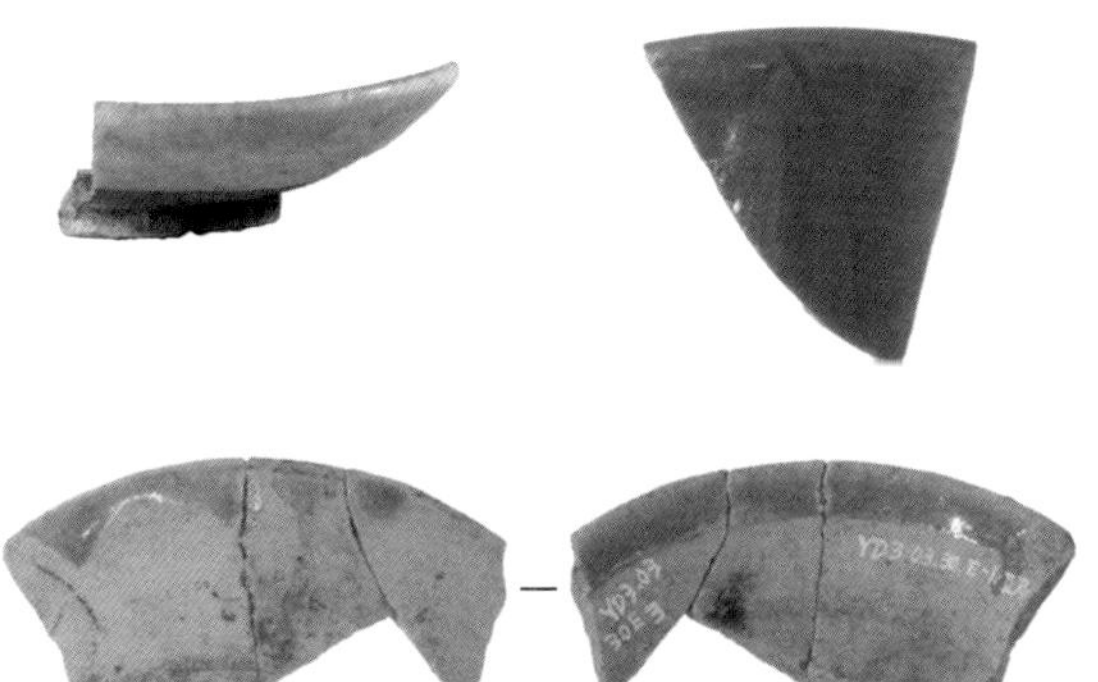

大量に流通した陶磁器

左上は白磁皿（671集）、右上は青磁碗（488集）、下は古瀬戸緑釉小皿（488集）

焼き物から見た有力者像　五遺跡の焼き物の出土傾向と高級陶磁器の出土状況を見てきた。在地土器の比率は、高級陶磁器が多く、裕福であったと考えられる林城や中近世屋敷、下原遺跡では下がり、高級陶磁器の出土が少なく、それほど裕福ではないと考えられる横壁中村遺跡や石川原遺跡では上昇する。特に、在地土器の出土比率が五〇％を下回る遺跡と貿易陶磁の高級品の出土する遺跡は同じである。

在地土器の大半を占める調理具は、日常的に使用され、壊れて買い替えるのも早い。つまり、在地土器の出土比率が低いということは生活必需品である調理具以外の品を多く持つことができたということを表している。このように遺物から遺跡の居住者がどれだけ裕福だったかを推定することができる。

また、今回最も裕福と考えられた林城は堀や虎口が検出されている。防御性の高い構造は他の四遺跡では見られない。八ッ場の中世屋敷遺構は塀や溝などで全周を囲わない開放的な構造が特徴であるので、地域の中でも特殊な遺構である。

このような城館跡で、多くの高級品が出土していることは、居住者が単に裕福なだけでなく、他の領主より上の立場や強い権威を持った地域の有力者であったことを推定させる。

（多田宏太）

林城跡で出土した陶磁器の高級品（586集）
左上　青磁盤　左下　古瀬戸花瓶
右　　古瀬戸瓶子

近世

―山間の江戸文化―

石川原遺跡で発見された「不動院」（688集）

天明泥流災害の基本資料のなかに毛呂義郷の記録があるが、発見された「不動院」はその記録のとおりの場所で見つかった。川原湯温泉発見の逸話の一つは不動院を舞台に語られるが、地元の人は不動院がここにあったことを知らないと言う。

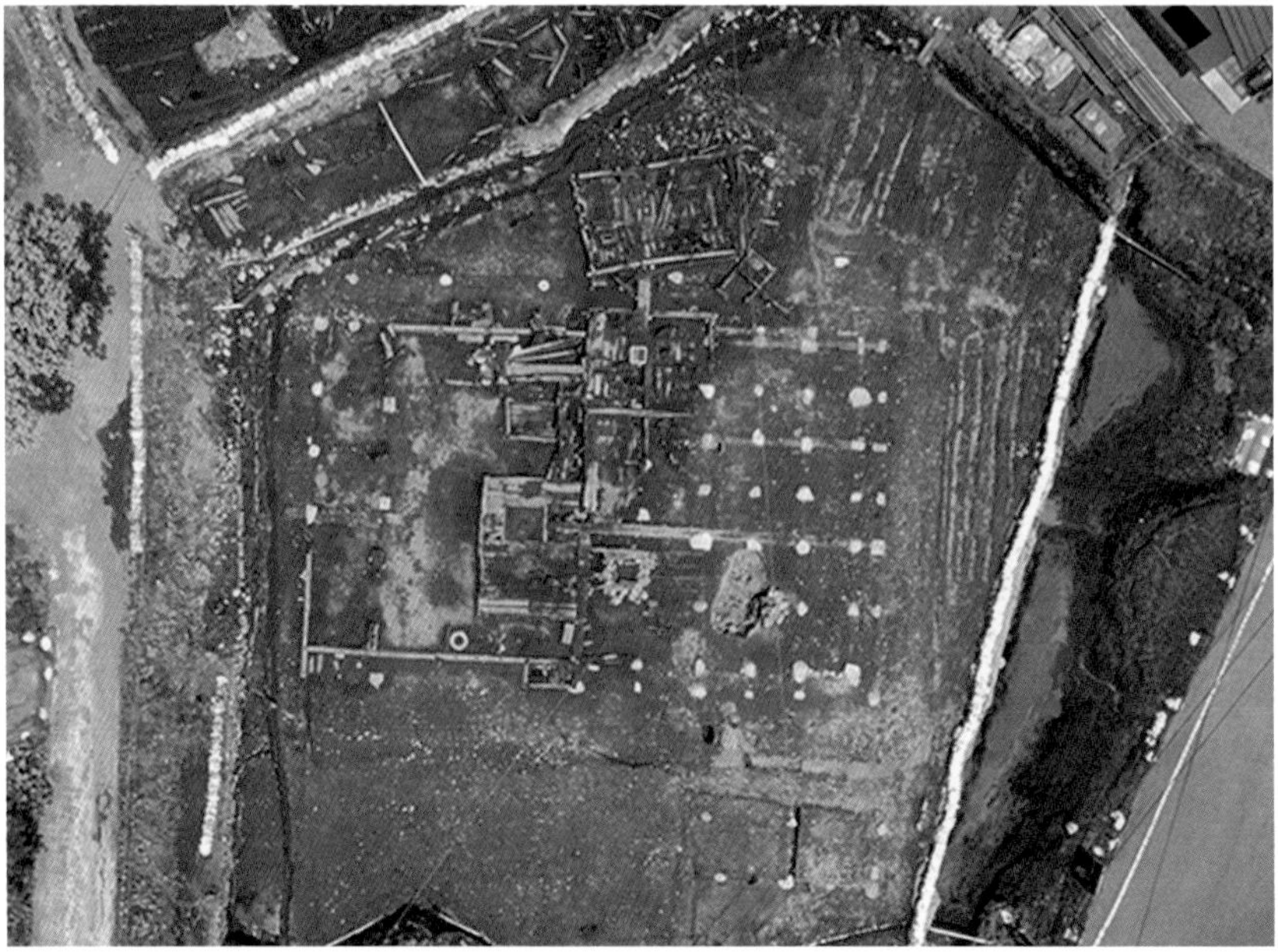

川原畑地区の東宮遺跡で発見された１号屋敷の主屋（514集）。上が北。間口20m、奥行き16mの大型建物で、南側と東側に庇が付く。左半分が土間で、土間の左側に７頭分の厩がある。建物の南側に庭があり、出入り口の右手に外風呂がついていた。

東宮遺跡で発見された酒蔵（５号屋敷　628集）。１号屋敷のすぐ西側にあり、槽場《おけば》が伴うことから酒蔵とわかった。高い石垣で囲まれ、すぐ横を水路が流れる。

飛び石と猫

川原湯地区の石川原遺跡で発見された２号屋敷（688集）。上が東。南側に庭にしゃれた飛び石があり、その先に倉があった。主屋は間口は18m。

石川原遺跡で見つかった15号屋敷（688集）。左上に礎石があり、屋敷の部材は南東側に飛ばされていた。ここでは部材の下から泥流災害の被災者と猫が遺体で発見された。

幻の不動院と観音堂

石川原遺跡で発見された江戸時代の寺院（688集）：不動院の本堂。集落から離れた東側畑地の端で見つかった。本堂の裏はすぐ吾妻川で、前には池があり、右側に庫裡があった。庫裡の床下から見つかった真言密教の法具は、経文と共に箱に入れられていた。

石川原遺跡で発見された観音堂（688集）。不動院のすぐ西側にあり、ここで道はＴ字路となって南側の山へ上がり、川原湯温泉につながっていた。また、右下の石造物は石塔婆や無縫塔などの台座で、いずれもここで見つかった。

広大な畑の不思議

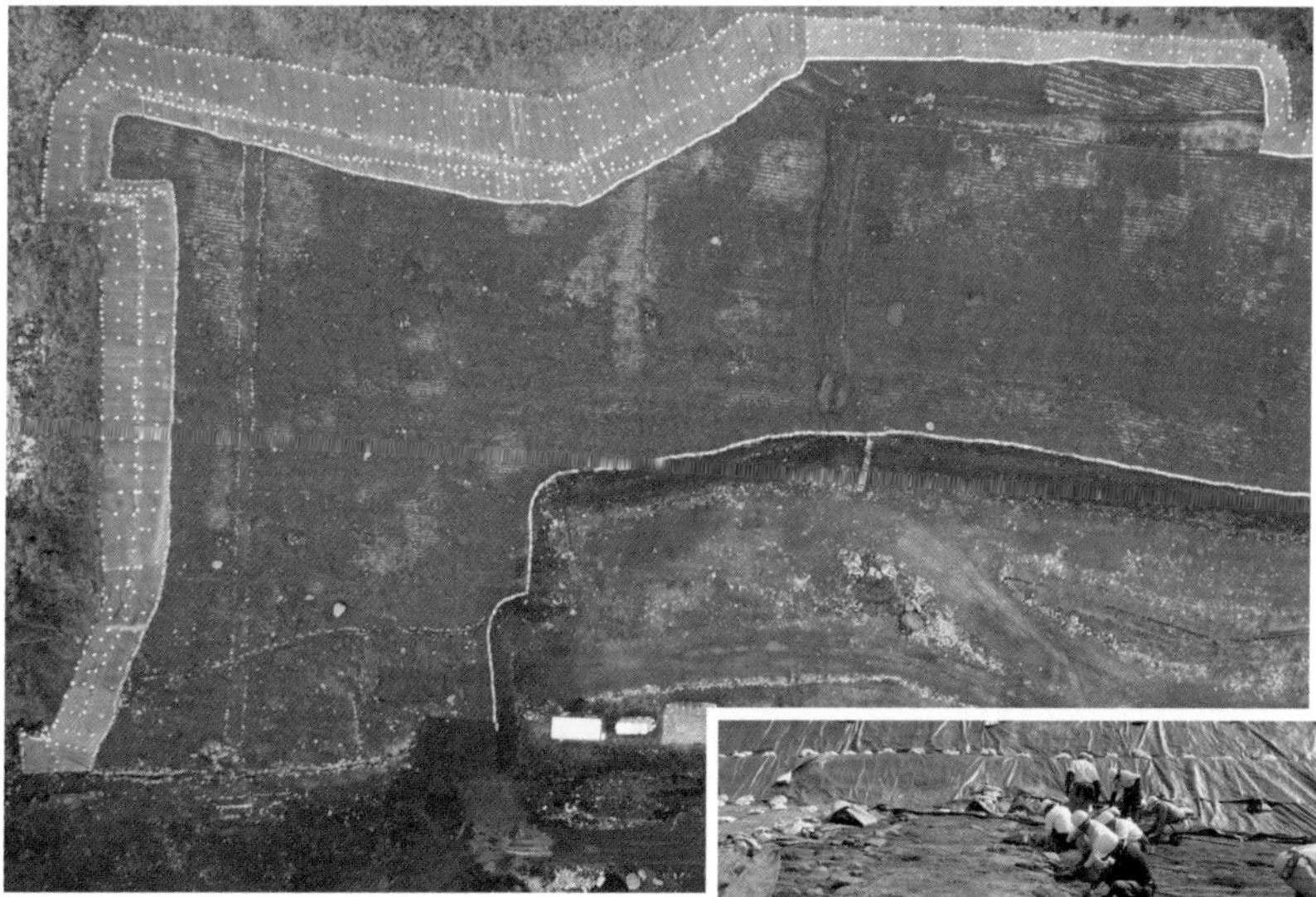

石川原遺跡の天明泥流下の畑と道(688集)。左手の道は幅1.5mで両側に石列があり、右手の道は水路を伴っていて高く盛り上がっている。

石川原遺跡の天明泥流下畑の調査(688集)。畑の畝は所々で折れ曲がったり、切り合ったりしている。よく見ると、2本の畝が同じラインで引かれており、2本歯の道具を使って畝立しているようだ。

一　発掘！天明泥流下の村

山間に暮らす村人たち

江戸社会は、さまざまな制度改革で始まった。農村は検地によって田畑の石高《こくだか》（生産高）を定められ、宗門人別《しゅうもんにんべつ》で村人も管理された。寛文八年（一六六八）の郷帳《ごうちょう》によれば、上野国全体の総石高は五一万五〇〇〇石余で、郡数は一四か所、村数は一一三三か村であった。このうち、吾妻郡の村数は七九か村で、石高は一万三〇〇〇石余であった。ただし、当時の吾妻郡は今より広く、利根川西岸みなかみ町の村々を含んでいた。吾妻郡の多くは沼田藩真田領であり、天和元年（一六八一）の真田氏改易後、一部旗本領を除き幕府領となっている。改易後貞享元年（一六八四）から三年（一六八六）にかけて新たな検地が実施された結果、年貢が大幅に軽減された。この検地は「貞享《じょうきょう》のお助け縄」と呼ばれている。

村には村役人がおり、年貢や労役なども村で責任を取ることとなった。一方、用水整備により新田開発が飛躍的に進められ、村から新たな新田集落が生まれた。県内には、主要道として三国街道や中山道があり、宿場は参勤交代で江戸を行き来する大名らを支えた。

八ッ場ではどうだろうか。本書の各時代でも述べられてきた通り、この山間は水田に乏しい土地柄であった。新田集落の存在も聞かれない。しかし、八ッ場の村々は、屋敷の周りに隙間なく畑作を行っていた。天明泥流下から発掘された畑は斜面地まで広がり、農民の生活エ

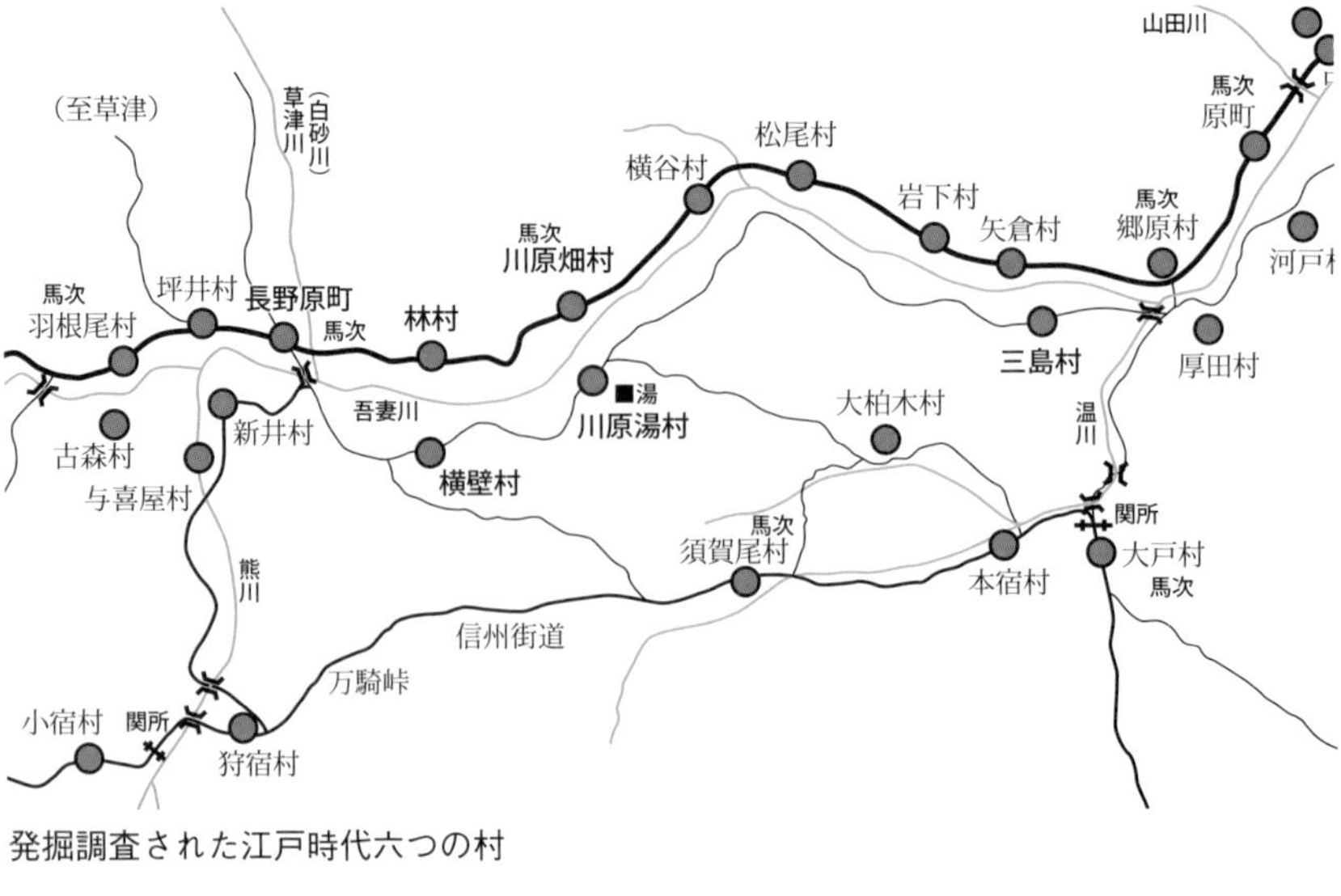

発掘調査された江戸時代六つの村

ネルギーに満ちていた。酒造や養蚕なども行われていた。暮らし向きも大きく変化を遂げる。住宅は地覆（土台）建物に変わり、民家建築が生まれ、屋内には馬を飼っていた。家族は囲炉裏《いろり》を囲み食事をした。食器もさまざまとなり、遠く九州で焼かれた焼物も使っている。仏壇で先祖をまつり、線香を上げるなど、現代と重なる人々の暮らしをうかがうことができる。

八ッ場ダム建設に伴う発掘調査に関係するのは、長野原町大字川原畑・川原湯・横壁・林・長野原と、東吾妻町大字三島である。これらの地名は、江戸時代の村の名前とほぼ一致する。上野国全体の石高平均は四〇〇石以上であり、長野原町五か村の平均は約一四七石である。長野原町は狭い山間地が多く、村の面積や石高が少なかった。石高を比較すると、少ない横壁村約五五石は大きな東吾妻町三島村約一一八一石の約二一分の一である。また、三島村以外の長野原町の村に水田はほとんどなく、年貢は米でなく大部分を銭で納めていた。

東吾妻町上郷岡原遺跡から、農家に似た建物が天明泥流で押しつぶされた状態で見つかった。奥の座敷部分から柱等の木材、台所北側からは食器等が出土した。泥流で埋まる直前まで生活していた様子がそのまま現れた。この他、尾坂遺跡・東宮遺跡・西宮遺跡・石川原遺跡・町遺跡・下田遺跡等で屋敷の調査が実施され、その総軒数は四五軒となっている。特に東宮遺跡・西宮遺跡・石川原遺跡は、主屋《おもや》が泥流により押しつぶされたことから、多くの

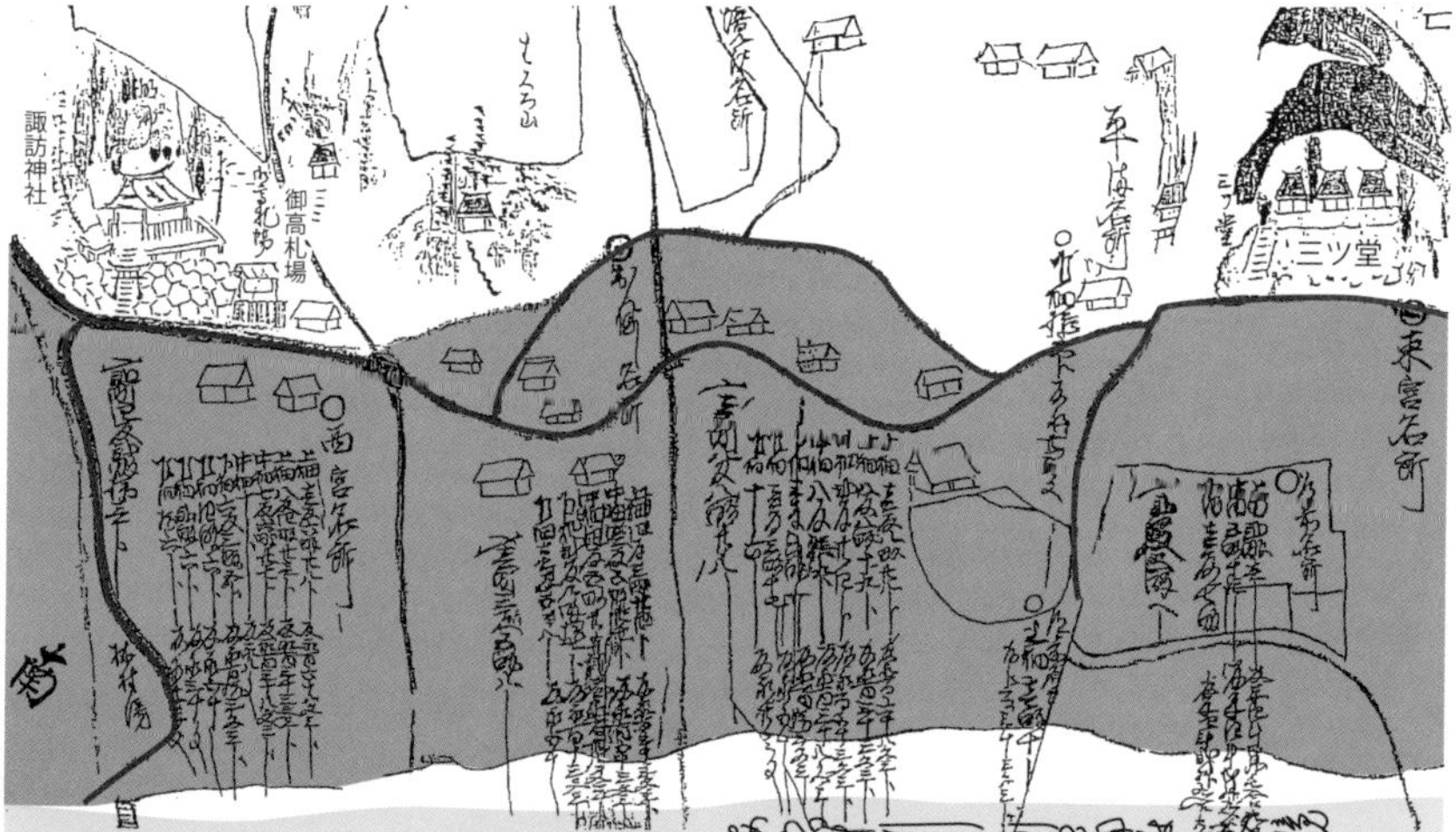

天明泥流で被害を受けた川原畑村の中心部。茶色に染められた部分は泥流で被害を受けた範囲（天保14年1843）（長野原町教育委員会提供）

建築部材や生活用具を残した状態であった。それらは土台から外れて倒れた柱、整然と板が並ぶ板間、板間下の構造材である大引《おおびき》や根太《ねだ》、馬が出入りする大きな板戸（大戸）、障子や板戸、土壁や草壁等の建築部材である。出土品には、仏壇の上に置かれた位牌、台所や囲炉裏付近から出土した鉄鍋・鎌・包丁等の鉄製品と陶磁器の碗や皿、重ねられた漆塗のお膳や椀・箸、土間と板間境付近から出土した下駄等がある。囲炉裏に置かれていた茶釜の中に布製の袋があり、茶葉と思われるものが入っていた。土間からは梅を漬けた陶器が出土した。また馬屋からは馬糞が黄色い色の状態で発見された。

八ッ場の村々を突然に埋め尽くした天明泥流は、当時の生活をそのまま地中に保存する結果となった。江戸時代の村をこれほど生々しく伝える遺跡は、全国屈指の事例であろう。そこには、町場とは違う山間に暮らす村人の姿が息づいている。文字では語り尽くせない生きた歴史がある。この成果と現地に残されている古文書等を、比較することも大事であろう。

村の祈り　寺と神社　寺は、発掘調査された六町村中で長野原町の曹洞宗雲林寺・岩下村の曹洞宗応永寺・三島村の浄土宗浄清寺と発掘調査で確認された川原湯村の不動院の四か所に存在していた。しかし他の村には存在していない。不動院は天明泥流で被災後、薬師堂の隣に存在していた。しかし住職の不在等もあり檀家はほとんどいなかった。川原湯村の住民の多くは、東方の岩下村（東吾妻町）の曹洞宗応永寺の檀家となっていた。吾妻郡全体では、明治八年頃に寺のある町村は、八〇町村中三三村と半数以下であった。なお、神社は発掘されたすべての村に作られていたとみら

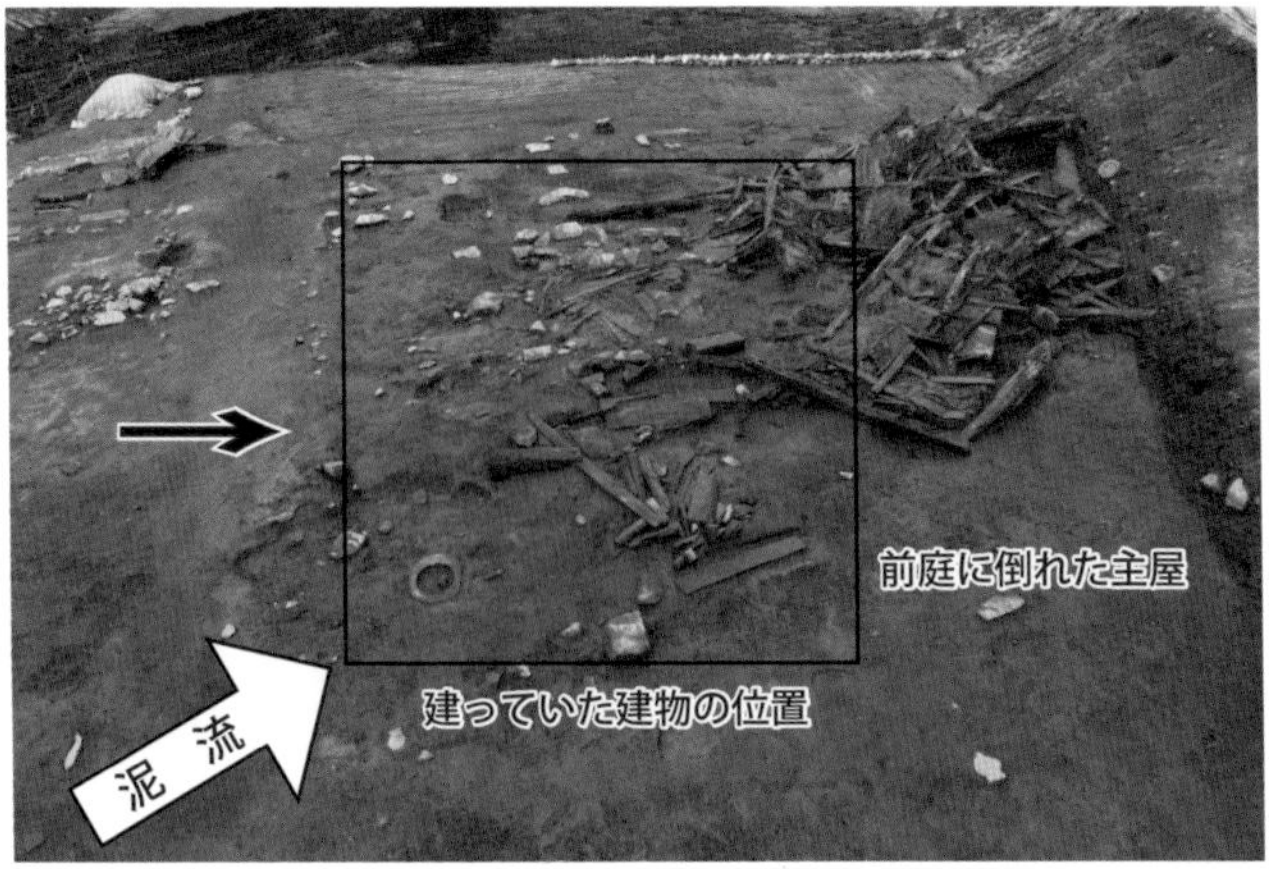

北側の吾妻川方向から押しよせた泥流により27号建物が南の前庭に倒れていた。（石川原遺跡　688集）

れる。

堂は、川原畑村の三ツ堂や川原湯村の不動堂・薬師堂をはじめ、絵図に多く描かれている。川原畑村の絵図では、民家は切妻《きりづま》風の屋根で描かれるが、鳥居を伴う建物は寄棟《よせむね》風屋根の建物である。この寄棟風の建物は、三ツ堂と諏訪神社の他に三軒描かれている。川原湯の絵図にも多く描かれ、これらが集落ごとに信仰されていた堂や社と思われる。発掘調査でも川原湯村の下湯原遺跡、林村の下田遺跡等で、堂の可能性のある建物が墓とともに確認されている。

二　遺跡の建物や出土品から村がよみがえる

続々と見つかる屋敷

建物の構成いろいろ　屋敷とは、生活している主屋を中心に前庭と複数の付属建物および井戸や水場等から構成されている一つのまとまりである。主屋は煮炊き・食事・睡眠・農作業等が行われる、最も基本的な施設である。建物規模や構造等さまざまであるが、建物内の施設は基本的に同じである。食事を作るための囲炉裏やカマド、精米や脱穀のための唐臼、食事・休息・睡眠のための部屋、冠婚葬祭や来客に対応する部屋、馬の飼育や肥料作りのための馬屋、農作業のための土間等がある。

付属建物は、主屋が掘立柱建物の場合、付属建物も同じ掘立柱建物で、主屋が地覆《じふく》（土台）建物*の場合、付属建物も地覆（土台）建物の場合が

水路の脇に井戸を掘る。井戸の脇に水平な石（作業用）水路のとなりには底の穿いた唐臼(洗用)が置かれ、底から抜いた排水が水路に流れ込む。(628集)

切石が使われている蔵（石川原遺跡31号建物688集）

多い。主屋に付属して大部分の屋敷では便所が作られていた。大きな屋敷では複数の建物があり、他に蔵が建てられたものもある。これまでの調査で蔵が伴う屋敷は、西宮遺跡、東宮遺跡、石川原遺跡から六軒確認されている。おそらく名主《なぬし》クラスの屋敷と思われる。

＊地覆建物…建物の土台を複数の礎石の上に横方向に置いて、その上に柱を立てる建物。礎石の上に位置する土台部分は、礎石の形に合わせて一部削って礎石と土台を固定している。

前庭は大事　ほとんどの屋敷には前庭が作られている。これは前庭に収穫物を集めて脱穀や乾燥等さまざまな作業を行うために必要な空間である。大きな屋敷に広い前庭が作られていることが多い。石川原遺跡一〇号屋敷では、馬小屋の堆肥が馬屋前の前庭に置かれていた可能性がある。石川原遺跡二・三号屋敷では、降下堆積した浅間山の軽石を、天明泥流で埋没するまでの数日のうちに、数か所に掃き集めていた。前庭は屋敷にとって大切な場所であった。生活の息吹を感じることができる。

水場の確保が命綱　生活する中で最も重要なことは、水の確保である。南側が開けている日当たりの良い平らな場所であっても、水が容易に手に入らないと人は住めない。東宮遺跡・西宮遺跡・石川原遺跡の屋敷では、確保する方法を異にするが、容易に水を手に入れることができた。東宮遺跡では、屋敷の片隅からの湧水を利用し、湧水のない屋敷は、浅い井戸を掘って水を確保していた。水路の脇に井戸を掘って、きれいな水を確保している屋敷も多かった。西方の西宮遺跡でも、同じように湧水や井戸を掘って確保していた。深い井戸が必要な屋敷は、湧水地に近い低い場所に、共

天明泥流発生の１週間ほど前に降った軽石は畑や道に残っていた。
屋敷では庭に降り積もった軽石を掃き集めて片付けられたが、この屋敷では庭の片隅２カ所に集めて残していた。（石川原遺跡２号屋敷　688集）

同の大きな井戸を掘って、数軒で利用していた。一方、石川原遺跡では、浅いところに水脈がないため、村外れの高い位置にある湧水地から、水路を掘って村の中に引き入れていた。各屋敷ではその水路を利用したが、よりきれいな飲料水を確保するため、水路に接した場所に水路より深く方形に掘り込んで、石囲いの水場が作られていた。おそらく水路からきれいな浸透水を確保する方法なのだろう。

整備された道と石垣　村の中に大小多くの道がある。村と村を結び外部から人や物資が行き来する主要な道や、村の中で家と家を結び、畑・山林等の往復に使われる狭い道等である。重要な道は村で共同管理しており、道幅が一・八m前後と一定し、水路として側溝等が作られることが多い。西宮遺跡、東宮遺跡、石川原遺跡では、道の両脇に石垣を積んで道の水平面を確保し、道脇の水路にも石垣が積まれていた。村の中心部の道は丁寧に整備されていた。主要な道以外は、道幅が一・八m以下が多く、道脇に積まれる石垣は少なく、道路面はやや雑であった。

村は平らな地形でなく、凹凸のあるなだらかな河岸段丘面に作られており、地表面下には大小多くの石が埋まっていた。また大雨等による大小の石を含む山崩れ等も多かった。平らでない場所に建物や畑等を作る時は、この石を利用して石垣を築いて、平らな面を確保していた。南側の低い道から北側の集落や畑を眺めると、西宮遺跡の集落は石垣の村の様相を呈していた。この石垣は、天明泥流で埋まった石垣と、その後に積まれた石垣では明らかに積み方が異なっている。このことは、東宮遺跡一号建物東側の石垣で、初めて気が付いた。そこでは東側が低地となっており、屋敷を

点線の下は天明泥流以前の石垣(横方向)
点線の上は以後に積まれた石垣(斜方向)
(石川原遺跡　688集)

道の山側に水路、低い畑側に石垣を積んで
幅1.8mの道を整備（石川原遺跡　688集）

作るために石垣を積んで平地面を確保している。その後、泥流により屋敷と石垣が一m近く埋まったので、平地面を確保するため、天明泥流以前の石垣の上に新たな石垣を積み足したのだ。その結果同じ石垣で積み方の異なる石垣ができ上がる。同じことが、東宮遺跡四号建物西側や石川原遺跡二号屋敷でも確認できる。特徴として、天明泥流以前の石垣は細長い石をほぼ水平に積むが、その上に積まれた新しい石垣は細長い石を斜め方向に積んでいる。この積み方の違いから、現在残っている石垣が、天明以前かそれ以降であるのかを見分けることができる。

主屋から世相がみえる

大きな主屋と小さな主屋　天明泥流下から発掘された主屋の建物は、規模や構造が大きく異なっている。最も大きく残りの良い主屋は、東宮遺跡一号建物である。東側から泥流を除去して発掘を進めると、次第に湧水が多くなった。水に浸かった重い泥流を除去すると、主屋西側から大量の建築部材や生活用具が出土した。水没していたので、通常は腐敗して残らない木材や、漆椀等の生活用具が大量に残っていた。建物内には四部屋以上の座敷があり、五頭分の馬屋がある。梅干しや黄色い馬糞はこの建物から出土した。地覆《じふく》（土台）建物で、建物規模は七三・五坪である。県内で発掘調査された屋敷としては最大規模である。

　最も小さい主屋は石川原遺跡四十二号建物である。土間の奥に板間はなく、土間に縄等で編んだ厚い敷物（当地方ではネコと呼んでいる）が敷かれていた。囲炉裏を囲んで煮炊き等が行われていた。掘立柱建物であり、

小さな主屋（11.8坪）
（石川原遺跡42号建物　688集）

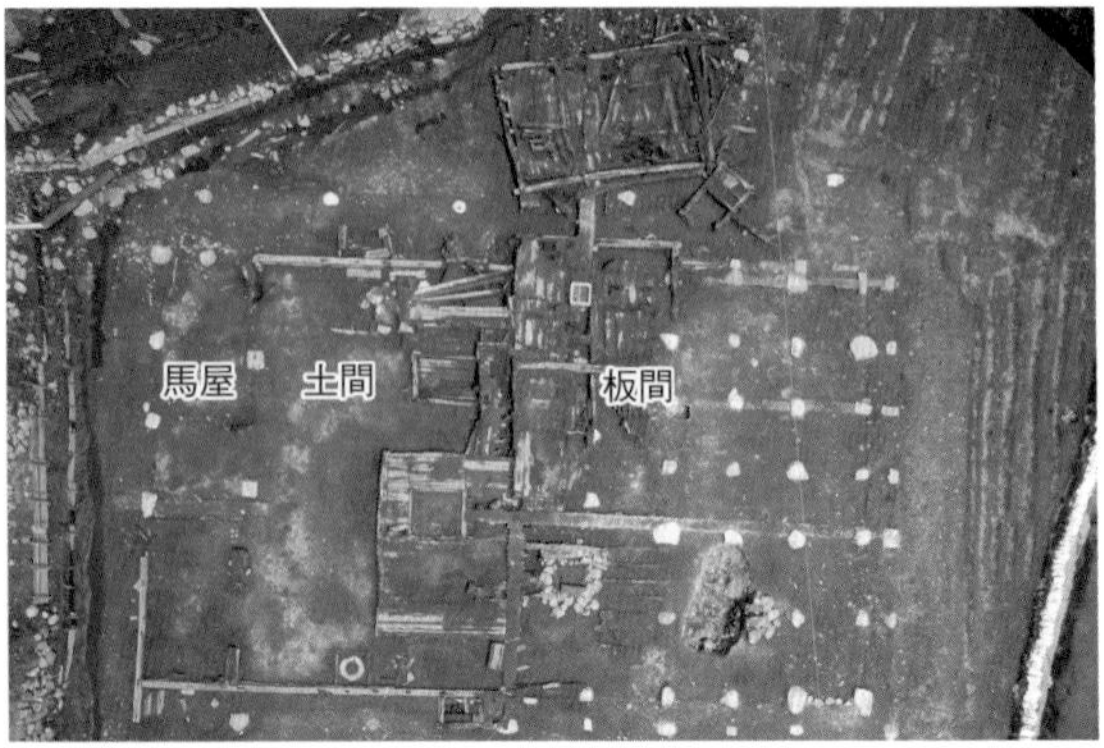

大きな主屋（73.5坪）（東宮遺跡１号建物　514集）

建物規模は一一・八坪であった。東宮遺跡一号建物の六分の一以下の規模である。発掘調査された四五軒の規模や構造を調べると、二〇八頁表で明らかなように同じ天明泥流で埋まり、同時期に存在した屋敷の主屋は大小さまざまであったことが分かる。

建物基礎の変化と二階建　発掘調査された四五軒の主屋は、約三割が掘立柱建物で約七割が地覆《じふく》（土台）建物である（図表一）。掘立柱建物は、中世以前から農家の主な建物であった。やがて、土台石の上に直接柱を立てる石場《いしば》建の建物（代表例：前橋市阿久沢家住宅・十七世紀末）等が登場する。宝暦年間（一七五一～一七六四年）頃から土台石の上に敷居等の地覆が置かれ、その上に柱を建てる地覆（土台）建物が増加してくる。また、二階建もこの頃から作られるようになる。県内に残っている江戸時代の農家は、大部分が名主等の大きな家であり、石場建と地覆（土台）建物である。全国的にみても、江戸時代の掘立柱建物は残っていない。掘立柱建物は、柱が腐ってしまうので、数十年と建物を維持することができない。なお、発掘調査で上屋構造まで確定することは難しく、石場建を特定することも難しい。

　西宮遺跡一号建物は、建坪面積約二七坪で中規模の地覆（土台）建物である。この基礎構造が徐々に主流になっていく。土台石の上に太さ四寸角の土台が、玄関のある南側部分以外の外壁部分下にほぼ原位置を保った状態で残っていた。土台の上にあった柱が土壁とともに泥流に押し倒されていた。残りの良い柱は長さ約二mである。土間の奥に非常に残りの良いカマド、左側手前に馬屋、土間の右側に三間取広間型と思われる板間が作ら

地覆（土台）が表側以外の３面に使われている
（西宮遺跡１号建物　670集）

れていた。囲炉裏は、土間に近い板間と奥の二間の南側に作られていた。なお、カマド左側の唐臼は被災後抜き取られていた。また、建物北側から一号井戸東側付近で、大量の漆椀等や多くの生活用具が出土した。井戸東側では、機織《はたお》りで使う筬《おさ》*が出土し、隣の二号建物土間の奥から機織り機の一部がある経巻具《たてまきぐ》**が出土したことから、農村での機織りを知る資料となるだろう。

*筬…織機の付属用具の一つ。櫛のような構造をした細長い枠。経糸の間隔を確保し、横糸を打ち込む。

**経巻具…織機の付属用具の一つ。布を織るために経糸を丸めて保管しておく道具。機織機の後ろに固定する。

石川原遺跡五号屋敷二一号建物は、建坪面積約二一坪で中規模の掘立柱建物である。一一本の掘立柱が残っていた。残りの良い柱は長さ二・四m以上である。地面に六〇cm前後埋まり、土間から屋根を支える梁までの高さは、約二mである。柱は丸材の四面を平らに削っているが地中に埋める部分は、ほぼ丸材の状態である。土間の奥にカマドと唐臼、左側手前に馬屋、土間の右側に土座、土座の中央に囲炉裏、土座の奥に板間がある。板間には位牌のある仏壇や陶磁器、漆製品が保管されていた。板間は大引や根太の上に釘等で固定されることなく敷かれていた。その上にはネコや御座と思われる敷物が置かれていた。

東吾妻町植栗に残っていた「吾妻郡下世相の変遷書留」(『群馬県史』資料編一一　五九八号)には、天明泥流以前の宝暦年間(一七五一〜一七六四)頃から二階建建物が作られたと記録されている。二階建は養蚕

２階根太上の床板
(石川原遺跡27号建物　688集)

２階床板下の根太と太い梁
(石川原遺跡27号建物　688集)

に関係するとも言われる。しかし、これまで二階建の建物を特定することはできなかった。これを特定するには、二階部分の床板とそれを支える太い梁や一階床下の根太と異なる規格化された根太等*を確認する必要があった。

*規格化された根太…一階床板下の根太は、隠れて見えなく転用部材が多い。二階床下の根太は、一階から見える。規格品が多い。

ところが、石川原遺跡二七号建物から、二階に上がる階段と二階の構造材である床板・梁・根太等が発掘された。出土した建築部材から二階建である可能性が高い。この建物は、一階部分の建坪面積が約二五坪で中規模の建物である。二階部分は発掘結果から土間の上部だけであったと思われる。その床面積を含めると約三八坪となる。北側から押し寄せた天明泥流により南側の庭へ押し倒された状態で埋没していた。建物の柱・壁等の建築部材や室内の家財道具が、押し倒された状態で残っていた。この例から考えると、四〇坪以上である東宮遺跡・西宮遺跡・石川原遺跡の大きな主屋は、一部を二階建としていたかもしれない。

主屋内部の施設がよみがえる

カマドと囲炉裏による食生活　煮炊きするための基本的な施設である。屋敷の主屋には必ず囲炉裏は作られている。カマドは大部分の建物にはあるが、以前はカマドが作られていたが、埋められて使われていない建物も確認されている。囲炉裏は必ず必要だが、カマドはなくても生活できる。囲炉裏の上には、取っ手の付いた小さな鍋が吊り下げられ、大きな釜はカ

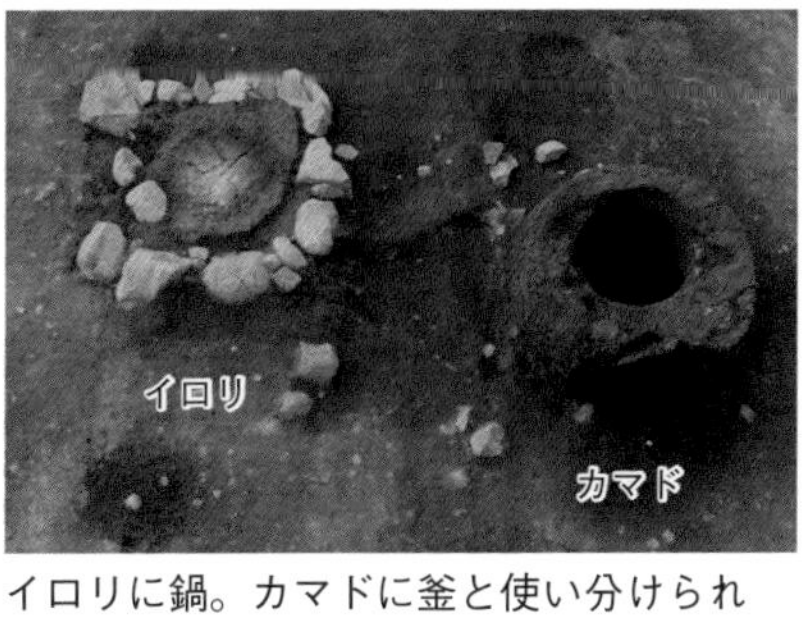

イロリに鍋。カマドに釜と使い分けられていた。(675集)

カマドの上に架けられていた鉄釜
(石川原遺跡16号建物　688集)

マド内にはめ込まれた状態で使われていた。釜の容量は、鍋より約三倍大きく、取っ手は付いていない。大きすぎて囲炉裏の上に吊り下げられない。日常の調理は囲炉裏の鍋を使用する。

発掘の結果、カマド内から口径約六〇cm、頸部径五〇cm、深さ二二cm前後の大きな釜が、複数の主屋から出土した。鍋は、泥流により押し流されているが、囲炉裏の隣で多く出土する。鍋の大きさは口径約三五cm、深さ一五cmが多い。カマドは口径が四〇cm以上と大きく、大きな釜を据えることはできるが、鍋の多くは、カマドにかけたら、中に落ちてしまう。口径四〇cmを超える大きな鍋もあるが、基本的にカマドで使用するものではない。八ッ場の調査では、昭和の頃まで御飯を炊くときに使用していたつばのある鉄釜は、まったく出土していない。

ところで、口径約六〇cm前後の大きな釜のかけられているカマドは、どのような目的で使用されていたのであろうか。筆者の家では昭和三十年から四十年代の頃までカマドが使われていた。カマドには、常に鍋の数倍の大きさの釜がかけられており、冬は毎日お湯を沸かし、食器や野菜等を洗う時に、そのお湯を使っていた。したがって、水甕の役割も果たしていたようである。

土間と座敷に暮らす　江戸時代の農家は、半分を土間に、残る半分を座敷（土座や板間）とすることが多い。大正から昭和初期に建てられた農家は、土間が全体の三分の一で、座敷は三分の二とすることが多いようである。また、現在の新しい農家は土間を作らないことが多い。天明泥流下の主屋は、面積に差はあるものの、土間と座敷の比率は同じようであった。

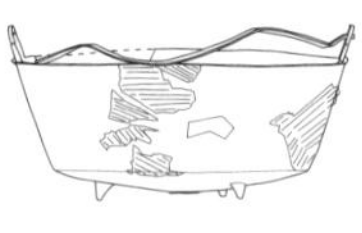

囲炉裏に架けて使う鍋（石川原遺跡21号建物688集）

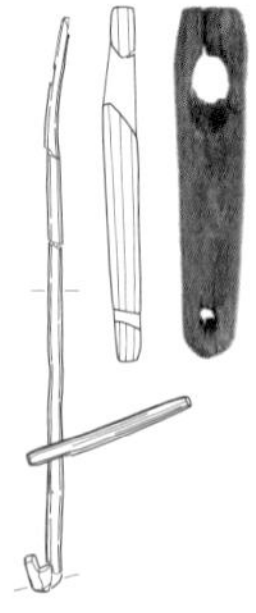

囲炉裏の天井から下げられて鍋を吊るすための自在カギ

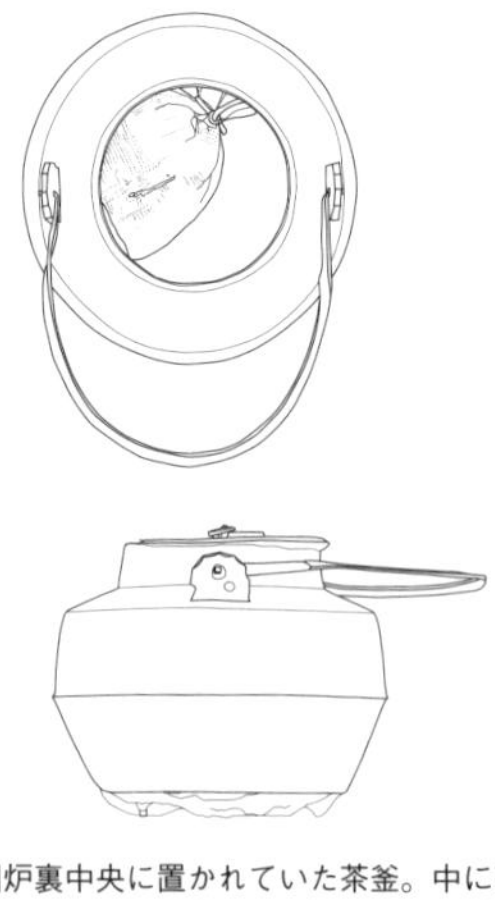

囲炉裏中央に置かれていた茶釜。中に茶袋が入っていた。（石川原遺跡51号建物）

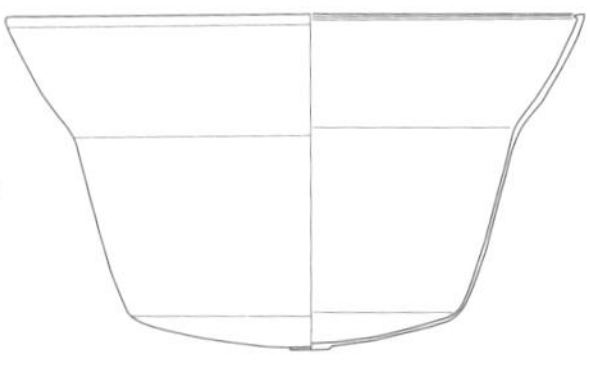

カマドに架けて使う釜（石川原遺跡21号建物）

農家にとって土間は大切であった。玄関付近に馬小屋、土間の奥にカマド・唐臼・半地下の収納庫、その周辺に桶や樽等の台所用品等が置かれていた。玄関とカマドとの間に広い空間があり、大きな主屋ではこの場所に土間の囲炉裏が作られた。この広い空間は、農作業等にも使われる貴重な広場でもあったのだろう。

主屋の約半分の面積を占める座敷は、従来は板間であったと考えられてきた。これは基本的に正しいが、八ッ場の発掘調査では、板間の他に、土間の土の上に植物の葉や茎等を敷き詰め、その上に蓆《むしろ》のような縄で編んだ厚い敷物（ネコと地元では呼称している）が敷かれていたことが分かってきた。

石川原遺跡二一号建物は、土間＋土座＋板間で、石川原遺跡四二号建物は、土間＋土座で構成されており、二軒とも土間部分に馬屋がある掘立柱の建物である。四二号建物では、土間に敷かれたネコとその下の植物の茎等が良好な状態で残っており、ネコの上に置かれていた石臼の下には、石臼で挽かれた粉末を通さない目の細かい御座《ござ》が重ねて敷かれていた。ネコの大きさは約一・四×二m（畳の約一・八倍）で、一枚分が良好に残っていた。また、囲炉裏のある部屋でネコの残りは良かったが、寝間と思われる奥の狭い部屋では、ネコの残りが悪かった。おそらく人目に触れない寝間では、多少崩れていても使い続けていたと思われる。二一号建物に似た構造の建物は他にもみられるため、掘立柱建物の多くは、土座であったと思われる。

地覆（土台）建物である西宮遺跡一b2号建物の座敷も土座であった。

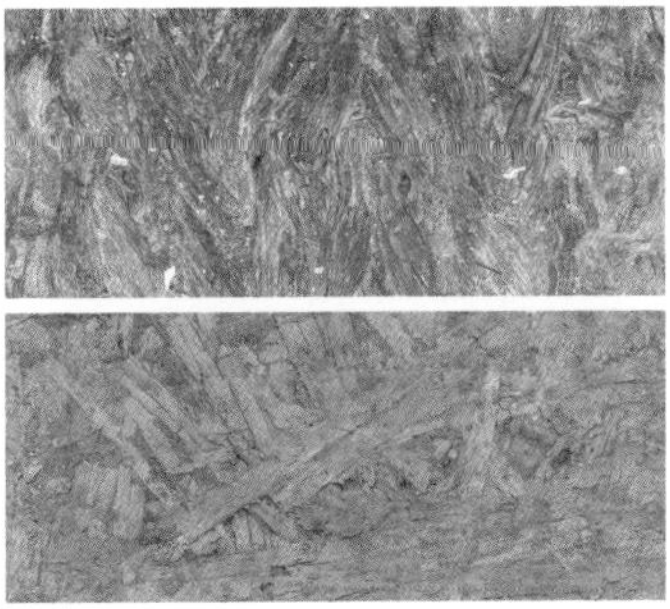

土間の上に植物茎、その上にネコが敷かれていた土座（居間）

板間の上に敷かれていたネコ（敷物）
（石川原遺跡21号建物　688集）

現在、新潟県中魚沼郡津南町に、元禄年間に建てられ移築復元された土座の建物がある。この建物は奥が二間の板間を設けており、土間に接した囲炉裏のある座敷部分が、土座となっている。

また、現在の板間は、床板の下に太い大引と根太があり、大引の下には床束《ゆかづか》が置かれ、土間部分から一定の高さを保っている。大引の両端は柱と繋がり、建物と一体構造で作られている。発掘された板間も、このような構造が多い。ただし、床束の代わりに多くの石を置いて、その上に大引を載せるため、大引の両端が柱に連結していない構造の板間もみられる。建物を建てた後に、土間を板間に変えられる構造である。板間が採用される中で、一時期このような形態の板間もあったものと考える。

土壁・竹壁・草壁で囲む　今日残っている古い農家の壁の多くは土壁である。同じような土壁がこれまでの調査で確認されてきた。しかし、土でなく草の茎や竹を組んだ壁が江戸時代に存在していた。石川原遺跡五一号建物では、オガラ（長さ一・八m前後、太さ約一cm以下の麻の表皮を剥いだ後の茎）だけで草壁が作られていた。石川原遺跡二一号建物では、板間の東側でオガラと割竹を縦横に組んだ竹壁が確認されている。柱側面に柱と柱を連結する横方向の貫《ぬき》はなく、竹壁や草壁を固定する方法として、柱両面に小さな穴を複数か所掘り、そこに細い横棒を差し込んで、竹壁・草壁を縛り付け固定していた。これらの壁構造は、掘立柱建物に多く、地覆（土台）の建物では土壁が多い。しかし、下田遺跡一七号建物は掘立柱建物であるが土壁であり、一様でなかったことが分かる。

馬は家族同然　江戸時代は、馬が家族のように大切に扱われ、人間と同

建物西側に押し倒された土壁
（東宮遺跡11号建物　628集）

建物南西側に押し倒された草壁
（石川原遺跡51号建物　688集）

じ主屋の中で暮らしていた。代官所等に提出した文書にも、村の男女別人口の他に馬の頭数が記されている。馬屋の規模は約四畳半が多く、馬屋内の土間は周辺より一〇cmほど低くなっており、発掘を進める段階でカマド等が作られている土間面と明瞭に区別することができる。低くなっているのは、藁がはみ出さないために掘り込み、繰り返し馬糞等の堆肥を搬出するため、土間の土が削られたこともある。馬は馬栓棒を外して出入りしており、馬栓棒を固定するために工夫されている出入口の柱が良好な状態で出土している。

　発掘した多くの主屋に馬屋が作られていた。最も大きな屋敷である東宮遺跡一号建物（約七三坪）では馬五頭分の馬屋が作られ、飼葉桶《かいばおけ》が伏せた状態で三個置かれていた。馬屋からは黄色い馬糞が出土しており泥流で埋没するまで飼われていたことが分かる。黄色い馬糞を取り上げ嗅いでみたが、においはなかった。数時間経過すると茶色から黒褐色に変化していった。発掘担当者のみが出合うことのできる感動の一瞬であった。今でも鮮明に覚えている。

　最も小さな屋敷である石川原遺跡一二号屋敷四二号建物（約一二坪）では一頭分の馬屋が作られていた。馬屋のない主屋もあり、すべての家に馬が飼われていたわけではない。複数の馬を飼うことのできる馬屋が、三〇坪以上の主屋で数軒確認されている。複数の馬を飼うことのできる馬小屋の存在から考えて、大きな屋敷では複数の馬が飼われていたのだろうか。天保九年（一八三八）の長野原町の「宗門人別書上帳《しゅうもんにんべつかきあげちょう》」では、約六割の家で馬が飼われていた。また、七二軒中二頭の馬を飼っていたのは一軒だけ

馬屋（中之条町富沢家住宅）

土間より10cm前後低くなっている馬屋
（石川原遺跡14号建物　688集）

馬屋の柱馬栓棒を着脱するための鍵がつくられている。（西宮遺跡１号建物　670集）

であった。複数の馬を飼うことのできる馬屋では、自ら飼っている馬の他に、他人の馬を預かる場合もあったのではないだろうか。江戸時代の荷物の多くは馬の背で運んだ。運搬する人と馬の宿が必要であった。そのために大きな屋敷には、複数の馬を置くための広さが必要であったと思われる。東宮遺跡や西宮遺跡のある川原畑村は信州より原町等に荷物を運搬する人の宿が村の中に存在していたことが、記録*に残っている。

＊「吾妻郡長野原町と河原畑村荷物馬継ぎ連判証文」元禄二年

土間で使う唐臼　農家に唐臼は必需品である。唐臼は、穀物の脱穀や精米等の時に使われる。餅を搗《つ》く木製の臼と異なり、石製の臼であり、強い衝撃に耐えることができる。この石臼を屋敷の主屋の大小にかかわらず、大部分の屋敷が持っていた。ほとんどの屋敷では一個であるが、大きな主屋である東宮遺跡一号建物や石川原遺跡十六号建物は二個持っていた。昭和の初めの頃まで、多くの家で使われており、筆者は使った経験はないが、育った家にはあった。

天明泥流で埋まった東宮遺跡や西宮遺跡では、唐臼の多くが泥流で埋没後に掘って持ち出されていた。泥流の厚さが一m以上厚く堆積した石川原遺跡では掘り出すことができなかったためか、埋まった状態で残っていた。また、廃屋にあった唐臼を掘り出して、再利用するために口縁部を下にして保管してあった建物も調査されている(同遺跡一三号建物)。農家にとって唐臼は貴重なものであった。

この唐臼がどのような構造であったかを知ることのできる良好なセットが、石川原遺跡二七号建物から出土した。埋められている石臼の隣に杵が

唐臼の杵が倒れていた。(石川原遺跡27号建物　688集)

ほぼ完形の状態で倒れていた。使える状態の唐臼は、中之条町大道峠にある富沢家住宅で見ることができる。

毎日使う漆椀と保管しておく漆椀　資料館や民家の展示コーナーには、食膳具として、お膳の上に漆塗りの蓋付椀（深椀・浅椀・平椀・壺椀）が並べられているのを見ることがある。現在も古い農家の蔵には、このような漆椀やお膳等が保管されていることがある。これらを見て、当時の農民の生活は、現在より豊かであったのかと思うことがある。

発掘された屋敷の主屋から多くの漆塗りの椀やお膳等が出土した。日常使う浅椀（飯椀）と深椀（汁椀）を中心として一〇個前後（蓋は含めない）がまとまって出土したのが、東宮遺跡一号建物の台所北側の竹籠の中とその周辺である。上郷岡原遺跡二号建物では、台所と思われる土間北側の雨落ち溝付近から出土した。この中に平椀・壺椀は含まれていない。西宮遺跡一号建物では、板間北側から深椀・浅椀・平椀・壺椀が各一〇個前後まとまって出土している。石川原遺跡二七号建物では泥流により移動した馬屋南側付近から、壺椀と平椀の各一〇個と膳が一〇膳重ねられた状態で出土している。深椀・浅椀はこのセットの中に含まれていない。

つまり、浅椀（飯椀）と深椀（汁椀）を主体としたセットと、それを含まない平椀・壺椀を主体としたセット、さらに深椀・浅椀・平椀・壺椀と四種類すべてをそろえて保管している家等の存在が明らかとなった。深椀と浅椀が出土した東宮遺跡一号建物と上郷岡原遺跡二号建物は、台所に近い建物の外側であり、おそらく日常的に使っていたものと思われる。一方、すべてのセットがそろっていた西宮遺跡は、板間北側からの出土であるの

平椀と壺椀が蓋とともに保管されていた。（688集）

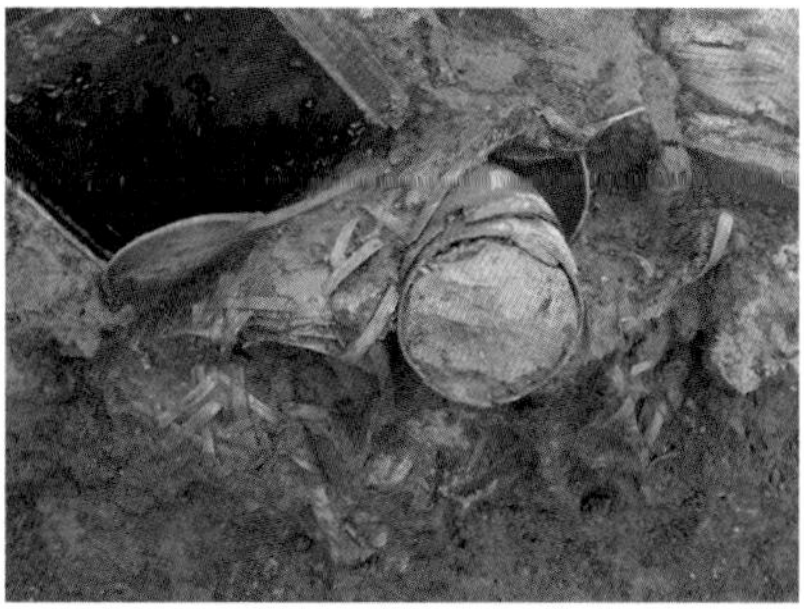

竹カゴの中に深椀と浅椀が蓋とともに保管されていた。（東宮遺跡１号建物　536集）

で、板間に保管されていたと思われる。

日常の食事で使う食器は、浅椀（飯椀）と深椀（汁椀）が主体であり、冠婚葬祭等では、深椀・浅椀・平椀・壺椀をそろえたと思われる。東宮遺跡一号建物の竹籠の中に保管されていた椀を観察すると、口縁部が欠けており、欠損しても長く使ったためか、その部分が黒く変色している。日々の生活で使う食器はこのようなものであろう。やはり、毎日朱塗りの深椀・浅椀・平椀・壺椀を膳の上に載せて、食べていたような生活ではなかったようである。なお、すべての椀に蓋が付いている。

特殊な建物あれこれ

驚きの酒蔵（東宮遺跡一〇号建物） 建物の土台部分に大きな切石（長さ約一五〇cm、幅約四〇cm、厚さ二〇cm）が、東西方向に八個、南北方向に九個整然と並べられた建物が発掘された。建物中央部には大きな土台の石（上幅約三〇cm、下幅約六〇cm、高さ約三五cmの方形）が四個並べられていた。建物内部はほぼ全面土間となっていたと思われ、カマドや囲炉裏はない。建物南西部分には太い柱が埋め込まれており、その東側には六個の石が長方形に並べられて、その北側には大きな桶が置けるような丸く浅い掘り込みがあって、壁面には石垣が積まれていた。建物を囲むように北・西・南壁面には石垣が整然と積まれていた。西側の高い石垣に押し付けられたような状態で、建物の敷居や土壁が残っていた。土壁の中には、丸い竹で組んだ木舞《こまい》と呼ばれ

酒をしぼる槽場。奥は太い土台とその上に丸竹を芯とした厚い土壁（東宮遺跡10号建物　514集）

四壁面下に切石。中央部に４個の礎石写真左下に酒をしぼる槽場（東宮遺跡10号建物　514集）

る骨組みが方形に組まれている。農家建物の土壁の木舞は、割竹が使われているので、ここでは大きな違いが生じ、この土壁は農家の倍以上の厚さとなっている。建物東側で道に面した軒下部分には、大きなカマドが造られており､道の東側には大量の薪が積まれていた。この建物は一体何であったのであろうか。

最も建物の特徴を表す施設は、建物南西部分に作られていた酒を絞る槽《ふな》場《ば》の存在である。方形に六個並べられた石の上には長方形の木箱（槽《ふね》）が置かれ、その中に酒袋の中に入れられた酒のもろみが詰め込まれる。その槽の上に厚い板を重ね、槽の脇に建てた大きな柱（男柱《おとこばしら》）に横棒を差し込み、てこの原理で、厚い板の上から圧搾して酒を絞る。槽の底にたまった酒は、槽の底部から流して桶や樽等に集める。太く大きな男柱は、上方向に圧力がかかり抜けてしまわないように地下深く埋め、底部付近に横方向の材をはめ込んで、抜けないように加工されていた。

酒造にとって最も危険なことは、雑菌の混入である。雑菌を防ぐために多くの熱湯が必要であり、大きな釜は必需品であった。厚い土壁は、現在の酒蔵と共通しており、蔵にすむ菌の保存と雑菌の侵入防止、温度管理に必要なものであった。酒に関する出土遺物は少ないが、樽の栓が七三個まとまって出土しており、酒樽の栓が七個出土している。

この地域には一号屋敷に関すると思われる言い伝えが残っている。「この屋敷では、酒造りを行っていた。天明泥流被災時に大切な酒は馬五頭に付けて逃げた」とされる。おそらくこの酒蔵は、道の反対側にある最も大きな一号屋敷が管理したものと思われる。一号屋敷一号建物の床下から、

酒をしぼる槽場の模型（牧野酒造所蔵）

10号建物（酒蔵）の槽場左側に男柱、右側に槽場（東宮遺跡10号建物　514集）

古い段階で使われていた土台石が見つかった。酒蔵と同じ四個の土台石である。五頭分の馬屋も作られていた。また、板間の下からは繭がたくさん出土しており、大きな屋敷を利用して養蚕も行われていたのだろう。この屋敷は村の街道に面し、天明泥流下最大規模の屋敷であり、大戸村の大富豪加辺安左衛門同様に酒を造り、養蚕を行い、五頭前後の馬屋を持ち運輸等も手掛け、この地方の有力者であったものと思われる。

仏壇のある家（石川原遺跡五一号建物）　建物の敷地面積が狭く付属建物もない、三坪以下の小さな掘立柱の建物が、村の幹線道である七号道の北側からみつかった。規模や位置から北に接する五号屋敷二十一号建物の付属建物とも思われた。しかし、建物中央に囲炉裏、囲炉裏南に仏壇、仏壇の中には位牌が五柱置かれていた。仏壇の戸棚の中には漆塗りのお櫃や丸いお膳・箸入れと、多くの陶磁器の碗等が保管されていた。囲炉裏の中央には茶釜が置かれ、茶釜の中には布製の袋に入った茶葉が入っていた。仏壇付近から大工の道具である墨壺も出土している。さらに鍋・鉄瓶・銅製のおろし金・包丁・なた・鎌が出土しており、この建物は生活道具等を保管する建物ではなく、まさに生活していた建物と思われた。小さな建物にもかかわらず、仏壇をはじめとした生活用具は、大きな屋敷の主屋から出土する生活用具より優れているようである。なぜこのような建物が存在したのだろうか。当時の世相から想像してみよう。

川原湯村の温泉に関する興味深い記録がある。それは「天保七年三月吾妻郡川原湯村湯屋敷等売渡につき保証状」（『群馬県史』資料編十一・五八三号）である。借金が増えて、温泉宿の土地と建物、湯株を売り渡し

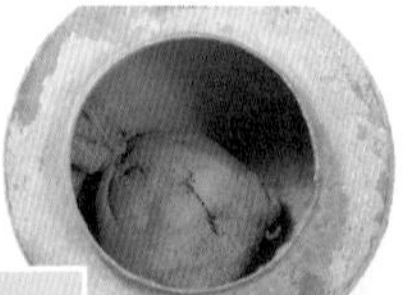

囲炉裏にかけてあった茶釜の中に、茶葉の入った袋が残っていた。
（石川原遺跡51号建物　688集）

三坪以下の掘立柱建物から仏壇をはじめ膨大な遺物が出土している。
（石川原遺跡51号建物　688集）

仏壇に位牌が５箇並んだ状態で出土した。（石川原遺跡51号建物　688集）

想定復元した仏壇
（石川原遺跡51号建物　688集）

仏壇下段の戸棚の中には陶磁器・おひつ・漆器等多数の遺物が納められていた。（石川原遺跡51号建物　688集）

た事例が書かれている。当時は生活に困窮すると、土地や建物を質入れし、やがてそれを手放したことが多くの記録に残されている。五一号建物の住民は、豊かな生活をしていたが、やがて家屋敷を手放し、家財道具を持って小さな建物に引っ越していたと考えるのは、想像しすぎであろうか。

検地帳と村人の様子　検地帳は、屋敷や畑等土地の所有者を記録したものである。一枚の畑ごとに所在地・畑の等級・面積・所有者が記載されている。屋敷では面積と所有者が記載されており、年貢等を徴収するための基本台帳となる。川原湯村・横壁村・長野原町等に貞享三年（一六八六）に作成されたものが残っている。川原湯村の検地帳を調べてみると、畑の所有者は二二人であった。所有している畑面積を調べると、最も多い人が二町四反五畝六歩、下から二番目に少ない人は一反三畝三〇歩であった。両者の間に約一七倍の開きがある。

　屋敷の土地について調べると、最も広い屋敷は五四〇坪であり、最も狭いのが三〇坪である。両者の間に約一八倍の開きがある。畑の面積と屋敷の面積の詳しい内容を表に示した。屋敷地の所有者を調べると、一人で三か所に記載されている人が一人、二か所に記録されている人が二人いる。この三人は、複数の屋敷地を所有していることとなる。一方、畑等の所有者に名前が記載されている人の中で、屋敷地に名前が記載されていない人が四人いる。

　最も多くの畑（二町歩以上）と屋敷（五四〇坪）の他に、二か所の屋敷を所有している人（惣兵衛）は、村の中でも特別な存在であったと思われる。検地帳に「湯泉薬師堂境内　堂守　惣兵衛」と記載されており、その

発掘された天明泥流下屋敷主屋規模一覧（掘立柱建物・土台建物）

区分	主屋建物規模別軒数						合計軒数
坪数	50坪以上	40坪以上	30坪以上	20坪以上	10坪以上	10坪以下	
掘立柱建物				8	5	1	14
地覆(土台)	3	3	5	15	4	1	31
合計	3	3	5	23	9	2	45

屋敷坪数	軒数(軒)	比率
40坪以上	6	0.13
20坪以上	28	0.62
20坪以下	11	0.24
計	45	1.00

主屋建物規模別比率

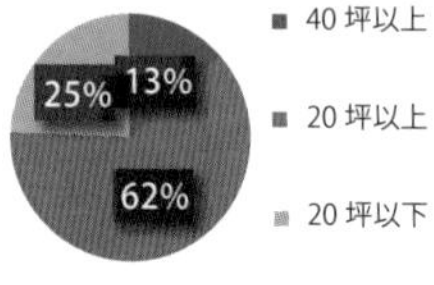

天明泥流下主屋建物規模（掘立柱建物・土台建物）

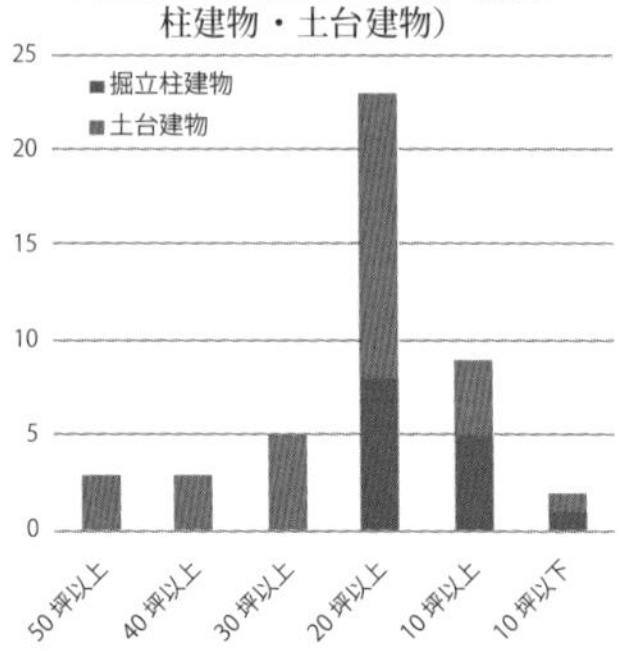

隣に「薬師堂境内　別当　不動院」と記載されることから、村の信仰にも力を発揮していたことが分かる。

　検地帳や発掘調査結果から考えて、村には大きな階層差が存在していた。当時の一軒の家族数は五人前後であり、広大な畑を家族だけですべて耕作することはできない。一方、五反歩以下の狭い畑しか持っていない家族は、それだけでは生活できない。広い土地を持っている人の土地を借りて耕作していた。また、屋敷を持たない人は、複数持つ人の家に住んで生活していた。一定の畑（五反歩以上一町五反歩以下）や住む家を持っていた人が、村の中では多くいた（約六四％）。その中にも一部土地を貸していた人、少し足りないので一部借地して耕作していた人等、さまざまな状況であった。

　表で示したように、広い土地と大きな主屋を持っている人（一二％）、狭い土地と小さな主屋を持っている人（二六％）、その中間に位置する人（六二％）等が存在していたようである。現在の社会においても、中間層が約六十％といわれている。今も、江戸時代と同じような社会なのである。

上野国吾妻郡河原湯村御検地による個人別土地所有面積

区分	主屋建物規模別比率					
耕地面積	2町歩以上	1町5反歩以上	1町歩以上	5反歩以上	5反歩以下	合計
人数	1	1	5	9	6	22
比率	4.55	4.55	22.73	40.91	27.27	100.00

耕地坪数	人数	比率
一町五反歩以上	2	9.09
五反歩以上	14	63.64
五反歩以下	6	27.27
計	22	100.00

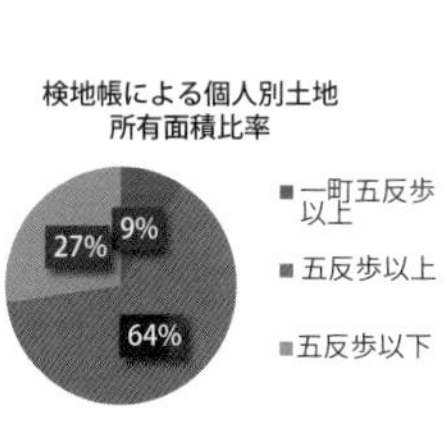

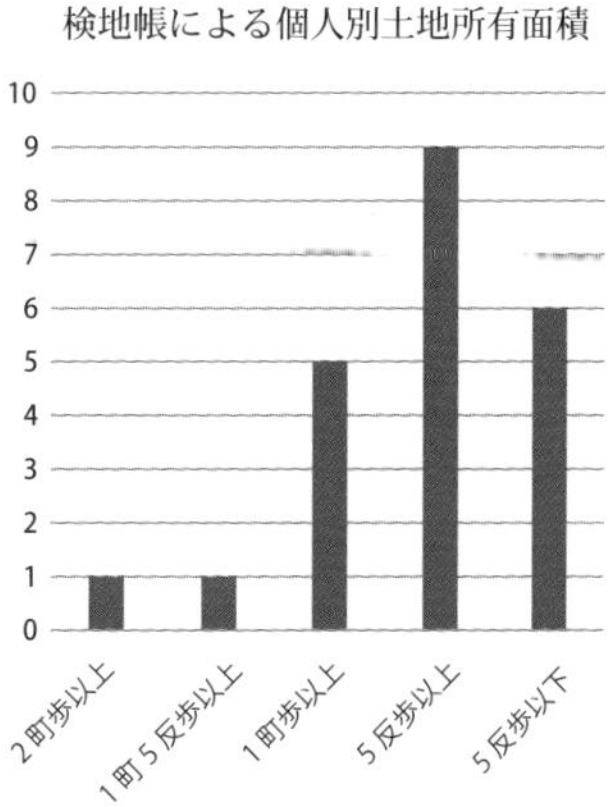

コラム

下駄に使われた秘技「地獄ほぞ」

　東宮遺跡一号建物から多くの下駄が出土した。下駄は足を載せる台とその下に付く歯からできている。歯が台と一本の材で作られている連歯下駄《れんはげた》・抉《えぐ》り下駄《げた》と台の底部の溝に二枚の歯を差し込む差歯下駄《さしばげた》がある。連歯下駄の歯は高さ五㎝以下であるが、差歯下駄は十㎝前後と高い。差し込まれる歯も八㎝と高いので、体重が歯に乗る安定性が低いので歯は抜けやすい。しかし出土遺物の中で歯の抜けた差歯下駄を見たことがない。

　差歯下駄の台で歯が差し込まれた部分から割れている下駄を観察すると、歯と台が組み込まれる台の最も奥の場所に、「地獄ほぞ」と呼ばれている加工があることがわかった。一度歯を台に打ち込むと歯の奥に浅く打ち込まれていた小さなホゾが、深く打ち込まれ外側に張り出し、台に刻まれた溝に固く組み込まれる。歯や台が割れない限り、歯は抜けない。筆者も試作してみると、歯はすこし動いたが決して抜けなかった。「地獄ほぞ」の構造を理解できるように、事業団に復元して見学できるようになっている。

（中沢　悟）

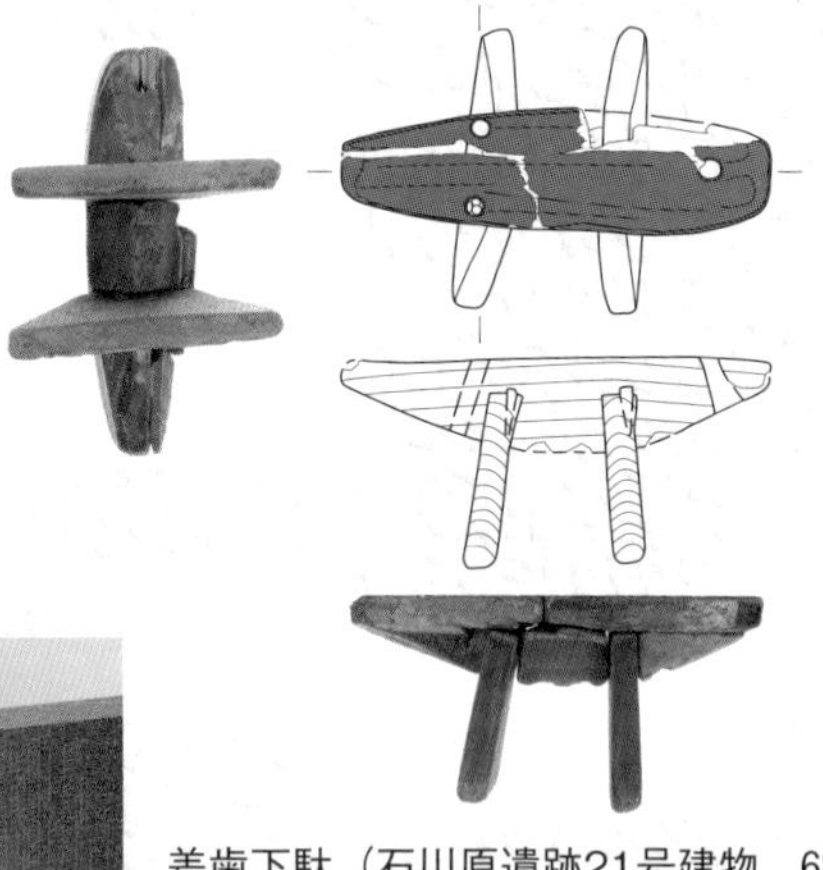

差歯下駄（石川原遺跡21号建物　688集）

復元した地獄ほぞ人間国宝須田賢司氏作（536集）

三　謎の寺・不動院の発見

忘れられた寺

川端に建つ寺跡　川原湯温泉西側の一段低い平地部分は上湯原と呼ばれており、北側が吾妻川、南側が一段高い段丘面となっている。平地中央部には東西方向の道と道に沿って水路が作られ、そこに小さな集落が作られていた。平地部分の東端に「てらやしき」と呼ばれている場所があり、発掘調査の結果、そこに大きな寺が天明泥流により埋まっていることが確認された。寺の北側は吾妻川に面している。現在の吾妻川との高さの違いは、約三三mである。

　寺の境内は、南西側へ向かって高い緩やかな地形に作られている。地面を切り盛りして平坦地を確保し、石垣を積んでいた。寺は西側に本堂、東側に庫裏《くり》と前庭、前庭西側に池、少し離れた西方に観音堂が建てられていた。本堂と庫裏の間から、多くの生活用具や寺に関連する遺物、庫裏の床下から密教法具がまとまって出土している。

　寺の正面出入口となる南面は、西側の集落へ向かう道と水路に面している。寺の東側には小さな沢があり、寺の西側は広大な畑である。寺は西側の集落から約二五〇m離れた場所に建てられていた。寺と観音堂をつなぐ道では、道の両側と水路に石垣が丁寧に積まれるが、寺から離れると石垣は少なくなる。吾妻川に面した寺北側の石垣は、五〇cm以上の高さに積まれ、中央部に竹林へ降りる階段が作られていた。

発掘調査された謎の不動院（688集）

この寺はどのような寺であったのだろうか。この場所に現在寺はない。他の多くの寺が、天明泥流による被害や他の理由から近くに本堂や庫裏等を再建しているが、この寺のことは分からなかった。

建物から分かる寺の様子　本堂（六号建物）は、北東方向から南西方向に押し寄せた天明泥流により押し倒され、埋もれていた。建物の柱・屋根・床板や本堂内の施設は全く残っていなかった。建物の礎石の外側に作られていた雨落《あまお》ち溝と、南側から建物へ登る階段を囲む石組が残っており、その規模や配置から本堂であったとされる。建物規模は南北約五・七m、東西約七・六mであった。

庫裏（五号建物）は、本堂の東側に建てられていた。西側の本堂と比較すると、東西方向に細長い建物である。屋根軒下の長さは、本堂の場合、建物の礎石から雨落ち溝まで三m近く離れており、庫裏では柱から六〇cmの距離である。距離六〇cmは、農家の建物とほぼ同じで、礎石の配置も農家の建物と共通点が多い。建物東側の残りが悪く、全体の規模は確認できなかった。想定規模は間口約一五・二m、奥行約六・六五mである。この庫裏に伴う四号土坑を中心に密教法具類が出土しており、泥流が押し寄せて建物全体を破壊した段階でも、往時の保管状態を保っていた。おそらく、床下に保管されていたのだろう。

境内に作られた池は、東西方向に長い瓢箪に似た形をしている。池水は、寺の南側にある水路から引かれていた。池の底に浅間山の噴火に伴い降下した浅間A軽石が堆積することから、埋没以前まで使われていたと判明する。

不動院観音堂（3号建物　688集）

不動院本堂（6号建物　688集）

西方に離れた観音堂（三号建物）は、身舎《もや》・回廊《かいろう》・向拝《こうはい》で構成される。建物の礎石とそれを載せる方形の基壇状の高まり、それを囲む周溝、周溝外側を囲んで西と南側に石垣が積まれている。北側は集落の幹線道である七号道と一号水路に面している。建物の規模は、身舎部分で東西南北とも三・八ｍの正方形である。外周の回廊幅は六三cm前後、回廊を加えた南北方向の規模は五・五ｍである。出入口のある東側では、回廊外側の礎石から外側へ約九五cmの範囲まで、階段が延びていたと考えられる。

掘り出された出土品　発掘調査により庫裏を中心に寺に関係する多くの遺物が出土している。一般家庭では使わない長さ約二五cm幅約一二cmの大きな硯、銅製の花瓶、ろうそく立て、密教法具《みっきょうほうぐ》等である。

密教法具（椀・台皿・金剛盤・金剛鈴・三鈷杵《さんこしょ》）は、庫裏の床下部分からまとまって出土した。密教法具とは天台宗・真言宗等で用いられる法具である。近接した場所から鏡・柄香炉と護摩炉が出土している。金剛盤の裏には「信州小県郡塩田組町屋盛法院」と文字が彫られており、信州の寺との関係が想定される。庫裏を中心に染付碗・染付皿・燈明皿・徳利・青磁香炉等の陶磁器が、多く出土している。青磁香炉の年代は、十七世紀末から十八世紀前半である。他の陶磁器もこの段階のものが多く、十七世紀前半のものはほとんど見つかっていない。この寺の成立を解く鍵かもしれない。

泥流に襲われた寺を探る

確かに存在した記録　川原湯村に寺があったことを示す最も古い資料

不動院の庫裏から出土した金剛盤（仏教書か経典が載っている）（688集）

不動院庫裏から出土した密教法具（688集）

は、貞享《じょうきょう》三年（一六八六）「上野国吾妻郡河原湯村御検地水帳《みずちょう》」である。川原湯村に不動院という寺があり、多くの畑と屋敷を所持していた。薬師堂の下には別当不動院と書かれており、不動院が薬師堂を管理していた。少なくとも江戸時代前期の貞享三年以前から、川原湯村に不動院が存在していたものと分かる。

天明泥流後の不動院を記す資料として、文政三年（一八二〇）と天保十二年（一八四一）の「吾妻郡川原湯村の宗門人別改帳」がある。そこには「天台宗上州群馬郡惣社町光厳寺末不動院　当時無住」と書かれている。この記述により、文政三年の段階で不動院は村内の別の場所に存在しており、天台宗光厳寺（前橋市）の末寺であったと判明する。ただし、天明泥流で埋まる前の宗門人別改帳は残っていないので、それ以前は不明である。

天明泥流により不動院がどのように埋まり、寺の住職がどのように逃げて助かったかについて、江戸時代中期の毛呂義卿*が「天明三年七月砂降り候以後の記録」に詳しく書いている。記事によれば、不動院の近所に人家はなく、

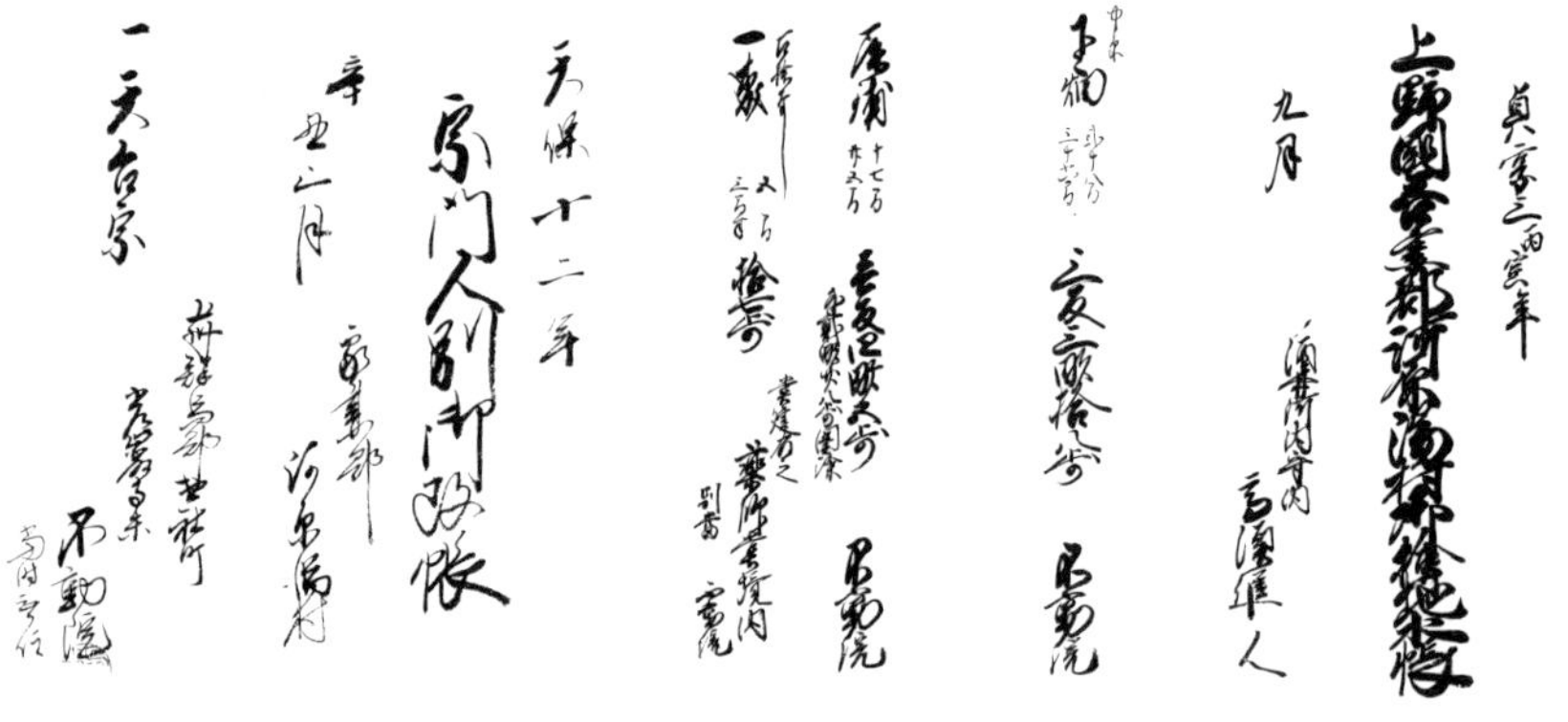

貞享三丙寅年
上野国吾妻郡河原湯村御検地水帳
九月　酒井河内守内
高須隼人

中原
下〃畑　二十八間　三反三畝十八分　不動院
三十六間

屋鋪　十七間　壱旦四畝五歩　不動院
二十五間　外二畝二十八分園除

旧検なし
一、森　五間　拾七分　堂建在之
三間半　薬師堂境内
別当　不動院

天保十二年
宗門人別改帳
吾妻郡
辛　丑三月　川原湯村

上州群馬郡惣社町
一、天台宗　光厳寺末
不動院
当時無住

吾妻川南端に寺とその北に竹林があった。泥流は寺東側の淵から流れ込んだ。大きな音で目覚めると寺が動いていた。裏の障子を開けてみると、寺北側の竹藪《たけやぶ》に泥流が流れ込み、寺を引き込むように見えた。すぐに駆け出すと、寺が泥流により押しつぶされた。寺の南側の観音堂は本堂より約三m高い南西にあったので、観音堂の道脇を通って標高の高い南側へ逃げた。すぐ観音堂は泥流に埋まったが、住職は助かった。まさに間一髪の大惨事であった。

＊毛呂義卿…江戸時代の郷土史学の先駆者。現太田市生まれ。

泥流以前の不動院の活動　不動院がどのような活動をしていたのか、記された史料はほとんどない。不動院の和尚である亮義《りょうぎ》に関する石造物が、不動堂・川原湯神社・湯原観音堂等と、この遺跡南の一段高い丘陵上に残っている。「亮義」と名乗る和尚は、湯原観音堂に建てられている石造物に「大阿闍梨賢者法印亮義大和尚位　宝暦五年亥二月八日遷化」と刻まれている。宝暦五年（一七五五）に亡くなる前に、多くのお堂や神社等に、灯篭《とうろう》や庚《こう》申塔《しんとう》を建てている。不動堂の灯篭には別当の文字が記されており、これらの多くは不動院の一部であったと想定できる。「天明三年七月砂降り候以後の記録」の中には、鎌原村（現嬬恋村）に不動院の檀家が存在したことも記されている。このように一八世紀前半に、不動院が大きな勢力を持っていたことが分かる。

泥流以後も残った不動院　ところで、川原湯村の宗門人別改帳の記載から、不動院は慶応四年（一八六八）まで、村に存在していた。また、光厳寺が村へ提出した「覚」によれば、寛政二年（一七九〇）から文化元年（一八

無縫塔（湯原観音堂跡）
大阿闍梨堅者法印亮義大和尚位
宝暦五年亥二月八日遷化

長野原町教育委員会提供

灯篭（不動院境内）
別当
享保六辛丑天　七月吉日
亮義代
奉奇進石灯篭
施主
金子　太郎兵衛

（長野原町の石造文化財
長野原町1989）

天明泥流以前に活躍した不動院和尚亮義の名が刻まれている石造物

○四）まで十年以上にわたり、村から不動院の本寺である光厳寺に、祠堂金（先祖供養や本堂他の修理等のため寄進する金銭）や畑方年貢（借地料か）等として、金銭を支払っていたことが確認できた。少なくとも文化元年まで、村と光厳寺との関係は存在していたのである。ただし、文政三年（一八二〇）の「川原湯村の宗門人別改帳」には、檀那寺として禅宗応永寺と禅宗雲林寺を記載するが、天台宗不動院に檀家の記載はなく、住職不在と記載されている。

　川原湯神社境内の巡拝供養塔に、再興した不動院に新たな和尚として弘算《こうざん》と顕祐《けんゆう》が、文政六年（一八二三）から慶応四年（一八六八）の頃まで、二代にわたって三〇年以上住んだと記されている。川原湯温泉の絵図（推定江戸後期成立）にも、薬師（明治に川原湯神社となる）の隣に、「不動院」と書かれた建物が描かれている。やはり、幕末まで不動院は残っ

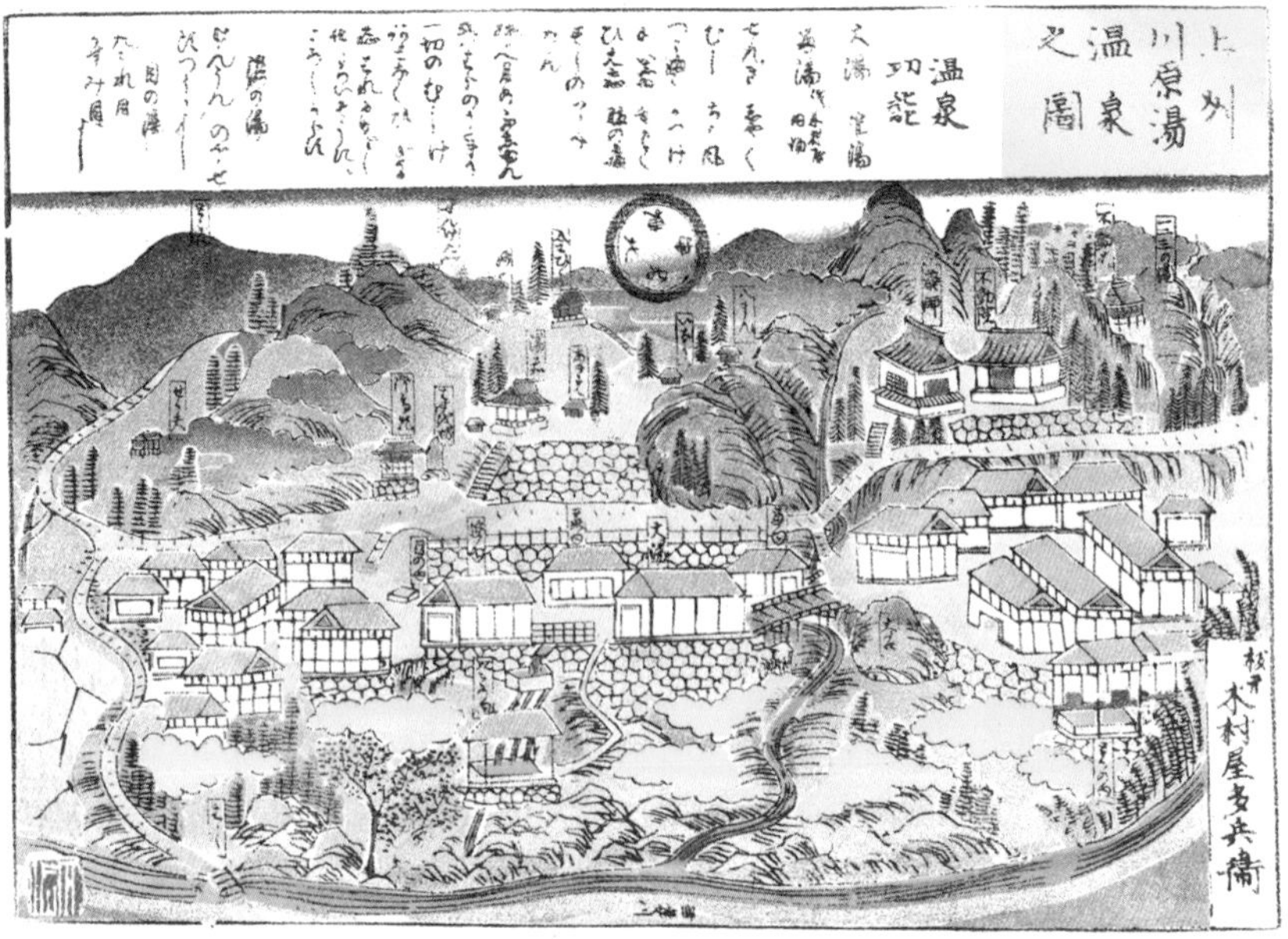

不動院の建物が薬師（川原湯神社）のとなりに描かれている。

ていた。しかし、吾妻川に面して被災した不動院の土地は、明治六年の壬《じん》申《しん》地引《じびき》絵《え》図《ず》に「むらもち」（村の所有地）とあり、観音堂のあった土地も川原畑村の個人名が記されることから、不動院や本寺である光厳寺の所有地ではなくなったと判明する。

（中沢　悟）

四　広大な農地を耕す人々

水没した村　令和元年十月十二日の夜半、大型で強い勢力の台風十九号（令和元年東日本台風）が関東地方を縦断し、一夜にして完成間もない八ッ場ダムで、ダム満水ラインの標高五八三mまで水位が上昇し、ダム湖が出現した。この光景は、今から二四〇年前の天明三年（一七八三）の八月五日、浅間山の大噴火により発生した泥流（天明泥流）が当地を襲った状況を彷彿とさせた。

吾妻川を流れ下った天明泥流は、南北の山々が迫る吾妻渓谷でボトルネック状態となり、急激な水位上昇を発生させ、ダム満水ラインの標高五八三m付近までせり上がり、流域の集落や耕作地などを埋め尽くした状況が発掘調査により確認できた。

山間地の農村風景　発掘調査開始前の吾妻川流域の下位段丘上には、防風林で囲われた家々が点在し、家の周囲には畑が作られる山村風景が広がっていた。畑は、山間地の特徴として害獣除けの微弱電流を流す電柵で囲われていた。この山村風景は、二四〇年前の天明三年頃も変わらないと

台風19号通過後の八ッ場ダム

思われたが、発掘調査が進むにつれ、天明泥流直下面の景観は想像と全く異なることが分かった。

江戸時代の山村風景　吾妻川を流れ下った巨礫混じりの泥流は、二m以上の厚みで堆積し、村を完全に覆い尽くした。この膨大な土量の天明泥流の除去が進むにつれ、江戸時代の山間地の村の姿が現れてきた。そこには、家屋敷が道沿いに集められ、防風林や境界樹木等はなく、起伏や段差が整形され、段丘面の端から端まで見渡せる畑地が広がっていた。道路や水路、敷地の段差などは、石組み・石積み等で整備され、現在の圃場整備のように計画的な造成が行われていた。この景観は、どの遺跡でも同じであった。

姿を現した畑　下田遺跡や石川原遺跡の川寄りの畑では、本流を流れ下る泥流の勢いが強く、礫が突き刺さり、巨礫がそぎ取った線状の痕跡が残る畑を確認した。それ以外の畑は、泥流発生以前の噴火で飛来した数㎜の白色軽石が畝間に残ったままの状態で現れた。まるで、泥流が畑の上にゆっくり覆い被さったようであった。

発見された畑は、畝幅四〇㎝前後、畝高一〇㎝前後、断面は台形状と片側が土寄せされたような烏帽子型であった。畝間は四〇㎝前後で、下幅は一〇㎝ほどの丸底であった。畝や畝間は収穫時に踏み荒らされた状態ではなく、畝上面には植付け後の条のような筋状のくぼみも見られ、生育途中段階の畑と考えられた。作物は確認できなかった。その他に、畑内には、浅い溝で円形に区画された「円形平坦面」が規則的に配置されていた。畝が作られた後に配置され、用途は施肥または散水用に桶などが置かれ、長柄杓でまかれたと考えられている。しかし、周囲の畑には踏み荒らされた

九々戸遺跡（長野原地区）天明泥流直下の畑（627集）

尾坂遺跡（長野原地区）天明泥流直下の畑（638集）

下原遺跡（林地区）天明泥流直下の畑（647集）

中棚Ⅱ遺跡（林地区）天明泥流直下の畑（667集）

川原勝沼遺跡（川原湯地区）天明泥流直下の畑（658集）

下田遺跡（林地区）天明泥流直下の畑（647集）

下湯原遺跡（川原湯地区）天明泥流直下の畑（641集）

石川原遺跡（川原湯地区）天明泥流直下の畑（688集）

石畑遺跡（川原畑地区）天明泥流直下の畑（676集）

西宮遺跡（川原畑地区）天明泥流直下の畑（634集）

痕跡は確認できなかった。

畑の区画は、長方形を基本として、畝が止まる個所や畝が互い違いになる個所などを耕作境とした。また、小道による区画境も確認できた。同様の形態の畑は、水没地以外で、吾妻渓谷を抜けた東吾妻町上之郷地区の上郷岡原遺跡でも発見されている。

畑の栽培作物　渋川市の中村遺跡は、天明泥流下の畑が最初に発見された遺跡であり、天明泥流直下から大豆が倒伏状態で発見されている。また、佐波郡玉村町上福島中町遺跡も天明泥流に被災した遺跡であり、屋敷地とその周囲には畝幅や畝高など形状の異なる畑が発見されている。作物は検出できなかったが、畑の形状から葉物野菜や根菜類など数種類の作物が作られていたと考えられる。また、吾妻郡東吾妻町の上郷岡原遺跡の調査でアサの茎（オガラ）が壁材に使われた小屋が検出された。近隣地域は、「岩島麻」の生産地であることからアサの栽培が想定された。

今回、八ッ場ダムの調査で発見された畑からは栽培作物は確認できなかったが、調査の際に土壌中に含まれる微細な植物珪酸体や種実や花粉などを探す自然科学分析が行われた。その結果、イネ、オオムギ、ソバ、アワ、ヒエ、麻種実などが検出された。ただし、畑は常に撹拌されることから、ある時期にその地域で作られていた作物の種類が確認できたといえるが、泥流直下の畑作物と断定はできない。

一様な畑と多様な畑　八ッ場で確認された天明泥流下の畑地では、規則的な一様の畝が連綿と連なっており、同じ形態の畑地が見渡す限りに拡がっていた。この畑は畝間四〇cm前後、畝の高さは一〇cmほどで、一サク

上郷岡原遺跡（東吾妻町）天明泥流直下の畑（410集）

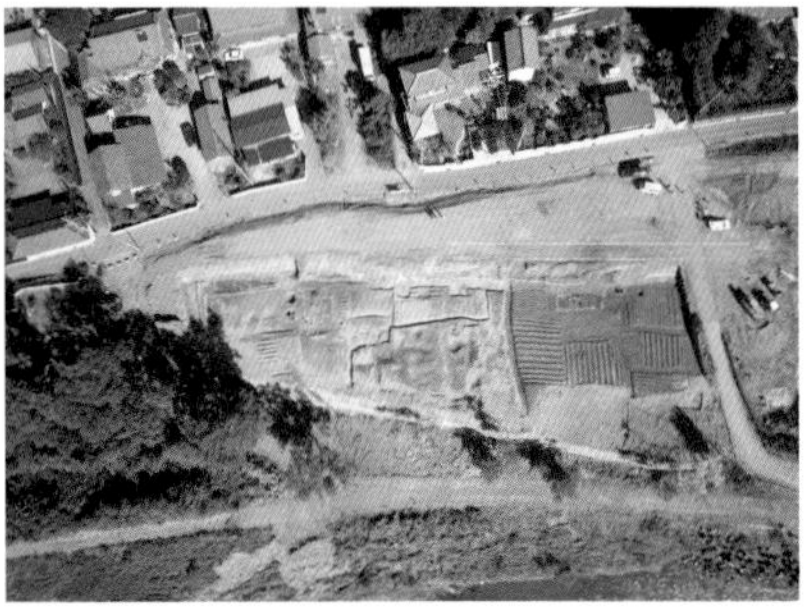
上福島中町遺跡（佐波郡玉村町福島）天明泥流直下の畑（318集）

ずつ手で耕作したにしては規模が小さく、なにより複数の畝のラインが規則的にブレて蛇行する様子から、馬鍬のような複数（最低で二列）の歯が付いた農具を引いて起耕した可能性が高いと考える。また、こうした一様な畝が連なる畑には、一定間隔で「円形平坦面」が規則的に伴うことも特徴の一つになっている。

これに対し、屋敷の周囲にある畑は畝間が八〇cm前後のものも多くあり、なかには畝を深く掘り込んだものや、畝間に土を高く盛ったものも認められた。また、狭い範囲で畝の方向を九〇度替えてパッチワーク状にしたものや、畝間の幅を途中で替えるものなどもあった。こうした多様な形態の畑は屋敷内やその周囲だけに認められるもので、円形平坦面を伴うものはない。

おそらく、屋敷の周囲だけに認められる多様な畑では多様な作物が作られていたが、広大に拡がる一様な畑では目的を持った特定の作物が全面に拡がっていた可能性が高いと考えられる。水田稲作が不向きな八ッ場では、いったい何が人々の生活を支えていたのか。八ッ場では当時、年貢を銭で納めており、換金作物（麻など）として有効なものを選択した可能性も考えられるが、それを示す文書等の記録はなく、発掘調査でも決定的な手掛かりは得られていない。

馬耕の可能性について　八ッ場では、天明泥流で被災した家屋のうち、主屋には必ず馬屋が伴っていた。東宮遺跡一号屋敷には七三・五坪の大きな主屋があり、土間には馬屋が五つも並んでいた。石川原遺跡の最小規模の屋敷の主屋は僅か一一・八坪だが、それでも土間の一角に馬屋が認めら

上郷岡原遺跡（東吾妻町）天明泥流直下の斜交する畑（410集）

石川原遺跡天明泥流直下の切り合う畑（688集）

れた。ただし、どの屋敷にも馬屋の数と同等の馬が居たかどうかは定かではない。馬は、現在の軽トラックとトラクターを合わせた能力を持ち、糞尿は肥料にもなる有益な家畜だが、そのぶん高価で誰でも所有できた訳ではないだろう。しかし、どの家にも馬屋が作られていたことは、この地域ではいかに馬が有用であり、家族同様に大切にされていたかを伺い知ることができる。

起耕作業に馬鍬状の農具を使用していた可能性についてはすでに述べたが、数条の畝が平行に蛇行する状態や斜め方向の数条の畝を直線方向の畝が切る走行は、上郷岡原遺跡や石川原遺跡をはじめ、天明泥流下の一定範囲を発掘調査した八ッ場のどの遺跡でも確認されている。急傾斜地や狭い場所などは人力で起耕したのだろうが、一面に拡がる畑ではその農具を馬に引かせたのではないか。しかし、残念ながらそのことを示す農具は発見できていない。

水田耕作　水没地の調査で畦畔により区画された明瞭な水田は下原遺跡のみであった。四枚の水田が確認できた。植物珪酸体分析を行ったところ稲のプラントオパールが検出され、稲作が行われていたことが証明された。吾妻川両岸の段丘面は、背

下原遺跡天明泥流直下の水田（647集）

九々戸遺跡天明泥流直下の畑境の杭列・白丸（627集）

石川原遺跡天明泥流直下の道脇の杭列（688集）

後の山地からの湧水量が豊富であり、大規模な造成を行える技量があることから、水田造成も可能と考えられる。しかし、水田化されていない状況から、畑の作物生産が優先されたと考えられる。

害獣対策　山間地は猿、猪、鹿、カモシカ、熊など平野部で見慣れない動物、鼠、モグラなどの小動物や鳥など作物に危害を加える野生動物の脅威は日常的に付きまとう。現代では網や電柵を巡らせ害獣対策を行っている。時には罠を仕掛け、猟銃で射殺するなど強硬策をとる場合もある。当時も害獣対策は必要不可欠であり、農作物被害は死活問題である。そのために畑の周囲に柵を巡らせ鳴子などの音響を利用したと考えられる。石川原遺跡、西宮遺跡、久々戸遺跡などで道沿いに円形の穴が均等に並ぶ杭列を検出した。石川原遺跡では道の両側で径数cm程の小穴が列で検出された。この杭列は、杭間を紐でつなげ、鳴子などのような鳴り物をつるし、音や振動により鳥獣除けとしていた可能性がある。

天明泥流埋没畑以前　段丘面上の各遺跡は天明泥流直下の畑の調査終了後、畑耕作土の除去を行いながら作土や農具痕、作物痕の確認精査作業を行い、さらに下層遺構の調査を行った。

下湯原遺跡や石川原遺跡では、背後の山から崩落土が複数回遺跡地に流れ込み畑を埋めている状況を確認した。石川原

石川原遺跡天明泥流下畑の下層調査（崩落土砂埋設畑）

遺跡の畑では、埋もれた畑を復旧する際に、埋まった畝のトップを削り、旧耕作土を掘り起こし新たな畝としていた。この復旧方法は古代より行われ、高崎市下芝五反田遺跡や伊勢崎市境町三ツ木皿沼遺跡で確認されている。その他に各遺跡の第二面調査では、点在する掘立柱建物や土坑なども確認している。また、石川原遺跡では水田も発見されている。

天明泥流下の畑の造成以前の集落は、点在する家屋とその周りで畑の耕作が行われていたことが確認できた。その中で、石川原遺跡の調査では、「寛永通宝」が埋納された墓や掘立柱建物群を発見した。掘立柱建物のまとまりや大型の掘立柱建物の存在から、この地区の中心的施設と考えられる。また、周囲には寛永通宝が埋納される墓も確認されていることから、東端で発見された不動院の前身の寺院の可能性が考えられる。

この石川原遺跡や下湯原遺跡などの第二面調査で発見された掘立柱建物や畑の存在から、泥流直下とは異なる山間地の集落の様子がうかがえる。ある時期に吾妻川流域の長野原町から東吾妻町地域一帯で一斉に大規模な造成が行われ、天明泥流直下の集落景観となったと考えられる。その造成は水没地以外の山林内にも手が加えられた可能性も考えられる。

八ッ場の発掘調査により、二四〇年前の天明泥流に被災した村々の暮らしが見えてきた。そこには、作物を一粒でも多

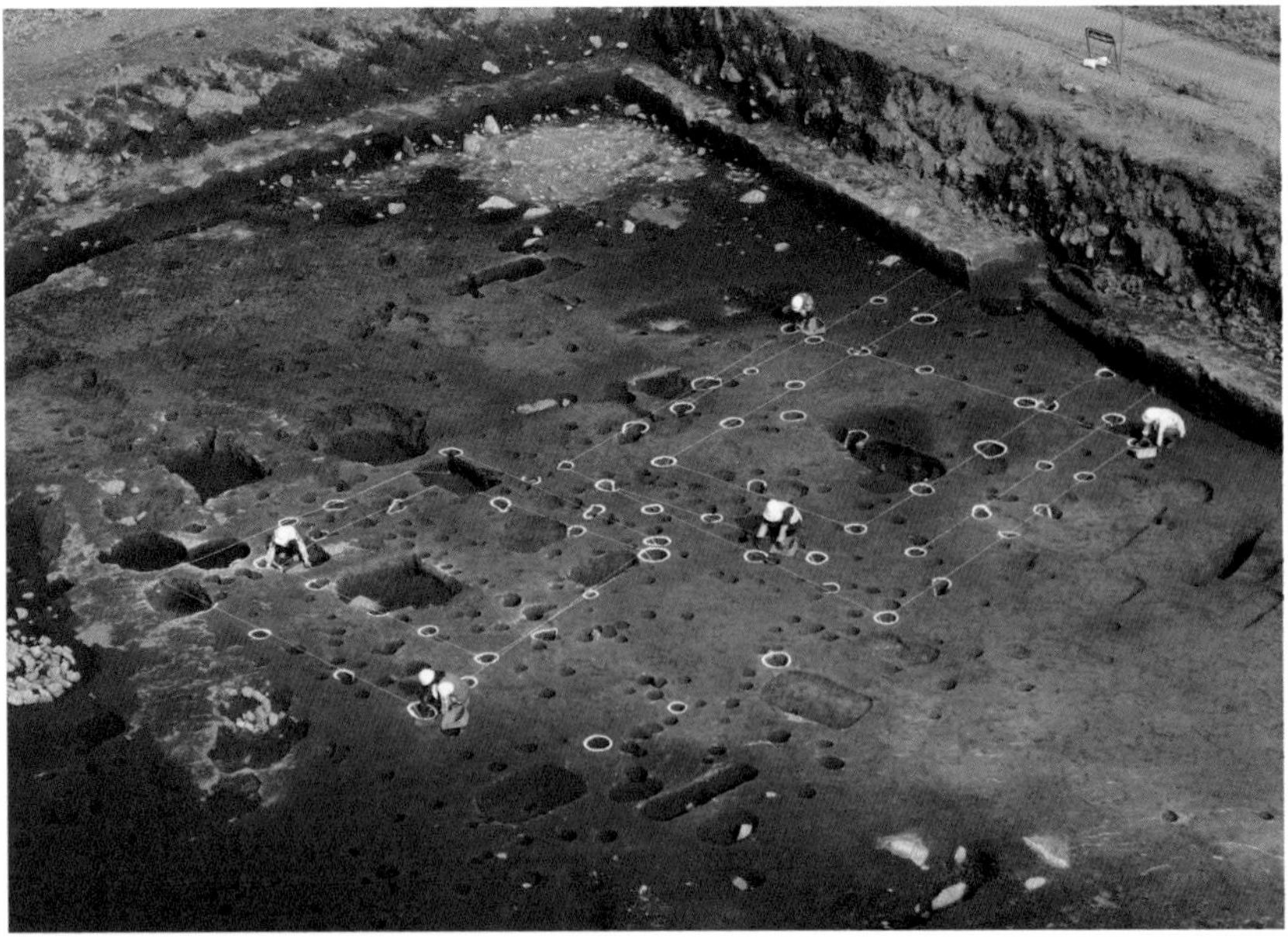

石川原遺跡天明泥流下畑の下層調査

く収穫することを目的とし、可能な限り畑を広げ、馬を最大限に活用し、大規模な圃場整備を行い、先進的な農業集落を完成させた様子が垣間みえる。しかし、稼働を始めた矢先に浅間山の噴火に見舞われ、すべてが泥流に飲み込まれてしまった。特に吾妻川右岸の川原湯村は壊滅的な被害を受けた。人々の落胆は計り知れない。しかし、生き残った人々は、新たな生活に向け厚く堆積した土砂や礫を取り除く復旧作業を開始した。

（齊藤利昭）

石川原遺跡天明泥流下畑の下層で発見された水田の調査風景（671集）

下湯原遺跡第２面畑調査風景（写真上部は第１面の天明泥流下畑　641集）

西宮遺跡天明泥流除去のための復旧溝群（670集）

石川原遺跡天明泥流除去のための復旧溝群（640集）

コラム

やんば天明泥流ミュージアム

一、ミュージアム開館までの経過

やんば天明泥流ミュージアムは令和三年（二〇二一）四月長野原町《ながのはらまち》大字《おおあざ》林《はやし》にオープンした。

八ッ場ダムに関連して初めて博物館建設が示されたのは、平成二年（一九九〇）に国と県が策定した「地域居住計画」中の、「水没文化財保存センター」の整備で、設置場所は林地区となった。平成二十八年（二〇一六）町が「利根川・荒川水系水源地域対策基金事業」を用いて国に代わって建設することが決まり、平成二十九年町と県は「長野原町水没文化財保存センター基本構想書」を策定し、その検討のためワーキンググループ（以下WG）」を設置した。

WGでは「基本構想書」で掲げられた（一）水没地区の文化財を網羅的に収集・調査する拠点とする。（二）町民のアイデンティティーの再構築を促し、郷土愛を育む環境作りに寄与する。（三）町外に情報を発信し、地域の魅力を守り伝える。という基本理念に基づき、施設の設計、展示など全般に関わる議論を行った。その結果、長期かつ広範囲にわたる発掘調査で得られた膨大な資料とデータを有する博物館として、「八ッ場」でしか展示できない、「天明泥流」を主要テーマとした博物館とすることになった。

二、やんば天明泥流ミュージアムの展示

Ⅰ．天明泥流体感シアター

発掘成果や歴史資料、最新の火山研究に基づき、実写とCG、音響《おんきょう》で被災前の農民の暮らしと、浅間山噴火と天明泥流の状況を大画面で体感する。

Ⅱ．天明泥流展示室

１．ガイダンス展示

　天明三年（一七八三）の八ッ場の地理と歴史背景、発掘された五二遺跡と調査地点を紹介。

２．よみがえる暮らし

　「たべる」「ともす」「なおす」「つくる」「いろどる・いのる」のテーマのもとに、暗く貧しい江戸時代の農村のイメージを覆す多彩な出土遺物を展示し、農民の生活の工夫や生業について紹介。

３．うばわれた日常

　天明泥流被災時の人々の様子を伝える資料や、被災した農家の建築部材や破壊された鉄製品を展示し、天明泥流の凄まじさを紹介。

４．災害の記憶

　古記録や絵図などをもとに浅間山天明噴火災害の全貌を展示。この災害が今日までどのように伝えられているかを紹介し、私たちは自然とともにどう生きるかを問いかける。

Ⅲ．テーマ展示室

　数多くの縄文時代の遺跡が示す縄文人の生活や、他地域との交流、弥生時代、平安時代へと連なる一万年以上にわたる八ッ場の歩みを紹介。

三、当館の使命

　当館は八ッ場ダムによって生活を変えざるを得なかった多くの町民をはじめ、一六年間にわたって発掘調査に携わった国・県・町の関係者、群馬県埋蔵文化財調査事業団や民間企業、発掘作業員の皆さんの思いが込められた博物館である。当館の使命は多くの方々の努力によって得られた貴重な資料を良好な状態で後世に引き継ぎ、八ッ場地区の歴史を将来に伝えながら、歴史研究に資することである。また、当館を訪れた方々には、自然を正しく知り、恐れ、備える事を考える契機にしてほしいと考えている。（古澤勝幸）

五　村の暮らし

暮らしを彩る器

暮らしを彩る陶磁器　天明泥流で埋没した建物跡からは、様々な陶磁器が出土した。碗、皿類が多くを占めていたが、これらが出土した漆器類とともに食卓を彩っていたものと思われる。出土陶磁器には他にも、明かりを得るための灯火具や水滴などの文具類もあったが、それらの中でも秀逸《しゅういつ》と言えるのが「十分盃《じゅうぶんはい》」だろう。

京・信楽《しがらき》系陶器の十分盃には、中央の梅の飾りの付く突起に、ストローを折り曲げたような空洞があり、空洞は盃《さかずき》の内側に穿《うが》たれた穴と高台内に穿たれた穴とをつないでいた。この盃に酒などの液体を注ぎ、それが一定量を超えると、高台内に穿たれた穴から盃に注がれた液体が全て漏れ出てしまうもので、「サイフォンの原理」を巧みに利用した仕組みであった。

この盃が、どのような場面で使われていたのかは明らかでない。少なくとも生活に必要なものではないだろうが、当時の八ッ場に住んでいた村人の暮らしぶりを伝える貴重な史料の一つと言える。

八ッ場では他にも、櫛《くし》や柄鏡《えかがみ》、鬢水入《びんみずいれ》や紅皿《べにざら》などの身だしなみを整えるための道具や、横笛や将棋の駒など、暮らしを彩る道具類も数多く出土している。これらも、天明三年（一七八三）当時の村落の様相を伝える貴重な調査成果と言えるだろう。

遠くまで運ばれた陶磁器　江戸時代、生産地で焼成された多量の陶磁器

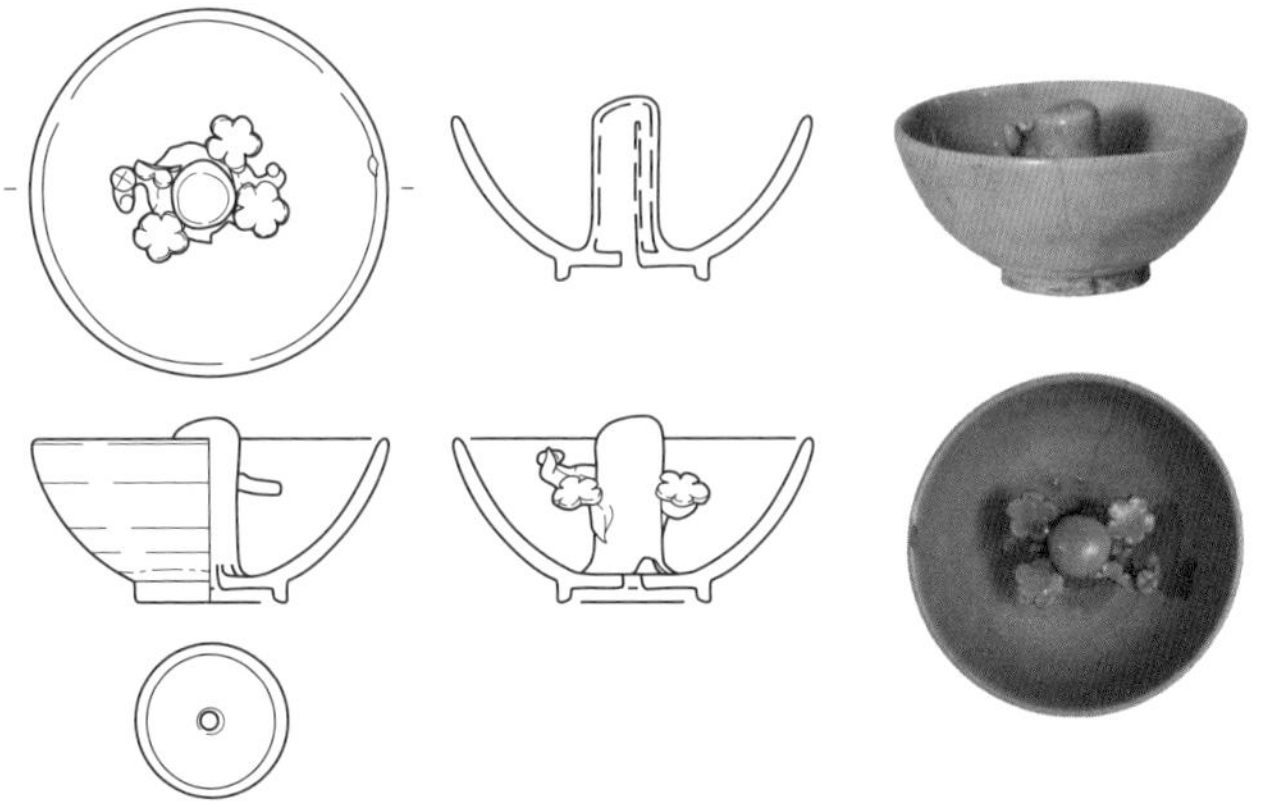

十分盃。「サイフォンの原理」を巧みに利用した盃（536集）

は、日本各地に流通していた。当時、内陸に位置する八ッ場にも、瀬戸《せと》（愛知県）や美濃《みの》（岐阜県）、肥前《ひぜん》（佐賀・長崎県）を中心に、京・信楽、堺・明石、志戸呂《しとろ》（静岡県）など、全国各地で焼かれた陶磁器が数多く運び込まれていた。しかし、それら出土した陶磁器が、どのようにして運ばれて来たのかは明らかでないのだが、手掛かりとなる調査成果が得られたので紹介したい。

群馬県内にある二つの場所、八ッ場に位置する東宮《ひがしみや》遺跡と、館林市内にある各遺跡との陶磁器出土量を比較したのが表一である。東宮遺跡では、出土した瀬戸・美濃系陶器六三〇点のうち、瀬戸は一四二点（二三％）、美濃は四八八点（七七％）と多くを美濃の陶器が占めていることが分かった。一方、館林市内の遺跡では、出土した瀬戸・美濃系陶器九九点のうち、瀬戸は四四点（四四％）、美濃は五五点（五六％）と美濃陶器の占める割合が半数ほどであった。

出土した陶磁器の数量や年代も異なるので、注意も必要だが、二つの地域では美濃陶器の割合に違いがあった。その要因は、立地にあると考えられる。八ッ場は、長野県に隣接する内陸に位置し、陸路を中心とした物流が盛んであり、瀬戸よりも美濃に近いため、美濃の陶器が多く搬入しやすかった。一方の館林市は、関東平野のほぼ中央に位置し、利根川と渡良瀬川に挟まれた地域であったため、陸運だけでなく水運も盛んであった。これらの違いが、出土した美濃陶器の割合に違いとして表れたのだと思われる。

東宮遺跡では、「鳳名石《ほうめいせき》」と刻書された硯も出土している。これは、愛

位置図

表1　東宮遺跡と館林市の瀬戸・美濃系陶器出土量

東宮遺跡出土　瀬戸・美濃系陶器

瀬戸	美濃
142点（23％）	488点（77％）

館林市出土　瀬戸・美濃系陶器

瀬戸	美濃
44点（44％）	55点（56％）

※連房１～８小期までの出土瀬戸・美濃系陶器。点数。

知県新城市に鎮座する「鳳来寺《ほうらいじ》」に参詣した際の、実用的な土産とされた「鳳来寺硯」と考えられる。当時、八ッ場に住んでいた村人が鳳来寺を参詣し、その際の土産として持ち帰った硯かもしれない。八ッ場は、群馬県と長野県とが接する辺りに位置するが、同地域の村を通る道は、ものだけでなく多くの人々も行き交っていたのだと思われる。

名前が書かれた陶器　出土した陶磁器が、どのように売買されていたのかも明らかではないが、手掛かりとなる調査成果が得られている。東宮遺跡で出土した鎧茶碗と柳茶碗を紹介したい。

二点の陶器碗は美濃で焼かれたものだが、鎧茶碗には「市左衛門」と刻書され、柳茶碗には「孫兵衛」と書かれていた。ともに名前の上から施釉されており、生産地である美濃で名前が書かれ、刻まれたことは間違いない。当時、鎧茶碗や柳茶碗は、いわゆる雑器であったので、同規格のものが数多く焼成されていた。しかし、東宮遺跡で出土した二点には、生産地の美濃で名前を書くという手間が掛けられていたのだ。

文献史料では、陶磁器を販売する際に見本を見せ、輸送業者に委託し、できあがった陶磁器を後から送り届けていたことが紹介されている。出土した二点の陶器に名前が書かれていたのは、書くよう依頼を受けたためと考えられ、天明期においても、陶磁器が受注により売り買いされ、名前を入れるなどのサービスまで行っていた可能性が指摘できるだろう。

ただし、八ッ場の遺跡から出土した多くの陶磁器の中でも、生産地で名前が書かれた出土例はこの二点ほどで、このようなことが広く一般的に行われていたとは考えにくい。また、どの程度の陶磁器が受注により売買さ

柳茶碗。「孫兵衛」と書かれていた（531集）

鎧茶碗。高台内に「市左衛門」と刻書（536集）

れていたのかについても、明らかにすることはできなかった。

繰り返された修繕　天明泥流に埋没した建物跡からは、陶磁器だけでなく、良好に遺存した木製の道具類や金属製品も多く出土したのだが、そこには繰り返し行われた修繕の痕跡も残されていた。

例えば陶磁器には、「漆継《うるしつ》ぎ」という修繕が行われていた。漆継ぎは、陶磁器が割れた際、漆で接着する修繕方法である。東宮遺跡一号屋敷の主屋と付属建物で出土した七一点の陶磁器のうち、漆継ぎが確認できたものは九点（一三％）あり、漆継ぎのある陶磁器を使うことも珍しくはなかったようだ。

二種類の修繕の痕跡が確認できた「すり鉢」も出土した。一つは、生産地である瀬戸で行われたもので、焼成前に干割れたためか生地《きじ》が割れており、その割れた箇所が整えられ、施釉、焼成されていた。もう一つは、八ッ場で行われたもので、使用していた際に割れてしまったためか、割れた箇所が漆継ぎされていた。一つの陶器に、生産地と消費地で修繕が行われた珍しい出土例であった。

当時は瀬戸でも八ッ場でも、使えるものは捨てることなく、大切に使い続けていた。今であれば、大きく割れた陶磁器は捨ててしまうだろうが、当時は捨てることなく、修繕できるものは修繕し、使い続けることが当たり前だったようだ。

出土した多くの道具類にも、数多くの修繕の痕跡が残されて

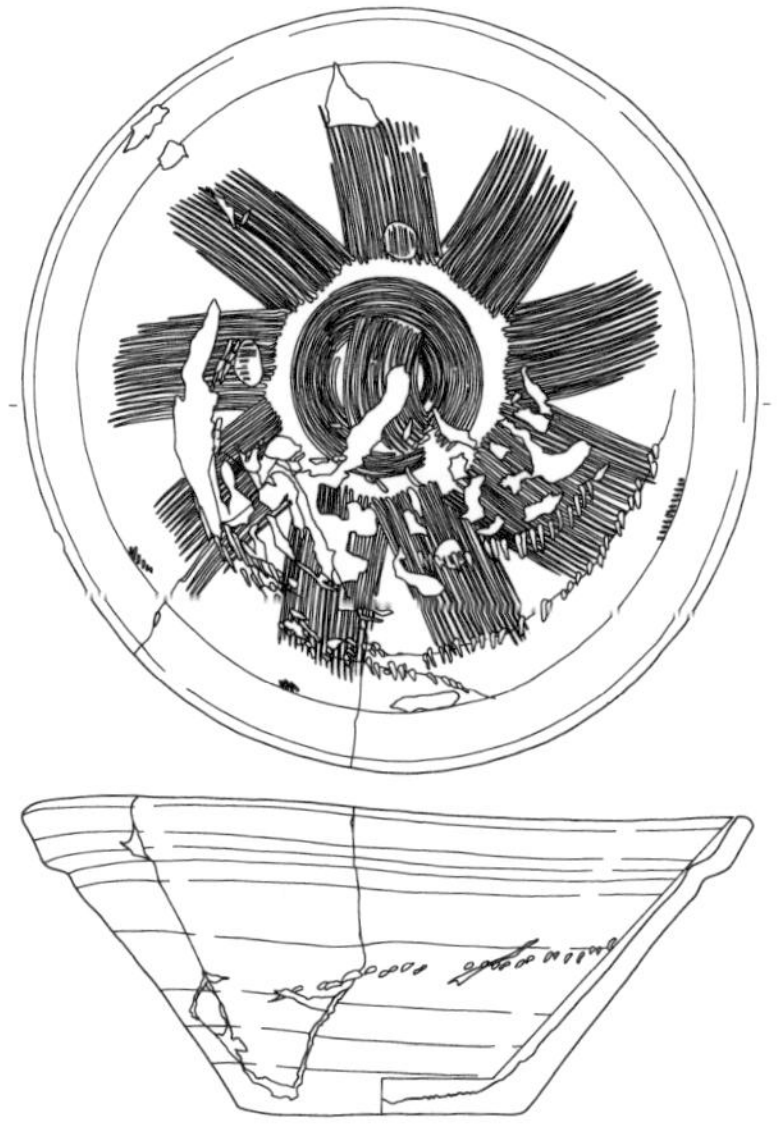

すり鉢。瀬戸と八ッ場の二つの場所で修繕されていた（536集）

いた。出土した鉄鍋には、割れた箇所を「銅とスズの合金で溶接」した痕跡が見られた。二つに大きく割れた鉄鍋を溶接した痕跡もあったが、お世辞にも上手とは言えない仕上がりで、これで鍋から中身が漏れ出ないのかと心配になるほどだった。だが、溶接は他の鉄鍋や茶釜などにも複数見られ、当時としては一般的な修繕の方法であったようだ。溶接された鉄鍋には、使用した際の煤も付着しており、多少割れが塞がっていなくても大きな問題ではなかったのだろう。

また、これらのことから、割れた鉄鍋は鋳直すだけでなく、溶接による修繕も多く行われていたことが確かめられた。鋳直すよりも溶接の方が、燃料も材料も少なく済む方法と思われ、溶接を選ぶ人は多かったのかもしれない。

木製の桶《おけ》や樽《たる》類も良好に遺存し、数多く出土したが、その中には側板や蓋などに小さな穴が開いていたものもあった。この穴には、木釘のようなものが打ち込まれ、穴を塞いだ修繕の痕跡も見られた。

また、出土した数多くの木製の道具類は、鉄製の和釘をほとんど使わず、錐で開けられた穴に竹などを整形した木釘を打ち込み、組み立てられていた。道具を組み立てるのに和釘がほとんど使われていないことからも、当時は鉄製の釘さえ貴重であり、もったいないため極力使わないようにしていたのだろう。

暮らしを支えた道具類
何に使われていたのか

八ッ場では、木製品や漆製品までもが、およそ

鉄鍋の出土状況（536集）

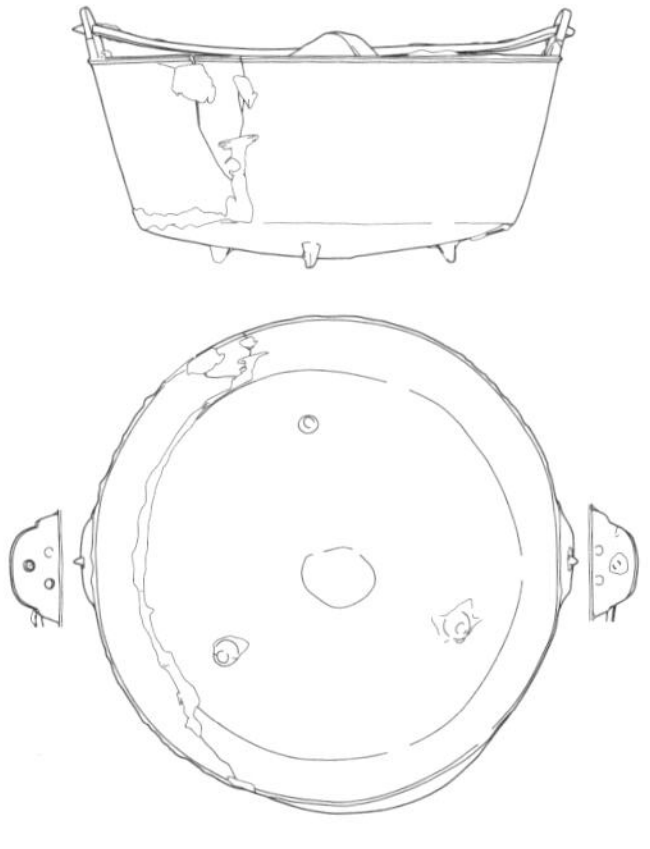
鉄鍋。溶接された痕跡が残る（536集）

原位置に埋もれ、極めて良好な保存状態で残されていた。罹災《りさい》遺跡であるため、出土した多くの道具が天明三年（一七八三）八月五日の午前中頃まで使われていたものであり、また建物のどこで、どのように使われていたのかまで確かめられたものもあった。

その調査成果の一つが、出土した半胴甕である。全国の遺跡でも数多くの陶磁器が出土しているが、それらが当時、実際に何に使われていたのか、具体的に分かることは滅多にない。しかし、この甕の中には、果肉の残るウメの種が複数残り、木製の蓋がされた状態で出土した。「ウメ干し」を漬ける容器として使用されていたことが分かったのだ。ほかの建物跡から出土した桶の中にも複数のウメの種が残されたものがあったことから、この村では、甕や桶で漬けられたウメ干しを多くの村人が食べていたことも明らかになった。

出土した薬缶《やかん》や茶釜の中には、「お茶」と思われるものが袋に入った状態で残されていた。この村では、お茶を煮出すために薬缶や茶釜が利用され、また、お茶を飲む習慣も広く定着していたと考えられる。

一方で、出土しないことで分かることもあった。鉄鍋は数多く出土したのだが、羽釜は出土しなかったのだ。八ッ場の発掘調査では、水田跡もわずかしか確認できず、村人の主食は米ではなかったと考えられる。東宮遺跡の建物跡からは、アワが多量に残る木製の箱が見つかっており、この村ではアワなどの雑穀を主食としていたのだろう。

村人は、アサ栽培等の農作業や養蚕、酒造りなどで忙しい毎日を過ごしていた。そのため、手間の掛からない、その土地の気候にもあったアワな

茶釜の出土状況。なかにお茶が残るものもあった（688集）

半胴甕。この甕でウメ干しを漬けていた（536集）

どの穀物を主食として選んだのだと思われる。

見たこともない道具　不思議な形をした道具は、東宮遺跡四号建物の床上から出土した。木製品のため、半分は朽ちて無くなっていたが、残された部分で全体像は想定できた。だが、何に使われていた道具なのかも、どちらを上にして使った道具なのかも分からない、見たこともない道具であった。

この道具には、当時の人々が使用していた際についた付着物が顕著に残されていた。これを手掛かりに、付着物が多く残っている方が下になるだろうと考え、まずは使用時の姿を想定した。

次に道具の中央、二枚の羽子板のような部材を確認した。二枚は道具の中央で合わさるようにあったと思われ、部材が合わさった側には、葉脈のような溝が彫られていた。中央の二枚の部材に何かを挟み、溝は搾り出た液体を下に導くように彫られていると考え、何かを搾《しぼ》るための道具、「圧搾機《あっさくき》」だと想定した。

現在知られている圧搾機は、重しを使い「てこの原理」で搾り取る仕組みである。しかし、出土した道具はそのような方法で搾る道具ではなかった。代わりに、中央の二枚の部材の外側に、数本の杭がはめ込まれていた。この杭の上端部分には、木槌《きづ》ちなどで叩いたような痕跡が残されており、このことから、杭を打ち込むことで中央の部材に挟んだものへ圧力を加え、この圧力で搾り取る道具であることが分かった。

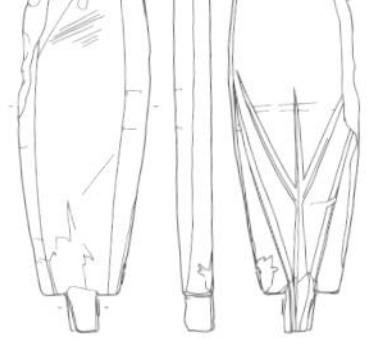
4建−86⑤（1／4）

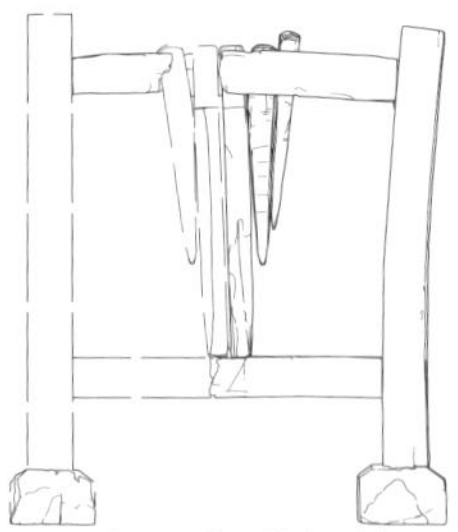
4建−86①〜⑤（1／6）

図上で復元された搾油機と中央の部材（536集）

搾油機の出土状況（536集）

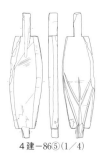

この圧搾機で何を搾っていたのか、それを知る手掛かりも付着物に残されていた。圧搾機に残る付着物と、出土した灯火皿に残されていた付着物とを赤外分光分析した。分析の結果、二つは同様の波形になることが確認できたため、圧搾機で搾り取られていたものは灯火皿にも使用された「油」であり、この道具が油を搾るための「搾油機《さくゆき》」であることまで確かめられた。

しかし、疑問も残った。現在のナタネ油やアサ油などの赤外分光分析の波形と一致しなかったのだ。これは、当時の村人がこの搾油機で複数の植物の油を搾ったためか、あるいは当時の植物サンプルがないため同様の波形にならないためとも考えられる。

このような搾油機が、後世に伝わることもなく、八ッ場からも無くなっていた。文献史料にさえ記されなかった道具が二〇〇年以上も地中に残り、今回の発掘調査により発見され、その使用方法も明らかにすることができたのだ。

暮らしを支えた道具類　建物跡からは数多くの道具類が出土した。斧《おの》や鉈《なた》など山間部では必需品であろう道具のほかにも、桶や柄杓《ひしゃく》、竹箒《たけぼうき》や竹篭《たけかご》、行灯《あんどん》や薬缶《やかん》などの道具類も出土した。

暮らしを支えていた道具が良好に遺存していたのだが、それら道具類の大半を占めていたのが農具であった。屋敷を構成する主屋、付属する建物からは、踏鍬《えんが》や鍬《くわ》、鎌や砧《きぬた》、竪杵《たてきね》や箕《み》なども出土しており、村人の大半が農業に従事し、寸暇を惜しんで働いていたのだと思われる。

鋸《のこぎり》や鑿《のみ》、台鉋《だいがんな》や墨壺《すみつぼ》、錐《きり》などの大工道具が出土する建物跡もあった。専

竹篭の出土状況（536集）

桶の出土状況（536集）

業的に大工をしていたのかは明らかでないが、大工作業を行う村人も複数名いたようだ。

また、東宮遺跡一号建物からはカイコの繭《まゆ》が出土した。この村では養蚕も行われていたのだ。同じく建物跡からは、カイコに寄生する「カイコノウジバエ」などの蛹も出土しており、当時の養蚕が苦労の多いものであることも分かった。しかし、養蚕に関連する道具類の出土がわずかで、どれ程の規模で、どのような養蚕が行われていたのか、その詳細まで明らかにすることはできなかった。

アサの種実が残る桶も出土した。アサの繊維を取り出すためのオビキ道具も複数出土しており、八ッ場ではアサ栽培が盛んであったと思われる。

発掘調査では、各遺跡から広範囲に畑跡が出土したが、八月五日に天明泥流で埋没した畑には畝《うね》が明瞭に残されていた。八月頃、アサは背丈を超えるほどに成長し、収穫前か収穫された後頃だと考えられる。しかし、出土した畑跡には畝があり、畝間の溝には、浅間山の噴火で降った軽石がきれいに残されていた。

この畑跡がアサ畑であれば、大きく成長したアサが邪魔をして、降下した軽石が畝間の溝にだけ残るとは考えにくい。またアサの収穫後であれば、踏みつけられた畝が残っていることはないだろう。このことから、八ッ場では「二毛作」が行われており、収穫後、畑では新たに畝が立てられ、作物が大きく成長する前に泥流で被災したのではないかと考えている。

畑跡や建物跡からは、多くの種実が出土している。これらの種実は、栽培植物だけでもキュウリ、アズキ、ゴボウ、エゴマ、カボチャ、ナス等々、

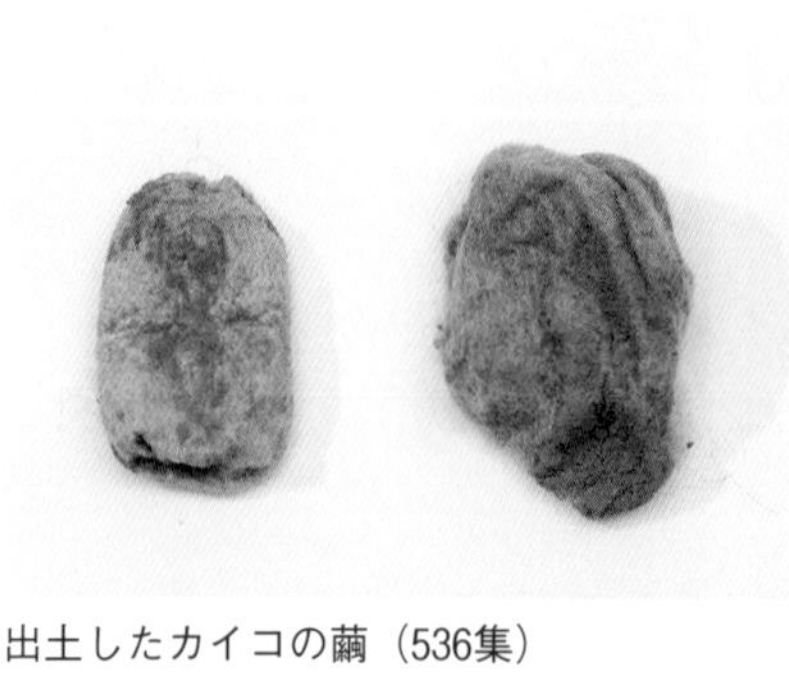
出土したカイコの繭（536集）

鍬の出土状況（536集）

ほかにもアワやヒエ、キビ、ソバ、オオムギやコムギなどの穀物もあった。この村の畑では、アサの他にも主食となる穀物類や、これらの野菜などが栽培されていたと考えられる。

酒造り　東宮遺跡では、「酒蔵」も出土した。酒蔵には酒を搾るための「槽場跡《ふなばあと》」もあり、また「天明二年」「酒蔵用」「川原畑村」などと墨書された刷毛も出土したことから、被災する前年である天明二年（一七八二）には酒造りが始められていたと考えられる。

宝暦四年（一七五四）、豊作による米価下落を防ぐため、酒造りの規制が緩和される「勝手造り令」が発令された。この村での酒造りも、このような時代背景から始められたものと思われる。

しかし、酒蔵から出土した酒造りに関連する道具類は、呑口《のみくち》などの栓や片口ほどと少なかった。これは、天明三年の酒造りがこれから始まるためか、あるいは「天明二年」の墨書から考えると、この蔵での酒造りが本格的に始まっていなかったためとも考えられる。

八ッ場では、天明泥流に被災した際のことが、いくつかの口伝《くでん》として残されていた。その一つが「大切な酒は、馬五頭に付けて逃げた」話で、出土した酒蔵でのことを言い伝えたものと思われる。この口伝から考えると、出土した酒造りに関連する道具が少なかったのは、泥流に被災した際、大切な酒とともに道具類も持ち出されたためとも考えられる。少なくとも酒蔵で、酒造りを行い始めてから程なくして、天明泥流により被災する悲劇に見舞われたのだろう。

「酒蔵用」と墨書された刷毛の出土状況（536集）

酒蔵の出土状況（514集）

八月五日を伝える出土品

「祈り」を伝える出土品　東宮遺跡は、吾妻川左岸に位置した当時の川原畑村の一部である。同遺跡と現在の吾妻川河床との比高差は約四〇〜五〇mを測る。川は渓谷を流れ、東宮遺跡のはるか下に位置するため、遺跡から吾妻川を臨むことは難しい。

　東宮遺跡一号建物は主屋であり、同遺跡で発見された建物跡の中でも最大規模を誇る。当時、川原畑村において、村方三役を務めるほどの家柄であったのだろう。この建物から、色絵香炉が出土した。色絵香炉の中には灰があり、そこに燃え残った線香が立ったまま遺存していた。

　一号建物は、東側が板の間、西側が土間の構造であり、土間の西側にはウマヤが所在する。香炉は、建物跡の土間とウマヤの間辺りから出土した。灰に刺さる線香まで残る出土状況から考えても、香炉が天明泥流により、遠くから流されてきたとは考えにくい。香炉に残る線香の一部は、少なくとも出土した辺りで焚かれていたものだろう。香炉が出土した場所は建物跡の西側、およそ浅間山の方角に位置していた。

　天明三年五月から始まる浅間山の噴火は、徐々に激しさを増し、八月に入るとクライマックスを迎えた。当時、この建物にいた村人が、激しく噴火を繰り返す浅間山の方角を向きながら線香を焚《た》き、噴火が収まるよう祈る姿は容易に想像することができた。だが、その切実な思いは届かなかったようだ。

東宮遺跡。右手には吾妻川が流れる（536集）

残されていた「タバコ」　八ッ場の発掘調査では、数多くのキセルが出土した。同地域の村には、多くの喫煙者がいたと思われる。火皿と吸い口をつなぐ羅宇《らう》まで残るキセルも出土したのだが、それらキセルの一つに「刻みタバコ」が残るものもあった。タバコが残るキセルは、東宮遺跡の主屋である十三号建物の囲炉裏付近から出土した。

全国の遺跡でも、キセルは数多く出土している。しかし、火皿にタバコが残るキセルの出土例は極めて珍しく、管見の範囲ではあるが、八ッ場で出土した一例を含めても全国で二例のみである。

江戸時代は、陶磁器や鉄鍋が割れても道具が壊れたとしても、できる限り修繕し、使い続けることが当たり前であった。このような時代に、タバコに火を付けることなくキセルが捨てられるとは考えにくい。なぜ、天明泥流に埋もれたキセルの一つに、「タバコが残されていた」のだろうか。そこには浅間山の噴火と、誰一人予想すらできなかった泥流被害が影響していたと思われる。

八月五日、このキセルの持ち主は、囲炉裏の端で火皿にタバコを詰め一服しようとしていた。その時、浅間山から聞こえてきた轟音や振動に驚いたか、あるいは建物に迫る天明泥流に驚いたため、慌てて屋外に逃げ出した。緊迫した状況で、取るものも取りあえず逃げ出したため、タバコの残るキセルは囲炉裏端に置かれたままだったのだろう。その後、建物は天明泥流で被災したため、タバコが残るキセルも建物とともに泥流で埋没したと考えている。

八月五日を伝える出土品　天明三年八月五日、天明泥流で被災した村は、

キセルの雁首。火皿にはタバコが残る（536集）

線香が残る香炉（536集）

当時の姿のまま地中に残されていた。良好に遺存した出土品の中には、泥流による被害が真夏の出来事だと伝えるものさえあった。

東宮遺跡一号建物のアガリハナ脇、土間に残されていた「団扇《うちわ》」もその一つである。アガリハナ付近にいた村人の一人が、この団扇を右手に持ち、泥流に被災する直前まで暑さをしのぐために扇いでいたのだろう。

建物跡の土間周辺には、多くの「下駄」や「草履《ぞうり》」も残されていた。遺存した下駄だけでも四六点以上あり、このことからも村人の数名が、ここに集まっていたと思われる。浅間山から聞こえてきた轟音や振動に驚き、不安に駆られた村人が、村方三役を務めていただろう家主の建物に集まっていたのかもしれない。しかし、これを履《は》いていただろう村人は、この建物跡からは一人も発見されなかった。

八月五日、浅間山が噴火したことにより発生した大量の泥流は、浅間山北麓を東流する吾妻川から利根川へと流れ下った。川からあふれ出た泥流は、川沿いにあった村々を埋め、田畑や家屋を埋め、そこにいた家畜や人々を呑み込んでいった。天明泥流によるこのような甚大な被害を、当時、予見できた人は一人もいなかっただろう。そんな泥流が、川原畑村（東宮遺跡）にも迫っていた。

一号建物にいた村人も、建物のはるか下を流れていた吾妻川を大量の泥流が流れ下り、川からあふれ出し、広大な畑を埋め、家畜とともに村人達を呑み込み、自分たちのいる建物まで埋め尽くしていくことを想像することもできなかった。泥流を見ていた村人でさえ、目前の出来事をにわかに信じることはできなかっただろう。

アガリハナ近くから出土した団扇（536集）

１号建物のアガリハナ（536集）

そのような泥流被害であったため、建物の中にいた村人が迫る危機に気付くのは遅かったと思われる。建物の中に泥流が流れ込み、足下に届く頃になってはじめて村を埋め尽くす泥流被害に気付き、慌てて屋外に逃げ出した、そのような状況だったと思われる。

そのため、屋外に逃げ出そうとした時には、流れ込んだ泥流が、土間に脱ぎ置かれていた下駄や草履を床下や壁際に押し流した後だった。下駄や草履を探している余裕はなく、取るものも取りあえず、慌てて裸足で逃げることになったのだろう。

建物を埋めた天明泥流は、発掘調査時で一mほどの厚さを測った。当時は多量に水分を含んでおり、　m以上の厚い泥流がこの建物に到達していたと考えられる。これが、建物を呑み込むように一気に到達していれば、その営力により建物は激しく破壊され、そこにいた村人も逃げられなかったことだろう。

不幸中の幸いにも、この建物が吾妻川からより高い位置にあったため、泥流の勢いがわずかに緩むことになった。また、泥流も津波のように到達したため、アガリハナ付近に集まっていただろう村人が、泥流に気付いてから逃げるだけの、ほんの少しの時間的な余裕ができたのだと考えている。

（黒澤照弘）

お堂と集団墓地

お堂のあり方　下湯原遺跡では、中世後半から天明三年までの間に使用された墓地が発見された。

床下に残されていた下駄（536集）

十七世紀後半頃には、斜面地を削り出し、長方形の平坦地が造成された。削平されてできた東側の壁面や元からの斜面である西側には石垣を積んで区画し、平坦地の北側に建物を建て、南側は墓域として利用した。

墓地からは、副葬された古銭やキセル、陶磁器の杯・碗と共に石仏、祠、墓石、宝塔、石殿、宝篋印塔、五輪塔などの石造物が出土し、建物と共に石造物が建っていたこと。

こうした状況は、移転前の川原畑村の三ツ堂や下田観音堂でも確認できるため建物はお堂であり、石垣で区画された空間内にお堂と石造物が建ち、墓地が存在する景観が思い浮かぶ。

下湯原遺跡の墓地で見つかった建物は二棟ある。一号建物は長軸四・五m、短軸三・八mの礎石建物である。三間×四間の南西向きの建物で、短

下湯原遺跡　礎石建物と掘立柱建物のお堂
（1号：上、2号：下　641集）

下湯原遺跡で検出された墓地とそこから出土した石造物（641集）

軸方向は等間隔で柱が並び、長軸方向の北側二間は、柱間が狭い。なぜこうなっているかは不明である。礎石は火を受けており、火災で焼失したことが分かる。出入口は墓域に面した短軸方向の南面に推定される。中央に柱が来ないので、扉は建物中央にあったと考えられる。お堂中央に観音開きの扉や両引き戸が付く、現在私たちの目にするお堂に近い構造が考えられる。

二号建物は一号建物のほぼ直下から検出された、前身の建物である。長軸三・六m、短軸三・四mのほぼ正方形の掘立柱建物である。二間×二間の建物で、長軸、短軸共に柱は均等に並ぶ。建物の方向は一号建物と同じく南西向きで、出入口も同様に南面に推定される。建物の中心線上に柱が建つため、出入口の扉は東西どちらかに寄っていたであろう。

一号建物は、埋没土の山砂層の一部が天和三年（一六八三）の洪水に伴う砂とされることから、それ以前に焼失したことが推定される。二号建物は、隣接するピットの出土遺物や墓との関係から十七世紀後半以降の建立だろう。そのため二つの建物の建立には三〇年程の間隔がある。

観音堂　横壁中村遺跡では「観音堂」の地名があることから、堂宇の存在が期待されていた。調査の結果、石垣で区画された空間内で、小規模な掘立柱建物、集石、土坑が検出

横壁中村遺跡出土経石（587集）

横壁中村遺跡　観音堂と石垣（587集）

された、観音堂の存在が明らかになった。

石垣は二段あり、下段の石垣は、お堂の東側のみで、高さ一・五m程度である。上段の石垣は、お堂の東・西・北側を囲うようにコの字型に見られた。高さは〇・二～〇・七mである。石垣は一部調査前から地表面に露出していた。所々積みなおしており、中世から近代まで長く使われたと考えられる。

お堂と考えられる掘立柱建物は、二棟検出された。二棟は重複し、建て替えていた。建物の規模はいずれも長軸六・二m、短軸三・七m程度で、出入口は南側に推定される。一棟は建物中央に柱が建つ構造で扉は東西どちらかに寄っていただろう。もう一棟は中央に柱の痕跡がないため、扉は建物中央にあったかもしれない。

下原遺跡の墓

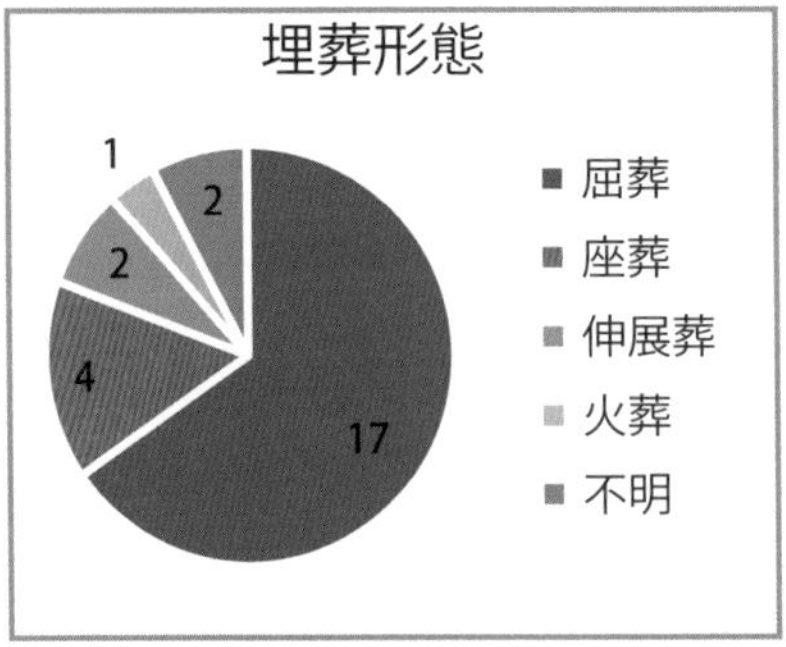

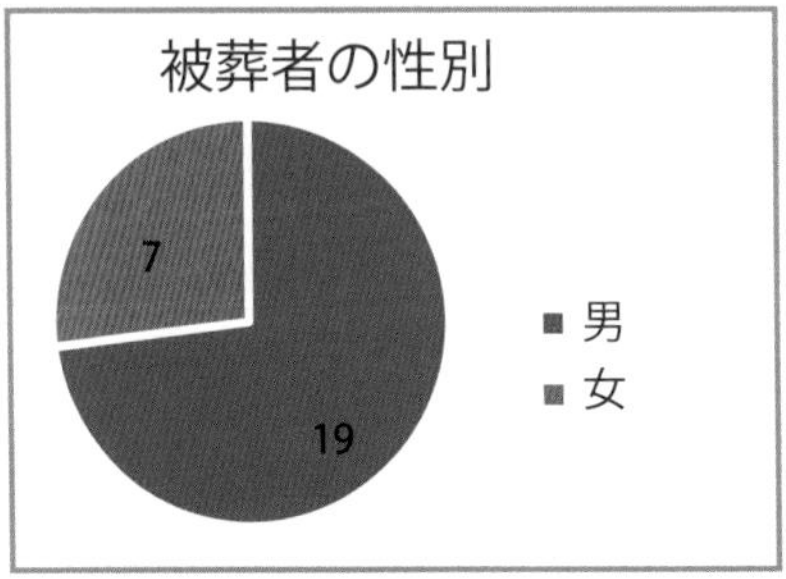

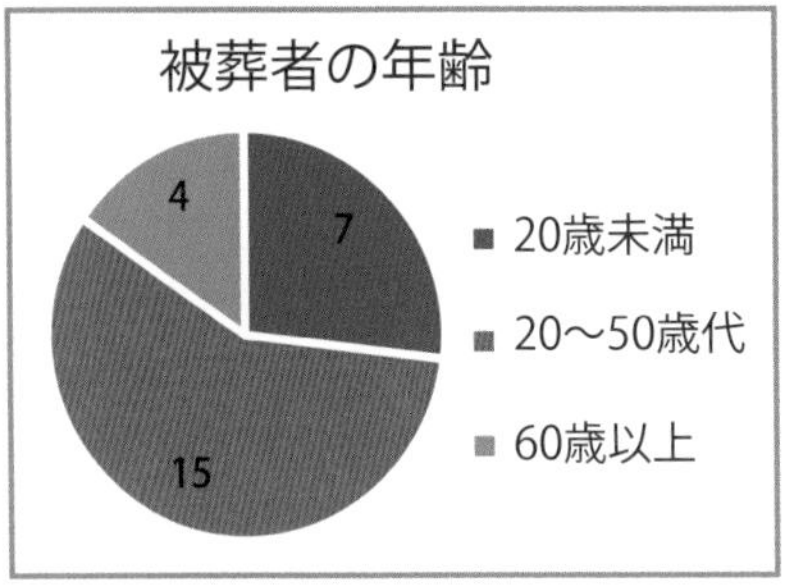

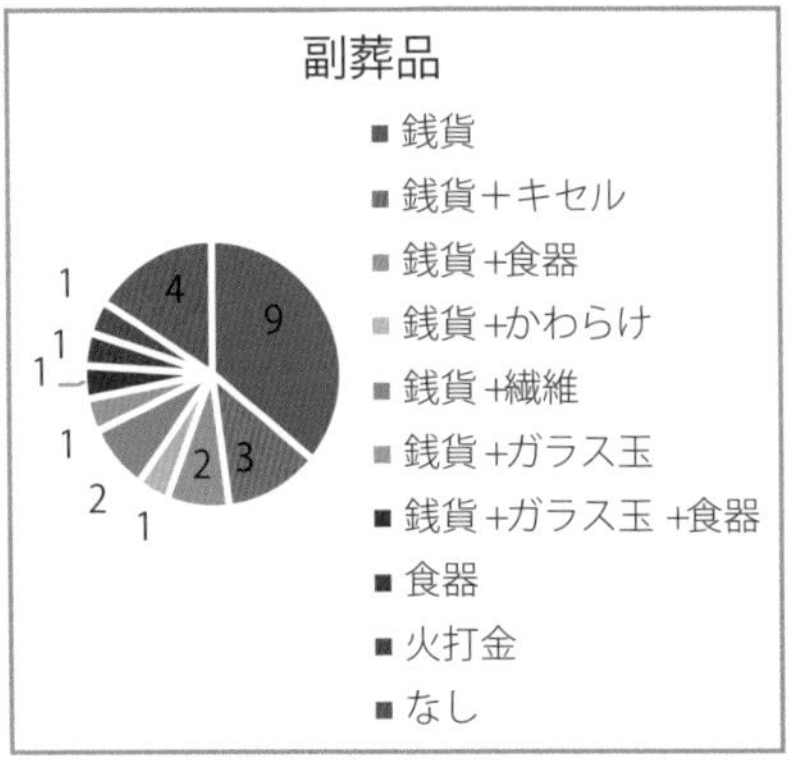

副葬品を持つ墓（641集）

また、観音堂の西側一八mの場所で、塚が見つかった。塚は、長軸五・六m、短軸一・八m程度で、北東側に弧状に石垣を三段程度積み上げている。

観音堂の周辺と塚からは二万点余りの経石が出土した。石は、円礫が多いことから、川原などで採取したと考えられる。経字は黒い墨で書かれ、法華経を示唆する字が大半だが、法華経に見られない字も確認できる。筆跡の違いから複数人の筆者が推定される。運筆が正確で楷書で書かれている点から、筆者は僧侶などの経字を正確に把握した人物とされる。

経石の時期は観音堂築造以降とされるが、後世のかく乱を受けており、正確な時期は不明である。近世の間に複数回にわたって行われたのだろう。

継続して営まれる墓　下湯原遺跡では、お堂が建つ前の中世段階から天明三年まで計二六基が営まれる。

墓の形は隅丸の長方形で、十七世紀代までは南北方向で、それ以降は東西方向となる。埋葬方法は土葬がほとんどで、一例のみ火葬である。埋葬は屈葬が多く、六五%を占める。傾向としては、十七世紀以前は屈葬のみで、十八世紀に入ると屈葬は多いが、座葬や伸展葬などが見られ埋葬方法が多様化する。このことから、十八世紀に葬送の画期があったのかもしれない。

被葬者は男性が多く、七三%である。年齢は二十歳代~五十歳代が、五八%である。また、二〇歳未満の二七%は、十二歳以下の子どもである。

副葬品は、銭貨が最も多い。銭貨のみが三六%、陶磁器などを伴うものを含めると七六%を占める。冥銭の観念が広く受け入れられていたことを示す。銭貨の種類は十七世紀前半まで宋銭や明銭であったが、十七世紀後

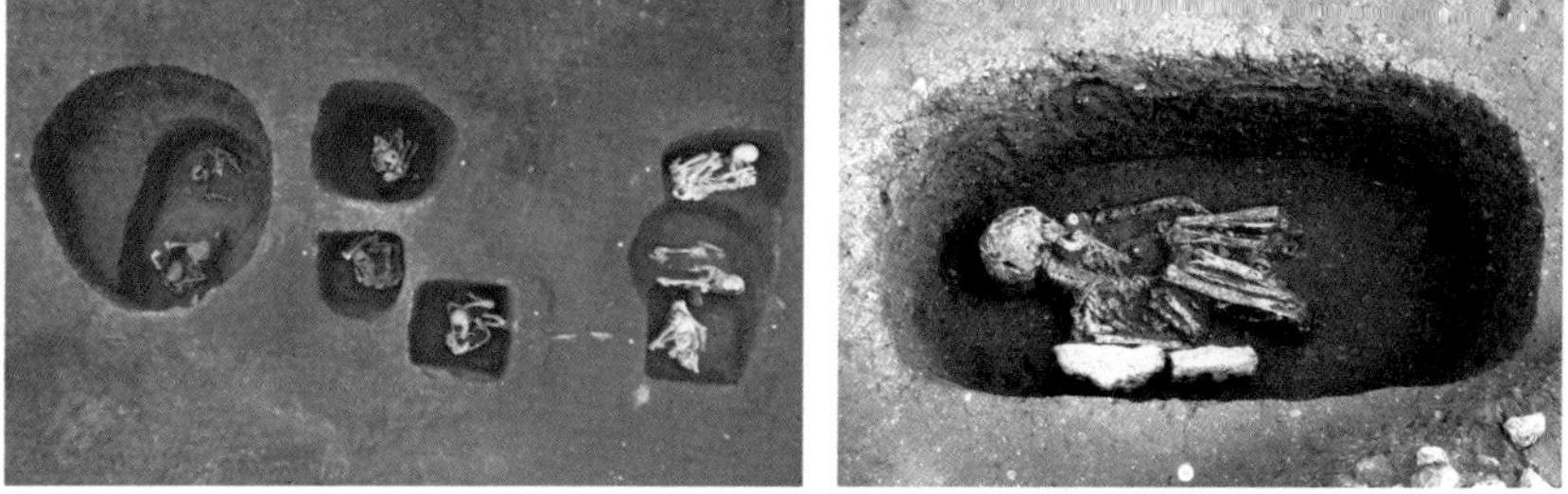

上ノ平Ⅰ遺跡の墓群と屈葬（440集）

半以降はほぼ寛永通宝となる。寛永通宝の急速な普及を示している。
　横壁中村遺跡の観音堂周辺からは墓が一三基見つかった。墓の年代は中世から近世にわたる。近世のものは三基である。形は方形・長方形・楕円形で、北東から北西を向く。屈葬が多いようである。副葬品は古銭が最も多く、他に古銭とかわらけを一緒に納める例や、陶磁器のみの例、副葬品がない例もある。

上ノ平Ⅰ遺跡の中近世墓地　上ノ平Ⅰ遺跡ではお堂のない中近世の墓一七基が見つかった。

　座葬は五三％、屈葬は二九％、伸展葬は六％で下湯原遺跡と異なる。中世墓は屈葬であるが、近世に埋葬形態が多様化している。男女比は下湯原遺跡と同様に男性が多く、五九％である。年齢は二十歳代～五十歳代が最

上ノ平Ⅰ遺跡の墓

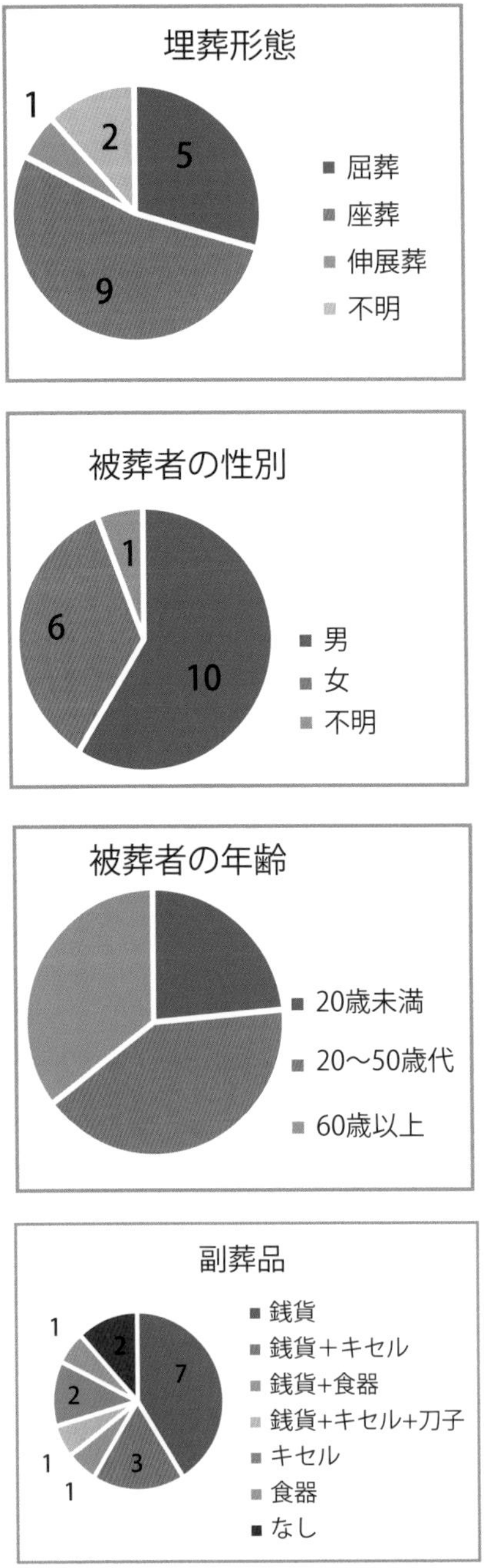

も多く、四一%であり、次いで六十歳以上が、三五%である。六十歳以上の比率が高い点は下湯原遺跡と異なり興味深い。副葬品は銭貨が最も多く、単体で四一%、キセル等を一緒に副葬する例を加えると七一%に上る。

八ッ場の葬い　お堂では中世から墓地が見られ、近世にも引き続き墓地となっていた。墓域という日常とは少し離れた空間に信仰対象を伴うお堂を建立した点は特筆される。お堂の建物は十七世紀後半頃に出入口の扉が建物中央に来ない構造である点が特徴である。

墓は、下湯原遺跡・横壁中村遺跡のようにお堂に伴うものと上ノ平Ⅰ遺跡のように単独のものがあった。お堂の違いが生じた理由はわからない。被葬者の男女比と副葬品は下湯原遺跡・上ノ平Ⅰ遺跡で似た傾向を示す。また、埋葬形態が中世には屈葬だが、近世に入り多様化する点も共通する特徴といえる。一方、近世の埋葬形式と被葬者の年齢は遺跡ごとの特色が見られた。近世となり、墓を造る人たちの裾野が広がったという見方もできよう。遺跡ごとの特色が出たのは近世の埋葬形態と被葬者の年齢である。

（多田宏太）

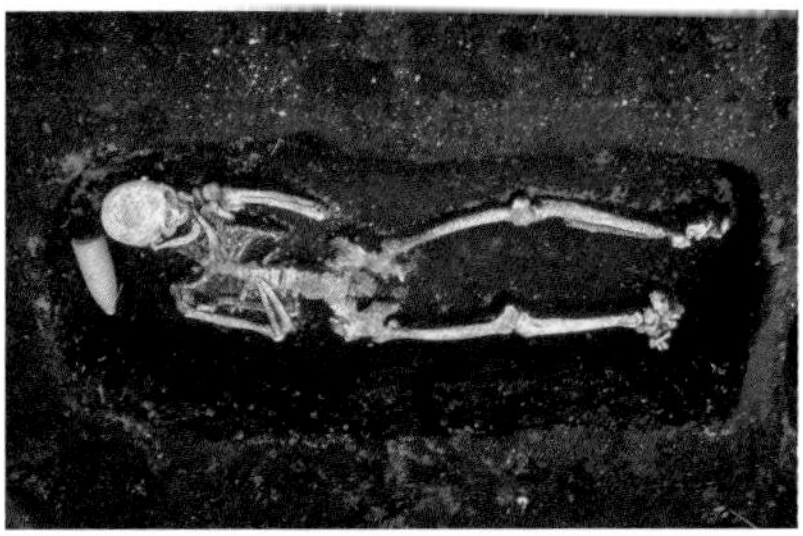

上ノ平Ⅰ遺跡　伸展葬の墓（440集）

コラム
カイコと養蚕

江戸時代前期には大量に輸入されていた生糸は、中期以降の輸入制限と需要の拡大等により不足し、国内での生産が一気に増加した。吾妻でも享保七年（一七二二）や宝暦五年（一七五五）の古文書に、五反田村や岩井村で商人が村の生産者等から繭を買っていることが記されている。東宮遺跡の建物床下部分から繭《まゆ》と蛹《さなぎ》及び繭《まゆ》の寄生虫であるウジバエが出土している。養蚕は寄生虫との戦いであり、寄生虫の蛹の出土より、養蚕が行われていたことが分かる。出土した繭は小さな俵型で、「金白《こうはく》」と呼ばれており、明治以降外国から入ってきた大きな楕円形の繭と比較してみると、大きさは半分程度である。

蚕を飼うための道具として石川原遺跡の建物から桑の葉を蚕に食べさせるため竹を編んだ長方形の台「カイコズ」や、それを十段並べられる養蚕棚が出土している。また、糸枠が出土している。繭から糸生産までを行っていたものと思われる。

（中沢　悟）

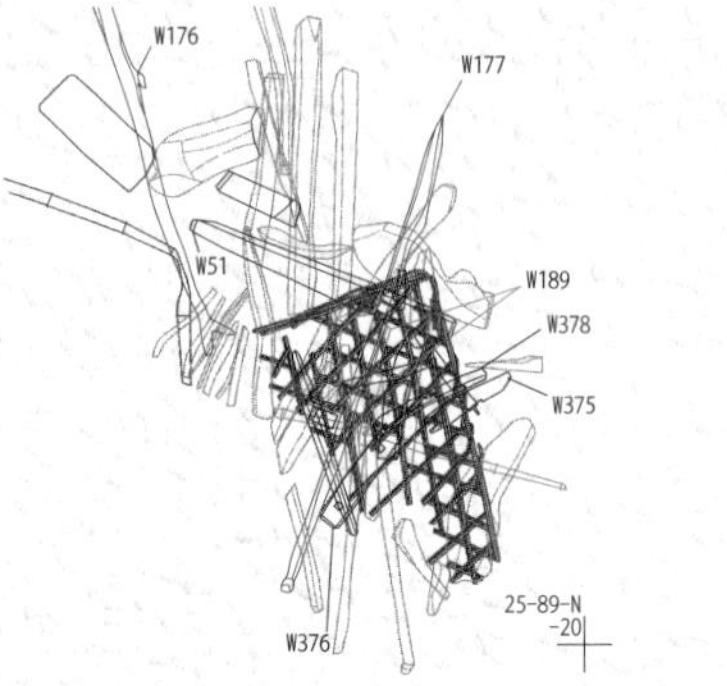

石川原遺跡27号建物カイコズ（688集）

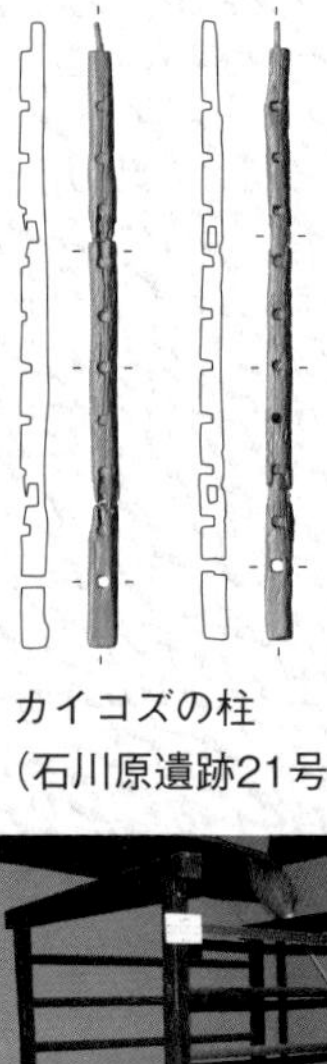
カイコズの柱
（石川原遺跡21号建物　688集）

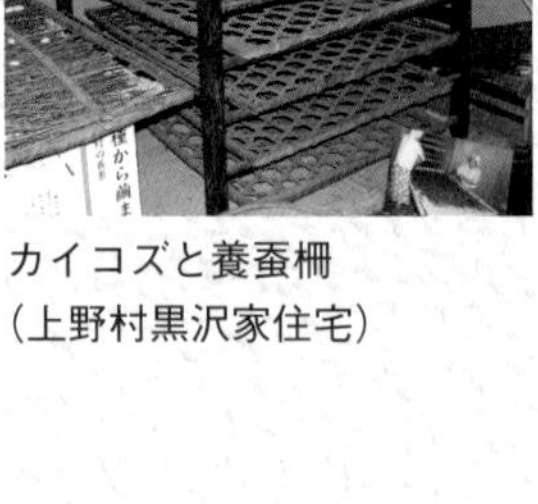
カイコズと養蚕棚
（上野村黒沢家住宅）

六　天明の大噴火と天明泥流

浅間山の「天明の大噴火」は天明三年（一七八三）五月九日（新暦）から始まった。その後、一旦沈静化するが、六月二十四日には再び噴火が始まり、その後も七月十五日から、七月二十一日からと一旦沈静化しながら断続的に噴火が続いた。噴火の鳴動は遠く和歌山県田辺市でも記録されるなど、大規模な噴火であった。噴火とともに飛び出した火山灰は現在の岩手県宮古市まで確認されており、長野原町では六月二十六日、七月二十七、二十八、二十九日に降灰が確認されている。では、灰が降り噴火の鳴動の響くなか、八ッ場の人々はどのように生活していたのであろう。調査を通して分かったことを見てみよう。

中棚Ⅱ遺跡では畑の畝の空洞に石膏を流し込んでみたところ、サトイモの葉柄が確認できた。関俊明氏は複数地域での栽培実験を通して、このサトイモが生育不良な状態であったことや、八ッ場の発掘調査を通して泥流到達前に三〇～五三％の畑が耕作を続けられていない状態にあったことを明らかにした。噴火は人々の生活に大きな影響を与えていたのだ。そんな中、久々戸遺跡では降灰した本来サクにあるべき軽石が畑の畝の中に規則正しく片方へ寄り、耕作土が載った状態で見つかった。関氏はこれを当時の農事暦と比較し、畑の二回目の土寄せ（二番ザク）が行われた痕跡であるとした。人々は噴火や生育不良の中でも「日常」を続けようとしていたのだ。

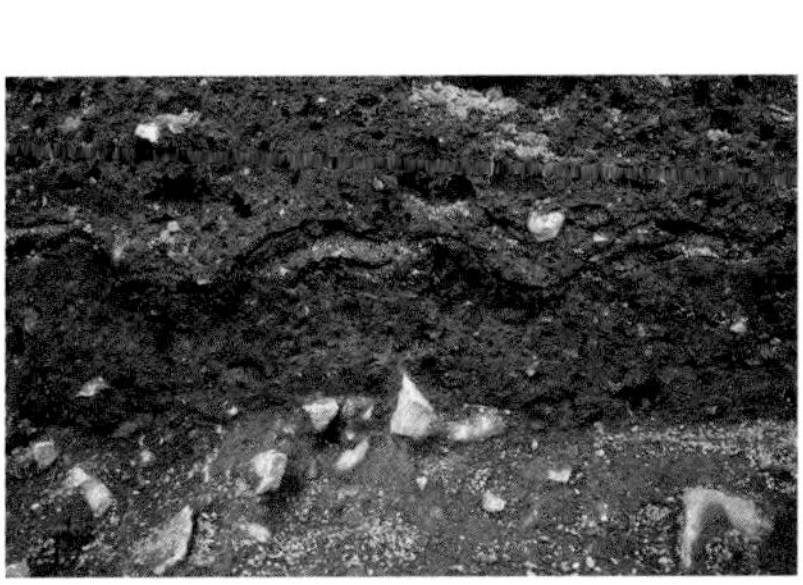

久々戸遺跡畑断面（319集）
天明三年の軽石の上に耕作土が載っているのが見てとれる。

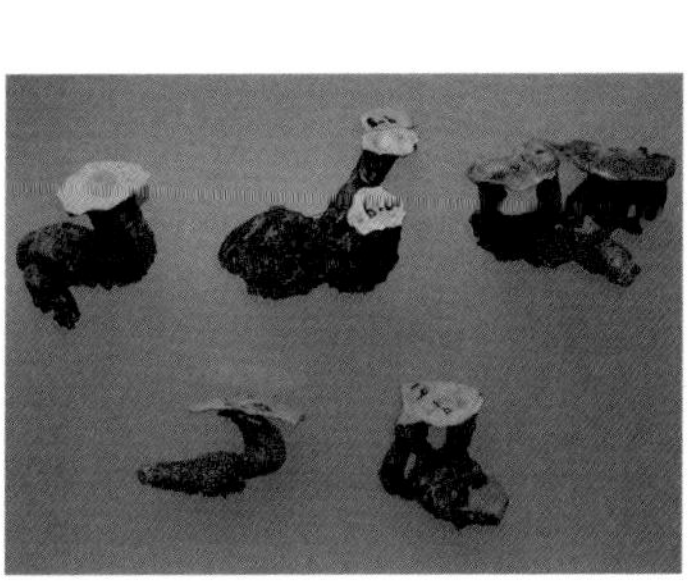

中棚Ⅱ遺跡（319集）
サトイモの種芋と生育途中の葉柄《ようへい》本来の発育より遅れている。

しかし、そんな思いと裏腹に、八月五日の午前九時三〇分頃、鬼押出しにあった柳井沼付近で水蒸気爆発などなんらかの火山現象が起き、巨大な溶岩と土砂の混じった土石流、「鎌原土石なだれ」が発生したと考えられる。土石なだれが直撃した浅間山の北麓の鎌原村（現嬬恋村鎌原地区）は、二～一〇ｍの土石なだれで埋められ、住民の約七割の四七七名が犠牲になった。その後、土石なだれの一部は、全長六kmに及んで、利根川の支流である、吾妻川に三つ以上の筋に分かれ

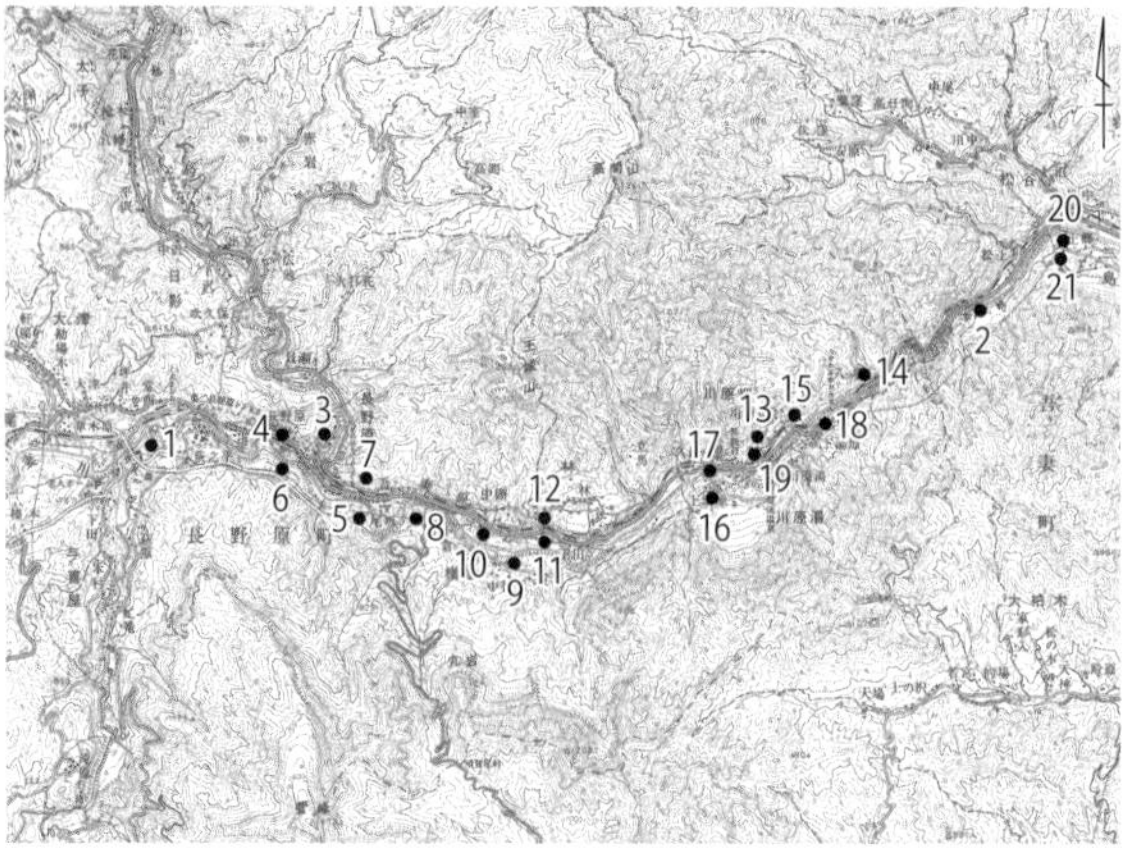

泥流下の遺跡の位置図

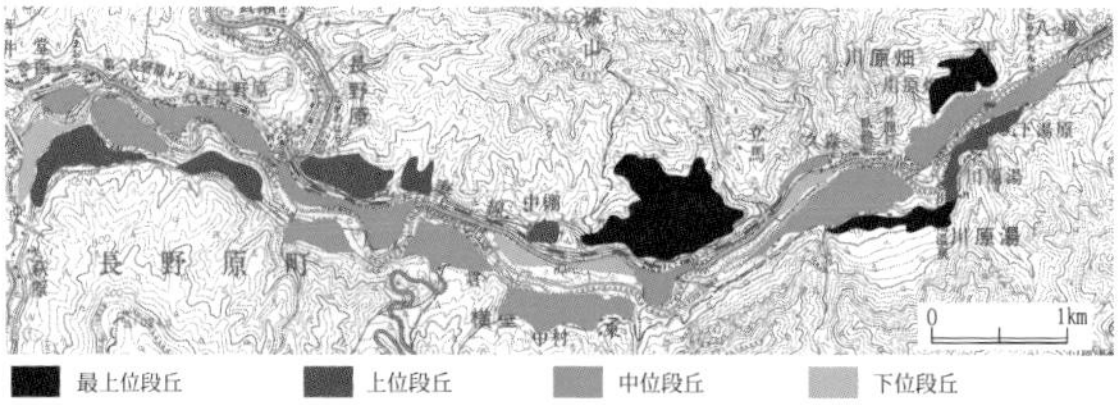

八ッ場の段丘面の分布

『天明泥流下の主な遺跡一覧と被害概要、泥流厚など』

	村名	死者	被害家屋	主な遺跡	泥流厚（cm）	主な遺構等
1	坪井村 （江戸後期，12軒）	4	21	小林家住宅	70 ～ 120	小林助左衛門屋敷（一部）
2	新井村（天明３年，６軒）	2	6	旧新井村跡	350（推定）	石臼、五輪塔など
3	長野原町 （天保９年，72軒，273人）	200	71	長野原城	15 ～ 43	畑２面
4				嶋木Ⅰ遺跡	（最大）126	畑
5				尾坂遺跡	150	母屋＋厠、小屋、畑、道、溝
6				町遺跡	表土および泥流厚150	母屋建物
7				久々戸遺跡	～ 200	畑・井戸・道・慶長一分金
8	横壁村 （安政３年，25軒，126人）	0	0	西久保Ⅳ遺跡	30 ～ 80	畑・道
9				横壁中村遺跡	80	畑と石列
10	林村 （安政４年，73軒，322人）	17	10	中棚Ⅱ遺跡	40 ～ 100	畑（里芋の石膏型採取）・道
11				下原遺跡	40 ～ 70	畑・石垣・井戸・溝・道
12				下田遺跡	150	母屋・掘立柱建物・礎石建物
13	川原畑 （天保８年，30軒）	4	21	西宮遺跡	50 ～ 150	畑・屋敷３軒・井戸・道
14				石畑遺跡	60	畑
15				東宮遺跡	50 ～ 150（平均100）	屋敷11棟・畑・溝・石垣・井戸
16	川原湯村 （弘化２年，24軒，86人）	14	19	川原湯勝沼遺跡	45	畑（蕎麦）
17				石川原遺跡	200以上	屋敷・お堂・寺院・道・用水・畑
18				西ノ上遺跡	70 ～ 160	畑（アワか稗）
19				下湯原遺跡	30 ～ 200	畑・道・お堂・墓地・礎石建物１
20	三島村 （江戸後期，267軒）	19	8	上郷西遺跡	40 ～ 140	畑２面
21				上郷岡原遺跡	0 ～ 400	畑・母屋建物・掘立柱建物・便槽

て流れ込んだのだ。「天明泥流」と呼ばれる、大規模災害の発生である。

泥流の被害　八ッ場を含む吾妻川流域では川の浸食で深く台地が削られ、おおむね四面程度の河岸段丘が作られている。天明泥流は川床から、中位段丘（約三〇m前後）、下位段丘（約一〇～一五m）から見つかっている。当時の八ッ場では、上流から吾妻川の両岸に、長野原町、横壁村、林村、川原湯村、川原畑村の五町村があり、二四〇戸、一一〇〇人あまりが生活していたと考えられる。

長野原町の町遺跡では一m近い泥流の下から屋敷や畑、草津みちも見つかり、長野原宿と考えられる。長野原宿では、鎌原村に次ぐ、約二〇〇名もの死者を出している。横壁村は高所にあった家屋への被害は無かったが、総面積の五分の一ほどの田畑が泥流被害にあった。林村では、中棚Ⅱ遺跡で畑が、下田遺跡で一一軒の屋敷、尾坂遺跡でも一～二m近い泥流の下から一軒の屋敷や畑などの跡が確認されている。さらに下流の川原湯村にあたる吾妻川右岸の石川原遺跡では、約二m近い泥流の下から、多数の遺物と共に寺院や上層・中層・下層農家など計一六軒の屋敷が見つかった。過去の調査を合わせて川原湯村では、一九軒の被災と一四名の死亡が確認されている。吾妻川左岸の川原畑村では、東宮遺跡や西宮遺跡からも一・五m近い泥流の下から、多数の遺物や屋敷などが見つかっており、過去の調査も合わせて、川原畑村では二一軒の被災と四名の遺体が確認された。特に東宮遺跡の一号建物は村の中でも最大規模の建物であり、屋敷の範囲から六〇点もの下駄や線香の燃え残った香炉などが見つかっている、噴火の噴煙や地鳴りの中、泥流到達まで人々が有力者の家に集まり祈っていたと

中棚Ⅱ遺跡の殿様石（319集）
浅間石の下に土砂が入っているのが見てとれる。

嶋木《しまぎ》の浅間石
直径4mほどの浅間石。河床からは30mほど高い位置にある。

考えられる。

泥流の被害は吾妻川沿い以外でも確認されている。吾妻川に侵入した大量の泥流の堆積による水位の上昇と流れの停滞により、吾妻川に注ぎ込む小河川の水と泥流が行き場を失い氾濫を起こしたのだ。現在の長野原町与喜屋地区にあった吾妻川右岸の新井村では支流の熊川を泥流の入った水が逆流し、川が決壊することで家屋を泥流の中に引き込んでいった。また、同じく吾妻川の支流の白砂川の合流点から三〇〇mほど上流に今も残る「嶋木の浅間石」は逆流のすさまじさを今に伝えてくれている。

泥流の特徴　発掘調査から分かった泥流の特徴についてみてみよう。中棚Ⅱ遺跡などの調査で、直径二m以上もの大きな石（溶岩）が泥流堆積物の中から見つかった。これは伝承で一か月以上にわたり高温を保っていた事から「火石」、まわりの土砂（従者）に担ぎ上げられているかのように流れてくることから、「殿様石」とも呼ばれている。これらの石は、東西が約一五mある「金島の浅間石」などを現在目にすることができる。このように泥流は巨礫を含む流れだけであったかというとどうも違うようだ。東宮遺跡から繭、下駄、草履などが、石川原遺跡から茶杓が、上流の長野原町の町遺跡からも笛、漆椀、下駄や団扇などが見つかっている。軽くて動きやすい遺物が多数残っているということは、巨礫が混じる天明泥流が一気に埋めたのではなく当初は比較的浅く、勢いの緩やかなものであったと考えられる。

また、八ッ場で発掘調査された畑に泥流が残した傷跡の方向がいくつかのグループに分かれることからも、複数の流れがあったとわかる。伝承で

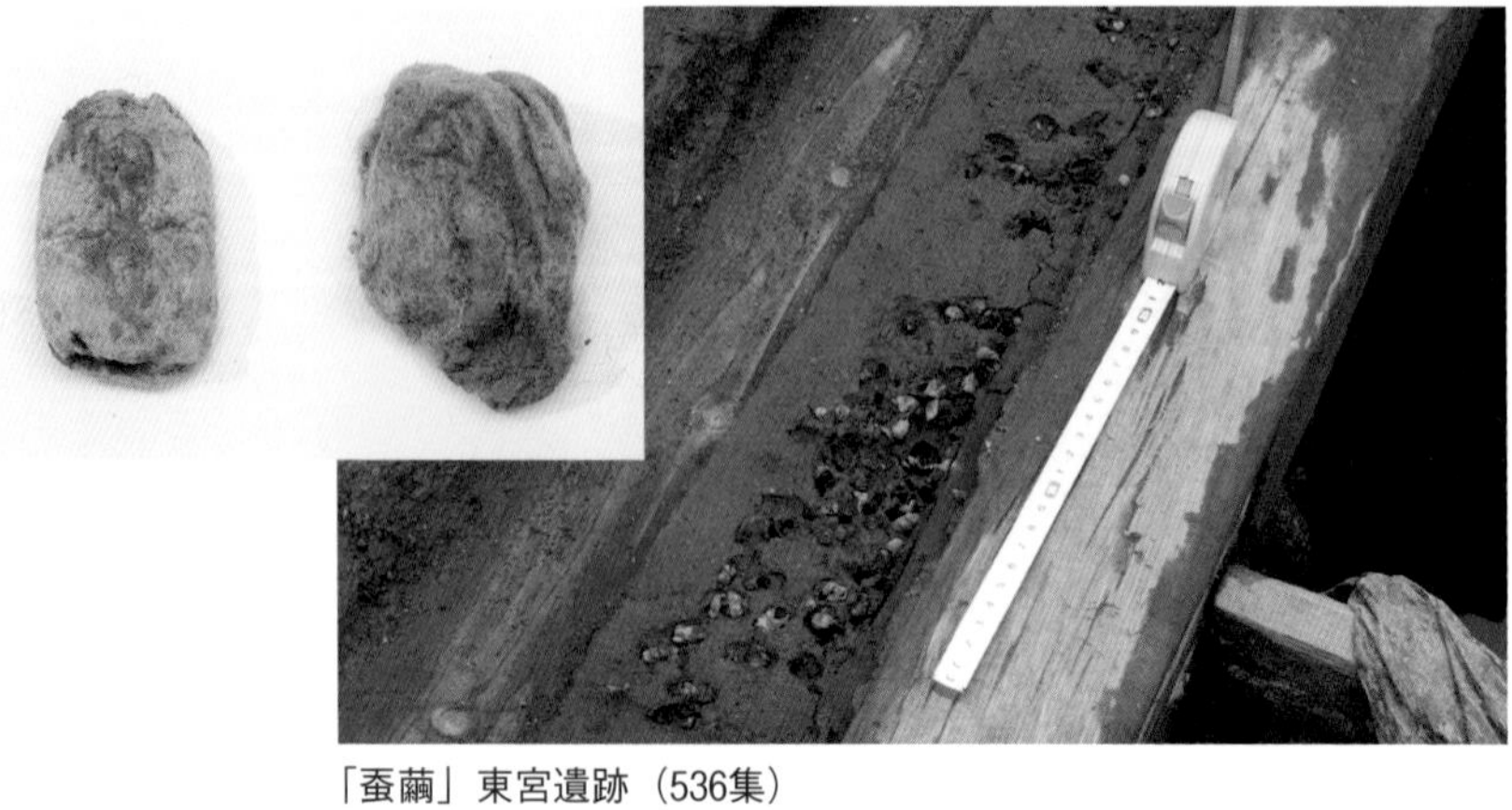

「蚕繭」東宮遺跡（536集）

も中之条町の伊勢町での被災体験を記録した『天明浅間焼見分覚書』の中で、三つの波を目撃したとの記述が残っており、発掘調査で裏付けることができた。このように天明泥流とは一度ではなく、第一波として比較的緩やかな泥流、それ以降に火石（溶岩）を含む流れであった。

泥流の流下　以前は泥流発生時に吾妻渓谷で「岩石、樹木、家屋などが流れをとめてダムとなり、水深一〇〇m超える現代の八ッ場ダムに匹敵する大規模な天然ダムができた」と考えられてきた。実際に『浅間山焦之記』には、「泥水五十丈（約百五十m）高く押上し」という伝聞調の記録もある。しかし、下の図を見ても分かるように、ダムの一～二km上流でも、天明泥流の到達境界の標高は五四二～五四八mしかなく、おおむね現在の川床の水位に則していることが分かる。それより上流を見ても大規模な天然ダムによる大規模な堰上げの痕跡は確認できなかった。このことなどから関俊明氏らは大規模な天然ダムは無かったとした。

ただし、関氏は下流の吾妻川と利根川合流地点（落合）以降に関しては、川の流れが一時的に止まり、魚が拾えたが、その後増水したなどの複数の伝承があることから、落合～烏川合流点の間での、堰上げの発生と決壊の可能性を指摘している。

（池田　格）

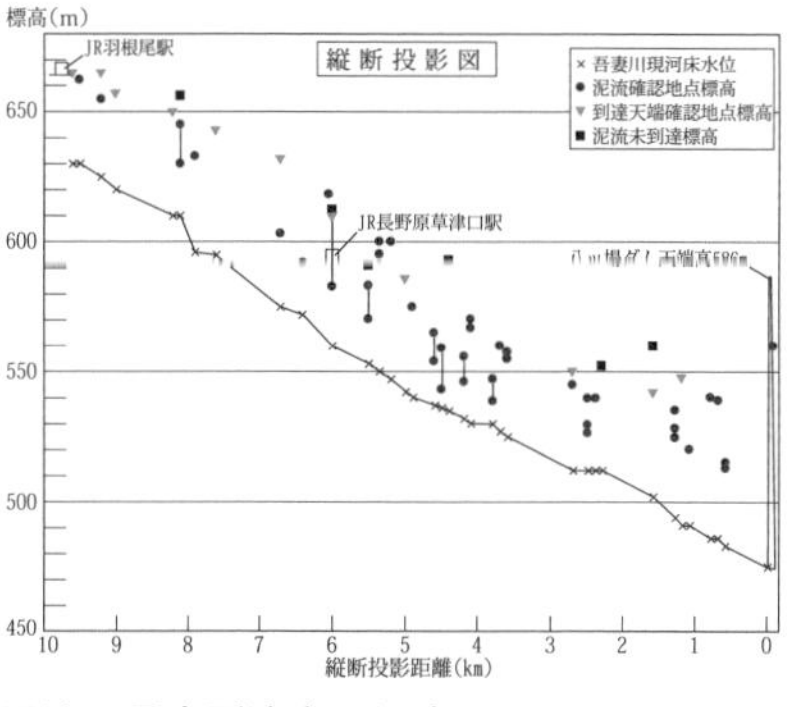

泥流の最高到達点と河床面
ほぼ、現在の河床面に沿っている

「横笛」町遺跡（593集）

コラム

天明噴火で流れ下ったものは何だったのか

―遺跡を襲った現象

嬬恋郷土資料館で二〇二〇年から運用しているプロジェクションマッピングは、四つの色分けで、天明三年（一七八三）の浅間山噴火現象を〔動画〕解説している。

新暦八月四日の吾妻火砕流〔紫〕は人家まで到達していないが、国指定特別天然記念物「浅間山熔岩樹型」を形成させた。今日、八月五日の土石なだれの発生は、現在の鬼押出し園周辺で発生したとの考えが主流になってきている。既存の土砂の流れが、火山噴火を契機として発生したものだという。すでに前日から、鬼押出し溶岩が北麓に流出〔橙〕していたとの考えがある。土石流が抜け出した窪地は深さ六〇ｍ以上もあることが確かめられ、その跡地を後続の溶岩流が埋め尽くしていると解釈すると説明がつくという。抜け出た土石なだれ〔黄〕は、おおむね六㎞ほどの範囲の広

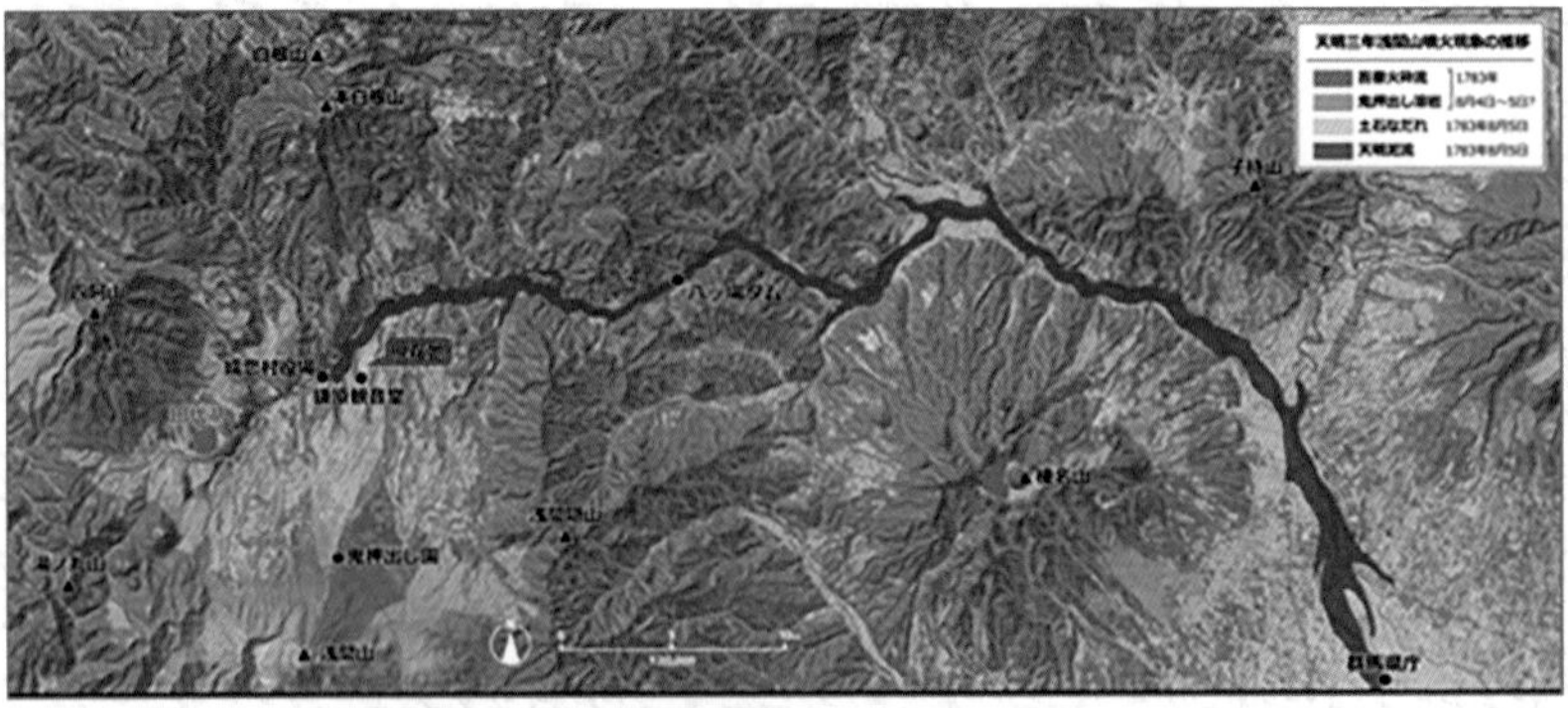

天明三年浅間山噴火現象の推移
（嬬恋郷土資料館プロジェクションマッピング）

がりで、その一部が鎌原村を襲いながら吾妻川に流れ込み、天明泥流〔緑〕として吾妻川を流れ下る。

途中、支流を「逆流」する現象や、描画された絵図で臨場感を生む「火石」と呼ぶこの時火口から噴出した灼熱の溶岩も点在したようだ。金島の浅間石〔県指定天然記念物〕などはその代表例である。また、支流を水煙を上げながらホバークラフトのように逆流したものがあったという聞き取りもある。

利根川との合流点の少し手前の川嶋村では、一九名以上の人々が流されて生還したという。関東平野の始まる地形は、河床勾配の変換点であるので、このような出来事を生んだのかもしれない。また、利根川との合流点、落合では、「一時」停滞する現象があった〔五秒間停止〕と推定され、下流の村々では利根川の水が干され、この時は人々が魚を拾うという行動が記録されている。その後、決壊した流れは、利根川沿岸、広桃堰や天狗岩用水といった水田導水の動脈に甚大な被害を与えていく。

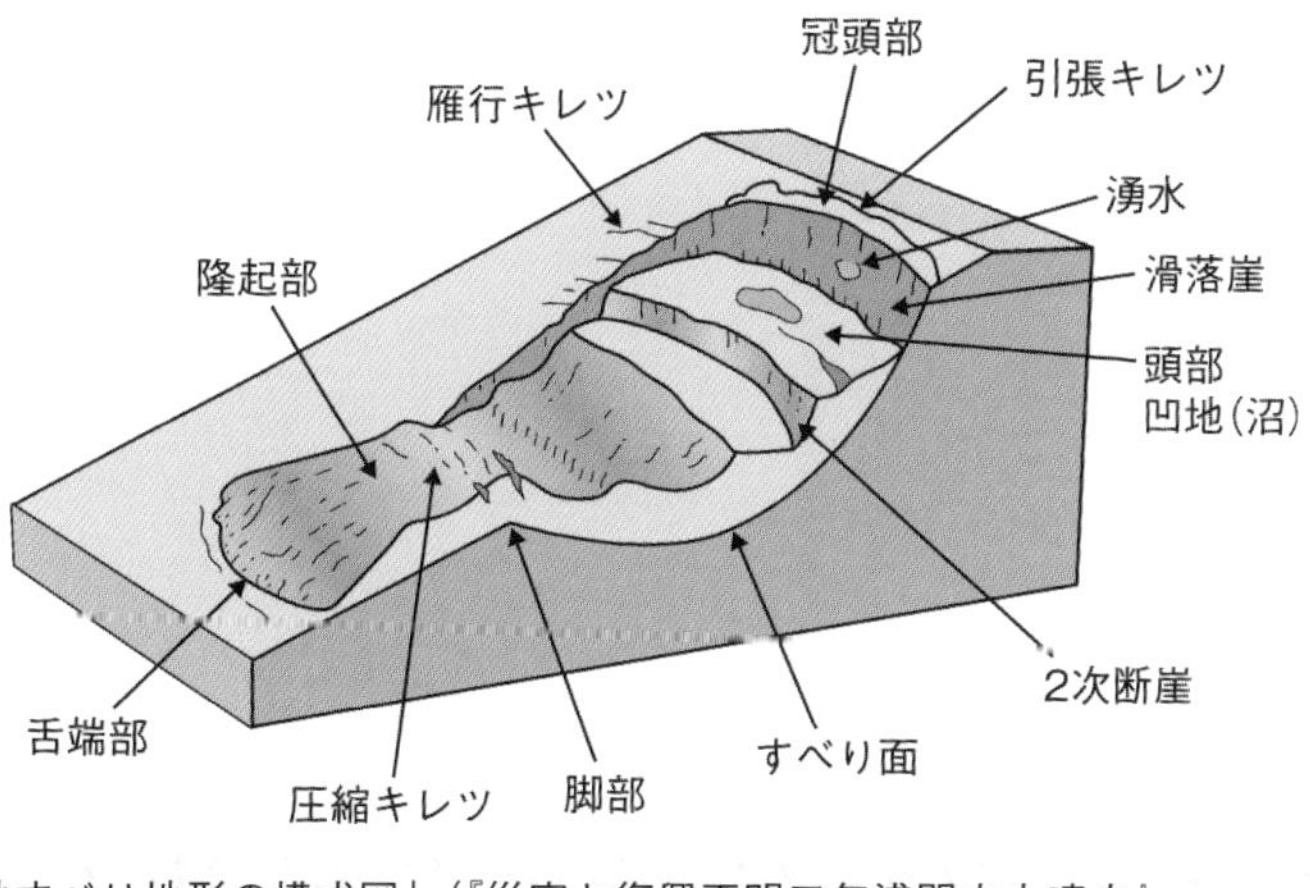

「地すべり地形の模式図」(『災害と復興天明三年浅間山大噴火』嬬恋郷土資料館2022) このような馬蹄形の窪地が鬼押出し溶岩によって埋め尽くされてしまったと考えられている

文字記録に加え、詳細な情報を残す絵図にも着目できる。「浅間焼吾妻川利根川泥押絵図」（群馬県立歴史博物館所蔵）には、泥の表現が「是迠上州」と註書きされた現在の尾島付近まで表現される。そして、その先は通常の水の色分けがされている。つまり泥の堆積はここまでで、この先は「黒濁りの水」が流れたと記録する文書記載と一致している。また、さらに下流、火口から約一五〇㎞、栃木・埼玉との県境にほど近い板倉町の島悪途遺跡の天明泥流堆積物は上流域のものとは様相が異なり、「泥」の流れではなく、「濁水」のような堆積物が遺構面を覆っていたことが観察されていることにも着目したい。

資料館では、このような全体像の概要を、火口から前橋付近まで、動画で立体地図に投影させている。

近年、四〇年ぶりに再開した旧鎌原村の発掘調査では、八ッ場の天明三年遺跡の経験をもってすると、土層断面に大きな違いが見出せない点や、八ッ場の遺構面を襲っていた流れの削痕など、重なる部分がある。「土石なだれと天明泥流の区別とは、何なのだろうか」という問いに向き合っている。不飽和の土砂の一連の流れを地点地点で要因を見比べていくことで、動き始めた不飽和の大量の土砂の緩み具合の観察が必要になるのかもしれない。土砂の襲来を受けた遺跡に対して、より精確な復原につながると考えると、他領域との援用の大切さが求められることになるのだろうとの思いは変わらない。

（関　俊明）

「浅間焼吾妻川利根川泥押絵図」
（群馬県立歴史博物館所蔵）

おわりに

平成六年から発掘調査を開始した八ッ場ダムは、長野県・新潟県と県境を接する関東奥部の山間にあり、そこでは平野部とは異なった調査結果が随所に現れ、時代の流れに対する対応の仕方も一様ではなかったことを、驚きをもって私たちに見せてくれた。

縄文時代では、早期初頭から集落が現れ、中期後半には川の両側に大規模集落が二km間隔で並び、繁栄した。背後の自然環境がいかに多様で豊かだったのかを証明している。また、集落から出土する土器の約半数が長野県のもので、それに北越側の要素も色濃く表れていた。弥生時代の記述に「むしろ、どちらにも属さず共生可能な活動域だったのでは」との発言があった。

また、八ッ場は長野県を通じて西側地域や北越地域との交流・交通の要衝だが、五〇〇mを超える標高や気候的・地形的要素などが障害となる時期も認められた。水田稲作には不向きな土地柄だったのだ。群馬県が稲作社会に入ると、八ッ場では集落が姿を消してしまう。しかも約千年という長い期間にわたって集落が見つからないのだ。大規模な水田開発が押し進められた古墳時代も同様で、単独の竪穴建物はあるが、集落は認められない。古墳時代の八ッ場は、農耕社会の外側にあったのだろう。県内にこうした地域があったことを実証できたのも、一定範囲を網羅的に発掘調査するという八ッ場の大きな成果の一つである。

ところが、稲作が不向きな八ッ場に、平安時代の集落が突然押し寄せる事態が発生する。この平安集落激増の背景に、「運び込まれた陶磁器・灰釉陶器」のなかで言うように「有力層が経営に関わっていた」とすれば、これは刺激的で想像をかき立てられる。その鍵となったのが総数一〇〇〇基を超える平安時代の陥穴の発見だった。つまり、平安時代も、稲作、農耕を目的に参入したわけではなく、有力者の意向で必要とされる特定物の入手を図った可能性が高いのだ。また、「文字文化と政治的な背景」で示された内容は、希少だった吾妻郡に関する古代資料について、八ッ場出土の文字資料などを加えて見直しを試みようとする意欲的な取り組みであり、今後の展開が期待される。

中世では、武士と民衆、暮らしをテーマとした。城の調査は少なく、戦乱を証拠づけることはできなかったが、入手が難しい希少品を使う有力者の存在を浮き彫りにし、八ッ場の特色としては石垣を多用する屋敷の存在を紹介した。また、ここで使われた陶磁器を丹念に追うことで、人々の暮らしをより実感できたのではないだろうか。

そして江戸時代の天明泥流被災は、吾妻川中流域に暮らす人々にとって想像を絶する出来事だったことを、発掘成果の中からも読みとることができる。泥流は三〇ｍを越える断崖を軽々と乗り越えて襲ってきたのだ。それでも、災害遺跡という負の成果のなかからも、民家建築の発展や二階屋の出現を解明できた点は、全国に例を見ない貴重な成果となった。また、八ッ場調査の最終年度に出現した被災者と「ねこ」の発見も忘れられない。

本書では、これまで知られていなかった山間部八ッ場の不思議と驚きに満ちた暮らしぶりを、平野部との比較も交えながら、その実像をありのままに紹介した。各時代にみられたこの地域の特性は、いまも色濃く残っており、それを最大限に生かすことを切に望みたい。八ッ場の発掘調査成果の活用はまだ始まったばかりであり、これらの遺跡から学ぶことは多く残されている。

最後に、八ッ場の発掘調査に参加してくださったみなさまに、心から感謝したい。これらの遺跡はみなさまの「たまもの」です。

（藤巻幸男）

引用・主要参考文献

縄文時代三

小畑弘己他　二〇一六『土器を掘る―土器研究と圧痕法のいま、そして未来―』熊本大学小畑研究室・明治大学黒曜石研究センター・日本先史文化研究所
佐々木由香他　二〇一八「レプリカ法による土器種実圧痕の同定」『林中原Ⅱ・遺跡（2）』公益財団法人群馬県埋蔵文化財調査事業団
佐野　隆　二〇一七「レプリカ法と縄文時代の生業・集落研究の展望」『土曜考古』第三九号

縄文時代五

安中市ふるさと学習館編　二〇〇三『ストーンロード―縄文時代の黒曜石交易―』安中市ふるさと学習館
黒耀石体験ミュージアム編　二〇一八『シリーズ遺跡を学ぶ別冊01　黒耀石の原産地を探る　鷹山遺跡群』新泉社
谷口康浩　二〇一九『入門縄文時代の考古学』同成社
堤　隆如『黒曜石3万年の旅』日本放送協会
巾　隆之　一九八八「石畑岩陰遺」『群馬県史　資料編1原始古代1』群馬県
文化庁ホームページ『日本遺産ポータルサイトStory#61星降る中部高地の縄文世界―数千年を遡る黒曜石鉱山と縄文人に出会う旅―』https://japan-heritage. bunka. go. jp/ja/stories/story06
安孫子昭二　一九九九「関東地方のアスファルト利用状況」『月刊　考古学ジャーナル』№四五二　ニューサイエンス社
小笠原正明　一九九九「アスファルトの化学分析と原産地」『月刊　考古学ジャーナル』№四五二　ニューサイエンス社
沢田敦　二〇一七「縄文時代のアスファルト利用について」『縄文時代のアスファルト利用Ⅰ』特定非営利活動法人いちのへ文化・芸術ＮＰＯ

弥生時代

関口博幸　二〇一九「万木沢Ｂ遺跡の土偶―縄文から弥生への変革期につくられた土偶―」『第一〇〇回　企画展ハー

ト形土偶―縄文のかたち・美、そして岡本太郎―』群馬県立歴史博物館

古墳時代一
吾妻町教育委員会　一九九八『前畑遺跡』
東吾妻町教育委員会　二〇一六『下郷古墳群七一号古墳』第24集

古墳時代二
吾妻町教育委員会　一九九三『宿遺跡』
吾妻町教育委員会　一九九八『前畑遺跡』
長野原町教育委員会　二〇〇四『町内遺跡Ⅳ』
長野原町教育委員会　二〇一五『林地区遺跡群』

古墳時代三
杉山秀宏　二〇〇八「吾妻地区最古の古墳―石ノ塔古墳について―」『ぐんま地域文化』三〇号　群馬地域文化振興会
杉山秀宏　二〇二〇「四戸古墳群について―群馬大学調査資料の紹介―」『研究紀要』三八　公益財団法人群馬県埋蔵文化財調査事業団

奈良・平安時代一・二
群馬県埋蔵文化財調査事業団編　二〇一九『古墳人、現る―金井東裏遺跡の軌跡―』
長野県埋蔵文化センター　一九九〇『中央自動車道6―下神遺跡―図版編』

奈良・平安時代三
尾野善裕　二〇一五「灰釉陶器生産の拡大～猿投窯からみた駿遠地域窯～」『灰釉陶器生産における地方窯の成立と展開』東海土器研究所

長野原町教育委員会　二〇一一『林宮原遺跡Ⅷ』

奈良・平安時代四

関口功一　二〇一三a「古代吾妻郡の組成と性格」『古代上毛野の地勢と信仰』岩田書院
高島英之　二〇二一「墨書・刻書土器の動向から見た古代上野国吾妻郡の歴史的展開について」『研究紀要』三九　公益財団法人群馬県埋蔵文化財調査事業団
高橋人夢　二〇二三「群馬県吾妻郡長野原町林地区出土『三家』墨書土器をめぐって　―6世紀から7世紀の吾妻地域の動向に着目して―」『長野原町やんば泥流ミュージアム年報2』
前澤和之　二〇二一「諸郡官舎項にみえる郡家」『上野国交替実録帳と古代社会』同成社（初出一九七八・一九九六・二〇〇一・二〇〇九・二〇一七）
松田猛　一九九三「出土文字資料からみた上野国の古代氏族」『地方史研究』二四三　地方史研究協議会

奈良・平安時代コラム

群馬県　一九九一『群馬県史』通史編2原始古代2
前澤和之　二〇一九「史料から見た古代上野国の馬と牧」右島和夫監修　青柳泰介・諫早直人・菊地大樹・中野咲・深澤敦仁・丸山真史編『馬の考古学』雄山閣

中世三

飯森康広　二〇〇五「小規模な中世屋敷内部の建物変遷と傾向―掘立柱建物の桁行平均柱間を視点に―」『研究紀要』二三　公益財団法人群馬県埋蔵文化財調査事業団
飯森康広　二〇〇八「上郷岡原遺跡Ⅲ区建物群　―中世から近世の掘立柱建物を中心として―」『研究紀要』二六　公益財団法人群馬県埋蔵文化財調査事業団
宮本長二郎　一九九九「日本中世住宅の形成と発展」関口欣也先生退官記念論文集刊行会『建築史の空間』中央公論美術出版

中世四
浅野晴樹　二〇二〇『中世考古〈やきもの〉ガイドブック　中世やきものの世界』新泉社
「長楽寺永禄日記」『群馬県史　資料編5　中世1』
小野正敏　二〇〇三「威信財としての貿易陶磁と場―戦国期東国を例に―」『戦国時代の考古学』高志書院
かみつけの里博物館　二〇〇〇『鍋について考える　土なべの生産・地域性・民俗からさぐる室町・戦国という時代』（第6回特別展展示図録）
吉田智哉　二〇一九「内陸部の貿易陶磁―群馬県内における中世城館遺跡事例から―」『貿易陶磁研究』三九　日本貿易陶磁研究会

近世五
山形万里子　二〇〇八『藩陶器専売制と中央市場』日本経済評論社
藤巻幸男・楢崎修一郎・能登健「群馬県長野原町横壁中村遺跡の中近世墓と同地区における両墓制の研究」『研究紀要』三四　公益財団法人群馬県埋蔵文化財調査事業団

近世六
関俊明　二〇一〇『浅間山大噴火の爪痕・天明三年浅間災害遺跡』新泉社
関俊明・小菅尉多・中島直樹・勢藤力　二〇一六『一七八三　天明泥流の記録―天明三年　浅間山の噴火災害・泥流の到達範囲をたどる―』みやま文庫
公益財団法人群馬県埋蔵文化財調査事業団編　二〇一三『自然災害と考古学』上毛新聞社
やんば天明泥流ミュージアム　二〇二一『やんば天明泥流ミュージアム　常設展示図録』

執筆者

ようこそ八ッ場ワールドに　藤巻幸男

1　縄文時代〜山間に息づく縄文人の足跡〜　藤巻幸男・鈴木佑太郎・関口博幸・山口逸弘（旧職員）・石川真理子・石田　真（群馬県文化財保護課）

＊コラム　顔の無い土偶　石田　真

＊コラム　イノシシの顔が付いた石棒　関口博幸

＊コラム　白い星降る集落の不思議　鈴木佑太郎

2　弥生時代〜稲作文化を迎えた人びと〜　大木紳一郎

＊コラム　万木沢Ｂ遺跡　関口博幸

3　古墳時代〜古墳のない地域〜　杉山秀宏・迫田睦生

＊コラム　「山棲み集落論」その後　小島敦子

4　奈良・平安時代〜古代のムラに集う人びと〜　神谷佳明・石田　真・桜岡正信・板垣泰之・高島英之

＊コラム　なぜ集落は突然出現したのか　桜岡正信

＊コラム　吾妻郡の郷と牧　―古代史料に深る古代の吾妻―　飯塚　聡

5　中世～躍動する武士の世界～　飯森康広・多田宏太

中世屋敷（林中原Ⅰ遺跡）の復元想像図　飯森康広・新井加寿恵（作画）

6　近世～山間の江戸文化～　中沢　悟（旧職員）・齊藤利昭（旧職員）

＊コラム　下駄に使われた秘技「地獄ほぞ」　黒澤照弘（高崎市立馬庭小学校）・多田宏太・池田　格

＊コラム　やんば天明泥流ミュージアム　中沢　悟

＊コラム　カイコと養蚕　古澤勝幸

＊コラム　天明噴火で流れ下ったものは何だったのか　中沢　悟

—遺跡を襲った現象　関　俊明（嬬恋郷土資料館）

グラビア（縄文時代～近世）　藤巻幸男

45周年記念誌刊行部会　飯森康広・藤巻幸男・齊田智彦・石川真理子・鈴木佑太郎・板垣泰之・多田宏太・都木直人（旧職員）

協力者

利根川ダム統合管理事務所
群馬県地方創生部文化財保護課
長野原町教育委員会
東吾妻町教育委員会
群馬県立歴史博物館
嬬恋郷土資料館
やんば天明泥流ミュージアム
中之条町歴史と民俗の博物館「ミュゼ」
長和町資料館星くずの里たかやま黒耀石体験ミュージアム
牧野酒造株式会社
篠原博史・篠原みつ子、関俊明、富田孝彦、豊田拓司、吉田智哉

八ッ場《やんば》の考古学
―古《いにしえ》の記憶―

二〇二四年六月十五日　初版第一刷発行

編著者　公益財団法人
群馬県埋蔵文化財調査事業団
〒三七七－八五五五
群馬県渋川市北橘町下箱田七八四－二
電話〇二七九－五二－二五一一（代）

発行所　上毛新聞社　出版編集部
〒三七一－八六六六
群馬県前橋市古市町一－五〇－二一
電話〇二七－二五四－九九六六

ISBN978-4-86352-353-1